utb 5381

utb.

D1941674

Eine Arbeitsgemeinschaft der Verlage

Böhlau Verlag · Wien · Köln · Weimar
Verlag Barbara Budrich · Opladen · Toronto
facultas · Wien
Wilhelm Fink · Paderborn
Narr Francke Attempto Verlag / expert Verlag · Tübingen
Haupt Verlag · Bern
Verlag Julius Klinkhardt · Bad Heilbrunn
Mohr Siebeck · Tübingen
Ernst Reinhardt Verlag · München
Ferdinand Schöningh · Paderborn
transcript Verlag · Bielefeld
Eugen Ulmer Verlag · Stuttgart
UVK Verlag · München
Vandenhoeck & Ruprecht · Göttingen
Waxmann · Münster · New York
wbv Publikation · Bielefeld

Alexander Thiele

Allgemeine Staatslehre

Begriff, Möglichkeit, Fragen im 21. Jahrhundert

UNIVERSITÄTS-BIBLIOTHEK * BASEL *

Lesesaal 114,1004

Universitätsbibliothek ausgeschieden UNI BASEL Basel

A 718922

Mohr Siebeck

KATALOG

Alexander Thiele ist Privatdozent und akademischer Rat a.Z. an der Georg-August-Universität Göttingen.

ISBN 978-3-8252-5381-3 (UTB Band 5381)

Online-Angebote oder elektronische Ausgaben sind erhältlich unter www.utb-shop.de.

Die Deutsche Nationalbibliothek verzeichnet diese Publikation in der Deutschen Nationalbibliographie; detaillierte bibliographische Daten sind im Internet über http://dnb.dnb.de abrufbar.

© 2020 Mohr Siebeck, Tübingen. www.mohrsiebeck.com

Das Werk einschließlich aller seiner Teile ist urheberrechtlich geschützt. Jede Verwertung außerhalb der engen Grenzen des Urheberrechtsgesetzes ist ohne Zustimmung des Verlags unzulässig und strafbar. Das gilt insbesondere für die Verbreitung, Vervielfältigung, Übersetzung und die Einspeicherung und Verarbeitung in elektronischen Systemen.

Das Buch wurde von Pagina in Tübingen gesetzt und von Hubert & Co. in Göttingen auf alterungsbeständiges Werkdruckpapier gedruckt und gebunden. Covergestaltung: Atelier Reichert, Stuttgart.

Printed in Germany.

Vorwort

Moderne Staatlichkeit befindet sich in stetem Wandel, sieht sich fortdauernd vor neue Herausforderungen gestellt. Das gilt auch für den demokratischen Verfassungsstaat, der in den letzten Jahren immer stärker unter (rechtspopulistischen) Druck gerät – die Stichworte *Donald Trump*, Polen, Ungarn und Brexit mögen an dieser Stelle genügen. Die Allgemeine Staatslehre hat die Aufgabe, diese aktuellen Entwicklungen in ihren ganzheitlichen Versuch, den Staat „in seiner gegenwärtigen Struktur und Funktion zu begreifen" (*Hermann Heller*) zu integrieren, ohne ihre historischen Wurzeln zu vernachlässigen. Allgemeine Staatslehre ist dadurch ein dynamisches Lehr- und Forschungsfeld, das Erklärungsangebote für zahlreiche der beschriebenen Entwicklungen geben kann. Wie *Martin Kriele* treffend betont, ist damit zugleich jede Generation aufgerufen, ihre eigene Allgemeine Staatslehre zu verfassen. Ältere Werke werden dadurch nicht obsolet. Ihre grundlegenden Ergebnisse und Einsichten bleiben relevant – man denke an die bedeutenden Werke von *Georg Jellinek*, *Hermann Heller*, *Hans Kelsen* oder *Herbert Krüger*. Für die Beschreibung aktueller Problemlagen (Supranationalisierung, Digitalisierung, Populismus, Urbanisierung), ihre systematische Erfassung sowie für die Entwicklung von Lösungsangeboten können sie aber zwangsläufig weniger beitragen.

Vor diesem Hintergrund formuliert die vorliegende Einführung nach einer Verortung und generellen Rechtfertigung zehn Fragen an eine „Allgemeine Staatslehre im 21. Jahrhundert". Die Fragen werden nicht abschließend beantwortet – das wäre auch gar nicht möglich. Gleichwohl geben die Antworten einen Überblick nicht nur über den Forschungsstand, sondern zeigen zugleich neue Aspekte auf, denen sich eine moderne Allgemeine Staatslehre meines Erachtens widmen sollte. Sie wollen insofern zum eigenen Weiterdenken und Vertiefen anregen. Das Buch richtet sich damit nicht nur an Studierende der Rechts-, Politik- und Wirtschaftswissenschaften, die sich einen ersten Eindruck von der Materie verschaffen wollen. Es adressiert vielmehr auch diejenigen, denen es um eine vertiefte Behandlung dieser Thematik geht. Die Fragen (und Antworten) bauen zwar aufeinander auf, müssen aber nicht am Stück und nacheinander gelesen werden. Sie können und sollen auch als Anregung für diejenigen dienen, die nach interessanten Forschungsprojekten suchen. Der Fußnotenapparat ist umfangreich und umfasst nicht nur (deutsche) rechtswissenschaftliche, sondern auch politik-, sozial- und wirtschaftswissenschaftliche Literatur, um eine angemessene (erste) Vertiefung zu ermöglichen. Das Konzept unterscheidet sich dadurch partiell von anderen Lehrbüchern. Kritik ist damit ebenso erwartbar wie willkommen.

Zu bedanken habe ich mich bei den MitarbeiterInnen des ehemaligen Instituts für Allgemeine Staatslehre und Politische Wissenschaften der Universität Göttingen, namentlich *Sarah Ehls*, *Leoni Fiekas*, *Sebastian Hapka*, *Katharina Kriebel*, *Gregor Laudage*, *Tabea Nalik*, *Lara Schmidt* und *Jakob Schünemann*. Sie haben das Manuskript nicht nur (mehrfach) Korrektur gelesen und das Literaturverzeichnis erstellt, sondern zudem wertvolle Hinweise zu seiner Verbesserung vorgetragen. *Sarah Ehls* hat zudem wesentliche Impulse für das Design des Umschlagsbilds geliefert. *Pia Lange* hat in unzähligen Gesprächen und mit ihren Anmerkungen und Anregungen zum Gelingen beigetragen. Frau *Daniela Taudt* vom Verlag Mohr Siebeck hat das Manuskript gemeinsam mit Frau *Rebekka Zech* und Frau *Lisa Laux* wie immer hervorragend betreut. Vielen Dank!

Gewidmet ist das Buch meinem viel zu früh verstorbenen akademischen Lehrer *Werner Heun*. Vor mittlerweile zwanzig Jahren saß ich an der Universität Göttingen erstmals in seiner Vorlesung zur Allgemeinen Staatslehre und war von Anfang an fasziniert – nicht nur vom Thema, sondern insbesondere von den Kenntnissen und der Belesenheit des Dozenten. Dass ich Jahre später ausgerechnet an seinem ehemaligen Schreibtisch ein einführendes Lehrbuch zur Allgemeinen Staatslehre verfassen würde, hätte ich mir damals nicht vorstellen können.

Göttingen/Osnabrück, im Januar 2020 Alexander Thiele

Inhaltsverzeichnis

A. Begriff und Verortung der Allgemeinen Staatslehre

„Die wichtigste, auf menschlicher Willensorganisation beruhende soziale Erscheinung aber ist der Staat [...].“

Georg Jellinek[1]

„[D]ie Basis aller juristischen Betrachtungen ist nach wie vor die rechtsdogmatische Festlegung der Begriffe.“

Hans Peters[2]

Was ist Allgemeine Staatslehre? In welchem Verhältnis steht die Allgemeine Staatslehre zum Staatsrecht, der (vergleichenden)[3] Verfassungslehre, der Staats-, Politik- aber auch der Sozial- und Wirtschaftswissenschaft? Ist eine Allgemeine Staatslehre im 21. Jahrhundert in Zeiten voranschreitender Globalisierung und einem (vermeintlichen) Untergang des modernen Staates noch zeitgemäß? Ist sie im ausgefächerten Wissenschaftssystem noch möglich? Und wenn ja: Wie könnte ein angepasstes und auf aktuelle Entwicklungen reagierendes Lehr- und Forschungsprogramm aussehen, das versucht, Tradition und Gegenwart der Disziplin miteinander zu versöhnen?

Die Antwort auf diese Fragen fällt schwerer als man angesichts der langen, in das 19. Jahrhundert zurückreichenden[4] und vornehmlich deutschsprachigen[5] Tradition der Allgemeinen Staatslehre vermuten würde.[6] Eine

---

[1] *G. Jellinek*, Allgemeine Staatslehre, S. 4.

[2] *H. Peters*, in: Verwaltungsakademie Berlin, Gegenwartsfragen der Kommunalverwaltung, S. 139 (140).

[3] Dazu etwa *A. Weber*, Europäische Verfassungsvergleichung, 2010.

[4] Vgl. *C. Möllers*, Der vermisste Leviathan, S. 9 f.

[5] Eine entsprechende Disziplin findet sich allein im deutschsprachigen Raum (also in Deutschland, Österreich und der Schweiz), vgl. *A. Voßkuhle*, Die Renaissance der Allgemeinen Staatslehre im Zeitalter der Europäisierung und Internationalisierung, JuS 2004, 2 (2). Siehe knapp zur historischen Entwicklung auch *M. Kriele*, Einführung in die Staatslehre, S. 5. Relativierend allerdings *C. Starck*, Allgemeine Staatslehre in Zeiten der Europäischen Union, in: ders. (Hrsg.), Woher kommt das Recht, S. 353 (359 f.).

[6] Siehe auch *R. Herzog*, Allgemeine Staatslehre, S. 15: „Nach dem Standort und den Aufgaben der Staatslehre zu fragen, scheint bei dem Alter und der Tradition dieser Wissenschaft fast widersinnig zu sein.“

allgemeingültige Definition fehlt, man wird sogar sagen können, dass die Beschreibung ihres Gegenstandes den ersten Streitpunkt unter denjenigen darstellt, die sich der Allgemeinen Staatslehre verschrieben haben. Es besteht dadurch eine erhebliche Unsicherheit, wenn man zu bestimmen versucht, womit sich die Allgemeine Staatslehre beschäftigt oder womit sie sich beschäftigen *sollte*. Vor diesem Hintergrund ist es nicht überraschend, dass (klassische) Lehrbücher auf diesem Gebiet nicht nur eine individuelle Begrifflichkeit zugrunde legen, sondern zugleich individuelle Schwerpunkte setzen und damit ihren eigenen (wissenschaftlichen) Weg gehen. In der Konsequenz unterscheiden sich die Lehrbücher signifikant in Inhalt, Aufbau und Konzeption. Anders ausgedrückt: Allgemeine Staatslehre ist nicht gleich Allgemeine Staatslehre. Der Großteil der Lehrbücher – und das gilt gleichermaßen für ältere wie für neuere Werke – verzichtet auf eine knappe und einprägsame Definition und wählt stattdessen den Weg der beschreibenden Erläuterung, in der weniger dargelegt wird, was Allgemeine Staatslehre generell ist oder sein sollte als vielmehr, was der jeweilige Verfasser darunter versteht.[7] Für die Vorlesungen, die an den unterschiedlichen Fakultäten gehalten werden, gilt nichts anderes, zumal diese bisweilen mit der Verfassungsgeschichte und anderen Grundlagenfächern kombiniert werden und schon dadurch divergierende Schwerpunkte setzen. Zum juristischen Pflichtstoff zählt die Allgemeine Staatslehre ohnehin – wenn überhaupt – nur als Bestandteil der Grundlagenfächer.[8] Was Studierende erwarten können, die diese Vorlesung besuchen, erfahren sie daher erst zu Beginn des Semesters und variiert in Abhängigkeit von den DozentInnen. Hier zeigt sich bereits ein Unterschied zu den Kerngebieten des öffentlichen Rechts. Inhalt und Aufbau der gängigen Lehrbücher weisen dort eine große Ähnlichkeit auf, was daran liegt, dass eine prinzipielle Einigkeit über den behandelten Gegenstand und auch über die Art der Darstellung besteht. Das gilt für den Bereich des Staatsrechts (insbesondere für die Grundrechts-Lehrbücher), ebenso aber für das Verwaltungsrecht.[9] Deutlich wird dies auch in den Prüfungsordnungen der Landesjustizprüfungsämter, die in diesen Bereichen vergleichsweise kongruent ausfallen.

---

[7] Vgl. etwa *H. H. von Arnim*, Staatslehre der Bundesrepublik Deutschland, S. 1: „Abstrakt-begriffliche Definitionen wären hier allerdings wenig fruchtbar."

[8] Ob das vor dem Hintergrund der im Jahr 2012 veröffentlichten Empfehlungen des Wissenschaftsrats für das juristische Studium sinnvoll ist, darf bezweifelt werden, gerade weil die Allgemeine Staatslehre als interdisziplinäre und internationale Wissenschaft geeignet ist, Erklärungsansätze für die vielfältigen globalen Entwicklungen anzubieten.

[9] Das schließt Unterschiede im Detail und in den Schwerpunktsetzungen natürlich nicht aus. Gerade bei den klassischen Lehrbüchern „weiß" man aber als Lesender was einen erwartet. Und auch die Vorlesungen sind in diesen Bereichen zumindest inhaltlich ähnlich aufgebaut.

Diese unterschiedlichen Lehrverständnisse spiegeln die wissenschaftliche Welt der Allgemeinen Staatslehre. Ein konsentiertes Forschungsprogramm fehlt,[10] was allerdings nicht zwingend als Defizit angesehen werden muss, sondern auch als wissenschaftliche Offenheit in einer sich entwickelnden Programmatik im (globalen) Kontext interpretiert werden kann. Wichtiger als wissenschaftlicher Konsens, so ließe sich formulieren, ist dann die konstante Debatte über Begriff und Aufgabe der Allgemeinen Staatslehre. Diese Debatte hält die Allgemeine Staatslehre am Leben; käme sie an ihr Ende, dürfte das das Ende der Allgemeinen Staatslehre in ihrer bisherigen „experimentellen" Form sein.

Auf den folgenden Seiten soll vor diesem Hintergrund ein Beitrag zu dieser Debatte geleistet und ein Vorschlag gemacht werden, was unter einer modernen Allgemeinen Staatslehre zu verstehen sein könnte, welche Aufgaben eine solche im 21. Jahrhundert sinnvollerweise (noch) wahrnehmen kann und an welchen Stellen sich konkreter Forschungsbedarf entdecken lässt. Anders formuliert: Es geht um die Beantwortung der an die Schiller'sche Antrittsrede aus dem Jahre 1799 anknüpfenden Frage: Was heißt und zu welchem Ende studiert man Allgemeine Staatslehre?

Betrachtet man mit diesem Ziel die bestehenden Vorstellungen von und Beschreibungen der Allgemeinen Staatslehre, lassen sich drei Gemeinsamkeiten herausschälen, die – bei allen Unterschieden im Detail und in der Gewichtung – das weitgehend konsentierte Fundament der Allgemeinen Staatslehre bilden. Sie werden im Folgenden skizziert (I–III) und liegen auch der knappen Definition zugrunde, die anschließend vorgeschlagen wird (IV).

I. Der Staat als Gegenstand

Bei der Allgemeinen Staatslehre geht es *erstens* um eine Betrachtung des kulturellen, sozialen und normativen Phänomens „Staat" beziehungsweise „Staatlichkeit": „Der Untersuchungsgegenstand der Allgemeinen Staatslehre ist der Staat" heißt es bei *Burkhard Schöbener* und *Matthias Knauff*[11] gleich zu Beginn ihres Werkes, für *Georg Jellinek* ist Aufgabe der Staatslehre „Erkenntnis der Erscheinung des Staates nach allen Richtungen seines Daseins"[12], *Roman Herzog* zählt die Staatslehre zu den Wissenschaften, „die sich mit dem Staat befassen"[13] und *Hans Herbert von Arnim* sowie *Herbert Krüger*

[10] Siehe auch *O. Lepsius*, Besprechung von Thomas Vesting, Staatstheorie, JZ 2019, 991 (992): „Wie immer bei Staatslehren ist unklar, was eigentlich genau mit dem Erkenntnisgegenstand ‚Staat' erforscht werden soll."

[11] *B. Schöbener/M. Knauff*, Allgemeine Staatslehre, § 1, Rn. 1.

[12] *G. Jellinek*, Allgemeine Staatslehre, S. 9.

[13] *R. Herzog*, Allgemeine Staatslehre, S. 16.

streben gar die Entwicklung einer „Theorie des Staates an sich“[14] respektive eine „wahrhaft(e) Lehre vom Staate“[15] an. Zwar lehnt *Hermann Heller* eine Untersuchung des „Wesens“ des Staates insoweit ab, als eine solche vom Staat als eines „unveränderlichen Ding[s] mit zeiträumlich konstanten Merkmalen“[16] ausgeht. Gleichwohl will aber auch er „den Staat begreifen in seiner gegenwärtigen Struktur und Funktion.“[17]

Die Feststellung der Staatszentriertheit der Allgemeinen Staatslehre mag auf den ersten Blick banal erscheinen – wie sollte es bei einer Wissenschaft anders sein, die den Staat schon im Namen trägt? Gleichwohl geht mit ihr eine Begrenzung des zu behandelnden Gegenstandes einher, gerade im Vergleich zu den Wirtschafts-, Politik- sowie anderen Sozial- und Gesellschaftswissenschaften. Diese können und müssen Teil einer Allgemeinen Staatslehre nur sein oder tragen zu dieser nur bei, soweit es um Fragestellungen geht, die in einer Nähebeziehung zum modernen Staat oder zur Staatlichkeit stehen. Diese Wissenschaften weisen zur Allgemeinen Staatslehre also Schnittmengen auf, überlappen sich mit dieser aber nicht vollständig. Welcher Art und wie konkret diese Nähebeziehung ausgestaltet sein muss, bleibt offen und lässt sich nicht abschließend angeben. Tatsächlich gibt es – wie *Georg Jellinek* treffend formuliert – kaum ein „Gebiet menschlicher Gemeintätigkeit, das nicht in Beziehungen zum Staate stünde“.[18] Hier dürfte ein Grund für die abweichenden Inhalte der Lehrbücher zur Allgemeinen Staatslehre und die divergierenden Forschungsfragen liegen. Welche Nähebeziehung als ausreichend, welche Berührungspunkte als unerheblich eingeordnet werden, wird nicht einheitlich beurteilt. An der wissenschaftstheoretischen Abgrenzung der Allgemeinen Staatslehre von den anderen Sozial- und Gesellschaftswissenschaften ändert dieser Befund jedoch nichts, oder anders: Die Allgemeine Staatslehre geht nicht vollständig in diesen anderen Wissenschaften auf,[19] so wie auch diese nicht in der Allgemeinen Staatslehre aufgehen. Es ist vor diesem Hintergrund kein Widerspruch, wenn das zu skizzierende Forschungsprogramm auch gesellschaftliche Gruppierungen und Phänomene (etwa Gewerkschaften, internationale Unternehmen und Investmentfonds, Geschäftsbanken, Bürgerinitiativen [„Fridays for Future“] oder Rundfunk, Fernsehen und soziale Medien) in den Blick nimmt, solange zu jedem Zeitpunkt verdeutlicht wird, woraus sich – nach Ansicht des Verfassers – die spezifische Nähebeziehung zum Staat oder zum Phänomen Staatlichkeit ergibt.

---

[14] *H. H. von Arnim*, Staatslehre der Bundesrepublik Deutschland, S. 1.

[15] *H. Krüger*, Allgemeine Staatslehre, Vorwort, S. V.

[16] *H. Heller*, Staatslehre, 2. Auflage, S. 3.

[17] *H. Heller*, Staatslehre, 2. Auflage, S. 3. Ein solchermaßen statischer Staatsbegriff liegt freilich auch den Staatslehren Krügers und von Arnims nicht zugrunde.

[18] *G. Jellinek*, Allgemeine Staatslehre, S. 5.

[19] *G. Jellinek*, Allgemeine Staatslehre, S. 5.

Die Untersuchung des Staates erfolgt nicht nur empirisch betrachtend, sondern zugleich normativ bewertend; es geht mit *Hans Herbert von Arnim* darum, zu beschreiben, zu erklären, zu bewerten und zu kritisieren sowie um das Entwickeln von Verbesserungsvorschlägen.[20] Die Allgemeine Staatslehre ist *Seins- und Sollenswissenschaft* zugleich.[21] Die ausschließliche Beschreibung des Bestehenden, gewissermaßen der „staatlichen Tatsachen", wäre zwar möglich. Und es steht außer Frage, dass mit der damit einhergehenden Systematisierung der weltweiten Staatenvielfalt und der Herausarbeitung von Gemeinsamkeiten und Unterschieden ein Mehrwert verbunden wäre. Die unterschiedlichen Formen moderner Staatlichkeit und die historisch-pfadabhängigen Wandlungsprozesse (nicht zuletzt auf dem afrikanischen Kontinent) sind auch für den Experten kaum noch zu überblicken. Der Staat ist nicht statisch, sondern „Prozess".[22] Eine solche rein beschreibende und ordnende Allgemeine Staatslehre verlöre aber ihren Charakter als *kritische* Wissenschaft, schrumpfte zur „positivistischen Begleitwissenschaft" und wäre in einer solchermaßen faden und blutleeren Form nicht in der Lage, Impulse für die Entwicklung der Staaten zu liefern und Fehlentwicklungen zu thematisieren. Eine solche Allgemeine Staatslehre könnte mit jeder Ausprägung von Staatlichkeit leben – der Staat und die Staatenwelt wären wie sie sind: Der Hobbes'sche Leviathan mal mehr und mal weniger gebändigt, mal gewalttätig, mal schwach bis zur Bedeutungslosigkeit. Für eine neutrale Allgemeine Staatslehre stellten sich daran anknüpfende Fragen nicht. Das Erstarken rechtspopulistischer Parteien, die Erosion des demokratischen Verfassungsstaates,[23] ja sogar die Entstehung neuartiger autoritärer Staatsformen wäre für sie lediglich Anlass zur Anpassung der gefundenen Ergebnisse aber niemals Ausgangspunkt für Kritik oder (lautstarke) Empörung. Eine solche Allgemeine Staatslehre aber kann es nach den Erfahrungen des 20. Jahrhunderts nicht (mehr) geben:[24] „Staatslehre muss auch kritisch sein".[25] Ähnlich formuliert *Herbert Krüger*: „Eine Staatslehre lässt sich gewiss nicht ohne inneres Beteiligtsein schreiben, um von dem Sinn für Staatlichkeit und ihre Würde ganz zu schweigen."[26] Wo Menschen gefoltert, Mei-

[20] *H. H. von Arnim*, Staatslehre der Bundesrepublik Deutschland, S. 2.

[21] Vgl. auch *K. Doehring*, Allgemeine Staatslehre, Rn. 23; *P. Mastronardi*, Verfassungslehre, Rn. 121.

[22] *G. F. Schuppert*, Staat als Prozess, 2010.

[23] Siehe dazu zuletzt etwa *S. Levitsky/D. Ziblatt*, How Democracies Die, 2018, *Y. Mounk*, The People vs. Democracy, 2018 sowie *A. Thiele*, Verlustdemokratie, 2. Auflage 2018.

[24] Vgl. auch *R. Herzog*, Allgemeine Staatslehre, S. 34: „Die Staatslehre zumindest darf sich eines Schweigens gegenüber der Gegenwart nicht schuldig machen."

[25] *H. H. von Arnim*, Staatslehre der Bundesrepublik Deutschland, S. 2. Siehe auch *M. Kriele*, Einführung in die Staatslehre, S. 4.

[26] *H. Krüger*, Allgemeine Staatslehre, S. IX.

nungen unterdrückt, Journalisten inhaftiert, Medien behindert und Oppositionelle gegängelt werden, darf eine moderne Allgemeine Staatslehre nicht in unparteiischer Lethargie, Langeweile und Beliebigkeit verharren. Auch die Auswirkungen des vorherrschenden Wirtschaftssystems auf den sozialen Zusammenhalt wird sie nicht unkommentiert lassen können. Allgemeine Staatslehre ist nicht wertneutral, ohne dass dazu Übereinstimmung in der Ausgestaltung des normativen Referenzmodells bestehen müsste, an dem die reale Staatenwelt gespiegelt wird. Es ist aber Aufgabe einer jeden Allgemeinen Staatslehre ein Referenzmodell anzubieten und zur Diskussion zu stellen.[27] Nach hier vertretener Ansicht kommt allein der (denationalisierte)[28] demokratische Verfassungsstaat als Referenzmodell in diesem Sinne in Betracht.[29] Nur dieser geht von der gleichen (politischen) Freiheit aller sowie der unveräußerlichen Menschenwürde jedes Individuums unabhängig von Rasse, Geschlecht, politischer Anschauung oder sexueller Orientierung aus.[30] Seine Struktur, Ausgestaltung und Charakteristika sollten daher auch im Forschungsprogramm der Allgemeinen Staatslehre im Zentrum stehen. Beide Ebenen – also die tatsächliche und die normative Ebene – gilt es freilich in der Darstellung durchgehend und deutlich erkennbar voneinander zu scheiden: „Stets sollte also klar sein, ob eine Aussage die tatsächlichen Gegebenheiten beschreibt oder sie kritisch bewertet und eine bessere Alternative vorschlägt, kurz, ob man von dem spricht, was ist, oder von dem, was sein soll.“[31]

Die Einigkeit im Hinblick auf ihren zentralen wissenschaftlichen Gegenstand – den Staat – darf nicht mit einer wissenschaftlichen Einigkeit hinsichtlich des zugrunde liegenden *Staatsbegriffs* verwechselt werden. Angesichts „der Mannigfaltigkeit, die der Staat darbietet“[32] ist dieser Befund nicht überraschend – „der Staat“ kann nicht nur auf unterschiedliche Weise betrachtet, sondern auch auf unterschiedliche Art definiert werden:[33] „Man kann sehr Verschiedenes als ‚Staat‘ bezeichnen.“[34] Tatsächlich bildet die Frage nach

---

[27] Siehe auch *R. Zippelius*, Allgemeine Staatslehre, S. 1; *P. Mastronardi*, Verfassungslehre, Rn. 122.

[28] Bei der Denationalisierung handelt es sich freilich um eine in die Zukunft gerichtete Forderung, vgl. *A. Thiele*, Der gefräßige Leviathan, S. 285 ff. Siehe auch unten bei Frage X.

[29] Siehe dazu auch *A. Thiele*, Verlustdemokratie, S. 31 ff. Zentrale Elemente des demokratischen Verfassungsstaates finden sich bei *A. Thiele*, Der gefräßige Leviathan, S. 235 ff.

[30] Vgl. auch *P. Häberle*, Verfassungslehre als Kulturwissenschaft, S. 28 f.

[31] *R. Zippelius*, Allgemeine Staatslehre, S. 1.

[32] *G. Jellinek*, Allgemeine Staatslehre, S. 5.

[33] Siehe auch *P. Mastronardi*, Verfassungslehre, Rn. 117.

[34] *N. Luhmann*, Grundrechte als Institution, S. 14. Siehe auch *C. Möllers*, Der vermisste Leviathan, S. 9: „Das bedeutet, dass sich auf die Frage, was eigentlich damit gemeint ist, wenn das Wort ‚Staat‘ verwendet wird, keine Antwort von selbst versteht.“

dem Wesen des modernen (neuzeitlichen) Staates und den diesen prägenden Merkmalen einen zentralen Diskussionspunkt in der wissenschaftlichen Auseinandersetzung innerhalb der Allgemeinen Staatslehre.[35] Sie bleibt ein zentraler Forschungsbereich und dürfte es angesichts des steten Wandels von Staatlichkeit und neuartiger Herausforderungen („Globalisierung") dauerhaft bleiben.[36] Auch die unten (und zuvor bereits an anderer Stelle)[37] präsentierten historischen Wesensmerkmale, die den modernen Staat der Neuzeit prägen und von vorherigen staatlichen (oder staatsähnlichen) Gemeinwesen unterscheiden, sind nur eine Momentaufnahme. „It may seem curious that so great and obvious a fact as the state should be the object of quite conflicting definitions, yet such is certainly the case."[38] Auch insoweit ist es dem Verfasser überlassen, sich „seinen modernen Staat zu schaffen" oder (in den Worten *Egon Friedells*) gerade im Hinblick auf die staatliche Entwicklungsgeschichte seine „Legende" über den modernen Staat zu erzählen[39] und in den Diskurs einzupflegen – stets in kritischer Auseinandersetzung mit den dazu in Vergangenheit und Gegenwart vorzufindenden Vorschlägen, Ansätzen und Ideen.[40]

II. Die Allgemeine Staatslehre als interdisziplinäre Wissenschaft

Die Allgemeine Staatslehre ist *zweitens* eine interdisziplinäre Wissenschaft.[41] Dieser Umstand wurde bereits erwähnt und ergibt sich daraus, dass es der Allgemeinen Staatslehre um eine umfassende Beschreibung des Staates (der Staatlichkeit), des „gesamten politisch-administrativen Systems"[42] geht. Eine solche – anspruchsvolle[43] – Aufgabe verlangt, die Erkenntnisse unterschiedlicher Disziplinen zusammenzuführen.[44] Andernfalls muss die Erfassung des Staates in seiner Gesamtheit scheitern: „Staatslehre ist heute interdisziplinär oder sie ist überhaupt nicht."[45] Oder, in den Worten von *Christoph Möllers*:

---

[35] Vgl. auch *E.-W. Böckenförde*, Geschichte der Rechts- und Staatsphilosophie, S. 4 ff.

[36] Aus der Perspektive der Bankenregulierung *A. Busch*, Staat und Globalisierung, 2003.

[37] Siehe *A. Thiele*, Der gefräßige Leviathan, S. 44 ff.

[38] *R. M. MacIver*, The Modern State, S. 3.

[39] *E. Friedell*, Kulturgeschichte der Neuzeit, S. 32 ff., 37.

[40] Dass es angesichts dieser Vielfalt an (historischen) Staatsbegriffen nicht zwingend erforderlich ist, stets eine völlig neue Definition anzubieten, versteht sich von selbst.

[41] Vgl. auch *T. Vesting*, Staatstheorie, Rn. 16 ff.

[42] *H. H. von Arnim*, Ist Staatslehre möglich?, JZ 1989, 157 (158).

[43] Vgl. *C. Möllers*, Staat als Argument, S. 419.

[44] Vgl. auch *C. Möllers*, Staat als Argument, S. 419.

[45] *H. H. von Arnim*, Staatslehre der Bundesrepublik Deutschland, S. 10.

„Die Allgemeine Staatslehre ist eine eigene Disziplin zur Zusammenführung anderer Disziplinen."[46] Zu betonen ist freilich: In dieser Zusammenführung erschöpft sie sich nicht. Ohnehin ist auch eine solche Zusammenführung eine wissenschaftliche Leistung, die zu Ergebnissen führen kann, die über diejenigen der Einzelwissenschaften hinausgehen.[47] Darauf wird an späterer Stelle zurückzukommen sein. Allerdings ist mit dieser Feststellung der Interdisziplinarität noch nicht beantwortet, welche Wissenschaftsdisziplinen bei der Allgemeinen Staatslehre zusammenkommen (sollen) und mit welcher Methode, in welchem Umfang und mit welchem wissenschaftlichen Ziel eine solche Zusammenführung durchzuführen wäre. In der Forschungswelt besteht hier erneut keine Einigkeit, teilweise wird bestritten, dass die angestrebte Vereinigung zu einer „neuen wissenschaftlichen Form"[48] überhaupt gelingen kann. Das Ob und das Wie der methodenpluralistischen[49] Integration der verschiedenen Teilwissenschaften sind jedenfalls zu einem gewissen Umfang der Willkür und damit den persönlichen Vorlieben und Kenntnissen des Verfassers überlassen – ein weiterer Grund, warum sich die Lehrbücher so deutlich voneinander unterscheiden. Wer sich neben der Rechtswissenschaft auch in der Ökonomie zu Hause fühlt, wird wirtschaftswissenschaftliche Aspekte stärker integrieren[50] als jemand, der vor allem an soziologischen Fragestellungen interessiert ist. Oftmals dürfte auch der Zufall eine Rolle spielen: Schon angesichts des Umfangs der Abhandlungen, die in dem erforderlichen Näheverhältnis zum modernen Staat stehen, werden aus unbekannteren Disziplinen diejenigen herangezogen, über die man – etwa weil sie in einer Tageszeitung erwähnt wurden – schlicht gestolpert ist. Das ist wissenschaftstheoretisch unbefriedigend, in der Sache aber kaum zu ändern, wenn man an der Allgemeinen Staatslehre festhalten will.[51] Allgemeine Staatslehre ist ebenso interdisziplinär wie experimentell und individuell.[52]

Immerhin wird man zwei Dinge festhalten können, die in dieser Hinsicht allgemein anerkannt sein dürften. Da es der Allgemeinen Staatslehre um die

[46] *C. Möllers*, Staat als Argument, S. 419.

[47] Dass die Zusammenführung gegenwärtig mehr oder weniger methodenfrei abläuft ist allerdings ein Kritikpunkt, der nicht von der Hand zu weisen ist. Siehe dazu sogleich.

[48] *C. Möllers*, Staat als Argument, S. 419.

[49] Vgl. *M. Payandeh*, Allgemeine Staatslehre, in: J. Krüper (Hrsg.), Grundlagen des Rechts, § 4, Rn. 2.

[50] In zahlreichen Lehrbüchern kommen ökonomische Aspekte, nicht zuletzt die Frage nach der Finanzierung des Staates, allerdings nur sehr verkürzt oder überhaupt nicht vor. Hier besteht insofern zweifellos Forschungsbedarf aus der Perspektive der Allgemeinen Staatslehre. Vor allem aktuelle wirtschaftswissenschaftliche Entwicklungen – etwa zur Bewertung der Staatsverschuldung – werden allenfalls rudimentär zur Kenntnis genommen.

[51] Zur Methodenkritik auch gleich noch unten.

[52] Vgl. *T. Vesting*, Staatstheorie, Rn. 36.

Beschreibung der tatsächlichen Verhältnisse des Staates (also der staatlichen Wirklichkeit) geht,[53] kann und muss sie sich zum einen bei den Sozialwissenschaften bedienen. Dazu gehören mit *Hans Herbert von Arnim* die Soziologie, die Politikwissenschaft aber auch die Volkswirtschaftslehre, die Finanzwissenschaft und die Politische Ökonomie.[54] Hinzu treten die politische Philosophie[55] und die Geschichtswissenschaft, ohne die eine Beschreibung und Analyse des Status quo der heutigen (modernen) Staatenwelt und möglicher Transformationen letztlich nicht möglich ist[56] – trotz der polemischen und eher einer persönlichen Abneigung geschuldeten Bedenken, die *Egon Friedell* gegenüber der Geschichtswissenschaft geäußert hat.[57] Zum anderen umfasst die Allgemeine Staatslehre auch die normwissenschaftliche, rechtswissenschaftliche Perspektive; sie ist auch normative Wissenschaft. Dabei kann dahingestellt bleiben, ob die Allgemeine Staatslehre dadurch zum Aliud der Staatswissenschaften wird (denen es gerade an dieser Perspektive mangelt) oder – wofür *Roman Herzog* plädiert hat – sie als Unterdisziplin der umfassend zu verstehenden Staatswissenschaften[58] anzusehen ist.[59] Entscheidend ist, dass eine Untersuchung des modernen Staates ohne diese normative Perspektive keine Allgemeine Staatslehre im hier verstandenen Sinne sein kann. Die Allgemeine Staatslehre strebt vielmehr gerade an, die im Positivismus (für den der ab Mitte des 19. Jahrhunderts entstehende Verfassungsstaat im Zentrum stand)[60] begründete Aufspaltung in eine *soziale* Staatslehre einerseits und eine *normative* Staats*rechts*lehre andererseits rückgängig zu machen und beide Seiten der „staatlichen Medaille" wieder zusammenzuführen – so wie dies in der Hochphase der Allgemeinen Staatslehre zu Beginn des 19. Jahrhunderts beinahe selbstverständlich der Fall war.[61] Angesichts dieser

---

[53] Siehe auch *R. Zippelius*, Allgemeine Staatslehre, S. 1.

[54] *H. H. von Arnim*, Staatslehre der Bundesrepublik Deutschland, S. 5.

[55] Einführend dazu *E. Özmen*, Politische Philosophie, 2013.

[56] Speziell zum historischen Staatsverständnis zuletzt auch *G. Metzler*, Der Staat der Historiker, 2019.

[57] *E. Friedell*, Kulturgeschichte der Neuzeit, S. 24 ff. *Friedell* spricht der Geschichtswissenschaft dabei im Ergebnis jede Wissenschaftlichkeit ab, aaO, S. 26: „Wir gelangen demnach zu dem Resultat: sobald die referierende Geschichtsschreibung versucht, eine Wissenschaft zu sein, hört sie auf objektiv zu sein, und sobald sie versucht, objektiv zu sein, hört sie auf, eine Wissenschaft zu sein." Diese Einschätzung wird hier nicht geteilt, sie sei aber zur nicht ernstgemeinten Provokation befreundeter HistorikerInnen gleichwohl zitiert.

[58] „Staatswissenschaften" bildet dann den Oberbegriff für alle wissenschaftlichen Disziplinen, die sich mit dem Staat befassen.

[59] Vgl. *R. Herzog*, Allgemeine Staatslehre, S. 16 ff.

[60] Überblick dazu bei *A. Thiele*, Der gefräßige Leviathan, S. 236 ff.

[61] Vgl. auch *C. Starck*, Allgemeine Staatslehre in Zeiten der Europäischen Union, in: ders. (Hrsg.), Woher kommt das Recht, S. 353 (358).

doppelten Ausrichtung erscheint es aber losgelöst von vermeintlichen „Fachegoismen" wenig überzeugend, eine Umbenennung der Allgemeinen Staatslehre in „Politikwissenschaft"[62] zu einer zweitrangigen Frage zu erklären.[63] Begrifflichkeiten sind zur Abgrenzung und Systematisierung der Wissenschaftszweige ebenso wie zur Vermeidung von Verständnisproblemen innerhalb des Wissenschaftsraumes nicht beliebig und austauschbar – auch wenn zuzugeben ist, dass diese bisweilen historischen Zufälligkeiten geschuldet sind und es allein auf das materielle Verständnis und die behandelten Fragestellungen ankommen kann. Gerade der Begriff der Politikwissenschaft dürfte sich aber so etabliert und ausdifferenziert haben, dass seine Gleichsetzung mit der (sozial-normativen) Allgemeinen Staatslehre auf Seiten aller Beteiligten eher für Verwirrung, zumindest aber Verwunderung sorgen dürfte.

Dieser interdisziplinäre Ansatz, bei dem normative und sozialwissenschaftliche Vorstellungen und Kontexte zusammenkommen, grenzt die Allgemeine Staatslehre vom (vergleichenden) Staatsrecht und dem (vergleichenden) Verfassungsrecht ab, denen die normativ-dogmatisch (rechtliche) Analyse einer bestimmten Staats- und Verfassungsordnung repektive der normative (rechtliche) Vergleich mehrerer Staats- und Verfassungsordnungen obliegt.[64] Die Allgemeine Staatslehre geht in diesen normativen Verfassungsvergleichswissenschaften nicht auf, die daher auch nicht an ihre Stelle treten können. Vergleichbar ist sie im anglo-amerikanischen Raum am ehesten mit der unter anderem von *Ran Hirschl* wiederbelebten Disziplin „Comparative Constitutionalism",[65] die im anglo-amerikanischen Raum auch (aber nicht ausschließlich)[66] von RechtswissenschaftlerInnen betrieben wird.

---

[62] So etwa der Untertitel der Allgemeinen Staatslehre von *Reinhard Zippelius*, der allerdings nicht näher erläutert wird.

[63] *H. H. von Arnim*, Ist Staatslehre möglich?, JZ 1989, 157 (157).

[64] Siehe beispielhaft etwa *A. Weber*, Europäische Verfassungsvergleichung, 2010. Allerdings wird diese Entkontextualisierung und Fokussierung auf die (nationale) Dogmatik, die sich auch in der Zitierweise höchstrichterlicher Entscheidungen spiegelt, auch in der deutschen Rechtswissenschaft mittlerweile kritisch gesehen, vgl. *O. Lepsius*, Kontextualisierung als Aufgabe der Rechtswissenschaft, JZ 2019, 793 ff. Darauf kann an dieser Stelle nicht näher eingegangen werden.

[65] *R. Hirschl*, Comparative Matters, 2014.

[66] Ran Hirschl ist Politik- und kein Rechtswissenschaftler.

III. Über einen bestimmten Staat hinausreichendes Erkenntnisinteresse

Reicht das interdisziplinäre Erkenntnisinteresse einer „Staatslehre" über das Wesen und die Struktur eines einzelnen Staates hinaus, handelt es sich *drittens* um eine Allgemeine Staatslehre; soll hingegen das Wesen eines bestimmten Staates oder einer sehr kleinen Staatengruppe beleuchtet werden, handelt es sich um eine „*Besondere* Staatslehre".[67] Beide Ansätze haben ihre Berechtigung, verfolgen jedoch unterschiedliche Zwecke. Eine Allgemeine Staatslehre zielt ihrer Idee nach darauf ab, Wesen und Charakter aller bestehenden Staaten zu ergründen. Sie wird sich daher der *induktiven* Methode bedienen und versuchen, vom Besonderen der individuellen Staaten auf das Allgemeine aller Staaten zu schließen. Der empirische „Staatenvergleich" bildet ein zentrales Element einer jeden Allgemeinen Staatslehre. Das schließt eine *deduktive* Vorgehensweise nicht von vornherein aus. So ließen sich eventuell aus dem allgemeinen Wesen des Menschen abstrakte Hypothesen über das Zusammenleben im Staat entwickeln, die dann jeder staatlichen Gemeinschaft gemein sind oder sein müssten. Auch dieser Weg – den nicht zuletzt *Karl Popper* mit seiner Stückwerk-Sozialtechnik gewiss eingeschlagen oder bevorzugt hätte[68] – käme aber ohne den umfassenden Staatenvergleich zur anschließenden Verifizierung (beziehungsweise Falsifizierung) der Hypothesen nicht aus. Im Übrigen ist es bisher allenfalls rudimentär gelungen, aus dem Wesen des Menschen sinnvolle Annahmen zu formulieren, die sich als Grundlage einer umfassenden und halbwegs realitätsnahen (nicht-utopischen) Allgemeinen Staatslehre eignen würden.[69] Auch hier wird daher die induktive Methode als „Grundsatzmethode" vorgeschlagen, die, das sei noch einmal betont, nicht ausschließt (sondern sogar verlangt), den empirisch ermittelten Befund einer normativen Kritik zu unterziehen.

---

[67] Ähnlich auch *G. Jellinek*, Allgemeine Staatslehre, S. 10. Siehe auch *M. Payandeh*, Allgemeine Staatslehre, in: J. Krüper (Hrsg.), Grundlagen des Rechts, § 4, Rn. 2. Eine solche „Besondere Staatslehre" findet sich etwa bei *H. H. von Arnim*, Staatslehre der Bundesrepublik Deutschland, 1984. Ähnlich auch *W. Heun*, Die Verfassungsordnung der Bundesrepublik Deutschland, 2012 sowie *U. Volkmann*, Grundzüge einer Verfassungslehre der Bundesrepublik Deutschland, 2013. Siehe zu dieser Unterscheidung auch *R. Herzog*, Allgemeine Staatslehre, S. 35 ff.

[68] Siehe *K. Popper*, Die offene Gesellschaft und ihre Feinde, Band II, S. 259: „Der einzige Weg, der den Sozialwissenschaften offensteht, besteht darin, (...) die praktischen Probleme unserer Zeit mit Hilfe der theoretischen Methoden zu behandeln, die im Grunde allen Wissenschaften gemeinsam sind: mit Hilfe der Methode von Versuch und Irrtum, der Methode des Auffindens von Hypothesen, die sich praktisch überprüfen lassen, und mit Hilfe ihrer praktischen Überprüfung." Vgl. dazu auch *J. Nasher*, Die Staatstheorie Karl Poppers, S. 48 ff.

[69] Vgl. auch *R. Herzog*, Allgemeine Staatslehre, S. 35 f.

Der theoretisch-universelle Anspruch der Allgemeinen Staatslehre bedarf in mehrfacher Hinsicht einer Einschränkung und Modifikation. Angesichts der Vielzahl an Staaten – die Vereinten Nationen haben gegenwärtig 193 ordentliche Mitglieder – ist es zunächst unmöglich, eine umfassende Allgemeine Staatslehre zu verfassen, die sämtliche bestehenden modernen Staaten mit der gleichen wissenschaftlichen Tiefe durchdringen und analysieren könnte. Schon die Sprachbarriere ist hier nicht zu überwinden. Entsprechende Versuche hat es zwar durchaus gegeben, auch *Georg Jellinek* ist seine Maßstäbe setzende Allgemeine Staatslehre mit diesem Anspruch angegangen.[70] Er hat diesen aber schon wenige Seiten später wieder zurückgenommen, jedenfalls aber eingeschränkt.[71] Trotz ihres beeindruckenden Umfangs und ihrer analytischen Kraft handelt es sich in ihrem Kern „doch lediglich (um) eine Theorie des europäischen Staatstypus",[72] die nicht zuletzt asiatischen, aber auch afrikanischen Erscheinungsformen von Staatlichkeit praktisch keinen Raum bietet. In der Regel beschränken sich die Verfasser einer Allgemeinen Staatslehre auch ausdrücklich auf die Beschreibung einer bestimmten Staatengruppe, die aus ihrer Sicht einen besonderen Erkenntnisgewinn verspricht. *Herbert Krüger* konzentriert sich in seinem monumentalen Werk auf den „modernen Staat", *Roman Herzog* grenzt ein wenig weiter ein und behandelt den „modernen Staat demokratischer Prägung"[73], während sich *Hermann Heller* ausdrücklich auf den „Staat, wie er sich seit der Renaissance im abendländischen Kulturkreis ausgebildet hat", fokussiert (womit letztlich wie bei *Herbert Krüger* der moderne Staat gemeint sein dürfte).[74] Einer solchermaßen auf eine Gruppe von Staaten begrenzten Staatslehre ihre Allgemeinheit absprechen zu wollen, überzeugt nicht.[75] Man wird aber verlangen müssen, dass die Gruppe der ausgewählten Staaten eine signifikante Zahl an Staaten umfasst. Notwendig erscheint zudem eine Erläuterung, worin diese (subjektive) Auswahl gründet, was also das Erkenntnisinteresse gerade an dieser Staatengruppe rechtfertigt.

---

[70] *G. Jellinek*, Allgemeine Staatslehre, S. 9f.

[71] *G. Jellinek*, Allgemeine Staatslehre, S. 22: „Eine zweite Begrenzung unserer Aufgabe liegt darin, dass sie im wesentlichen nur die Erscheinungen der heutigen abendländischen Staatenwelt und deren Vergangenheit insoweit, als es zum Verständnis der Gegenwart nötig ist, als Forschungsobjekt betrachtet."

[72] *R. Herzog*, Allgemeine Staatslehre, S. 36.

[73] *R. Herzog*, Allgemeine Staatslehre, S. 37.

[74] *H. Heller*, Staatslehre, 2. Auflage, S. 27.

[75] Vgl. auch *G. Jellinek*, Allgemeine Staatslehre, S. 23: „In solcher zeitlichen und räumlichen Beschränkung der Aufgabe liegt aber keineswegs eine Unvollkommenheit oder wenigstens eine größere als in allen auf historischem Boden erwachsenen Disziplinen."

Nach hier vertretener Ansicht erscheint – ähnlich wie bei *Martin Kriele*[76] – eine Fokussierung auf den *demokratischen Verfassungsstaat* sinnvoll.[77] Betrachtet werden sollten vornehmlich solche modernen Staaten, die sich ihrer Verfassungsordnung nach diesem Staatstypus zuordnen lassen. Der Rückgriff auf die Verfassungsordnung allein erscheint allerdings noch als zu weitgehend, da der in der Verfassung verankerte Anspruch, Demokratie zu sein, seit dem Zweiten Weltkrieg (und noch einmal verschärft seit Ende des Kalten Krieges) von einer großen Zahl an Staaten zwar behauptet, in der staatlichen Wirklichkeit aber viel seltener eingelöst wird. Die „Demokratische Volksrepublik Korea" (Nordkorea) ist trotz ihrer Bezeichnung ebensowenig eine materielle Demokratie wie die Demokratische Republik Kongo oder wie es die „Deutsche Demokratische Republik" (DDR) jemals war. Eine sinnvolle Abgrenzung und Reduzierung der zu behandelnden Staaten ergibt sich damit nur, wenn man außer dem normativ-formalen noch ein faktisches Kriterium berücksichtigt und verlangt, dass der normative „Demokratieanspruch" zwar nicht umfassend, aber doch größtenteils verwirklicht wird. Diese Auswahl setzt damit eine normative Vorstellung von den Anforderungen voraus, die ein moderner Staat erfüllen muss, um als (materiell) demokratisch in diesem Sinne angesehen werden zu können. Streng genommen kann diese erste Auswahl daher nur als vorläufig angesehen werden – ob sie sich bestätigt, zeigt sich erst nach Entwicklung des umfassenden demokratischen Referenzmodells. Welche modernen Staaten man neben den wenigen zweifelsfrei demokratischen Verfassungsstaaten[78] noch in die nähere Betrachtung einbezieht, ist dadurch zu einem gewissen Teil eine (willkürliche) Wertungsfrage – ein Umstand, der angesichts der grundlegenden Übereinstimmung in der Frage der relevanten Kriterien aber nicht sonderlich dramatisch erscheint:[79] Die Allgemeine Staatslehre fängt im 21. Jahrhundert nicht bei null an. Ohnehin besteht die Möglichkeit, die eigene Auswahl zu einem späteren Zeitpunkt zu modifizieren.

Neben dem Großteil der europäischen Staaten – eine Ausnahme bilden die Türkei, Russland, Weißrussland und einige weitere ehemalige Sowjetrepubliken[80] – gehören unter anderem die USA, Kanada, aber auch zahlreiche südamerikanische Staaten wie Argentinien, Chile, Peru, Kolumbien, Uruguay oder (noch) Brasilien zu dieser Staatengruppe. Auf dem afrikanischen

[76] *M. Kriele*, Einführung in die Staatslehre, S. 1 f.

[77] Vgl. auch *P. Mastronardi*, Verfassungslehre, Rn. 173 f.

[78] Vgl. *Economist Intelligence Unit*, Democracy Index 2018, Me too?, 2019.

[79] Vgl. auch *R. M. MacIver*, The Modern State, S. 343: „Democracy, it is true, is a matter of degree, and lines are hard to draw here as elsewhere."

[80] Georgien befindet sich gewissermaßen auf halber Strecke zwischen autoritärem Regime und Demokratie.

Kontinent sind es Südafrika, Botswana, Namibia, partiell auch Kenia und nun vielleicht auch Äthiopien sowie (seit dem arabischen Frühling) Tunesien. In Asien wird man Indien, Südkorea, Japan und Taiwan sowie Israel nennen können.[81] Hinzu kommen Australien und Neuseeland.

Diese Entscheidung für eine Fokussierung auf den demokratischen Verfassungsstaat beruht auf folgenden fünf Erwägungen: *Erstens* findet sich mit den demokratischen Verfassungsstaaten eine prinzipiell anerkannte Gruppe moderner Staaten, an die eine Begrenzung anknüpfen kann. Die zu analysierende Staatengruppe muss also nicht (zumindest nicht in Gänze) theoretisch konstruiert werden, sondern findet sich in der „faktischen Staatenwelt". Das entlastet aus wissenschaftlicher Sicht erheblich und wird zudem dem Anspruch der Allgemeinen Staatslehre gerecht, auch Seinswissenschaft zu sein. *Zweitens* erscheint diese Staatengruppe einerseits ausreichend homogen, um eine ausführliche Analyse mit den begrenzten Kapazitäten zu ermöglichen, während die modernen Staaten dieser Gruppe andererseits doch solche Unterschiede aufweisen, die auf fruchtbare Ergebnisse der Systematisierung und des (wertenden) Vergleichs hoffen lassen. *R. M. MacIver* hat das treffend formuliert: „Practically all modern States are, in terms of the definition already given, to be classed as democracies, but not all are quite alike in character."[82] Schon die unterschiedlichen Regierungssysteme – vom Präsidialsystem über das parlamentarische und das semi-präsidentielle Regierungssystem bis zum Direktorialsystem bieten reichlich Analyse-, Vergleichs- und normatives Bewertungspotenzial. *Drittens* scheint dieser Staatentyp mittlerweile derjenige zu sein, dem der Großteil der bestehenden Staaten nach Außen und Innen entsprechen will: „Es gibt nach wie vor eine internationale und auch innenpolitische Prämie auf den Status, als Demokratie zu gelten: International bringt es Prestige wie auch handfeste wirtschaftliche Vorteile; im Inneren kann man den unterlegenen politischen Gegnern immer vorhalten, sie seien eben schlicht nicht populär und müssten sich dem erklärten Mehrheitswillen beugen."[83] Dann aber scheint es nicht nur zweckmäßig, sondern notwendig, herauszuarbeiten, was diesen attraktiven Staatentyp im Einzelnen prägt. Nur dann kann fundiert dargelegt werden, dass und warum einige Staaten ihrem selbst gesteckten Anspruch nicht genügen. Erst die Entwicklung dieses normativen Referenzmodells macht es etwa möglich zu begründen, dass die türkische Verfassung nach der von *Recep Tayyip Erdogan* eingeleiteten Reform und entgegen den eigenen Behauptungen den Anforderungen an ein demokratisches Präsidialsystem im US-amerikanischen Sinne nicht genügt. Für die Europäische Union kommt hinzu: Beitreten können

[81] Hongkong wird man zwar (noch) dazu zählen können, es gehört formal aber zur Volksrepublik China und ist daher nicht in diese Liste aufgenommen worden.

[82] *R. M. MacIver*, The Modern State, S. 351.

[83] *J.-W. Müller*, Furcht und Freiheit, S. 126.

dieser nur demokratische (europäische) Staaten, so dass man wissen muss, was solche Staaten ausmacht. *Viertens* erscheint es sinnvoll eine Staatengruppe zu wählen, zu der auch die Bundesrepublik Deutschland, Österreich und die Schweiz gehören. Das ist deshalb ratsam, weil es sich bei der Allgemeinen Staatslehre um eine vornehmlich deutschsprachige Disziplin handelt – bereits eine englische Übersetzung des Begriffs „Staatslehre" bereitet Schwierigkeiten, ist vielleicht gar unmöglich. Eine Allgemeine Staatslehre, die nicht auch diese deutschsprachigen Staaten in den Blick nähme, wäre zwar möglich, aber doch ungewöhnlich. Hinzu kommt die – ein subjektives Argument – Sozialisation des Autors dieser Zeilen und die damit einhergehenden Kenntnisse der deutschen Demokratie und des Grundgesetzes. Schließlich und *fünftens* weist der demokratische Verfassungsstaat in den letzten Jahren gewisse Krisensymptome auf,[84] die sich im Erstarken rechtspopulistischer[85] beziehungsweise autoritärer Strömungen (*Donald Trump*, AfD, FPÖ etc.),[86] in einer problematischen Streitkultur sowie in einer tendenziell sinkenden Wahlbeteiligung widerspiegeln.[87] „Die liberale Demokratie des Westens ist in der Defensive", stellte *Heinrich August Winkler* in seiner umfassenden Analyse aus dem Jahre 2017 fest.[88] Die Wahl *Donald Trumps* zum 45. Präsidenten der Vereinigten Staaten markierte lediglich den vorläufigen Höhepunkt dieser Krise,[89] die mittlerweile von zahlreichen AutorInnen aus ganz unterschiedlichen Perspektiven beschrieben worden ist.[90]

---

[84] Vgl. *C. Möllers/L. Schneider*, Demokratiesicherung in der Europäischen Union, S. 1: „Fast scheint es, als ginge eine Ära zu Ende." Siehe dazu auch *A. Thiele* (Hrsg.), Legitimität in unsicheren Zeiten. Der demokratische Verfassungsstaat in der Krise?, 2019. Relativierend indes *H. Richter*, Moderne Wahlen, S. 571: „Missverstehen die Untergangsgesänge auf die Demokratie, die Postdemokraten und andere Vertreter einer reinen Lehre anstimmen, nicht schlicht den (notwendig) fiktionalen Charakter der Demokratie?" Daran ist richtig, dass die Bewertung des Zustands der Demokratie nicht von einem idealisierten, sondern stets von einem realistischen Referenzmodell ausgehen sollte. Auch dann zeigen sich meiner Ansicht nach aber gewisse Krisensymptome, vgl. *A. Thiele*, Verlustdemokratie, S. 31 ff.

[85] Allgemein zum Populismus *J.-W. Müller*, Was ist Populismus?, 2016.

[86] Dazu allgemein *S. van Dyk/S. Graefe*, Wer ist schuld am Rechtspopulismus?, Leviathan 47 (2019), 405 ff. sowie *J. Zielonka*, Counterrevolution. Liberal Europe in Retreat, 2018. Speziell zu Ungarn und Polen siehe *T. Drinóczi/A. Bień-Kacała*, Illiberal Constitutionalism: The Case of Hungary and Poland, German Law Journal 20 (2019), 1140 ff.

[87] Dazu ausführlich auch *A. Thiele*, Verlustdemokratie, 2. Auflage 2018. Siehe auch *M. Nussbaum*, Königreich der Angst, 2019.

[88] *H. A. Winkler*, Zerbricht der Westen?, S. 403.

[89] Vgl. auch *A. Reckwitz*, Das Ende der Illusionen, S. 239.

[90] Siehe dazu etwa den von *H. Geiselberger* herausgegebenen Band „Die große Regression" (2. Auflage 2017); *E. Hillebrand* (Hrsg.), Rechtpopulismus in Europa, 2017; *Y. Mounk*, Der Zerfall der Demokratie, 2018; *S. Levitsky/D. Ziblatt*, How Democracies Die, 2018; *Z. Bauman*, Retrotopia, 2017; *C. Koppetsch*, Die Gesellschaft des Zorns, 2019;

Sie hat, in den Worten *Manfred G. Schmidts*, dazu geführt, dass die europäischen Demokratien – man denke an Ungarn, Polen, aber auch Tschechien und Rumänien – zwar „nicht todkrank, aber auch nicht kerngesund, sondern angeschlagen" sind.[91] Die vergleichende Analyse demokratischer Verfassungsstaaten verspricht Antworten auf die Frage, inwieweit diese Krisensymptome auf ähnliche oder sogar identische Ursachen zurückzuführen sind, wo Unterschiede bestehen – *Philip Manow* hat zuletzt auf die Bedeutung der politischen Ökonomie hingewiesen[92] – und wie mögliche Lösungsansätze allgemeiner und besonderer Art aussehen könnten. Die Fokussierung auf demokratische Verfassungsstaaten bedeutet ohnehin nicht, dass nicht auch andere Staaten in die Betrachtung einbezogen werden müssten. Eine solche Einbeziehung erfolgt dann allerdings zur Veranschaulichung der Unterschiede und damit punktuell und unsystematisch, mithin zur deutlicheren Herausarbeitung des spezifischen Charakters des demokratischen Verfassungsstaates. Sie kann aber gerade dort, wo eine materielle Demokratisierung aktuell mehr oder weniger gescheitert ist (Russland, Türkei, Ukraine, Afghanistan, Libyen) auch helfen, die aktuell zu beobachtenden Krisensymptome zu verstehen und besser einzuordnen.

Darüber hinaus muss sich eine Allgemeine Staatslehre auf eine Untersuchung des bestehenden Staatensystems beschränken. Die Allgemeinheit auch in historischer Perspektive einlösen zu wollen und damit zugleich eine umfassende Evolutionsgeschichte des modernen Staates zu verfassen, ist angesichts der Vielfalt der historischen Staaten und staatsähnlichen Herrschaftsstrukturen nicht möglich, muss daher anderen überlassen bleiben.[93] Durch die Erkenntnisse der politischen Anthropologie ist die Zahl politischer Systeme, die in einer solchen Geschichte zu behandeln wären, noch einmal erheblich angestiegen. Diese hat seit der zweiten Hälfte des 20. Jahrhunderts dargelegt, dass Formen von Politik und damit auch Formen von Staatlichkeit und Herrschaft keineswegs erst mit den Hochkulturen, sondern bereits in den frühen segmentären und tribalistischen Gesellschaften im Anschluss an die neolithische Revolution zu finden sind.[94] Diese Gesellschaften waren stets auch von politischem und sozialem Wandel geprägt[95] und haben eine politi-

---

A. Thiele (Hrsg.), Legitimität in unsicheren Zeiten, 2019. Dazu auch *U. Volkmann*: Krise der konstitutionellen Demokratie?, Der Staat 58 (2019), 643 ff.

[91] *M. G. Schmidt*, Über die Demokratie in Europa, ZSE 2017, 529 (548).

[92] *P. Manow*, Die politische Ökonomie des Populismus, 2018.

[93] *R. Herzog*, Allgemeine Staatslehre, S. 36 f. Zu weit daher *C. Starck*, Allgemeine Staatslehre in Zeiten der Europäischen Union, in: ders. (Hrsg.), Woher kommt das Recht, S. 353 (354) und auch *P. Mastronardi*, Verfassungslehre, Rn. 128.

[94] Dazu *G. Balandier*, Politische Anthropologie, 1976.

[95] Siehe zuletzt etwa auch *A. Mittnik et. al.*, Kinship-based social inequality in Bronze Age Europe, Science 2019, 1 ff.

sche Geschichte, die zu erzählen ebenso wichtig erscheint, wie sie von einer Allgemeinen Staatslehre nicht geleistet werden kann. *Martin Kriele* hat also Recht, wenn er festhält, dass jede Generation ihre eigene Allgemeine Staatslehre entwickeln muss.[96] Das ist demnach nicht nur aufgrund sich verändernder politischer Herausforderungen und erkenntnistheoretischer Modelle der Fall, sondern auch, weil jede Generation eine veränderte Staatenwelt vorfindet, die einer eigenständigen Beschreibung und normativ-kritischen Einordnung bedarf. Dass nach dem Zweiten Weltkrieg verfasste Lehrbücher nicht selten ihren Schwerpunkt beim demokratischen Verfassungsstaat setzen, hängt insofern auch damit zusammen, dass sich dieser (erst) seitdem weltweit verbreitet hat. Damit steht zugleich fest: Keine Allgemeine Staatslehre kann zeitlose Geltung beanspruchen. Dazu hängen ihre Ergebnisse zu sehr an den sich verändernden empirischen Begebenheiten. Hier liegt der Grund, warum *Hermann Heller* auf den Zusatz „Allgemeine" von vornherein verzichtete: „Dass also eine zeiträumlich ‚allgemeine' Staatslehre nicht erstrebt, weil garnicht für möglich gehalten wird, soll schon im Titel dieser Arbeit zum Ausdruck gelangen."[97] Entscheidend ist, dass man sich dieser eingeschränkten Bedeutung des Begriffs „Allgemeine" bewusst ist, dass es also um eine Allgemeinheit im Jetzt und nicht um eine Allgemeinheit in der Zeit geht. Dann spricht nichts gegen dessen Verwendung (zumal sich diese Begrifflichkeit auch durchgesetzt zu haben scheint). Das bedeutet im Übrigen nicht, dass eine Allgemeine Staatslehre auf historische Betrachtungen jedweder Art verzichten müsste oder sollte. Sie werden allerdings nur dort erfolgen, wo es darum geht, typische Entwicklungen (etwa die Entstehung und Ausbreitung des modernen Staates, den „normalen" Ablauf von Revolutionen oder den Untergang von Staaten) durch historisch belegte Prozesse zu verdeutlichen, kurz: wo es „zum Verständnis der Gegenwart nötig ist."[98]

Mit dieser zweiten Einschränkung hängt die letzte zusammen. Der universelle Anspruch der Allgemeinen Staatslehre sollte nicht überinterpretiert werden. Wer mit dem Ziel antritt, *das* Wesen des Staates zu ermitteln oder eine Theorie *des* Staates an sich[99] zu entwickeln, wird in einem gewissen Übereifer möglicherweise dazu neigen, bestehende Differenzen und Unterschiede zum Wohle der eigenen allgemeinen Theorie zu überspielen. Er oder sie zwängt die reale Staatenwelt dadurch in ein Prokrustesbett und verfehlt das Ziel einer empirisch zutreffenden Beschreibung des Status quo, die den Ausgangspunkt der Allgemeinen Staatslehre bilden muss. Ähnlich hält *Christoph Möllers* fest: „Die Rede vom ‚Staat' als solchem hat von vornherein Unterschiede im Namen eines vermeintlichen Idealtyps unterschlagen."[100] Es gilt

[96] *M. Kriele*, Einführung in die Allgemeine Staatslehre, S. 5.

[97] *H. Heller*, Staatslehre, 2. Auflage, S. 3.

[98] *G. Jellinek*, Allgemeine Staatslehre, S. 22.

[99] So *H. H. von Arnim*, Staatslehre der Bundesrepublik Deutschland, S. 1.

[100] *C. Möllers*, Der vermisste Leviathan, S. 116.

sich eine gewisse Offenheit für die Mannigfaltigkeit der heutigen Staatenwelt zu bewahren, die sich über Jahrhunderte nicht systematisch, sondern immer auch aufgrund historischer, kultureller und sozialer Zufälligkeiten und Pfadabhängigkeiten entwickelt hat. Voreilige Schlussfolgerungen können so vermieden werden. Auch die hier im Fokus stehenden demokratischen Verfassungsstaaten weisen eine Vielzahl an Gemeinsamkeiten, aber eben auch an Unterschieden auf,[101] die nicht zu Gunsten einer möglichst einheitlichen Staatsidee allzu grobschlächtig übergangen werden dürfen. Demokratie ist nicht gleich Demokratie. Erneut sei *R. M. MacIver* zitiert: „Practically all modern states are, in terms of the definition already given, democracies, but no two are quite alike in character."[102]

IV. Ein Definitionsvorschlag

Versuchte man dieser beschreibenden Erläuterung eine knappe Arbeitsdefinition des Forschungsgebietes Allgemeine Staatslehre anzufügen, so könnte diese unter Berücksichtigung der vorstehenden Erwägungen folgendermaßen lauten:

Bei der Allgemeinen Staatslehre handelt es sich um eine anspruchsvolle, interdisziplinäre Seins- und Sollenswissenschaft, die deskriptiv-analytische, normative und kritische Elemente zur möglichst erschöpfenden Erfassung des Staates – insbesondere seines Handelns, seiner Steuerungsfähigkeit, seiner Steuerungstechniken, seiner Leistungsfähigkeit aber auch seiner Leistungsgrenzen und denkbarer Alternativmodelle – miteinander verknüpft. Ihr Erkenntnisinteresse reicht über einen bestimmten Staat hinaus, sie zielt ihrer Idee nach darauf ab, Gemeinsamkeiten aber auch Unterschiede sämtlicher bestehenden Staaten in diesem Sinne zu ergründen. Dieser universelle Anspruch führt angesichts der Vielfalt an modernen Staaten sowohl in zeitlicher Hinsicht als auch im Hinblick auf die tatsächlich untersuchten Staaten zu einer notwendigen Beschränkung auf den demokratischen Verfassungsstaat, die letztlich nur begrenzt vorgegeben ist und von den Vorlieben des jeweiligen Akteurs abhängt.

[101] Beispielhaft sei auf Großbritannien und Deutschland verwiesen, die zwar beide parlamentarische Regierungssysteme sind, in ihrer politischen Ordnung und Kultur aber erhebliche Unterschiede aufweisen.

[102] *R. M. MacIver*, The Modern State, S. 351. Siehe auch *C. Möllers*, Der vermisste Leviathan, S. 116: „Nur die Suche nach Unterschieden gestattet aber den Vergleich, der dann wiederum zur Entdeckung von Ähnlichkeiten führen kann – und erst ein Vergleich kann wirklich theoriefähiges Material bereitstellen."

B. Zur Möglichkeit einer Allgemeinen Staatslehre im 21. Jahrhundert

„Für das Staatsrecht bedeutet das: Nachfragen bei Nachbardisziplinen sind erforderlich, sie verdichten sich aber kaum zu einer neuen wissenschaftlichen Form, der Staatslehre, die den Staat als Ganzes erfassen kann."
Christoph Möllers[1]

„Staatstheorie sollte nicht so sehr als konturenscharfe Subdisziplin angelegt werden, sie muss eher netzwerkartig institutionalisiert werden, als Unternehmen mit ausgefransten Rändern."
Thomas Vesting[2]

Ist eine Allgemeine Staatslehre im 21. Jahrhundert noch zeitgemäß? Ist sie überhaupt möglich? In den letzten Jahren mehren sich die Stimmen, die diese Fragen vorsichtig, bisweilen auch sehr deutlich verneinen. Wer sich daran macht, eine weitere (neue) Allgemeine Staatslehre vorzulegen oder in diesem Gebiet zu forschen, wird sich dieser Kritik stellen und darlegen müssen, warum er sie für nicht überzeugend hält (oder jedenfalls für nicht überzeugend genug, um sie oder ihn von dem Vorhaben abzuhalten). Die Kritikpunkte setzen an allen beschriebenen Merkmalen einer Allgemeinen Staatslehre an: Bei ihrem Gegenstand (I), der Interdisziplinarität und (fehlenden) Methode (II) sowie ihrem universellen Anspruch (III).

I. Verliert die Allgemeine Staatslehre ihren Gegenstand?

Der erste Einwand betrifft den Untersuchungsgegenstand: Den modernen Staat der Neuzeit. Vor dem Hintergrund der zunehmenden Internationalisierung, Supranationalisierung[3] und Individualisierung im Zeitalter der Post-

[1] *C. Möllers*, Staat als Argument, S. 419.
[2] *T. Vesting*, Staatstheorie, Rn. 39.
[3] Das gilt natürlich im Besonderen für die Mitgliedstaaten der Europäischen Union.

moderne[4] handele es sich bei diesem um ein Auslaufmodell.[5] Zur Lösung globalisierungsbedingter Problemlagen – zu nennen wären beispielhaft Klimaschutz, Migration, aber auch Fragen der internationalen ökonomischen Ordnung[6] – sei der moderne Staat nicht mehr in der Lage, weil die erforderliche Kongruenzbedingung nicht mehr erfüllt sei: Der zu regelnde Handlungsraum gehe über den demokratisch regelbaren (politischen) Raum hinaus.[7] Der moderne Staat habe damit die ihn bisher prägende Souveränität[8] verloren,[9] auch weil die Organisationsmacht gesellschaftlicher Herrschaftsverbünde (nicht zuletzt multinationale Großunternehmen) diese nicht mehr zulasse,[10] kurz: Der moderne Staat befinde sich „in Auflösung".[11] *Zygmunt Bauman* behauptete schon im Jahr 1992, dass sich analytische Modelle der Postmoderne und im Zeitalter der „Globalität"[12] nicht mehr am Staat ausrichten ließen.[13] Dieser sei als Analyserahmen nicht mehr ausreichend zur angemessenen Beschreibung der entscheidenden Faktoren des vielfältigen, interaktiven und dynamischen postmodernen sozialen Lebens.[14] Ähnlich hat zuletzt *Udo Di Fabio* argumentiert, und dafür plädiert, „politische Herrschaft wieder staatsfrei zu denken".[15] Erste Verfallserscheinungen diagnostizierten

---

[4] Dazu etwa *A. Reckwitz*, Gesellschaft der Singularitäten, 2017.

[5] Vgl. *S. Breuer*, Der Staat, S. 10: „Im Zuge seiner Eingliederung in internationale Ordnungen und Vertragswerke hat der souveräne Nationalstaat darüber hinaus so viele seiner Kompetenzen abgeben müssen, dass manche Beobachter sein Ende einläuten." Historisch ist die These vom Ende des Staates freilich keine neue, vgl. *A. Benz*, Der moderne Staat, S. 259 ff.

[6] Vgl. auch *S. Hobe*, Der offene Verfassungsstaat zwischen Souveränität und Interdependenz, S. 25.

[7] Vgl. *M. Zürn*, Schwarz-Rot-Grün-Braun: Reaktionsweisen auf Denationalisierung, in: U. Beck, Politik der Globalisierung, S. 297 (298, 326).

[8] Zum Konzept der Souveränität knapp *H. Zapf*, Souveränität – Ideengeschichtliche Genese, Krisendiagnosen und Herausforderungen, in: L. Bahmer u.a., Staatliche Souveränität im 21. Jahrhundert, S. 1 ff.

[9] Siehe auch die Hinweise auf Literatur bei *R. Hirschl/A. Shachar*, Spatial Statism, ICON 17 (2019), 387 (387 f.).

[10] Vgl. dazu auch *S. Oeter*, Souveränität ein überholtes Konzept, in: Festschrift für Helmut Steinberger, S. 259 (259 f.). *Oeter* sieht in der Idee der Souveränität im Ergebnis allerdings gerade aus der Perspektive des Völkerrechtlers kein überholtes Konzept.

[11] *E. Grande*, in: Auflösung, Modernisierung oder Transformation? Zum Wandel des modernen Staates in Europa, in: E. Grande/R. Prätorius (Hrsg.), Modernisierung des Staates?, S. 45 (58). Siehe auch *C. Starck*, Allgemeine Staatslehre in Zeiten der Europäischen Union, in: ders. (Hrsg.), Woher kommt das Recht, S. 353 (353).

[12] *M. Albrow*, Abschied vom Nationalstaat, S.14.

[13] *Z. Bauman*, Intimations of Postmodernity, S. 65. Zustimmend *M. Albrow*, Abschied vom Nationalstaat, S. 14.

[14] *Z. Bauman*, Intimations of Postmodernity, S. 65.

[15] *U. Di Fabio*, Herrschaft und Gesellschaft, S. 3. Kritische Besprechung bei *W. Knöbl*, Besprechung von Udo Di Fabio, Herrschaft und Gesellschaft, Der Staat 58 (2019), 485 ff.

zuvor bereits *Carl Schmitt* und *Ernst Forsthoff* (was allerdings vornehmlich mit ihrem Staatsverständnis zusammenhing). Wird man heute damit von einer „poststaatlichen" Ära sprechen müssen? Wird der moderne Staat zu einem Akteur unter vielen? Und wird dem Projekt einer Allgemeinen Staatslehre dadurch die Legitimation entzogen, da deren Perspektive als zu eng angesehen werden muss?[16] Ist moderne Staatlichkeit, ist der Staat am Ende?

Die besseren Gründe sprechen dafür, diese Fragen zu verneinen.[17] Die beobachteten Auflösungserscheinungen dürften vielmehr (auch zeitbedingt) in ihrer Bedeutung überzeichnet und mit einem tatsächlich nicht eingetretenen Souveränitätsverlust verwechselt worden sein. Mit anderen Worten: Der (souveräne) moderne Staat lebt und es gibt wenige Anzeichen dafür, dass sich das in den nächsten Jahren oder Jahrzehnten ändern würde.[18] Eine stets auf die Gegenwart bezogene Allgemeine Staatslehre verliert deshalb nicht ihre Berechtigung.

Zur Zurückweisung der Auflösungsthese reicht es nicht aus, allein auf die entgegenstehende Alltagserfahrung[19] und die große Zahl an Staaten zu verweisen, die Mitglied der Vereinten Nationen sind – eine Zahl, die in den nächsten Jahren eher steigen denn fallen dürfte, wenn man vereinzelte Sezessionsbestrebungen (Katalonien, Baskenland, Schottland, Kurdenbewegung, Québec) berücksichtigt. Zwar wird man daraus auf eine fortbestehende Attraktivität des bisherigen Modells „Staat" schließen können; das Ziel der Sezessionsbemühungen ist stets die Errichtung eines neuen Staates in Form eines modernen Staatswesens. Jedoch behauptete die Auflösungsthese nie ernsthaft, dass Staatlichkeit schon in naher Zukunft gänzlich aufhören würde. Es ging ihr nie um eine formelle, sondern stets um eine materielle Auf- beziehungsweise Ablösung des modernen Staates durch schleichenden Aufgaben- und Steuerungsverlust und zunehmende globalisierungsbedingte Komplexität: „Als heutige Symptome der schleichenden Krankheit des Staates zum Tode werden die Globalisierung und Europäisierung (hier), die Regionalisierung oder Transnationalisierung (anderswo), im Innern die noch

---

[16] In diese Richtung zuletzt auch *U. Di Fabio*, Herrschaft und Gesellschaft, 2018, wo er darlegt, warum der Staat zwar wichtig, aber nicht immer das Zentrum politischer Herrschaft sei. Siehe andererseits *T. Vesting*, Staatstheorie, 2018.

[17] Wie hier im Ergebnis auch *A. Benz*, Der moderne Staat, S. 266, der der These des Niedergangs des modernen Staates diejenige des Strukturwandels des Staates entgegensetzt sowie *Q. Skinner*, Thomas Hobbes und die Person des Staates, S. 12. Siehe auch *R. Herzog*, Allgemeine Staatslehre, S. 417; *M. Payandeh*, Allgemeine Staatslehre, in: J. Krüper (Hrsg.), Grundlagen des Rechts, § 4, Rn. 30.

[18] Vgl. auch *Q. Skinner*, Thomas Hobbes und die Person des Staates, S. 13 sowie *R. Hirschl/A. Shachar*, Spatial Statism, ICON 17 (2019), 387 ff.

[19] Diese Feststellung bildet denn auch bei *Q. Skinner*, Thomas Hobbes und die Person des Staates, S. 12 nur den Ausgangspunkt für seine Widerlegung der These vom Ende des Staates.

schwieriger zu fassenden Prozesse der Individualisierung, Pluralisierung und De-Institutionalisierung diagnostiziert."[20]

Solche Verlusterscheinungen und damit einhergehende „Enthierarchisierungstendenzen"[21] wird man der Sache nach nicht leugnen können. Ein einfaches „Durchregieren" des modernen Staates ist in vielen Bereichen, vor allem aber im Wettbewerb der internationalen Wirtschaftsordnung kaum noch möglich. Der Staat ist eingebettet in ein vielschichtiges, verzweigtes und im Detail auch undurchsichtiges Herrschaftsgefüge aus formellen und informellen Institutionen und Akteuren.[22] Entscheidungen, die in manch informellem Gremium getroffen werden, haben nicht selten größere Auswirkungen auf den Einzelnen als im parlamentarischen Raum in transparenter Form verabschiedete formelle Gesetze (man denke an die vielfältigen informellen Gremien der internationalen Wirtschaftsordnung wie den Basler Ausschuss für Bankenaufsicht).[23] Gerade den modernen Staat, der seit jeher „Steuerstaat" ist, stellt es zudem vor enorme Herausforderungen, wenn Unternehmen ihre Steuerlast durch Konzernverlagerungen ins Ausland oder durch komplexe Steuersparmodelle (mehr oder weniger legal) zu reduzieren vermögen.[24] Es zeigt sich, dass die seit dem Ende des Kalten Krieges weltweit propagierte Liberalisierung und Deregulierung[25] mit einem staatlichen Steuerungsverlust einhergeht – nicht zuletzt wenn es um sozialstaatlich motivierte Umverteilungen geht. Gleiches gilt dort, wo staatliche Aufgaben privatisiert oder über PPP-Projekte[26] auf die vermeintlich effizienteren Strukturen „der Märkte" übertragen werden: Wenn dem Staat Aufgaben genommen werden, verringert sich sein Einfluss auf das ökonomische, soziale und kulturelle Zusammenleben.

Dennoch ist es nicht überzeugend, von dieser Entwicklung auf das Ende des modernen und souveränen Staates schließen zu wollen. Schon der Blick

---

[20] *G. Frankenberg*, Staatstechnik, S. 62 f. Ernst Forsthoff sah dadurch zwar den klassischen souveränen Staat am Ende, sprach sich aber zugleich für die Entwicklung eines realitätsnahen, neuen Staatsbegriffs aus, vgl. *E. Forsthoff*, Der Staat der Industriegesellschaft, S. 25.

[21] *A. Voßkuhle*, Die Renaissance der Allgemeinen Staatslehre im Zeitalter der Europäisierung und Internationalisierung, JuS 2004, 2 (3).

[22] Siehe auch *Q. Skinner*, Thomas Hobbes und die Person des Staates, S. 12.

[23] Zu diesem und anderen International Standard Setting Bodies (ISSB) im Überblick *A. Thiele*, Finanzaufsicht, S. 552 ff.

[24] Vgl. auch *Q. Skinner*, Thomas Hobbes und die Person des Staates, S. 10 f. Siehe auch *R. Hirschl/A. Shachar*, Spatial Statism, ICON 17 (2019), 387 (436). Umfassend auch *E. Saez/G. Zucman*, The Triumph of Injustice. How the Rich Dodge Taxes and How to Make Them Pay, 2019.

[25] Vgl. kritisch *E. Eppler*, Auslaufmodell Staat?, S. 88 ff.

[26] PPP steht für „Public-Private-Partnership" und meint Kooperationen des Staates mit der Privatwirtschaft (etwa bei großen Infrastrukturprojekten).

in die Geschichte zeigt, dass es den vollständig souveränen Staat im Bodin'schen Sinne – also einen in jeder Hinsicht freien und von äußeren Einflüssen autarken „Leviathan" – zu keinem Zeitpunkt gegeben hat.[27] Staatliche Souveränität (ohnehin ein nur schwer zu greifender und weiterhin umstrittener Begriff)[28] war schon immer eine Fiktion,[29] die der „reale" moderne Staat nie umfassend erfüllte und die bei den einzelnen Staaten zudem unterschiedlich ausgeprägt war – ein Befund, der auch heute noch Geltung beanspruchen dürfte.[30] Auch Formen der Überstaatlichkeit lassen sich, wie zuletzt *Ferdinand Weber* gezeigt hat, schon für das frühe 19. Jahrhundert als der vermeintlichen Hochzeit des modernen Staates nachweisen.[31] Die modernen Staaten kennzeichnete mithin seit jeher eine variable oder schwankende Souveränität; sie waren mal stärker mal schwächer, mal dominanter mal abhängiger, aber stets: Staaten. Die vermeintlichen Souveränitätseinbußen erschienen womöglich gerade in den 90er Jahren mit dem Erstarken multinationaler Konzerne und den damit einhergehenden politischen („staatlichen") Steuerungsverlusten gravierend – die Konsequenzen hat *Colin Crouch* in seiner „Postdemokratie" prominent beschrieben.[32] Gleichwohl handelte es sich um kein prinzipiell neues Phänomen, keinen qualitativen, sondern allenfalls um einen quantitativen Sprung, der nicht automatisch mit dem Ende des modernen Staates gleichgesetzt werden sollte.[33]

Entscheidender sind aber zwei Einwände. So zeigt sich *erstens* die fortbestehende Bedeutung und Notwendigkeit staatlicher Strukturen dort, wo diese mehr oder weniger fehlen, wo der Staat also entweder im Zerfallen begriffen oder sogar bereits zerfallen ist. In Staaten wie Somalia, Syrien, dem Jemen, Simbabwe oder Libyen herrschen so prekäre und zum Teil kriegsähnliche Zustände, weil mit dem Untergang des Staates keine anderen Herrschaftsstrukturen an dessen Stelle getreten sind, die für die notwendige Ord-

---

[27] Siehe auch *J. Finke*, Was heißt es, souverän zu sein?, in: L. Bahmer u.a. (Hrsg.), Staatliche Souveränität im 21. Jahrhundert, S. 89 (101): „Souveränität als faktische Unabhängigkeit und Autonomie – ob nun von anderen Staaten, Unternehmen oder internationalen Organisationen – hat es nie gegeben."

[28] Vgl. dazu *U. Di Fabio*, Der Verfassungsstaat in der Weltgesellschaft, S. 89 ff.

[29] Vgl. auch *H. Dreier*, Idee und Gestalt des freiheitlichen Verfassungsstaates, S. 115.

[30] Schon innerhalb der Europäischen Union bestehen diesbezüglich gewiss erhebliche Differenzen, wenn man an Staaten wie Deutschland oder Frankreich einerseits und Malta oder Luxemburg andererseits denkt.

[31] *F. Weber*, Überstaatlichkeit als Kontinuität und Identitätszumutung, JÖR 66 (2018), 237 ff. Siehe auch dessen Fazit, aaO, S. 296: „Fragt man beim derzeitigen Mitgliederbestand nach der Finalität des Integrationsprozesses, spricht viel dafür, Überstaatlichkeit nicht als Zwischenstadium zur Überwindung vorhandener, sondern als Ergänzung und Vitalisierung kooperativer, offener Staatlichkeit zu sehen."

[32] *C. Crouch*, Postdemokratie, 2008.

[33] Siehe auch *G. Frankenberg*, Staatstechnik, S. 43 ff.

nung hätten sorgen können.[34] Welche hätten das in diesen Fällen auch sein können? Das Völkerrecht hat solchen Entwicklungen nichts oder nur wenig entgegenzusetzen und kann aus sich heraus keine ordnende Struktur gestalten. Ähnliches gilt in Afghanistan oder Sierra Leone und Staatenlosigkeit bleibt „für jedermann auch weiterhin eine beängstigende Vorstellung".[35] Die Auflösungserscheinungen staatlicher Souveränität sind nur bis zu einem gewissen Grade ertragbar und setzen voraus, dass der sich auflösende Staat in seinen Kernfunktionen (Friedenssicherung und Bereitstellung der fundamentalen Infrastruktur) funktionsfähig bleibt. Wo der Staat aufhört, hört auch die Freiheit auf. Die Auflösung des Staates findet damit im funktionsfähigen Staat Grundlage *und* Grenze. Paradoxerweise wird die Diskussion und wissenschaftliche Auseinandersetzung über das Ende des Staates und seine Auflösung auch ausschließlich in Staaten geführt, in denen die grundlegenden staatlichen Strukturen die erforderliche Funktionsfähigkeit zur Aufrechterhaltung von Sicherheit und Freiheit aufweisen. Überspitzt formuliert: Über die langsame Auflösung des Staates und sein Aufgehen in überstaatlichen Strukturen nachzudenken, kann sich nur erlauben, wer in einem halbwegs funktionierenden Staatswesen lebt. Dieser Befund bestätigt zugleich, dass wir auf ein solches zumindest aktuell (noch) nicht verzichten können und nicht verzichten wollen. Das zeigen auch die Debatten, die im Zusammenhang mit der Flüchtlingskrise seit 2015 aufkamen. Wo staatliche Strukturen tatsächlich oder vermeintlich bedroht wurden, wurde versucht, entsprechende Bedrohungen umgehend abzuwehren und Staatlichkeit zu sichern.[36]

Mit dieser weiterhin ordnenden Funktion des Staates hängt der *zweite* Einwand zusammen. In den letzten Jahren zeigt sich, dass ein beachtlicher Teil der skizzierten Steuerungsverluste auf einem freiwilligen Rückzug des Staates beruhte:[37] Es war der Staat, der Zuständigkeiten und Steuerungsmöglichkeiten abgab, nicht die Globalisierung, die sie sich nahm. Es handelte sich also um keinen natürlichen, passiven und unumkehrbaren Erosionsprozess, sondern um eine vornehmlich auf neoliberalen Vorstellungen beruhende, bewusste, aktive politische Entscheidung – getroffen von im Grundsatz voll funktionsfähigen (souveränen) Staaten.[38] Es erscheint damit schon

---

[34] Vgl. auch *E. Eppler*, Auslaufmodell Staat?, S. 75.

[35] *Q. Skinner*, Thomas Hobbes und die Person des Staates, S. 13.

[36] Und auch in solchen Staaten wird über eine solche Auflösung nur selten, wenn überhaupt jemals, diskutiert, vgl. *E. Eppler*, Auslaufmodell Staat?, S. 211: „Der Traum von einem Europa, in dem die Nationalstaaten aufgehen wie Zucker im Kaffee, haben ohnehin fast nur Deutsche geträumt. Für Briten, Franzosen, Italiener oder Spanier kam dies nie in Frage."

[37] Vgl. *M. van Creveld*, Aufstieg und Untergang des Staates, S. 459.

[38] Siehe auch *J. Reifenberger*, Neoliberalismus, Krise und Zukunft des demokratischen

im Ansatz fraglich, ob es sich als sinnvoll erweist, von Souveränitätsverlusten zu sprechen, wo es häufig nur um die möglicherweise extern motivierte, aber formal gleichwohl freiwillige Abgabe von Hoheitsrechten geht und es an den Staaten selbst liegt, diese – sofern erwünscht – wieder rückgängig zu machen.[39] „Sie [die Globalisierung, A.T.] ist vor allem auch politisch gestaltbar, zähmbar“[40] und zwar, so wäre zu ergänzen, durch den stets vorhandenen Staat selbst. „Deglobalisierung“ ist möglich, da der Staat im Hintergrund weiterhin latent vorhanden ist (was im Übrigen auch von den neoliberalen Akteuren nicht geleugnet wird, wenn sie „bei jedem auffälligen Marktversagen, wie eben den einstürzenden Finanzmärkten, nach staatlicher Unterstützung“[41] rufen). Dass eine solche Rückgängigmachung nicht nur eine theoretische Option, sondern auch praktisch durchführbar ist, zeigte sich seit 2016 gleich mehrfach: Die USA verkündeten nicht nur den Austritt aus dem Klimaabkommen, sondern kündigten zudem Freihandelsabkommen oder stellten diese in Frage und setzen mit *Donald Trump* vermehrt auf unilaterale Entscheidungen und weniger auf internationale Kooperation. Und Großbritannien offenbarte, dass nicht einmal „auf Ewigkeit errichtete“ supranationale Organisationen vor dem (souveränen) Staat sicher sind.[42] Es hat mit Ablauf des 31. Januar 2020 (gefolgt von einer Übergangsphase)[43] die Europäische Union verlassen – einen im weltweiten Maßstab ohnehin rein regionalen Zusammenschluss:[44] „Taking back Control“, Wiedererlangung der

Sozialstaats, S. 95: „Durch den gewollten und freiwilligen Verzicht auf sozialstaatliche, fiskalische und ordnungspolitische Machtinstrumente wurde der ‚Zwang zur Anpassung an die Gewinnerwartungen globaler Märkte‘ erst erzeugt. Die ‚Globalisierung, die etwas erzwingt‘ ist ebenso wenig naturgegeben, wie ein ‚Krieg der ausbricht‘.“

[39] Vgl. auch *U. Di Fabio*, Der Verfassungsstaat in der Weltgesellschaft, S. 92: „Doch mit der konzeptionellen Selbstbindung ist nicht die Souveränität übertragen worden.“

[40] *U. Beck*, Wie wird Demokratie im Zeitalter der Demokratie möglich? – Eine Einleitung, in: ders., Politik der Globalisierung, S. 7 (22).

[41] *G. Frankenberg*, Staatstechnik, S. 44. Vgl. auch *C. Crouch*, Das befremdliche Überleben des Neoliberalismus, S. 11.

[42] Zu weitgehend insofern die These von *W. Reinhard*, Geschichte der Staatsgewalt, S. 525: „Unter den besonderen Bedingungen Europas nach 1945 ist darüber hinaus mit der Europäischen Union ein neuartiges Gebilde entstanden, das den souveränen Nationalstaat in noch weit höherem Maße obsolet werden lässt.“ Zutreffend dürfte vielmehr sein, dass auch die EU auf starke Mitgliedstaaten geradezu angewiesen ist, vgl. *A. Thiele*, Verlustdemokratie, S. 23 ff. Siehe auch *E. Eppler*, Auslaufmodell Staat?, S. 211: „Die Nationalstaaten werden nicht aufgelöst, sondern aufgehoben, also auch aufbewahrt.“

[43] Gerade diese Übergangsphase zeigt die Absurdität der Brexit-Entscheidung: Großbritannien ist dann zwar formal kein Mitglied der EU mehr, ist aber weiterhin an das Europarecht gebunden, zahlt seine Beiträge, darf aber nicht mehr mitentscheiden. Das ist das exakte Gegenteil von „Taking back Control“. Wie das endgültige Verhältnis Großbritanniens zur EU aussehen wird, ist aktuell noch nicht absehbar. Die Gefahr eines „hard Brexit“ ist aber weiterhin nicht ausgeräumt.

[44] Dazu nur *A. Thiele*, Der Austritt aus der EU, EuR 2016, 281 ff.

abgegebenen Hoheitsrechte (nicht aber der im Hintergrund stets vorhandenen Souveränität), bildete in beiden Fällen das Leitmotiv. Die Vorgänge in anderen Staaten zeigen, dass diese Beispiele Nachahmer finden könnten, da die sozialen Auswirkungen der Globalisierung zunehmend skeptisch gesehen und bisweilen heftig kritisiert werden. Hier wird man einen wesentlichen Grund für das Erstarken rechtspopulistischer Strömungen in den meisten demokratischen Verfassungsstaaten finden können. Ohnehin dürfte es kein Zufall sein, dass entsprechende Renationalisierungstendenzen gerade zu einem Zeitpunkt auftreten, in denen das international globalisierte (wirtschaftliche) System dem Versprechen weltweiter Prosperität bei sozialer Gerechtigkeit nicht in ausreichender Form nachkommt.[45] Große Teile der Bevölkerung wenden sich dann wieder zum Staat, der in der unmittelbaren Nachkriegszeit – allerdings unter heute nicht mehr gültigen Rahmenbedingungen[46] – mit einer ausgewogenen Balance zwischen Markt und Sozialstaat schon einmal bewiesen hat, dass er diese Aufgabe zu bewerkstelligen vermag.[47] Die Rückkehr des Staates hängt insofern eng mit der defizitären (sozialen) Leistungsfähigkeit der sich seit den 90er Jahren entwickelnden internationalen Ordnung zusammen und hat damit (bei allem unseriösen und verstörenden „Getwittere“ eines *Donald Trump*) einen rationalen und nachvollziehbaren Ausgangspunkt. Die Legitimität jeder Herrschaftsordnung hängt unter anderem von (sozialen) Output-Elementen, von der Verwirklichung materieller Gerechtigkeit ab.[48] Es verwundert daher nicht, wenn der lange so vehement propagierte Rückzug des Staates auch „staatsintern“ zunehmend kritisch gesehen wird, da der Rückgriff auf die „effizienten Märkte“ auch hier nicht zu den Ergebnissen geführt hat, die man sich in sozialer Sicht möglicherweise erhofft hat – die Stichworte „Rekommunalisierung“ und „sozialer Wohnungsbau“ sollen an dieser Stelle genügen.

Man mag diese Wiederbelebung des (souveränen) Staates aufgrund der zu beobachtenden Abschottungstendenzen[49] ablehnen – der späte *Zygmunt Baumann* sprach kritisch von einem „Zeitalter der Nostalgie“[50] in das wir eingetreten sind – und daher für dessen Überwindung eintreten.[51] Allein ge-

---

[45] Dazu zuletzt auch *C. Koppetsch*, Die Gesellschaft des Zorns. Rechtspopulismus im globalen Zeitalter, 2019.

[46] *A. Reckwitz*, Das Ende der Illusionen, S. 252 ff.

[47] Es ist insofern keineswegs ausgemacht, dass sich der Staat den globalisierungsbedingten Kräften nur „um den Preis der Rückständigkeit widersetzen“ kann, wie es *M. v. Creveld*, Aufstieg und Untergang des Staates, S. 459 meint. Das mag allenfalls für den Fall einer vollständigen Abkopplung gelten (wie etwa in Nordkorea).

[48] Zu den Legitimitätsanforderungen im Einzelnen unten bei Frage III.

[49] Nicht nur symbolisch steht dafür die von *Donald Trump* geplante Grenzmauer an der Grenze zu Mexiko.

[50] *Z. Baumann*, Retrotopia, S. 9.

[51] Ich glaube allerdings nicht, dass dies der richtige Weg ist. Siehe dazu unten bei Frage X.

genwärtig ist der Staat weiterhin auch im Innern der bedeutendste politische Akteur,[52] oder mit *Erhard Eppler*: „Das nächstbessere Modell hat noch niemand entworfen".[53] Es geht aktuell damit weniger um die Überwindung des modernen Staates als um die Einhegung eines destruktiven und autoritären Nationalismus,[54] der mit dem modernen Staat zwar zusammengehen *kann*, aber nicht zusammengehen *muss*[55] – das beweist der Blick in die Historie. Der Nationalismus ist wie der Nationalstaat eine Idee des 19. Jahrhunderts, einer Zeit, als der moderne Staat längst etabliert war.[56] Gerade dem demokratischen Verfassungsstaat ist es zuzutrauen, die Geißel des feindseligen Nationalismus, dessen zerstörerische Kraft sich in zwei Weltkriegen und zahlreichen weiteren Auseinandersetzungen auf so schreckliche Weise offenbart hat,[57] dauerhaft zu zähmen. Unlängst hat *Yascha Mounk* dazu die Etablierung eines „inklusiven Patriotismus" vorgeschlagen.[58] An anderer Stelle habe ich das Konzept des denationalisierten demokratischen Verfassungsstaates entworfen, einen „Staat ohne Nation", in dem Nation und Nationalismus als letzte sakrale Elemente von der staatlichen in die private Sphäre verbannt werden.[59] Die (wissenschaftliche und praktische) Überzeugungskraft dieser und anderer Konzepte wird sich zeigen. Erinnert sei aber daran, dass auch der säkulare demokratische Verfassungsstaat, der „Staat ohne Gott",[60] über Jahrhunderte reifen musste. An dieser Stelle war allein darzulegen, dass die Überwindung des modernen Staates (wenn überhaupt) ein Zukunfts- und jedenfalls kein Gegenwartsthema ist, das gegen eine im Jetzt ruhende Allgemeine Staatslehre vorgebracht werden könnte. Der moderne Staat hat seine

[52] Vgl. *Q. Skinner*, Thomas Hobbes und die Person des Staates, S. 13.

[53] *E. Eppler*, Auslaufmodell Staat?, S. 230.

[54] Dazu auch *G. Orwell*, Über Nationalismus, 2020.

[55] Die Wiederbelebung des modernen Staates muss mithin nicht mit nationaler Abschottung einhergehen, sondern kann in einer kosmopolitisch-progressiven Form vollzogen werden, vgl. auch die Analyse von *D. della Porta*, Progressive und regressive Politik im späten Neoliberalismus, in: H. Geiselberger (Hrsg.), Die große Regression, S. 57 ff.

[56] Siehe auch *J. Osterhammel*, Die Verwandlung der Welt, S. 584. Siehe auch *P. Alter*, Nationalismus, S. 96 ff.

[57] Vgl. auch *P. Alter*, Nationalismus, S. 10 f., der freilich auch auf mit dem Nationalismus verknüpfte Hoffnungen verweist.

[58] *Y. Mounk*, Der Zerfall der Demokratie, S. 240 ff. Ähnlich *T. Dorn* in ihrem Buch „Deutsch, nicht Dumpf", S. 175: „Warum erkennen wir nicht an, dass der liberal verfasste, kulturell nicht beliebige, aber dennoch heterogene Nationalstaat – einstweilen zumindest – das beste Gehäuse für unser gemeinschaftlich-gesellschaftliches Leben darstellt, weil er einerseits unsere Bedürfnisse nach einer Wir-Identifikation befriedigen kann, uns andererseits Offenheit und Toleranz und Rechtsstaatlichkeit lehrt?"

[59] *A. Thiele*, Der gefräßige Leviathan, S. 285 ff. Siehe auch bei Frage X.

[60] *H. Dreier*, Staat ohne Gott, 2018.

Bedeutung als weltweiter politischer Primärraum noch nicht verloren und wird sie auf absehbare Zeit nicht verlieren. Wer sich schon Anfang der 90er Jahre auf dem Weg in eine friedvolle „post-hobbesianische" politische Ordnung wähnte,[61] sieht sich getäuscht: „From the surge of populist discontent to the backlash against supranational courts and challenges to the mulitlateral architecture of the post-war international order, the demise of the state prophesied by earlier literature appears to have been, like the rumours about Mark Twain's death, greatly exaggerated."[62] So wie das vielzitierte „Ende der Geschichte"[63] ist auch das „Ende des modernen Staates"[64] zu früh ausgerufen worden[65] – dass beide Thesen im zeitlichen Zusammenhang mit dem Ende des Kalten Krieges in einer Zeit der weitverbreiteten (aber mit *Jan-Werner Müller* keineswegs allgemein-umfassenden)[66] Hoffnung artikuliert und vertreten wurden, dürfte im Übrigen kein Zufall sein.

Eine moderne Allgemeine Staatslehre muss die geschilderten transformatorischen Veränderungen und den damit einhergehenden Wandel von Staatlichkeit,[67] den „Staat als Prozess"[68] selbstverständlich aufnehmen und verarbeiten.[69] Sie kommt nicht ohne Abschnitte zur Internationalisierung, zur Supranationalisierung[70] und zu gesellschaftlichen Machtverschiebungen aus[71] und muss sich zudem zu (vermeintlichen) globalisierungsbedingten Steuerungsverlusten verhalten:[72] Bedarf es als Antwort möglicherweise mehr

---

[61] Vgl. *P. C. Schmitter*, The European Community as an Emergent and Novel Form of Political Domination, Estudio/Working Paper 1991/26, S. 12 ff. bezogen auf die damalige Europäische Gemeinschaft.

[62] *R. Hirschl/A. Shachar*, Spatial Statism, ICON 17 (2019), 387 (389).

[63] *F. Fukuyama*, The End of History?, The National Interest, Summer 1989 sowie ausführlich *ders.*, The End of History and the Last Man, 1992. Siehe zum möglichen "Ende des Endes der Geschichte" auch *A. Gat*, The Return of Authoritarian Great Powers, Foreign Affairs 2007, 59 ff. sowie *S. Salzborn*, Kampf der Ideen, S. 143.

[64] Siehe etwa die Feststellung von *W. Reinhard*, Geschichte der Staatsgewalt, S. 535 aus dem Jahr 1999: „Der moderne Staat, der sich in vielen hundert Jahren in Europa entwickelt und durch europäische Expansion über die Welt verbreitet hat, existiert nicht mehr."

[65] Im Wesentlichen nicht eingetreten sind insofern auch die Prognosen von *M. v. Creveld*, Aufstieg und Untergang des Staates, S. 459 ff.

[66] Vgl. *J.-W. Müller*, Furcht und Freiheit, S. 22 ff., insbesondere S. 24: „Unabhängig davon bleibt festzuhalten, dass selbsterklärte liberale Intellektuelle sich ihrer Sache längst nicht so sicher waren, wie es die klischeehafte Erzählung vom totalen Triumphalismus will."

[67] Vgl. *A. Benz*, Der moderne Staat, S. 266 ff. Siehe auch *G. Jellinek*, Allgemeine Staatslehre, S. 287.

[68] *G. F. Schuppert*, Staat als Prozess, 2010. Siehe auch *T. Vesting*, Staatstheorie, Rn. 43.

[69] Siehe auch die Forderung bei *R. Hirschl/A. Shachar*, Spatial Statism, ICON 17 (2019), 387 (437).

[70] Siehe Frage IX.

[71] Siehe Frage VII.

[72] Vgl. auch *G. Frankenberg*, Staatstechnik, S. 69: „Staatstheorie, will sie auf der Höhe

Supranationalisierung? Wie verhält sich die Abgabe von Befugnissen an entsprechende Organisationen zur Legitimität der staatlichen Ordnung? Wie können Verlierer der Globalisierung ansprechend entschädigt werden? Festzuhalten aber bleibt: Ihren Gegenstand als solchen hat die Allgemeine Staatslehre bisher nicht verloren,[73] die räumlich-fundierte Staatsgewalt hat ihre zentrale Bedeutung nicht eingebüßt.[74] Es geht mithin darum „den evidenten Wandel von Staatsaufgaben, des Staatsverständnisses, der Staatsfinanzierung und einzelner Staatsfunktionen usw. näher zu beschreiben und zu analysieren“[75] und, so wäre zu ergänzen, auch zu kritisieren. Welche Rolle kann ein gewandelter, „offener“ moderner Staat im Zeitalter der Globalisierung spielen und welche Rolle sollte er – auch und gerade für die Gestaltung der Wirtschaftsordnung[76] – spielen? Diese Aufgabe kann der Allgemeinen Staatslehre schon deshalb gut gelingen, weil ihr zu keinem Zeitpunkt ein einheitlicher, abgeschlossener und Veränderungen nicht zugänglicher Staatsbegriff zugrunde lag. Wie *Andreas Voßkuhle* festgestellt hat, hätten weder *Hermann Heller* (Staat als organisierte Entscheidungs- und Wirkungseinheit) noch *Hans Kelsen* (Staat als Rechtsordnung) größere Probleme damit gehabt, die geschilderten Entwicklungen in ihre Staatslehre zu integrieren.[77] Für *Carl Schmitt* oder auch *Ernst Forsthoff* gilt das freilich nicht.

II. Fehlt es der Allgemeinen Staatslehre an einer adäquaten Methode?

Der zweite Einwand erscheint gravierender. Danach fehlt es der Allgemeinen Staatslehre an einer adäquaten Methode, mit der es gelingen könnte, die verschiedenen Teildisziplinen zu einer „eigenen neuen wissenschaftlichen

---

der Zeit bleiben, hat sich also den Herausforderungen der Demokratisierung, Europäisierung, Transnationalisierung, Pluralisierung und Konstitutionalisierung zu stellen.“ Siehe auch *M. Payandeh*, Allgemeine Staatslehre, in: J. Krüper (Hrsg.), Grundlagen des Rechts, 3. Auflage 2016, § 4, Rn. 30.

[73] Vgl. auch *Q. Skinner*, Thomas Hobbes und die Person des Staates, S. 13: „Es ist offensichtlich, oder sollte es doch sein, dass die politische Theorie sich mit dem Staat befassen und nach der Rolle staatlicher Macht fragen muss.“ Nach hier vertretener Ansicht sollte eine Überwindung des modernen Staates aber auch normativ nicht angestrebt werden, vgl. *A. Thiele*, Der gefräßige Leviathan, S. 280 ff.

[74] Vgl. auch *R. Hirschl/A. Shachar*, Spatial Statism, ICON 17 (2019), 387 ff.

[75] *A. Voßkuhle*, Die Renaissance der Allgemeinen Staatslehre im Zeitalter der Europäisierung und Internationalisierung, JuS 2004, 2 (3).

[76] *H. Flassbeck/P. Steinhardt*, Gescheiterte Globalisierung, S. 89 f.

[77] *A. Voßkuhle*, Die Renaissance der Allgemeinen Staatslehre im Zeitalter der Europäisierung und Internationalisierung, JuS 2004, 2 (3). Auch Rudolf Smends Integrationslehre bleibt aktuell.

Form" zu verdichten, „die den Gegenstand Staat als Ganzes erfassen kann":[78] „Die an juristischen Fakultäten verankerte Staatslehre zelebriert die Form des Staates ohne zu bemerken, dass ihr sowohl die Theorie der Form wie die Empirie des Staates abhanden gekommen ist."[79] Unter Berufung auf *Niklas Luhmann*[80] bezweifelt auch *Christoph Möllers* das interdisziplinäre Vorhaben der Allgemeinen Staatslehre, da „wissenschaftliche Disziplinen weniger um einen bestimmten Gegenstand herum entstehen als vielmehr entlang einer bestimmten Fragestellung".[81] Das Interesse an einem gemeinsamen Gegenstand – hier dem Staat – begründe für sich noch keine interdisziplinären Erkenntnisinteressen. Speziell für die Jurisprudenz komme nach *Möllers* hinzu, dass diese als dogmatische Normwissenschaft den Raum für die Aufnahme interdisziplinärer Beziehungen noch weiter einschränke.[82] Die formulierten Einwände sind nicht neu – schon *Hermann Hellers* Staatslehre enthielt als Reaktion auf die Kritik *Hans Kelsens* einen langen Abschnitt zur Methodenfrage,[83] ebenso diejenige *Georg Jellineks*.[84] Sie wiegen gleichwohl schwer, treffen eine Allgemeine Staatslehre mit ihrem ausdrücklich interdisziplinären Ansatz sozusagen ins Mark und werden auch von renommierten Vertretern des Fachs wie *Reinhard Zippelius* – schon aufgrund der zunehmenden Ausdifferenzierung des öffentlichen Rechts und der sozialwissenschaftlichen Nachbardisziplinen – nicht in Abrede gestellt.[85] Ihnen zu begegnen fällt nicht ganz leicht. Nach hier vertretener Ansicht stehen sie gleichwohl dem „bewusst unzureichenden Versuch" einer Allgemeinen Staatslehre als Experimentierfeld nicht im Wege.

---

[78] *C. Möllers*, Staat als Argument, S. 419. Siehe auch *C. Starck*, Allgemeine Staatslehre in Zeiten der Europäischen Union, in: ders. (Hrsg.), Woher kommt das Recht, S. 353 (353).

[79] *H. Willke*, Ironie des Staates, S. 7. Siehe dazu auch *A. Voßkuhle*, Die Renaissance der Allgemeinen Staatslehre im Zeitalter der Europäisierung und Internationalisierung, JuS 2004, 2 (2).

[80] *N. Luhmann*, Die Wissenschaft der Gesellschaft, S. 457 f.

[81] *C. Möllers*, Staat als Argument, S. 419. Noch schärfer formuliert er später in „Der vermisste Leviathan", S. 113: „Juristische Staatstheorie können wir uns heute weniger denn je als das große Buch denken, dass alles Wissen über ‚den Staat' zusammenbringt. Der Traum von einem solchen Buch verfolgt die Rechtswissenschaft zwar bis in die Gegenwart, doch war er schon zu Zeiten Georg Jellineks zu Beginn des 20. Jahrhunderts methodisch ausgeträumt."

[82] *C. Möllers*, Staat als Argument, S. 419.

[83] *H. Heller*, Staatslehre, 2. Auflage, S. 30 ff.

[84] *G. Jellinek*, Allgemeine Staatslehre, S. 25: „Wer heute an die Untersuchung sozialer Grundprobleme geht, dem tritt sogleich der Mangel einer in die Tiefe dringenden Methodenlehre fühlbar entgegen."

[85] Vgl. *R. Zippelius*, Allgemeine Staatslehre, S. 1: „Eine Staatslehre passt nicht über den Leisten der ‚Methodeneinheit und Methodenreinheit'."

Zunächst sind gewisse Zweifel angebracht, ob die Jurisprudenz tatsächlich so ungeeignet für den interdisziplinären Diskurs ist. Ist es wirklich so, dass, wie *Christoph Möllers* meint, „nicht klar ist, was Juristen zu einer nicht-juristischen Annäherung [an den Staat, A.T.] beitragen sollten"? Diesen Einwand wird man mit *Jörn Lüdemann* als überzogen zurückweisen können. Die Rechtswissenschaft hat im interdisziplinären Gespräch durchaus etwas anzubieten: „Denn das Recht ist nicht allein ein wohlgeordnetes Normensystem, sondern zugleich eine wahre Fundgrube geronnener Erfahrung. Es wäre geradezu leichtsinnig, diesen kollektiven Erfahrungsschatz durch sozialwissenschaftliche Forschung schlicht substituieren zu wollen."[86] Fragte man bei Vertretern anderer Disziplinen nach, dürfte ein entsprechender Mehrwert auch kaum geleugnet werden.[87] Ein jüngeres Beispiel für eine solche gegenseitige Befruchtung ist die Dissertation der Politikwissenschaftlerin *Verena Frick*.[88] Aber auch die Debatte um die Zulässigkeit des „Nudging"[89] und den „libertären Paternalismus" verläuft im juristisch-sozialwissenschaftlichen Dialog und prominente „Ethikräte" sind mit Vertretern unterschiedlicher Disziplinen besetzt, zu denen auch JuristInnen gehören. In den beiden letzten Fällen sind es Debatten um das Verständnis der Menschenwürde, das die verschiedenen Disziplinen zusammenführt. Und wie verhält es sich eigentlich mit der „ökonomischen Analyse des Rechts"?[90]

Gewichtiger ist die Behauptung der generellen „Unmöglichkeit von Interdisziplinarität" mangels konsentierter Methode und nicht zu bewältigender Stoffmenge bei der Betrachtung des „ganzen Staates". Wissenschaftstheoretisch wird man diese – auch wenn es anregende methodische Ansätze gibt[91]

---

[86] *J. Lüdemann*, Netzwerke, Öffentliches Recht und Rezeptionstheorie, in: S. Boysen u.a. (Hrsg.), Netzwerke, S. 266 (274).

[87] Siehe zuletzt ausdrücklich *R. Hirschl/J. Mertens*, Interdisziplinarität als Bereicherung. An den Grenzen von Verfassungsrecht und vergleichender Politikwissenschaft, in: J. Münch/A. Thiele (Hrsg.), Verfassungsrecht im Widerstreit, S. 105 ff.

[88] *V. Frick*, Die Staatsrechtslehre im Streit um ihren Gegenstand. Die Staats- und Verfassungsdebatten seit 1979, 2018.

[89] Ausgelöst durch *R. Thaler/C. Sunstein*, Nudge. Improving Decisions about Health, Wealth and Happiness, 2008. Dazu *R. Neumann*, Libertärer Paternalismus. Theorie und Empirie staatlicher Entscheidungsarchitektur, 2013; *S. Gerg*, Nudging: Verfassungsrechtliche Maßstäbe für das hoheitliche Einwirken auf die innere Autonomie des Bürgers, 2019; *A. Kemmerer/C. Möllers/M. Steinbeis/G. Wagner* (Hrsg.), Choice Architecture in Democracies: exploring the legitimacy of nudging, 2016; *N. S. Kronenberger*, Nudging als Steuerungsinstrument des Rechts, 2019.

[90] Dazu etwa *H. Eidenmüller*, Effizienz als Rechtsprinzip: Möglichkeiten und Grenzen der ökonomischen Analyse des Rechts, 4. Auflage 2015; *A. v. Aaken/A. Steinbach*, Ökonomische Analyse des Völker- und Europarechts, 2019.

[91] Siehe insbesondere *R. Hirschl*, Comparative Matters: The Renaissance of Comparative Constitutional Law, 2014 sowie (knapp) *R. Hirschl/J. Mertens*, Interdisziplinarität als Bereicherung. An den Grenzen von Verfassungsrecht und vergleichender Politikwissenschaft, in: J. Münch/A. Thiele (Hrsg.), Verfassungsrecht im Widerstreit, S. 115 (115 f.).

– kaum oder nur sehr schwer widerlegen können; die nicht zu vermeidenden Zufälligkeiten bei der Konzeption der Allgemeinen Staatslehre sind erwähnt worden. Die Frage ist aber, welche Folgerungen daraus zu ziehen sind. Streng genommen müsste die Konsequenz lauten, jede Form der (scheinbar) interdisziplinären Wissenschaft von vornherein schlicht sein zu lassen. Nachfragen bei anderen Disziplinen blieben danach möglich, aber allein um, wie *Möllers* es formuliert, „wissenschaftliche Disziplinen aus der eigenen Stagnation zu befreien".[92] Soll das wirklich die Lösung sein? Das erscheint aus zwei Gründen fragwürdig.

Zum einen schließt der Einwand von der (vermeintlichen) theoretischen Unmöglichkeit auf die praktische Sinnlosigkeit des Vorhabens. Weil es theoretisch nicht gelingt, umfassend rationale interdisziplinäre Erkenntnismethoden zu konstruieren, wird der Allgemeinen Staatslehre von vornherein jeder wissenschaftlich-brauchbare Erkenntnisgewinn abgesprochen: Das große umfassende Buch über den Staat sei eben nicht zu machen. Allgemeine Staatslehre lässt sich freilich nicht nur vom Ergebnis her denken, sondern auch als „ein Unternehmen verstehen, das wissenschaftliche Neuerungen aus überraschenden Verknüpfungen von normalerweise als getrennt angesehenen Disziplinen gewinnt."[93] Solche Neuerungen sind weder von vornherein ausgeschlossen, noch notwendig völlig unbrauchbar für die Einzeldisziplinen, können vielmehr über ihre bloße „Destagnation" hinausgehen. *Thomas Vesting* verweist etwa auf die von *Hans-Jörg Rheinberger* entwickelte Idee der „Experimentalkultur". Diese ist zwar vor allem für die Laborwissenschaften erdacht worden, lässt sich aber auch für die Allgemeine Staatslehre fruchtbar machen. „Experimentalkulturen sind bewegliche Forschungsfelder, die ständig dazu tendieren, die Konturen und Grenzen etablierter Fächer mit ihren Ausbildungsnormen, Lehrplänen und institutionell verankerten und verfestigten Kommunikationsstrukturen zu verschieben, sie zu verwischen, aufzulösen und umzuschreiben. Experimentalkulturen, nicht Disziplinen, legen fest, wie weit zu einem bestimmten Zeitpunkt die materiell vermittelte wissenschaftliche Kooperation, die wissenschaftliche Konkurrenz und der Spielraum epistemischer Verhandlungen reichen."[94] Es mag daher in manchen Fällen (mit *Möllers*) so sein, dass das Interesse an einem gemeinsamen Gegenstand keine interdisziplinären Erkenntnisinteressen begründet. Ob sich das am Ende aber auch praktisch und stets bewahrheitet, lässt sich nicht vorhersagen, weil sich die gemeinsamen Erkenntnisinteressen vielleicht im interdisziplinären Gespräch ergeben. In den Naturwissenschaften, aber auch in der Mathematik würde man das kaum bezweifeln. Die Ausdifferenzierung

---

[92] *C. Möllers*, Staat als Argument, S. 419.
[93] *T. Vesting*, Staatstheorie, Rn. 38.
[94] *H.-J. Rheinberger*, Experimentalsysteme und epistemische Dinge, S. 173.

der Rechts- und Sozialwissenschaften seit dem 19. Jahrhundert macht die Angelegenheit gewiss nicht leichter. Eventuell kann sich die Allgemeine Staatslehre aber auch als eine Art Gegenbewegung präsentieren, die in all dem wissenschaftlichen „Klein Klein" versucht, das „große Ganze" nicht aus dem Blick zu verlieren und allzu differenzierte und kleinteilige Wissenschaftsdisziplinen[95] wieder (partiell) zusammen zu führen, um neue Erkenntnisse zu gewinnen.[96] Ähnlich stellen *Ran Hirschl* und *Jan Mertens* hinsichtlich der „künstlichen" Trennung von Verfassungsrechts- und Politikwissenschaft fest: „Eine Aufrechterhaltung der Trennung dieser Bereiche, die sich mit den verschiedenen Aspekten derselben konstitutionellen Phänomene befassen, begrenzt künstlich und unnötig unseren intellektuellen Horizont. Sie begrenzt die Art von Fragen, die wir stellen, und die Vielfalt der Antworten, die wir geben können."[97] Und später: „Eine Abgrenzung von Disziplinen trägt generell nicht zu einem Verständnis des Gesamtgeschehens unserer Zeit bei."[98] Tatsächlich klingt auch *Möllers* in späteren Arbeiten optimistischer, zumindest aber gnädiger im Hinblick auf den Versuch einer Allgemeinen Staatslehre.[99] Forschungsprojekte würden neuerdings doch immer häufiger

[95] Auch innerhalb der deutschen (bzw. kontinantalen) Rechtswissenschaft stellt sich zunehmend die Frage, inwieweit sich die strikte Trennung zwischen dem Öffentlichen Recht und dem Privatrecht noch als sinnvoll erweist – gerade vor dem Hintergrund der zunehmenden Europäisierung des Rechts. Zumindest scheint die bisweilen eher zufällige und allein historisch zu begründende Aufteilung der Rechtsmaterien auf die beiden Teilgebiete nicht immer zu völlig befriedigenden Ergebnissen zu führen. Eine Kooperation von WissenschaftlerInnen der beiden Gebiete (etwa durch gemeinsame Forschungsprojekte) wäre zweifellos gewinnbringend. Siehe dazu zuletzt *U. J. Schröder*, Das Verhältnis von öffentlichem Recht und Privatrecht, DVBl. 2019, 1097 ff.; *M. Seckelmann*, Kategoriale Unterscheidung von Öffentlichem und Privatem Recht?, DVBl. 2019, 1107 ff.; *F. Becker*, Öffentliches und Privates Recht, NVwZ 2019, 1385 ff. sowie *A. Jakab/L. Kirchmair*, Die Unterscheidung zwischen öffentlichem Recht und Privatrecht als genetischer Fehler in der DNA kontinentaler Rechtsordnungen, Der Staat 58 (2019), 345 ff. Die Bedeutung dieser Frage zeigt sich in Deutschland aktuell bei der Diskussion um den „Berliner Mietendeckel", wo es aus kompetenzrechtlicher Sicht auch um die Frage geht, ob es sich dabei um Privat- oder Öffentliches Recht handelt.

[96] Siehe auch *S. Breuer*, Der Staat, 1998, S. 11 f.

[97] *R. Hirschl/J. Mertens*, Interdisziplinarität als Bereicherung. An den Grenzen von Verfassungsrecht und vergleichender Politikwissenschaft, in: J. Münch/A. Thiele (Hrsg.), Verfassungsrecht im Widerstreit, S. 105 (106). Für eine stärkere interdisziplinäre Verknüpfung der Rechts- und der Sozialwissenschaft zuvor schon *R. Hirschl*, Verfassungsrecht und vergleichende Politikwissenschaft – an den Grenzen der Disziplinen, in: M. Hein/F. Petersen/S. v. Steinsdorff (Hrsg.), Die Grenzen der Verfassung, S. 15 ff.

[98] *R. Hirschl/J. Mertens*, Interdisziplinarität als Bereicherung. An den Grenzen von Verfassungsrecht und vergleichender Politikwissenschaft, in: J. Münch/A. Thiele (Hrsg.), Verfassungsrecht im Widerstreit, S. 105 (123).

[99] *C. Möllers*, Der vermisste Leviathan, S. 113: „Diese Einsicht schließt nicht aus, dass es nach wie vor interessant sein mag, von sozialwissenschaftlicher wie von rechtswissen-

interdisziplinär und um einen konkreten Gegenstand herum konstruiert, ohne dass sich die Akteure von theoretischen Methodenfragen von vornherein abschrecken ließen. *Möllers* selbst nennt die Kulturwissenschaften, die Gender-Studies oder die Holocaust-Forschung.[100] Heute würde man noch die Digitalisierung oder – etwas spezieller – das autonome Fahren[101] erwähnen können. Unlängst ist zudem der erste von *Anselm Doering-Manteuffel, Bernd Greiner* und *Oliver Lepsius* herausgegebene Band des Arbeitskreises für Rechtswissenschaft und Zeitgeschichte erschienen, der sich aus unterschiedlichen Disziplinen dem Brokdorf-Beschluss des Bundesverfassungsgerichts widmet.[102] Dass dieser Band keine interessanten und neuartigen Ergebnisse geliefert hätte, wird man nicht sagen können, wenngleich der Mehrwert für die einzelnen Disziplinen nicht immer umgehend erkennbar sein mag. Aber sollte „der Staat" wirklich von vornherein kein tauglicher gemeinsamer Gegenstand in diesem Sinne sein können? Es spricht damit auch eine Art wissenschaftliche Doppelhypothese für den „bewusst unzureichenden Versuch" einer Allgemeinen Staatslehre: Für die Wissenschaft wäre es danach schlimmer, wenn bedeutende Erkenntnisse ausblieben, weil man von vornherein von einer interdisziplinären Allgemeinen Staatslehre absähe, als wenn eine versuchte Allgemeine Staatslehre nichts oder wenig Erhellendes hervorbringen würde. Ein solcher Versuch wäre in dieser Interpretation keine antiquierte und obsolete Idee als vielmehr Ausdruck eines wiederentdeckten und „modernen" Wissenschaftsverständnisses und damit „das Gebot der Stunde."[103] So gesehen wären es die Kritiker selbst, die sich wissenschaftlicher Modernität mit ihrem Beharren auf Methodenreinheit verweigerten.

Zum anderen erscheint dieser allgemein-methodische Einwand deshalb fragwürdig, weil er die Allgemeine Staatslehre zwar besonders hart trifft, letztlich aber nicht weniger für das gesamte Öffentliche Recht gelten dürfte. Auch hier fehlt es an einer allgemein gültigen Rezeptionstheorie für die Integration außerjuridischer Erkenntnisse in die rechtswissenschaftliche Dogmatik (auch wenn es immer wieder gehaltvolle Vorschläge in dieser Hinsicht gegeben hat).[104] Muss die Jurisprudenz, muss das gesamte Öffentliche Recht

---

schaftlicher Seite zu suchen und zu sichten. Gerade die methodischen Einwände gegen eine engere Zusammenführung recht- und sozialwissenschaftlicher Forschung könnten sich jedenfalls aus Sicht der Rechtswissenschaften auf Dauer entschärfen."

[100] *C. Möllers*, Der vermisste Leviathan, S. 114.

[101] Dazu zuletzt *B. Oppermann*/*J. Stender-Vorwachs* (Hrsg.), Autonomes Fahren, 2. Auflage 2019.

[102] *A. Doering-Manteuffel*/*B. Greiner*/*O. Lepsius* (Hrsg.), Der Brokdorf-Beschluss des Bundesverfassungsgerichts, 2015.

[103] *R. Hirschl*/*J. Mertens*, Interdisziplinarität als Bereicherung. An den Grenzen von Verfassungsrecht und vergleichender Politikwissenschaft, in: J. Münch/A. Thiele (Hrsg.), Verfassungsrecht im Widerstreit, S. 105 (116).

[104] Siehe beispielhaft *J. Lüdemann*, Netzwerke, Öffentliches Recht und Rezeptionstheo-

auf Erkenntnisse der Nachbardisziplinen verzichten, wenn es sich nicht dem Vorwurf der Methodenunreinheit ausgesetzt sehen will? Sind *Hans Kelsens* „Reine Rechtslehre“ und sein spezifischer Staatsbegriff der einzig gangbare Weg? Wäre ein solcher Verzicht – gerade im Verfassungsrecht – überhaupt denkbar?[105] Dieser alte Grundsatzstreit „um die Bedeutung philosophischer, historischer, ökonomischer und soziologischer Erkenntnisse für die dogmatische Jurisprudenz“,[106] wird heute kaum noch offen, geschweige denn mit solch emotionaler Kraft geführt, wie das zu Weimarer Zeiten der Fall war. Er hat sich aber nicht erledigt, das zugrunde liegende Problem harrt der Lösung, was sich gerade an den Vorwürfen zeigt, denen sich die Allgemeine Staatslehre ausgesetzt sieht. Bemerkenswert ist insofern weniger der Umstand, dass der Versuch einer Allgemeinen Staatslehre methodisch kritisiert wird – angesichts ihres ausdrücklich interdisziplinären Ansatzes wäre alles andere überraschend –, als vielmehr, dass entsprechende Vorwürfe gegenüber dem sonstigen Öffentlichen Recht in der Regel nur deshalb ausbleiben, weil die Rezeption extrajuridischer Erkenntnisse nicht offengelegt wird, allein implizit und damit zugleich mehr oder weniger willkürlich erfolgt. Immer wieder fließen Erkenntnisse anderer Disziplinen in die scheinbar „reine“ Jurisprudenz ein und müssen dies wohl auch: Wie sollte man zu angemessenen Ergebnissen bei der Auslegung der Schuldenbremse kommen, ohne ökonomische Erkenntnisse (wie auch immer) zu berücksichtigen? Ist eine Definition des Begriffs Preisstabilität (Art. 127 AEUV)[107] sinnvoll möglich, ohne die ökonomische Situation der Eurozone zu beachten? Wie soll der Stand der Technik im Umweltrecht bestimmt werden, ohne die Ingenieur- und Naturwissenschaften zu befragen? Wenn das Recht die gesellschaftliche Realität regeln soll, muss es diese dann nicht auch in irgendeiner Form zur Kenntnis nehmen? Mit ihrem explizit auf Rezeption und Zusammenführung angelegten Ansatz kann eine Allgemeine Staatslehre einen Beitrag leisten, diese methodische Herausforderung wieder auf die Tagesordnung zu setzen, sie transparenter zu machen und Lösungsvorschläge zu unterbreiten, wie ihr begegnet werden könnte. Solange das Öffentliche Recht aber mit dieser offenen methodischen Flanke (aus welchen Gründen auch immer) weiterhin leben kann, kann es die Allgemeine Staatslehre auch.[108]

---

rie, in: S. Boysen u.a., Netzwerke, S. 266 (275 ff.). Speziell für das Verwaltungsrecht *I. Augsberg* (Hrsg.), Extrajuridisches Wissen im Verwaltungsrecht, 2013.

[105] Vgl. auch *C. Möllers*, Der vermisste Leviathan, S. 113.

[106] Speziell zum unsicheren Umgang der Jurisprudenz mit Fragen der Wirklichkeit *A. Voßkuhle*, Methode und Pragmatik, in: H. Bauer u.a., Umwelt, Wirtschaft und Recht, S. 171 (185).

[107] Siehe dazu *A. Thiele*, Die Europäische Zentralbank, S. 69 ff.

[108] Es handelt sich insoweit vor allem um eine deutsche Debatte. Die Rechtswissenschaften in anderen Ländern (nicht zuletzt im angelsächsischen Raum einschließlich Süd-

III. Mangelt es der Allgemeinen Staatslehre an der notwendigen Problemnähe?

Dem dritten Einwand lässt sich leichter begegnen. Danach fehlt es der Allgemeinen Staatslehre an Problemnähe. Prominent vorgetragen wurde dieser Vorwurf unter anderem von *Peter Häberle*. Die Allgemeine Staatslehre führe lediglich zu „leeren Abstrahierungen".[109] Spezifische verfassungsrechtliche Fragen ließen sich mit dieser nicht beantworten, maßgeblich seien allein die konkreten Verfassungen. Dieser Vorwurf trifft gewiss zu. Welche Anforderungen das Demokratieprinzip im Einzelnen stellt, ob ein Gesetz mit Grundrechten vereinbar ist oder ob das konspirative Verhalten eines US-Präsidenten ein Amtsenthebungsverfahren rechtfertigt, lässt sich unter Rückgriff auf die Ergebnisse einer Allgemeinen Staatslehre nicht abschließend klären.[110] Hier kann nur das Staatsrecht respektive das Verfassungsrecht weiterhelfen.[111] Dieser Vorwurf träfe die Allgemeine Staatslehre freilich nur, wenn sie den Anspruch erhöbe, solche konkreten Fragen zu beantworten. Das ist aber nicht der Fall. Mit anderen Worten: Die Probleme, die die Allgemeine Staatslehre aus Sicht ihrer Kritiker wie *Häberle* nicht zu lösen vermag, will diese gar nicht lösen. Es geht ihr um etwas anderes; sie erhebt nicht den Anspruch an die Stelle des konkreten Staats- oder Verfassungsrechts im Sinne eines „universellen Ersatzes" zu treten. Ziel ist vielmehr durch den kritischen, distanzierten und interdisziplinären Vergleich demokratischer Verfassungsstaaten neue Erkenntnisse und Perspektiven zu gewinnen, die es ermöglichen, losgelöst von konkreten Fragestellungen, sozusagen aus der Metaebene, Impulse für die Entwicklung des konkreten Staats- und Verfassungsrechts zu geben. Eine Allgemeine Staatslehre kann damit keine konkreten staats- und verfassungsrechtlichen Probleme lösen, aber argumentatives Rüstzeug für das Sichtbarmachen bedenklicher Entwicklungen und die Bewertung real gefundener Lösungen liefern. „Worum es geht, ist in erster Linie die Konstruktion von Typen; sodann, in zweiter Linie, ihre Verwendung als Skalen, mit deren Hilfe gerade auch die Abweichung, die Distanz erkennbar gemacht werden kann, so dass es weder ein Mangel noch eine Widerlegung ist, wenn eine individuelle historische Erscheinung nur sehr partielle Annäherungen an einen Typus aufweist."[112] So wird in Deutschland nach der langen Regie-

---

afrika) greifen zumeist ganz selbstverständlich auf wirklichkeitswissenschaftliche Erkenntnisse zurück.

[109] *P. Häberle*, Die europäische Verfassungsstaatlichkeit, in: K. Weber/I. Rath-Kathrein (Hrsg.), Neue Wege der Allgemeinen Staatslehre, S. 29 ff.

[110] Siehe auch *P. Mastronardi*, Verfassungslehre, Rn. 123.

[111] Für eine synonyme Verwendung dieser Begriffe *C. Möllers*, Staat als Argument, S. 429.

[112] *S. Breuer*, Der Staat, S. 12.

rungszeit *Angela Merkels* über eine verfassungsrechtliche Amtszeitbegrenzung des Regierungschefs diskutiert.[113] Eine Allgemeine Staatslehre kann nicht nur aufzeigen, wo entsprechende Begrenzungen bereits bestehen (selten in parlamentarischen, häufig in präsidentiellen Regierungssystemen), sondern auch, welche Vor- und Nachteile damit einhergehen und inwiefern sie mit parlamentarischen Regierungssystemen vereinbar sind. Sie öffnet den Erfahrungsschatz moderner Staatlichkeit für aktuelle Debatten, holt diese aus dem Bereich der Vermutungen und Mutmaßungen heraus und trägt zu deren Rationalisierung bei: „Das Spezifische dieser Disziplin besteht eben nicht in der Ausbildung abstrakt-begrifflicher (Staats-)Definitionen, sondern in der Distanz zu Einzelphänomenen, die vor allem über eine theoretisch angeleitete, typisierende und vergleichende Betrachtungsweise gewonnen wird.“[114] Wäre die Einführung direktdemokratischer Elemente sinnvoll? Wenn ja, warum, wenn nein, warum nicht?[115] Wann ist die Errichtung unabhängiger Verwaltungsbehörden empfehlenswert?[116] Wie lässt sich Verwaltung generell organisieren? Wo liegen Vor- und Nachteile? Wie gehen andere Verfassungsgerichte mit dem Problem ihrer Politisierung um? Um die Beantwortung solcher Fragen geht es. Damit setzt eine Allgemeine Staatslehre keineswegs die Annahme einer „vorverfassten“ oder einer „vorverfassungsrechtlichen Staatlichkeit“ voraus. Dass es letztlich also „nur so viel Staat [gibt], wie die Verfassung konstituiert“,[117] ist eine Aussage, mit der eine moderne Allgemeine Staatslehre problemlos umgehen und die ihr daher nicht als prinzipieller Einwand entgegengehalten werden kann. Im Gegenteil: Weil der Staat eine formbare sozial-normative Konstruktion ist, kann ihr kritischer Blick etwas bewirken.

[113] Dazu auch *A. Thiele*, Verlustdemokratie, S. 317 ff.

[114] *A. Voßkuhle*, Die Renaissance der Allgemeinen Staatslehre im Zeitalter der Europäisierung und Internationalisierung, JuS 2004, 2 (3). Siehe auch *M. Weber*, Gesammelte Aufsätze zur Wissenschaftslehre, S. 202: „Denn Zweck der idealtypischen Begriffsbildung ist es überall, *nicht* das Gattungsmäßige, sondern umgekehrt die *Eigenart* von Kulturerscheinungen scharf zum Bewusstsein zu bringen.“

[115] Vgl. *A. Thiele*, Verlustdemokratie, S. 332 ff.

[116] Dazu umfassend zuletzt etwa *P. Tucker*, Unelected Power, 2018.

[117] So *P. Häberle*, Verfassungslehre als Kulturwissenschaft, S. 620.

C. Zehn Fragen an eine Allgemeine Staatslehre im 21. Jahrhundert

„Diese Staatslehre, die der Verfasser als Ergebnis einer Bemühung von beinahe 35 Jahren vorlegt, will wahrhaft eine Lehre vom Staat sein."

Herbert Krüger[1]

„Nach dem Standort und den Aufgaben der Staatslehre zu fragen, scheint bei dem Alter und der Tradition dieser Wissenschaft fast widersinnig zu sein."

Roman Herzog[2]

„Der Staat ist ein in seiner Komplexität unerschöpfliches Thema."

Martin Kriele[3]

Wenn eine Allgemeine Staatslehre nicht nur möglich, sondern zugleich sinnvoll erscheint, stellt sich die Frage nach dem Forschungsprogramm, ihren „Aufgaben". Diese sind, wie *Roman Herzog* festhält, nicht statisch festgeschrieben, sondern Wandeln sich mit den Herausforderungen der Staatenwelt.[4] Was sollte eine Allgemeine Staatslehre im 21. Jahrhundert umfassen, welchen Fragen an den Staat sollte sie sich widmen? Nach dem Gesagten kann es sich nur um einen subjektiven Vorschlag handeln, einen Debattenbeitrag, der zugleich mögliche Forschungsprojekte skizziert. Formuliert werden zehn Fragen, auf die eine „Allgemeine Staatslehre im 21. Jahrhundert" Antworten liefern, zumindest Antwortvorschläge machen sollte. Die Fragen werden nicht abschließend beantwortet, sondern lediglich im Hinblick auf ihre Bedeutung für die Allgemeine Staatslehre umrissen. Die ersten vier Fragen behandeln die Grundlagen und beleuchten das Phänomen moderner Staatlichkeit an sich; sie fallen in ihrer vorläufigen Beantwortung kürzer aus. Ab der fünften Frage rücken die Charakteristika und die Struktur des de-

[1] *H. Krüger*, Allgemeine Staatslehre, Vorwort S. V.
[2] *R. Herzog*, Allgemeine Staatslehre, S. 15.
[3] *M. Kriele*, Einführung in die Staatslehre, S. 1.
[4] *R. Herzog*, Allgemeine Staatslehre, S. 15.

mokratischen Verfassungsstaates in das Zentrum der Betrachtungen – die Antworten werden länger.

I. Was ist der „moderne Staat“ und wie ist sein Verhältnis zur Gesellschaft?

1. Der moderne Staat als Gegenstand der Allgemeinen Staatslehre

Den zentralen Gegenstand der Allgemeinen Staatslehre bildet der moderne Staat. Damit ist allerdings noch nicht geklärt – es wurde angedeutet –, was den modernen Staat kennzeichnet, diesen aus historischer Perspektive von nicht-modernen Formen von Staatlichkeit früherer Hochkulturen unterscheidet. In dieser Frage besteht keine Einigkeit, weder im Hinblick auf die zeitliche und örtliche Einordnung der Entstehung des modernen Staates, noch auf die konkreten historischen Wesensmerkmale, die diesen charakterisieren. Dieser Disput wird entschärft, wenn man sich das Prozesshafte der Entwicklung und die Abhängigkeit der Einordnung von der eigenen Staatstheorie in Erinnerung ruft. Der Staat entstand nicht in Form einer eruptiven Entladung aus den vormodernen Herrschaftssystemen und war plötzlich „da“. Die Suche nach einem konkreten Entstehungsdatum erscheint insofern wenig sinnvoll, angeben lässt sich allenfalls eine zeitliche Periode, in der sich der moderne Staat allmählich herausbildete. Es geht um einen schleichenden und Jahrhunderte dauernden Prozess, der zudem in unterschiedlichen Regionen in unterschiedlicher Intensität und mit unterschiedlichen Schwerpunkten ablief – noch im heutigen Staatensystem spielen diese Pfadabhängigkeiten eine Rolle. Die konkreten historischen Wesensmerkmale, die man bei der Betrachtung dieser Periode als maßgeblich erachtet, sind zudem von den eigenen Vorstellungen über das „Wesen“ des Staates, von der eigenen „Staatslegende“ abhängig. Daraus folgt erstens, dass es ebenso erwartbar, wie unschädlich ist, dass sich die gefundenen Merkmale in den Details unterscheiden. Wichtig ist, die eigenen Ergebnisse nicht absolut zu setzen, sondern nur als ein mögliches Verständnis, ein denkbares Szenario in den Staatsdiskurs einzustellen. Zweitens ergibt sich daraus, dass die begriffliche Debatte zu keinem Zeitpunkt als abgeschlossen angesehen werden kann. Der Begriff des modernen Staates ist in seiner historischen Fundierung (schon aufgrund neuer Erkenntnisse der Geschichtswissenschaft, der politischen Anthropologie etc.) ebenso wandelbar, wie sich die heutige Staatenwelt permanent wandelt. Die historischen Wesensmerkmale des modernen Staates sollten daher in all ihrer Offenheit auch in Zukunft zentraler Forschungsgegenstand der Allgemeinen Staatslehre bleiben.

Vor diesem Hintergrund sollte die Entstehungszeit des modernen Staates – im Einklang mit der überwiegenden Ansicht in der Literatur[5] – in die europäische Neuzeit verlegt werden.[6] Um möglichen Missverständnissen sogleich zu begegnen: Damit soll weder behauptet werden, dass es keinerlei außereuropäische Staatsentwicklungen gegeben hätte oder dass die Herrschaftsstrukturen dort „unmodern", „unpolitisch" oder gar „unzivilisiert" gewesen seien, wie dies zur Zeit der Kolonialisierung dieser Gebiete im 18., 19. und 20. Jahrhundert oftmals geschehen ist.[7] Das Gegenteil ist richtig und die Integration der neueren Erkenntnisse über die vielfältigen historischen und keineswegs unpolitischen frühen (segmentären und tribalistischen) Gemeinschaften in Amerika, Afrika, Asien, Australien und Neuseeland in den modernen Staatsbegriff sollte stärker betrieben werden als bisher. Gleichwohl zeigt sich im Europa der Neuzeit eine Entwicklung, die zumindest für die Herausbildung des heutigen Staatensystems – es besteht mittlerweile praktisch ausschließlich aus Nationalstaaten europäischer Art, wie sie sich zum Ende des 18. und zu Beginn des 19. Jahrhunderts herausgebildet haben – prägend war und die sich in dieser Form auf den anderen Kontinenten in dieser Dichte nicht ereignet hat. Die Entdeckung der Vernunft, die gesellschaftlichen und technischen Neuerungen[8] leiteten signifikante Veränderungen der bestehenden Herrschaftsstrukturen ein. Diese verdichteten sich in der Folge, um sich sodann durch Kolonialisierung und „Selbstverwestlichung"[9] auf dem gesamten Erdball zu verbreiten[10] und im Anschluss an die im 20. Jahrhundert (formal) abgeschlossene Dekolonialisierung zum weltweiten „Staatsstandard" zu mutieren. Erneut sei aber betont: Auch diese Ausbreitungsgeschichte ist in all ihren Facetten noch nicht erzählt[11] und darf nicht die signifikanten Unterschiede negieren, die in den einzelnen Weltregionen schon

[5] Siehe auch *E. Forsthoff*, Der Staat der Industriegesellschaft, S. 11; *E. Özmen*, Politische Philosophie, S. 18; *M. Payandeh*, Allgemeine Staatslehre, in: J. Krüper (Hrsg.), Grundlagen des Rechts, § 4, Rn. 5; *E.-W. Böckenförde*, Geschichte der Rechts- und Staatsphilosophie, S. 4 ff.; *P. Mastronardi*, Verfassungslehre, Rn. 202; *A. Gamper*, Staat und Verfassung, S. 30.

[6] *A. Thiele*, Der gefräßige Leviathan, S. 16 ff.

[7] Auch der einleitende Satz „Europa hat den Staat erfunden" von *Wolfgang Reinhard* in seinem bedeutenden Werk „Geschichte der Staatsgewalt" (3. Auflage 2003) sollte nicht in diesem exkludierenden Sinne interpretiert werden.

[8] Das betrifft die Urbanisierung ebenso wie die Entwicklung der Postkutsche.

[9] Ein von *Jürgen Osterhammel* geprägter Begriff, vgl. *J. Osterhammel*, Die Verwandlung der Welt, S. 424.

[10] Dazu *A. Thiele*, Der gefräßige Leviathan, S. 109 ff.

[11] Siehe aber die beeindruckenden Werke von *W. Reinhard*, Die Unterwerfung der Welt. Globalgeschichte der europäischen Expansion 1415–2015, 3. Auflage 2016 sowie *ders*, Geschichte der Staatsgewalt. Eine vergleichende Verfassungsgeschichte von den Anfängen bis zur Gegenwart, 3. Auflage 2002.

aufgrund der vielfältigen Kolonisierungsformen und unterschiedlichen lokalen Herrschaftstypen bis heute bestehen. Hier bleibt – nicht nur, aber vor allem – auf dem afrikanischen Kontinent mit seinen komplexen vorkolonialen tribalistischen Herrschaftsformen außerordentlich viel zu tun. Dass diese Zeit Auswirkungen auch auf die heutige Situation hat, zeigt die Auseinandersetzung der deutschen Bundesregierung mit den Herero und Nama im heutigen Namibia (ehemals Deutsch-Südwestafrika) über eine Entschädigung, aber auch über eine angemessene Erinnerungskultur[12] für die grausamen Gewalttaten bis hin zum Völkermord, die ihnen zu Beginn des 20. Jahrhunderts von deutschen Kolonialherren angetan wurden.[13] Generell ist im 21. Jahrhundert in vielen ehemaligen Kolonialstaaten eine neue Verantwortungsdebatte entstanden, die sich nicht auf die Frage der Rückgabe kolonialer Kunstschätze reduzieren lässt, sondern auch allgemeine Fragen der Staatlichkeit umfasst.[14]

Unter Beachtung dieser Einschränkungen sind es aus meiner Sicht die folgenden acht Merkmale, die das Wesen des modernen Staates europäischer Prägung ausmachen:[15]

- *Zentralisierung der Macht- und Herrschaftsverhältnisse*. War die Macht im Feudalismus des Spätmittelalters noch in einem diffusen System auf zahlreiche Personen und die Kirche aufgeteilt,[16] kam es mit dem moralischen Verfall der Kirche und den folgenden Religionskriegen ab dem 14. Jahrhundert zu einer Machtkonzentration beim Monarchen, bei dem sich nicht zuletzt die Streitentscheidungskompetenzen bündelten. Die Stände wurden entmachtet und es folgte die Ära des Absolutismus:[17] „L'État c'est moi!"[18] Theoretisch unterfüttert wurden diese Entwicklungen durch *Jean Bodin*, der den vielleicht umstrittensten Begriff in die Allgemeine Staatslehre einführte: „Souveränität". Ein umfassendes, auch faktisches Gewaltmonopol ging mit der Zentralisierung allerdings zu keiner Zeit

[12] Zur Bedeutung einer angemessenen Erinnerungskultur generell *A. Assmann*, Cultural Memory and Western Civilization: Functions, Media, Archives, 2012; *dies.*, Erinnerungsräume: Formen und Wandlungen des kulturellen Gedächtnisses, 2018 sowie knapp *dies.*, Der europäische Traum, S. 38 ff.

[13] Zur deutschen Geschichte siehe *W. Speitkamp*, Deutsche Kolonialgeschichte, 3. Auflage 2014.

[14] Siehe dazu auch *M. Terkessidis*, Wessen Erinnerung zählt. Koloniale Vergangenheit und Rassismus heute, 2019.

[15] Ausführlich zu den einzelnen Merkmalen *A. Thiele*, Der gefräßige Leviathan, S. 44 ff.

[16] Vgl. auch *M. Payandeh*, Allgemeine Staatslehre, in: J. Krüper (Hrsg.), Grundlagen des Rechts, § 4, Rn. 4.

[17] *A. Gamper*, Staat und Verfassung, S. 30.

[18] Etwas anders lief die Entwicklung in England, wo das Parlament von Anfang eine bedeutende Rolle spielte, die Macht also nicht beim König allein lag.

einher – die lokalen Herrschaftsträger blieben im täglichen Leben auch in der Hochzeit des Absolutismus schon aus organisatorisch-technischen Gründen von großer Bedeutung. Die „Souveränität" der ersten modernen Staaten nachträglich zu verklären, erscheint daher wenig überzeugend.[19]

- *Säkularisierung bei Konfessionalisierung.* Die Entdeckung der Vernunft führte zu einer Trennung der geistlichen von der weltlichen Sphäre, wobei sich der weltliche Monarch langfristig den Primat, den „Suprematieanspruch",[20] sicherte. Er hatte auf seinem Territorium das letzte Wort und zwar auch im Hinblick auf Fragen der Religion. Religion spielte damit in der Anfangszeit noch eine große, vielleicht sogar die bedeutendste Rolle für den modernen Staat. Es kam also zu einer Säkularisierung,[21] aber nicht zu einer Entkonfessionalisierung des Staates. Bis zum „Staat ohne Gott", wie ihn *Horst Dreier* zuletzt beschrieben hat und in dem die Religion prinzipiell zur Privatsache erklärt wird,[22] sollte es noch einige Jahrhunderte dauern – vollständig durchgesetzt hat sich dieses Konzept bis heute nur in wenigen modernen Staaten.
- *Territoriale Abgrenzung und Entpersonalisierung.* Im Zusammenhang mit der Konfessionalisierung stand die Territorialisierung der Herrschaft, die sich fortan vornehmlich über ihr Staatsgebiet und weniger über die konkrete Person des Herrschers definierte. Es kam zu einer Entpersonalisierung, der Staat wurde zur Körperschaft, deren Existenz vom Herrscher unabhängig war. Die entstehenden Grenzen waren aber vornehmlich räumliche Abgrenzungen der Herrschaftsgewalt und keine für Menschen physisch unüberwindbaren Barrieren. Anfangs waren es angesichts der vorherrschenden ökonomischen Theorie – dem Merkantilismus – auch weniger fremde Menschen, die auf dem eigenen Staatsgebiet unerwünscht waren als aus dem Ausland stammende Waren. Heute scheint es im „entfesselten Kapitalismus" umgekehrt zu sein.[23] Mit dem modernen Territorialstaat ist beides vereinbar.
- *Gestaltung durch Gesetzgebung.* War die Ordnung des Mittelalters noch vornehmlich eine erkennende, wurde sie mit der Entdeckung der Vernunft

---

[19] In diesem Sinne aber etwa *E. Forsthoff*, Der Staat der Industriegesellschaft, S. 11 ff. Auf S. 158 hält er für die Bundesrepublik der 70er Jahre fest: „Von Souveränität im Sinne der höchsten und fortdauernden Gewalt zu sprechen wäre absurd."

[20] *H. Dreier*, Religionsverfassung in 70 Jahren Grundgesetz – Rückblick und Ausblick, JZ 2019, 1005 (1008), dort auch zur in der jüngeren Bundesrepublik noch sehr erfolgreichen, allerdings verfehlten Koordinationslehre.

[21] Zum Begriff knapp *A. Thiele*, Der gefräßige Leviathan, S. 59 f. Siehe auch *H. Dreier*, Säkularisierung und Sakralität, S. 12 ff.

[22] *H. Dreier*, Staat ohne Gott, 2018. Längere Rezension bei *D. Rennert*, Liberale Theorie, Republikanische Praxis?, Der Staat 58 (2019), 411 ff.

[23] Siehe auch *S. Lessenich*, Grenzen der Demokratie, S. 64.

zunehmend zu einer vom Menschen selbst vor allem durch Recht gestalteten Ordnung:[24] Der moderne Staat ist Gesetzgebungsstaat. Damit übernahm der Herrscher zugleich die Verantwortung für die Ausgestaltung dieser Ordnung. Es fanden sich umfangreiche Regelungen zur „guten Polizey“ mit denen der Herrscher versuchte, sowohl die Gefahrenabwehr als auch die allgemeine Wohlfahrtspflege zu organisieren und nach seinen Vorstellungen zu gestalten. Die neuen Ordnungen ließen kaum einen Bereich aus und reichten von der Kleiderordnung bis hin zum schicklichen Verhalten in der Öffentlichkeit. Allerdings verlief dieser Prozess in den einzelnen Staaten unterschiedlich. In Großbritannien und den USA wird man der Gesetzgebung erst Ende des 19. Jahrhunderts eine größere Rolle zusprechen können.[25]

- *Ausbildung einer zentralen Bürokratie.* Die Gestaltung durch Gesetze aber auch die Konfessionalisierung bedurfte der konkreten Umsetzung innerhalb des gesamten Territoriums der einzelnen Staaten. Nach dem Vorbild der katholischen Kirche entwickelte sich eine zentralisierte Verwaltung, die im Übrigen auch von technischen Neuerungen (wie der Postkutsche) profitierte. Verwaltung ist auch heute der Aspekt von Staatlichkeit, dem die BürgerInnen am häufigsten begegnen: „Der Alltag von Herrschaft ist Verwaltung.“[26]
- *Errichtung eines stehenden Heeres.* Mit der Veränderung der Kriegsführungstechniken ging eine professionellere Organisation der militärischen Verteidigung einher. Ausgehend von den Niederlanden und Schweden wurde der besoldete und unter Waffen stehende Soldat, der auch in Friedenszeiten seine Stellung behielt, zum neuen militärischen Standard. Dazu bedurfte es eines umfassenden militärischen Verwaltungsapparates und entsprechender Infrastruktur (vor allem über das gesamte Territorium verteilte Kasernen). Das Militär wurde zu einem wirksamen Macht- und Symbolfaktor des zentral agierenden Herrschers (Frankreich, Preußen). In vielen Staaten kommt dem Militär bis heute eine erhebliche Integrationskraft selbst in Friedenszeiten zu (USA, Frankreich). In Deutschland ist das aus historischen Gründen anders.
- *Umfassende Steuerfinanzierung.* Im Mittelalter kam der Herrscher im Wesentlichen selbst für die Kosten der Herrschaft auf. Die Finanzierung des modernen, gestaltenden und verwaltenden Staates war auf diesem Wege nicht mehr zu leisten. Im Laufe der Zeit trat daher die Steuer als dauerhafte Einnahmequelle an die Stelle der Selbstfinanzierung: Der moderne

[24] Vgl. auch *J. Habermas*, Auch eine Geschichte der Philosophie, Band 2, S. 200 sowie *B. Rüthers*, Das Ungerechte an der Gerechtigkeit, S. 51.

[25] Siehe auch *A. Thiele*, Der gefräßige Leviathan, S. 84 f. Siehe auch *R. Zimmermann*, England und Deutschland: Unterschiedliche Rechtskulturen?, S. 29 und 37 ff.

[26] Diese Aussage geht auf *Max Weber* zurück.

Staat ist Steuerstaat.[27] Diese Entwicklung war für den Prozess der Parlamentarisierung und damit den demokratischen Verfassungsstaat bedeutend. Die Ständevertretungen, die für die Bewilligung der Steuern verantwortlich zeichneten, waren die Vorläufer der heutigen Parlamente. Das Budgetbewilligungsrecht bildet weiterhin eine der parlamentarischen Kernkompetenzen.

– *Staatsvolk*? Ein formales Staatsvolk, eine formale Staatsangehörigkeit kannte der moderne Staat lange Zeit nicht. Die Herrschaft war im Wesentlichen nicht personal, sondern territorial organisiert – zumindest wenn man auf die zentrale staatliche Ebene blickt.[28] Auch die Konfession ließ sich nicht als Staatsangehörigkeitsersatz interpretieren, schon weil es nur zwei (später drei) unterschiedliche Konfessionen gab[29] und diese zudem prinzipiell frei wählbar waren. Erst die Demokratiebewegung begründete das Bedürfnis ein irgendwie geartetes Volk von anderen Völkern abzugrenzen.[30] Die Idee, die in diesem Zusammenhang geboren beziehungsweise „erfunden"[31] wurde, war die der Nation – ein mehr als folgenreiches Konzept für den modernen Staat.

2. Der Nationalstaat als zentrale moderne (gescheiterte) Kategorie

Die modernen Staaten sind heute praktisch ausschließlich als Nationalstaaten konstruiert,[32] kennen neben einer nationalen Staatsangehörigkeit eine Nationalhymne, eine Nationalflagge sowie weitere nationale Symbole und sind – bis auf wenige Ausnahmen – in den Vereinten Nationen international organisiert.[33] Daraus wird bereits ersichtlich, dass sich dem Umstand Nationalstaat zu sein noch nichts über die innere Organisation des jeweiligen Staates entnehmen lässt. Handelt es sich um ein demokratisches oder ein autoritäres Regime, um eine Monarchie oder eine Republik? Entgegen den Vorstellungen der ersten Nationalisten hat sich das Konzept des Nationalstaats als überaus flexibel erwiesen und verträgt sich prinzipiell mit praktisch jeder innerstaatlichen Ordnung.[34] Auch ist es – noch nicht einmal in Europa – weder gelungen die einzelnen Nationen überschneidungsfrei voneinander ab-

---

[27] Dazu auch unten bei Frage V.

[28] In den Städten und Gemeinden fanden sich hingegen teilweise bereits Differenzierungen, vor allem im Bereich des Armenrechts.

[29] Katholisch, lutherisch, reformiert.

[30] Siehe auch *N. Ullrich*, Personale Bindungen im Wandel der Verfassungen, in: J. Münch/A. Thiele (Hrsg.), Verfassungsrecht im Widerstreit, S. 51 (68 ff.).

[31] *B. Anderson*, Die Erfindung der Nation, 1996.

[32] Überblick dazu auch bei *A. Gamper*, Staat und Verfassung, S. 70 ff.

[33] Ausführlich dazu *A. Thiele*, Der gefräßige Leviathan, S. 212 ff.

[34] *P. Alter*, Nationalismus, S. 103.

zugrenzen geschweige denn jeder dieser Nationen als Ausgangspunkt einer friedlichen nationalstaatlichen Weltordnung ihren eigenen Staat zuzuweisen. In jedem Nationalstaat finden sich bis heute ethnische, religiöse oder sonstige Minderheiten, mit denen die Nationalstaaten umgehen müssen. Etliche Nationen fühlen sich bis heute um ihren eigenen Nationalstaat betrogen (Kurden, Katalanen, Schotten). Faktisch bleibt der Vielvölkerstaat die staatliche Normalität. Mit anderen Worten: Das Konzept des Nationalstaats wird man als im Kern gescheitert ansehen müssen. Die Idee der Nation hat zwar beachtliche Leistungen im Hinblick auf die Entwicklung des demokratischen Verfassungsstaates geleistet. Eine zentrale Aufgabe der Allgemeinen Staatslehre sollte es nun jedoch sein, Möglichkeiten aufzuzeigen, den Nationalstaat (nicht aber Staatlichkeit an sich) zu überwinden und Staatsmodelle zu entwickeln, die besser geeignet sind, die heutigen staatlichen Integrationsaufgaben zu meistern und die die Schwierigkeiten, die mit dem Nationsbegriff verknüpft sind, vermeiden.[35]

3. Der demokratische Verfassungsstaat

Ein solches Modell kann der demokratische Verfassungsstaat sein, der sich mit der amerikanischen Revolution Ende des 18. Jahrhunderts herausbildete und sich dann in mehreren Wellen[36] über den Erdball ausbreitete.[37] Anders als der Nationalstaat ist er im Hinblick auf die innere Struktur des Staates nicht mehr neutral und damit das anspruchsvollere Modell.[38] Wie der Nationalstaat kommt auch dieser allerdings nicht umhin, die Zugehörigkeit zum demokratischen Staatswesen über die Staatsangehörigkeit formal zu regeln.[39] Ohne eine formale Zuordnung ist Demokratie nicht denkbar – einerseits, weil klar sein muss, wer zum Volk gehört, von dem die Staatsgewalt ausgeht, andererseits, weil Solidarität[40] und Zusammenhalt[41] (unter anderem in Form

[35] Dazu auch unten in Frage X zur Zukunft des Staates.

[36] Die Zahl dieser Wellen und der anti-demokratischen Rückschläge ist umstritten, vgl. *S. Huntington*, The Third Wave, S. 13 ff. (drei Wellen, zwei Gegenwellen) sowie *B. Marquardt*, Universalgeschichte des Staates, S. 499 f. (sieben Transformationsintervalle und fünf autokratische Gegenbewegungen). Inwieweit die aktuellen Entwicklungen in einigen Staaten einen erneuten Rückschlag bedeuten, bleibt abzuwarten.

[37] Vgl. im Überblick *A. Thiele*, Der gefräßige Leviathan, S. 235 ff.

[38] Einzelheiten unten bei Frage V und VI.

[39] Der Umgang mit Staatenlosen, sog. Apatriden, bildet denn auch eine zentrale Herausforderung für das moderne Völkerrecht, vgl. auch *A. Thiele*, Der gefräßige Leviathan, S. 317 ff. Zum Recht zur Regelung der Staatsangehörigkeit im Völkerrecht *V. Epping*, Der Staat als „Normalperson" des Völkerrechts, in: K. Ipsen (Hrsg.), Völkerrecht, § 7, Rn. 83 ff.

[40] Dazu zuletzt *H. Bude*, Solidarität. Die Zukunft einer großen Idee, 2019.

[41] Vgl. dazu *J. Kersten/C. Neu/B. Vogel*, Politik des Zusammenhalts. Über Demokratie und Bürokratie, 2019.

eines Sozialstaats) an eine geteilte Idee der Zugehörigkeit geknüpft sind.[42] Allerdings muss diese Zuordnung nicht auf einer wie auch immer gearteten Nation beruhen. Drei Probleme der „Integration durch Nation" sind zu beklagen: Erstens wird dadurch die Zusammengehörigkeit im Jetzt durch den Blick in eine (vermeintlich) geteilte Vergangenheit begründet. Das war in der Anfangszeit der Nationsidee kaum anders machbar, erscheint heute aber unnötig. Da es um eine Integration im Jetzt geht, sollte die Integration auch auf einer im Jetzt ruhenden Idee basieren. Zweitens ist unklar, welche Merkmale eine Nation in diesem Sinne begründen. Das macht die Idee anfällig für Missbrauch und allzu konstruierte (beliebige) Zusammengehörigkeiten – ein Phänomen, das bis heute immer wieder vorkommt und für politische Ziele instrumentalisiert wird.[43] Drittens ist die Zugehörigkeit zu einer Nation in vielen Fällen nicht erlernbar. Wo sich eine Nation ethnisch, religiös oder über territoriale Abstammung definiert, kann eine Integration von Neuankömmlingen schon formal nicht gelingen. Die betreffenden Personen bleiben BürgerInnen zweiter Klasse. Die Denationalisierung des demokratischen Verfassungsstaates könnte einen Weg darstellen, diesen Problemen zu begegnen.[44] Die Nation würde nach diesem „Zusammengehörigkeitsnarrativ"[45] – so wie zuvor die Religion – zur Privatsache erklärt („Staat ohne Nation") hätte dort aber weiterhin ihren Platz. Die Zugehörigkeit zum demokratischen Gemeinwesen würde hingegen über die Anerkennung erlernbarer materiell-formeller Wertevorstellungen erfolgen, die primär in der Verfassung verankert sind.[46] Darauf wird bei der letzten Fragen zurückzukommen sein.

4. Der völkerrechtliche Staatsbegriff

Das Bedürfnis nach einem völkerrechtlichen Staatsbegriff, der von den unterschiedlichen internen Verhältnissen der einzelnen Staaten abstrahiert, ist weiterhin aktuell und entfiele nur, soweit sich eine einzige interne Struktur (etwa in Form des denationalisierten demokratischen Verfassungsstaates) endgültig und umfassend durchsetzen sollte. Es entstand erstmals, nachdem Anfang des 19. Jahrhunderts mit den USA und den ersten südamerikanischen nicht-monarchischen Nationalstaaten Akteure die staatliche Bühne betraten, deren Staatsqualität nicht aufgrund ihrer kontinentalen Verortung (Europa) und ihrer Staatsstruktur (Monarchie) von vornherein feststand. Die Kritik an der heute herrschenden „Drei-Elemente-Lehre" *Georg Jellineks*,[47] wonach diese mit ihren Kriterien Staatsgebiet, Staatsvolk und Staats-

---

[42] Vgl. auch *P. Collier*, The Future of Capitalism, S. 212 f.
[43] Bezogen auf den Volksbegriff ähnlich *M. Wildt*, Die Ambivalenz des Volkes, S. 11.
[44] Ausführlich bei Frage X zur Zukunft des Staates.
[45] Vgl. *P. Collier*, The Future of Capitalism, S. 211 ff.
[46] Ausführlich dazu *A. Thiele*, Der gefräßige Leviathan, S. 285 ff.
[47] Siehe dazu *G. Jellinek*, Allgemeine Staatslehre, S. 394 ff. Umfassend auch *V. Epping*,

gewalt[48] allzu offen und unbestimmt sei,[49] geht insofern an der zentralen Funktion eines spezifisch völkerrechtlichen Staatsbegriffs vorbei. Dieser muss in der Lage sein, die faktische staatliche Vielfalt unter sich zu vereinen,[50] nicht aber das „wahre Sein" des Staates gänzlich zu erfassen.[51] Es ist insofern nicht ausgeschlossen, Staatlichkeit enger oder anders zu fassen (siehe dazu sogleich); allein die Eignung einer solchen Konzeption als völkerrechtliche Staatsdefinition wäre dann in Frage gestellt. Jedenfalls eignet sich die völkerrechtliche Staatsdefinition nur bedingt dazu, „Staatspolitik" zu betreiben, um auf diesem scheinbar formalem Wege eine bestimmte Vorstellung von Staatlichkeit zum völkerrechtlichen Normmodell zu erklären.[52] Eine tauglichere als die *Jellinek'sche* Definition ist vor diesem Hintergrund bisher zumindest nicht gelungen. Dieser Befund schließt nicht aus, die einzelnen Elemente näher zu betrachten und auch kritisch im Hinblick auf ihre Bedeutung zu hinterfragen. Auch hier gilt es auf wandelnde Verhältnisse und technische Möglichkeiten einzugehen – in den nächsten Jahren dürfte sich etwa die Frage stellen, wo der Weltraum beginnt (und damit der Staat völkerrechtlich „endet") und unter welchen Voraussetzungen extraterrestrische Gebiete (Mond? Mars?) zum Staatsgebiet gerechnet werden können.[53] Dabei handelt es sich weniger um eine originäre Aufgabe der Allgemeinen Staatslehre als um eine solche des Völkerrechts. Die Allgemeine Staatslehre muss deren Erkenntnisse integrieren, ist aber nicht dazu aufgerufen, einen eigenen völkerrechtlichen Staatsbegriff zu entwickeln.

Der Staat als „Normalperson" des Völkerrechts, in: K. Ipsen (Hrsg.), Völkerrecht, § 7, Rn. 1 ff.

[48] Dazu knapp *A. Katz/G. Sander*, Staatsrecht, Rn. 23 ff. sowie *A. Gamper*, Staat und Verfassung, S. 46 ff.

[49] Siehe etwa *H. Krüger*, Allgemeine Staatslehre, S. 145 ff. sowie allzu polemisch *R. Smend*, Verfassung und Verfassungsrecht, 1928, S. 55: „Dieses unrühmliche Kapitel deutscher Ungeistgeschichte […]."

[50] In diesem Sinne auch *M. Payandeh*, Allgemeine Staatslehre, in: J. Krüper (Hrsg.), Grundlagen des Rechts, § 4, Rn. 9.

[51] Siehe auch *J. Ipsen*, Staatsrecht I, Rn. 5.

[52] Siehe auch *A. Katz/G. Sander*, Staatsrecht, Rn. 21.

[53] Aktuell ist der Weltraum nach dem Weltraumvertrag von 1967 eine „Angelegenheit der ganzen Menschheit" und der Mond und andere Himmelskörper sind nach dem Mondvertrag von 1979 „hoheitsfreier Gemeinschaftsraum". Ob sich das ändert, bleibt abzuwarten, zumal bedeutende Raumfahrernationen (etwa die USA) den Mondvertrag nicht ratifiziert haben. Siehe dazu *M. Schladebach*, Weltraumrecht, 2020.

5. Weitere Staatsbegriffe

Originäres Terrain der Allgemeinen Staatslehre wird allerdings dort betreten, wo es um die Entwicklung allgemeiner Staatsbegriffe geht, also versucht wird, das Wesen des modernen Staates konkret und losgelöst von den historischen Wesensmerkmalen und den völkerrechtlichen Vorstellungen zu fassen. Aus einer historisch-theoretischen Perspektive wird man in Anlehnung an die Dissertation von *Christoph Möllers*[54] die folgenden fünf Konzepte zu dem Kanon zählen können, zu dem sich auch eine moderne Allgemeine Staatslehre weiterhin verhalten sollte:

- *Zwei-Seiten-Theorie (Georg Jellinek). Jellinek* unterschied einen Rechts- von einem Sozialbegriff des Staates, mithin eine juristisch-normative von einer sozial-faktischen Beschreibungsebene von Staatlichkeit.[55] Damit konnte der Staat nach *Jellinek* zwar aus unterschiedlichen Perspektiven betrachtet werden, doch mussten diese Perspektiven stets sauber voneinander getrennt werden: „Eine Vermischung des Rechtlichem mit dem, was vor dem Rechte liegt, soll in einer wissenschaftlichen Darstellung der Staatslehre nicht stattfinden."[56] Damit ging *Jellinek* das Methodenproblem auf innovative Weise an, ohne es jedoch überzeugend zu lösen. Mit *Christoph Möllers*: „Der Anstaltsstaat des staatsrechtlichen Positivismus wird der Wirklichkeit gegenüber gleichzeitig geöffnet und juristisch immunisiert."[57]
- *Der Staat als Rechtsordnung (Hans Kelsen).* Nach dieser Vorstellung ist das Recht die einzige Ausdrucksform des Staates: Der Staat ist das Recht und das Recht ist der Staat; außerhalb des Rechts gibt es keine Form von Staatlichkeit, kein faktisches Staatswesen, das wie bei *Jellinek* durch das Recht aufgenommen und geformt werden könnte. Es ging bei *Kelsen* insofern nicht nur darum, den juristischen Staatsbegriff noch stärker in den Fokus zu rücken. Vielmehr behauptete er die Unmöglichkeit eines außerrechtlichen Staatsbegriffs (auch für andere Disziplinen).[58] Vor allem aus diesem Grund dürfte sich *Kelsens* Staatsverständnis in der Folge nicht durchgesetzt haben; die Indifferenz bezüglich unterschiedlicher Staatsformen[59] (Demokratie oder Diktatur) spielte demgegenüber eher eine geringere Rolle.

---

[54] *C. Möllers*, Staat als Argument, S. 12–115.
[55] *C. Möllers*, Staat als Argument, S. 12.
[56] *G. Jellinek*, Allgemeine Staatslehre, S. 11 f.
[57] *C. Möllers*, Staat als Argument, S. 33.
[58] Vgl. *C. Möllers*, Staat als Argument, S. 40 f.
[59] Vgl. auch *H. Dreier*, Rechtslehre, Staatssoziologie und Demokratietheorie bei Hans Kelsen, S. 282.

- *Der faktische Staatsbegriff (Carl Schmitt)*. Gewissermaßen das Gegenmodell zu *Kelsen* bildete das Staatsverständnis *Carl Schmitts*, indem nicht die normative, sondern die faktische Seite des Staates in den Vordergrund gerückt wurde (wenngleich stets auf die konkrete Verfassung bezogen). Der Staat war damit für *Schmitt* bereits vorrechtlich existent und zwar als politische Einheit eines Volkes, das durch diese Einheit erst in die Lage versetzt wurde, sich und damit den Staat (in einer Verfassung) zu verrechtlichen. Diese vorrechtliche Einheit wirkte aber auch nach der Verrechtlichung als politische Seite des Staates fort und konnte Abweichungen von der Rechtsordnung legitimieren – etwa wenn andernfalls die politische Einheit in Gefahr geräte. *Schmitt* plädierte daher für eine strikte Trennung von dem die Einheit repräsentierenden Staat und der Gesellschaft/Wirtschaft und sah mit deren zunehmender Vermischung (vor allem durch die Parlamentarisierung und die Ausweitung des Sozialstaats) konsequenterweise bereits das Ende der (beziehungsweise jedenfalls seiner Vorstellung von) Staatlichkeit angebrochen.
- *Wirklichkeitsorientiertes Staatsverständnis (Hermann Heller)*. Für *Hermann Heller* war vor allem die politische Wirklichkeit entscheidend, wenn es darum ging, den Staat zu definieren. Zentral waren für ihn daher die wirklichkeitsbezogenen Wissenschaften (Sozialwissenschaften). Er wandte sich damit nicht zuletzt gegen *Kelsens* Verrechtlichung, sah aber auch *Jellinek* als zu unpolitisch an. Die politische Einheit (*Schmitt*) war für *Heller* zwar durchaus relevant, allerdings nicht in Form einer unveränderlichen und vorrechtlichen oder vorstaatlichen Einheit. Vielmehr beschrieb *Heller* das Volk als vielfältig, dass sich daher nur punktuell und situationsbezogen zu einer Einheit zusammenfinden kann, die vom Staat immer wieder hergestellt werden muss. Der Staat war für *Heller* daher eine organisierte Entscheidungs- und Wirkungseinheit, die sich von anderen (gesellschaftlichen) Einheiten dieser Art durch sein Gewaltmonopol unterschied, das zugleich die besondere Stellung des Staates ausmacht. Gerade diese letzte Prämisse wird in letzter Zeit immer wieder in Frage gestellt.
- *Staat als prozesshafte Integration (Rudolf Smend)*. Anders als *Schmitt* ging *Smend* nicht davon aus, dass dem Staat eine dauerhafte gefestigte politische Einheit voranging. Die zunehmende Differenzierung der Gesellschaft führe vielmehr dazu, dass auch der Staat nicht mehr als etwas Dauerhaftes, sondern als etwas stets Wandelbares, als eine dynamische Einheit angesehen werden müsse, in der die erforderliche Einheit immer wieder neu hergestellt und realisiert werden muss. Der Staat war für *Smend* eine konstante Integrationsgemeinschaft. Er basierte auf dem „Sinnprinzip der Integration" und überlebte allein dank eines gedachten Plebiszits, das sich jeden Tag aufs neue wiederholte und mit dem die Bevölkerung ihre Zugehörigkeit zum Staat zum Ausdruck brachte: „[Der

> Staat] ist überhaupt nur vorhanden in diesen einzelnen Lebensäußerungen, sofern sie Betätigungen eines geistigen Gesamtzusammenhangs sind, und in den noch wichtigeren Erneuerungen und Fortbildungen, die lediglich diesen Zusammenhang selbst zum Gegenstande haben [...]. Es ist dieser Kernvorgang staatlichen Lebens [...], für den ich [...] die Bezeichnung Integration vorgeschlagen habe."[60]

Für eine moderne Allgemeine Staatslehre können diese historisch-theoretischen Staatsbegriffe nicht den Endpunkt der Debatte darstellen. Das gilt schon deshalb, weil es sich um ausschließlich deutsche Konzepte handelt, die zudem allesamt aus vordemokratischen Zeiten stammen (zumindest aus deutscher Sicht), den Wandel zum Wohlfahrtsstaat damit ebensowenig erfassen, wie die aktuellen Herausforderungen. Sie haben insofern vor allem historisch-theoretischen Wert, teilweise sind sie – wie der Schmitt'sche Begriff – für die Beschreibung des demokratischen Verfassungsstaates als pluralistischem Sozialstaat von vornherein unpassend und allenfalls als Kontrastfolie nutzbar. Das heißt selbstverständlich nicht, dass sie für die Entwicklung neuer Staatsbegriffe keine Grundlage darstellen könnten oder sollten. Sie müssen auch keineswegs umfassend verworfen werden, jedoch auf ihre fortbestehende Tauglichkeit für die Beschreibung und Bestimmung moderner Staatlichkeit immer wieder untersucht und gegebenenfalls angepasst werden. Dass aber etwa die Integrationslehre *Rudolf Smends*, die Verrechtlichungsthese *Hans Kelsens* und auch die *Jellinek'sche* Zwei-Seiten-Lehre weiterhin wissenschaftlich wertvolle, ja grundlegende Beiträge darstellen – gerade auch im Hinblick auf die europäische Integration[61] –, an denen keine Allgemeine Staatslehre vorbeikommt, wird niemand bestreiten. Gleichwohl überrascht der Befund, dass es in den letzten Jahrzehnten nur vergleichsweise wenige Versuche gegeben hat, aktuellere Staatsbegriffe zu entwickeln, die die Wandlungen von Staatlichkeit in Zeiten von Globalisierung aber auch Digitalisierung angemessen zu erfassen vermögen. Seinen Grund findet das gewiss nicht zuletzt in der zunehmenden Ablösung des Staatsbegriffs als wissenschaftliche Beschreibungskategorie, die sich bereits in der Weimarer Zeit abzeichnete, als die klassische Allgemeine Staatslehre ihre Hochzeit bereits überschritten hatte. An die Stelle des Staates trat vielmehr die Verfassung, an die Stelle der Allgemeinen Staatslehre die Verfassungslehre oder schlicht das Verfassungsrecht. Als Vertreter, die sich für eine solche Aufwertung des Verfassungsbegriffs stark machten, wird man in der früheren Bundesrepublik vor allem

[60] *R. Smend*, Verfassung und Verfassungsrecht, S. 136. Knapp zur Integrationslehre auch *A. Katz/G. Sander*, Staatsrecht, Rn. 29.

[61] Zu Rudolf Smend etwa *N. Matz-Lück*, Die Aktualität der Smendschen Integrationslehre im europäischen Einigungsprozess, in: U. Schröder/A. v. Ungern-Sternberg (Hrsg.), Zur Aktualität der Weimarer Staatsrechtslehre, S. 37 ff.

Peter Häberle und *Konrad Hesse* nennen können. Die mit dieser Aufwertung bisweilen suggerierte „Reinigung“ von sozialwissenschaftlichen, politischen oder (subjektiven) staatstheoretischen Einflüssen war freilich nur eine scheinbare[62] (was allerdings nur selten zu stören schien). Der „reaktionäre“ Versuch den Staatsbegriff als Reaktion auf diese Entwicklungen wiederzubeleben und dem klassischen souveränen Einheitsstaat neben oder vor der Verfassung einen eigenständigen Wert oder gar die Funktion einer Verfassungsvoraussetzung zuzuweisen wird man mittlerweile zwar als im Kern gescheitert ansehen müssen – auch weil dieser Versuch auf interdisziplinäre Verständigung praktisch vollständig verzichtete. Indes lieferte auch die „Neue Staatswissenschaft“ mit ihrem ausdrücklichen interdisziplinären und pluralistischen Ansatz keine mit wenigen Worten zu beschreibende eingängige neue Definition von Staatlichkeit für das 21. Jahrhundert. *Gunnar Folke Schupperts* Vorstellung der steten Veränderung des modernen Staates, des „Staat[es] als Prozess“[63] weist zwar treffend auf die Dauerhaftigkeit des Wandels moderner Staatlichkeit hin und betont damit die Notwendigkeit einer dynamischen und nicht-statischen Betrachtung des modernen Staates gerade auch durch die Allgemeine Staatslehre. Für das, was der moderne Staat in seiner gegenwärtigen Form „ist“ – auch wenn er sich kontinuierlich wandelt, hat er zu jedem Zeitpunkt auch einen aktuellen Status, der beschrieben und definiert werden kann – liefert diese Perspektive mit ihrer Betonung der „Steuerung“ und der „Governance“ im Ergebnis keine wirklich befriedigende, zumindest aber eine allzu weitgefasste Antwort. Für die Allgemeine Staatslehre ist das kein zufrieden stellender Befund. Zwar tun sich auch andere Disziplinen mit der Definition ihres zentralen Forschungsgegenstands schwer, was nicht per se als problematisch angesehen werden muss. Zu nennen wäre die Politikwissenschaft und der Begriff des Politischen. Hier gilt insofern dass, was *Elif Özmen* unlängst auch für die politische Philosophie festgehalten hat: „Positiv gewendet erscheinen dieser Pluralismus und die damit verbundene methodische und inhaltliche Offenheit als der angemessene Ausdruck der Komplexität und Wichtigkeit des Gegenstandes.“[64] Gleichwohl dürfte es für die jeweilige Disziplin zentral sein, dass diese Grundlagendebatte dauerhaft geführt und mit neuen Ideen und Lösungen bereichert und an die Zeitumstände angepasst wird. Das gilt auch für die Allgemeine Staatslehre, die aufgerufen ist, neue und realitätsnahe Konzepte von Staatlichkeit zu entwickeln und zur Diskussion zu stellen. Diese sollten

[62] Vgl. *C. Möllers*, Der vermisste Leviathan, S. 54: „Das Bedürfnis, Gesellschaftsbeschreibung im großen Stil, aber ohne sozialwissenschaftliche methodische Kontrollen zu betreiben, schien von der Wahl des Begriffs unabhängig zu sein.“

[63] *G. F. Schuppert*, Staat als Prozess. Eine staatstheoretische Skizze in sieben Aufzügen, 2010.

[64] *E. Özmen*, Politische Philosophie, S. 9.

neben normativen auch aktuelle gesellschaftliche Entwicklungen (Individualisierung, Digitalisierung, soziale Medien etc.) aufnehmen und verarbeiten – eine Forderung, die interessanterweise bereits *Ernst Forsthoff* Anfang der 70er Jahre formuliert hat (wenn auch vor allem im nostalgischen Blick zurück auf den klassisch-modernen, und von der Gesellschaft getrennten souveränen Staat).[65] Anders gewendet: Wer nicht mehr über den Staat spricht, muss sich nicht wundern, wenn die Allgemeine Staatslehre aufhört.

Ein Beispiel für ein solches Konzept stellt der von *Thomas Vesting* in Anlehnung an aber auch in Abgrenzung von *Karl-Heinz Ladeur*[66] präsentierte und zudem die Gedanken des Schuppert'schen Gewährleistungsstaats[67] aufnehmende „Netzwerkstaat" dar.[68] Mit diesem Modell versucht *Vesting* die Folgen der Algorithmysierung und die darin begründete Fragmentierung der Gesellschaft in spontane Ordnungen[69] und Schwarmbildungen („Schwarmdemokratie"[70]) zu erfassen. Ergänzend wird es auch darum gehen müssen, die Verluste kommunaler und regionaler Zusammengehörigkeitsnarrative für den Begriff der und den Fortbestand von Staatlichkeit analytisch zu durchdringen. Diese Staatsdefinition oder Staatsbeschreibung, deren Anfänge nach *Vesting* bereits in die 70er Jahre des 20. Jahrhunderts zurückreichen, könnte den Ausgangs- und Reibepunkt einer modernen Allgemeinen Staatslehre bilden, die sich ihrer historisch-theoretischen Fundierung ebenso wie ihrer aktuellen Beschreibungs-, Einordnungs- und normativen Konstruktionsaufgabe bewusst ist. Das bedeutet nicht, diesen Beschreibungsversuch übernehmen oder ihn gar zum neuen Referenzmodell erklären zu müssen. Dass er im Ausgangspunkt aktuelle Phänomene der Postmoderne treffend beschreibt und im Staatsbegriff spiegelt, wird man jedoch nicht bestreiten können. Ohnehin tritt der Netzwerkstaat in *Vestings* Konzeption weder an die Stelle des Verfassungs- oder des Wohlfahrtsstaates, sondern ergänzt diese lediglich um eine dritte Ebene.

---

[65] *E. Forsthoff*, Der Staat der Industriegesellschaft, S. 24 f.: „Diese Entwicklung legt die Frage nahe, ob es nicht an der Zeit ist, das überkommene Verständnis des Staates zu verabschieden. Das ist bereits mehrfach geschehen. Radikal in der Feststellung: der Staat ist tot. Differenzierter in der Forderung, ein neues Staatsbild den gegenwärtigen Realitäten herauszuheben. Dessen bedarf es allerdings, wenn der Staatsbegriff nicht jeden Bezug zur Realität verlieren soll."

[66] Siehe insbesondere *K.-H. Ladeur*, Recht – Wissen – Kultur, 2016.

[67] Vgl. *G. F. Schuppert*, Staatswissenschaft, S. 441, 443.

[68] *T. Vesting*, Staatstheorie, Rn. 282 ff.

[69] Vgl. *K. F. Gärditz*, Der digitalisierte Raum des Netzes als emergente Ordnung und die repräsentativ-demokratische Herrschaftsform, Der Staat 54 (2015), S. 113 ff.

[70] *J. Kersten*, Schwarmdemokratie. Der digitale Wandel des Verfassungsstaates, 2017.

6. Das Verhältnis von Staat und Gesellschaft

Damit ist ein Thema angerissen, das seit jeher auch Gegenstand der Allgemeinen Staatslehre war:[71] Das Verhältnis des Staates zur Gesellschaft.[72] Seit ihrer Herausbildung Ende des 17. Jahrhunderts hat sich diese Dichotomie immer wieder gewandelt. Sie darf im modernen demokratischen Verfassungsstaat nicht mehr mit ihrer strikten Entgegensetzung oder Beziehungslosigkeit verwechselt werden, die allenfalls für die Zeit des Spätabsolutismus und frühen Konstitutionalismus kennzeichnend war. Wer dies verlangt, muss tatsächlich (wie *Carl Schmitt* oder *Ernst Forsthoff*) nicht zuletzt mit der Ausweitung des Sozialstaats seit dem Ende des 19., vollends aber seit der Mitte des 20. Jahrhunderts das Ende moderner Staatlichkeit gekommen sehen. Andererseits kann aus der faktischen Identität zwischen Herrschenden und Beherrschten in einer demokratischen Ordnung nicht von einer Auflösung dieser Dichotomie gesprochen werden. Der Staat ist entgegen den Vorstellungen *Konrad Hesses* nicht zur bloßen „Selbstorganisation der Gesellschaft"[73] geworden. An der Unterscheidung ist vielmehr festzuhalten und insofern wird man *Ernst Forsthoff* folgen können: Wo diese Dichotomie aufhört, hört zumindest der demokratische Verfassungsstaat auf.[74]

Speziell für den demokratischen Verfassungsstaat vernachlässigt *Hesse*, dass dieser nicht nur auf Gleichheit, sondern auch auf Freiheit und zwar gerade auf Freiheit vom Staat beruht. Während in „totalen Demokratien" die Unterscheidung von Staat und Gesellschaft tatsächlich endet, wird sie im demokratischen Verfassungsstaat durch das Rechtsstaatsprinzip, insbesondere die Grundrechte[75] aufrechterhalten und gepflegt.[76] Es sichert einen

---

[71] Vgl. etwa *H. Krüger*, Allgemeine Staatslehre, S. 526 ff.; *R. Herzog*, Allgemeine Staatslehre, S. 48 ff.; *R. Zippelius*, Allgemeine Staatslehre, S. 215 ff. Siehe (knapp) auch *W. Haller/A. Kölz/T. Gächter*, Allgemeines Staatsrecht, Rn. 83 ff.

[72] Dazu *A. Thiele*, Finanzaufsicht, S. 35 ff. Siehe auch *P. Mastronardi*, Verfassungslehre, Rn. 1 ff.

[73] *K. Hesse*, Grundzüge des Verfassungsrechts der Bundesrepublik Deutschland, S. 8. Hesse folgend *A. Katz/G. Sander*, Staatsrecht, Rn. 42, die aber zugleich das Erfordernis der Distanz betonen.

[74] Vgl. *E. Forsthoff*, Der Staat der Industriegesellschaft, S. 21 ff.

[75] Siehe auch *H. H. Klein*, Die Grundrechte im demokratischen Staat, S. 47: „Das Instrument, durch welches diese Unterscheidung wesentlich vollzogen wird, sind – neben dem Begriff des Amtes – die Grundrechte."

[76] Gerade im Wirtschaftsbereich beruht der moderne Staat als Steuerstaat denn auch auf einer prinzipiellen Arbeitsteilung zwischen Staat und Gesellschaft, nach der sich der Staat im Kern aus dem wirtschaftlichen Bereich heraushält. Stattdessen schafft er vornehmlich die Rahmenbedingungen, damit sich wirtschaftliche Prosperität entwickeln kann und wird im Gegenzug an den (privaten) wirtschaftlichen Gewinnen finanziell beteiligt. Die Besteuerung erfolgt auch und gerade im Interesse der BürgerInnen; die nicht zuletzt von Teilen der FDP und Organisationen wie dem Bund der Steuerzahler immer

„Raum der Dunkelheit“ außerhalb der staatlichen Ausleuchtung.[77] Der Wohlfahrtsstaat und das Sozialstaatsprinzip haben zwar noch einmal Veränderungen hervorgebracht. Allerdings wird auch dadurch die Dichotomie nicht durchbrochen, sondern erst vollendet, solange der Staat nicht das soziale Ganze seinem Regelungsanspruch unterwirft. So verstanden steht das Sozialstaatsprinzip dann im Dienst der Freiheit und der Gleichheit, indem es einerseits die sozialen Grundlagen sicherstellt, derer es zur Ausübung der individuellen Freiheitsrechte bedarf[78] und andererseits die soziale Ungleichheit in der Gesellschaft auf einem Niveau hält, das es ermöglicht, dass sich alle Mitglieder der staatlichen Gemeinschaft auch dauerhaft als (politisch) Gleiche er- und anerkennen können.[79] Die Verwirklichung des Sozialstaatsprinzips in diesem Sinne ist dann keine Gefährdung des demokratischen Verfassungsstaates und der damit einhergehenden Unterscheidung von Staat und Gesellschaft, sondern Funktionsbedingung derselben.

Bedrohlicher gerade aus der Sicht der Allgemeinen Staatslehre ist die Auffassung, dass der Staat zwar weiterhin von der Gesellschaft unterschieden werden kann, im Hinblick auf die Ausübung von Herrschaftsbefugnissen aber zu einem (qualitativ nicht-besonderen) Akteur unter vielen geworden ist. Diese These trifft sich mit dem oben geschilderten Einwand, wonach die Allgemeine Staatslehre ihren zentralen Gegenstand verliert, der moderne Staat sich aber jedenfalls nicht mehr als zentraler Forschungsgegenstand eignet, wenn es um eine umfassende Herrschaftsanalyse geht. Zuletzt ist sie von *Udo Di Fabio* vorgetragen worden.[80] Die Interaktion mit anderen Funktionssystemen und interne kommunikative Anschlussbedingungen erforderten danach eine andere, abstraktere (vom modernen Staat gelöste) Analyse von Macht und Herrschaft, die Zusammenhänge von Institutionen, funkti-

---

wieder suggerierte Metapher vom Staat als „institutionalisierter Dieb“ erweist sich insofern aus verschiedenen Gründen als verfehlt und verkennt diese vereinbarte Arbeitsteilung. Vgl. auch *A. Thiele*, Der gefräßige Leviathan, S. 101 f. und unten bei Frage V.

[77] Siehe *A. Thiele*, Der gefräßige Leviathan, S. 262 ff. Siehe auch *H. Kelsen*, Vom Wesen und Wert der Demokratie, S. 16.

[78] Siehe dazu *H. M. Heinig*, Der Sozialstaat im Dienst der Freiheit, 2008.

[79] Dazu *A. Thiele*, Gleichheit angesichts von Vielfalt im philosophischen und juristischen Diskurs, DVBl. 2018, 1112 (1119); *ders.*, Kommunitarismus und Grundgesetz, in: W. Reese-Schäfer (Hrsg.), Handbuch Kommunitarismus, S. 465 ff.; *ders.*, Staatsverschuldung und Demokratie, Leviathan 46 (2018), 336 (347 f.). Es geht also entgegen den Vorstellungen der AnhängerInnen des Suffizienzprinzips nicht allein darum, dass alle „genug“ haben. Die Alternative zu Suffizienz lautet im Übrigen auch nicht „gleich viel“, vielmehr ist ein bestimmtes Maß an sozialer Ungleichheit durchaus zulässig (und auch notwendig sowie nicht zu vermeiden). Zu schlicht insoweit *N. Bolz*, Diskurs über die Ungleichheit, S. 19 („Also genug, statt gleich viel.“). Freiheit und Gleichheit sollten daher nicht gegeneinander ausgespielt, sondern behutsam miteinander versöhnt werden.

[80] *U. Di Fabio*, Herrschaft und Gesellschaft, 2. Auflage (Studienausgabe) 2019.

onellen Leistungen und ideellen Prägekräften sichtbar mache. Der moderne Staat sei bereits seit längerem nicht mehr der klärende Ausgangspunkt oder die Matrix für Theoriebildung; Staaten, supranationale oder internationale Organisationen seien zwar unzweifelhaft wichtig, aber nicht notwendigerweise und immer das Zentrum politischer Herrschaft, wenn man unter Macht die Steigerung der Wahrscheinlichkeit zur Übernahme fremder Selektionen und Handlungsperspektiven (Gehorsam) verstehe. Der Sache nach liegt diese These aber auch dem Konzept des Netzwerkstaats *Vestings* zugrunde, wenn dieser unter Berufung auf *Hermann Hellers* Vorstellung vom Staat als besondere organisierte Entscheidungs- und Wirkungseinheit ausführt, dass „gegenwärtig keine Rede mehr davon sein [kann], dass der Staat den Menschen als Organisation ‚in ganz anderer Weise zu ergreifen vermag als die sonstigen Organisationen'."[81] Wenn *Vesting* zur Bestätigung seiner These unter anderem darauf verweist, dass selbst ein Land wie Deutschland „ohne Regierung funktioniert und monatelange Koalitionsverhandlungen das Alltagsleben nicht wirklich berühren",[82] so wird man dem allerdings zweierlei entgegenhalten können: Erstens bestand selbstverständlich zu jeder Zeit eine geschäftsführende Regierung und zweitens – so würde gerade *Max Weber* betonen – ist der Alltag von Herrschaft die Verwaltung. Und die zentrale staatliche Verwaltung des Alltagslebens wurde von den Koalitionsverhandlungen in keiner Weise berührt – wäre sie es gewesen, hätten wir es gespürt.[83] Gleichwohl scheinen zumindest die sozialen Medien (Facebook, Twitter, Instagram) diese These zu stützen. Man denke an das Phänomen der Echokammern, das unlängst von *Cass Sunstein* analysiert worden ist.[84] *Paul Collier* hat die zentralen Akteure dieser Medien gar als die neuen „dezentralisierten Anführer der Gesellschaft"[85] bezeichnet. Dennoch bleibt der moderne Staat nach hier vertretener Ansicht auch insoweit der zentrale Herrschaftsakteur, gerade weil er als einzige „Entscheidungs- und Wirkungseinheit" die Möglichkeit hat, regulierend einzugreifen und die Existenz entsprechender Echokammern zu beeinflussen. Wer anderes behauptet, schließt allzu schnell von der faktischen Existenz dieser Entwicklungen auf ihre natürliche Notwendigkeit und Nichtbeeinflussbarkeit. Es stimmt insofern, dass der Staat hier nur selten eingreift. Es stimmt aber auch, dass er eingreifen könnte, wenn er wollte. Insofern sollte auch die Allgemeine Staatslehre dieser weit verbreiteten (und bisweilen in einer generell staatsskeptischen Ideologie wurzelnden) Ansicht nicht kampflos das Feld räumen. Oh-

[81] *T. Vesting*, Staatstheorie, Rn. 281.

[82] *T. Vesting*, Staatstheorie, Rn. 281.

[83] Dementsprechend ist die lange Regierungsbildung auch in anderen Staaten kein Problem (Belgien, Israel, Nordirland, Spanien).

[84] *C. Sunstein*, #Republic, 2018.

[85] *P. Collier*, The Future of Capitalism, S. 212.

nehin sind gesellschaftliche und andere nicht-staatliche Herrschaftsträger seit jeher Bestandteil einer umfassenden Allgemeinen Staatslehre und müssen es auch sein[86] – dass die Souveränität des modernen Staates immer auf faktische Schranken stieß, ist erwähnt worden. Insofern sollten die aktuellen Entwicklungen nicht zu schnell als qualitativer Sprung gewertet werden, der der Idee einer Allgemeinen Staatslehre das Fundament nimmt, auf dem sie errichtet ist. Dass hier aber eine zentrale Debatte liegen dürfte, die innerhalb der Allgemeinen Staatslehre (und möglicherweise auch gegen sie) geführt werden muss, liegt auf der Hand.[87]

II. Wie entstehen Staaten, welche staatlichen Wandlungsprozesse lassen sich unterscheiden und wie und wann gehen Staaten unter?

Während die heutige Welt im Wesentlichen von Nationalstaaten überzogen ist, war das aus historischer Perspektive anders. Der Status Quo ist das Ergebnis einer dauerhaften, bisweilen wellenmäßigen Entwicklung, die sich auch zukünftig fortsetzen wird. Der Blick auf die bisherige Entwicklung und damit auf die Entstehung und Veränderung der Staaten ist auch für die Allgemeine Staatslehre im Hinblick auf die Einordnung heutiger Geschehnisse von Interesse.

1. Entstehung von Staaten

Mit der originären und der derivativen Form der Staatsentstehung lassen sich zwei grundlegende Arten unterscheiden, wie sich staatliche Strukturen auf einem Gebiet ausbilden können.

a) Originäre Staatsentstehung

Die Entstehung staatlicher Strukturen auf Territorien, wo zuvor keinerlei Staatlichkeit oder staatsähnliche Strukturen existierten wird als originäre Staatsentstehung bezeichnet. Originäre Staatsentstehungsprozesse sind heute praktisch nicht mehr denkbar – der gesamte Erdball ist von Staaten besetzt, allenfalls partiell finden sich innerhalb dieser Staaten abgeschiedene (und geduldete) Regionen, wo Staatsentstehungen theoretisch denkbar wären.[88] Auch die Entstehung von Staaten aus vorstaatlichen Herrschaftsgebil-

---

[86] Siehe dazu unten Frage VIII.

[87] Darauf ist bei Frage VII noch einmal zurückzukommen.

[88] Ein Beispiel bildet etwa die zu Indien gehörende Insel North Sentinel Island. Die UreinwohnerInnen haben bis heute praktisch keinen Kontakt zur Außenwelt.

den, die immerhin noch bis ins 19. Jahrhundert zu beobachten war, ist keine originäre Staatsentstehung in diesem Sinne, sofern sie sich unter dem Einfluss und nach dem Vorbild anderer Staaten vollzieht, da ein bestehendes Staatensystem dann bereits vorausgesetzt wird.[89]

Auch wenn es schwierig ist, den genauen Anfangspunkt entsprechender „erster" staatlicher Entwicklungen zu bestimmen, da dieser im Dunkel der Frühzeit liegt und nur archäologisch erschlossen werden kann, steht fest, dass die neolithische Revolution[90] einen zentralen Wendepunkt einleitete.[91] Mit der Domestizierung von Pflanzen und Tieren und der damit einhergehenden Sesshaftwerdung – Jagen und Sammeln spielten allerdings zunächst weiterhin eine große Rolle – wurden zwischen 10.000–5000 v. Chr. weltweit Prozesse in Gang gesetzt,[92] die in einem mehrere Jahrtausende währenden komplexen Prozess zur Entstehung der ersten „staatlichen" Hochkulturen als Vorläufer der heutigen modernen Staaten führten.[93] Zu Beginn der neolithischen Revolution handelte es sich vornehmlich um kleinere Dorfgemeinschaften, deren Zusammengehörigkeit auf verwandtschaftlichen Beziehungen und daraus resultierenden Lineages[94] beruhte und bei denen die Versorgung des je eigenen Haushalts im Vordergrund stand.[95] Auf diese Weise

---

[89] Ein jüngeres Beispiel ist etwa die Entstehung Saudi-Arabiens aus den tribalen Strukturen der arabischen Halbinsel, vgl. *J. Kostiner*, Transforming Dualities: Tribe and State Formation in Saudi-Arabia, in: P. S. Khoury/J. Kostiner (Hrsg.), Tribes and State Formation in the Middle East, S. 226 ff. Insofern wäre auch die Errichtung eines neuen Staates auf einer Ölplattform („Sea Land") keine originäre Staatsentstehung in diesem Sinne, sondern allenfalls die Entstehung eines neuen Staates (anders wohl *B. Schöbener/M. Knauff*, Allgemeine Staatslehre, § 3, Rn. 93 ff.). Das VG Köln (DVBl. 1978, 510) hat den völkerrechtlichen Staatscharakter allerdings ohnehin abgelehnt (fehlendes Staatsgebiet, zudem wohl auch fehlendes Staatsvolk).

[90] Dazu *T. Terberger/D. Gronenborn* (Hrsg.), Vom Jäger und Sammler zum Bauern. Die neolithische Revolution 2014; *J. Thomas*, The birth of Neolithic Britain: an interpretive account, 2013; *L. Liu*, The Chinese Neolithic, 2004.

[91] Vgl. *D. Christian*, Origin Story, S. 204 ff.; *A. Gamper*, Staat und Verfassung, S. 28 f.; *W. Haller/A. Kölz/T. Gächter*, Allgemeines Staatsrecht, Rn. 2.

[92] Vgl. *K. Eder*, Die Entstehung staatlich organisierter Gesellschaften, S. 50 f.

[93] Die Diskussion dieses Prozesses wird seit Mitte des letzten Jahrhunderts vom Neoevolutionismus geprägt, der nicht mehr von einem geradlinigen Prozess ausgeht und vor allem den Eigenwert der einzelnen Kulturen anerkennt. Einflussreich vor allem *E. R. Service*, Primitive Social Organization, 2. Auflage 1971 mit seiner Unterscheidung von „bands, tribes, chiefdoms, states" sowie *ders.*, Profiles in Ethnology, 2. Auflage 1971; *ders.*, Origins of the State and Civilization. The Process of Cultural Evolution, 1975. Bedeutend auch die Stufentheorie von *M. H. Fried*, The Evolution of Political Society, 1967 mit den drei Stufen „egalitarian, ranked und stratified societies".

[94] Als Lineages werden Gruppen einer Abstammungslinie bezeichnet, definiert entweder über die Mutterlinie (Matri-Lineage) oder über die Vaterlinie (Patri-Lineage).

[95] *K. Eder*, Die Entstehung staatlich organisierter Gesellschaften, S. 40 ff.

entwickelten sich segmentäre Gesellschaften[96] mit unterschiedlichen verwandtschaftlichen Verbindungen, die im Laufe der Zeit (nicht zuletzt über beachtliche Heiratsregelungen) eine erstaunliche Komplexität erreichen konnten und deren Fortbestand zudem von gemeinsamen Ritualen und Erzählungen, mithin von sprachlichen Narrativen[97] abhängig war. Wichtig ist die Erkenntnis, dass diese segmentären Gemeinschaften weder als starr, noch als unpolitisch[98] angesehen werden können.[99] Sie unterlagen einem steten strukturellen Wandel, der mit den Reproduktionsproblemen der Sesshaftwerdung ebenso zusammenhing, wie mit wandelnden Einflüssen einzelner Lineages (Familien und Personen) und sich vor allem in veränderten Macht- und Herrschaftsstrukturen niederschlug. Einmal etablierte Strukturen waren nie von Dauer, weil sie angesichts der mit ihr einhergehenden sozialen Asymmetrie innerhalb der Gemeinschaft stets verletzlich blieben. Folgt man diesen Erkenntnissen der modernen politischen Anthropologie dürfte es vollständig egalitäre Gesellschaften entgegen früheren Vorstellungen zu keinem Zeitpunkt in der Geschichte gegeben haben,[100] was den heutigen Versuch entsprechende Gesellschaften errichten zu wollen aus historischer Perspektive fragwürdig erscheinen lässt. „Kurz gesagt: es gibt keine Gesellschaft ohne politische Macht und keine Macht ohne Hierarchie und Beziehungen der Ungleichheit zwischen den Individuen und den sozialen Gruppen."[101] Was daraus zugleich folgt, ist die Historisierbarkeit der ersten segmentären Gesellschaften; sie sind nicht geschichtslos und können und müssen aus einer prozesshaft-historischen Perspektive beleuchtet werden, was denn auch seit der Mitte des 20. Jahrhunderts vermehrt geschieht. Der entscheidende

[96] Segmentäre Gesellschaften bestehen aus mehreren prinzipiell gleichberechtigten Gruppen, in der Regel Lineages.

[97] Vgl. *P. Collier*, The Future of Capitalism, S. 32 ff. Zum kategorialen Unterschied menschlicher und tierischer Kommunikation auch *D. Adger*, Language Unlimited: The Science Behind Our Most Creative Power, 2019.

[98] Das gilt allenfalls insoweit, als man ihnen abspricht politische Institutionen entwickelt zu haben, die denen des modernen Staates entsprechen. Diese Feststellung ist allerdings ebenso zutreffend, wie wenig weiterführend.

[99] Vgl. *G. Balandier*, Politische Anthropologie, S. 34: „Wie falsch allzu statische Deutungen sind, zeigen jetzt neuere Arbeiten in einem Bereich, der lange als geschichtslos galt: bei den schwarzafrikanischen Gesellschaften und Kulturen."

[100] *G. Balandier*, Politische Anthropologie, S. 51: „So lehrt das Beispiel der ‚primitiven' Gesellschaften, die man einmal als egalitär bezeichnet hat, dass die Ungleichheit eine allgemeine Tatsache ist, und es zeigt zugleich ihre mildeste Form." Sowie *ders.*, aaO, S. 70: „Die sogenannten segmentären Gesellschaften sind keineswegs egalitär; sie kennen Beziehungen von Privileg und Unterordnung." Siehe jetzt auch *A. Mittnik et. al.*, Kinship-based social inequality in Bronze Age Europe, Science 2019, 1 ff. zu sozialen Schichtungen im späten neolithischen Zeitalter.

[101] *G. Balandier*, Politische Anthropologie, S. 90. Vgl. auch *N. Bolz*, Diskurs über die Ungleichheit, S. 20: „Egalitarismus dagegen ist eine Anleitung zum Unglücklichsein."

Sprung dieser Gesellschaften zur staatlichen Hochkultur hängt damit aber nicht an ihrer seit jeher vorhandenen Politisierung,[102] und erst recht nicht an einem wie auch immer gearteten Monopol legitimer Gewaltausübung, wie in Nachfolge *Max Webers*[103] bisweilen angenommen wird.[104] Entscheidend ist vielmehr ihre veränderte mitgliedschaftliche Struktur. Während vorhochkulturelle Gesellschaften zwar komplex aber gleichwohl verwandtschaftlich organisiert waren, gelang es den staatlichen Hochkulturen auch nicht-verwandte Personen in das Gesellschaftssystem als ordentliche Mitglieder (und nicht als reine Sklaven) zu integrieren. Die Mitgliedschaft in der Gesellschaft wurde von der verwandtschaftlichen und positiven Reziprozität gelöst,[105] der Führungsanspruch des Häuptlings beruhte nicht mehr auf familiär-traditionellen, sondern anderen Kriterien und konnte dadurch auch von nicht verwandten Mitgliedern akzeptiert werden (balancierte Reziprozität).[106] Dass die Verwandtschaft im Hinblick auf die soziale Stellung weiterhin eine Rolle spielte, versteht sich von selbst (und ist in vielen modernen Staaten bis heute der Fall). Im Übrigen aber lösten sich die Herrscher aus den Bindungen der Verwandtschaftssysteme und gewannen an Entscheidungsfreiheit und Bestimmungsgewalt. Diese in der veränderten Mitgliederstruktur neuartige Integrationsleistung wird man im Hinblick auf ihre Bedeutung für die Entstehung moderner Staatlichkeit kaum überbewerten können. Umso beachtlicher ist der Umstand, dass sich solche hochkulturellen Gesellschaften praktisch auf allen Erdteilen unabhängig voneinander herausbildeten, wenn auch zeitlich auseinanderliegend. Es handelte sich also mitnichten um eine europäische Entwicklung:[107] Zunächst in Mesopotamien (in den sumerischen Städten bereits um 3500 v. Chr.), sodann in China und Südamerika.[108] Ägypten dürfte ebenfalls als Beispiel einer unabhängigen originären Staatsentstehung anzusehen sein, wenngleich wohl bereits frühzeitig Handelsbeziehungen zu Mesopotamien bestanden.[109] Im Industal ist die archäologische Forschung nicht ganz eindeutig, gleichwohl wird man der Harappa-Kultur[110]

[102] In diese Richtung aber wohl *K. Eder*, Die Entstehung staatlich organisierter Gesellschaften, S. 15: „Das bedeutet, die archäologische Rekonstruktion des Übergangs von neolithischen Dorfgemeinschaften zu hochkulturellen politischen Gesellschaften zum Ausgangspunkt einer evolutionistischen Deutung dieses Prozesses zu machen."

[103] *M. Weber*, Wirtschaft und Gesellschaft, S. 29.

[104] Etwa von *S. Breuer*, Der Staat, S. 18 f.

[105] Zur Reziprozität und ihrer Entwicklung knapp *P. Collier*, The Future of Capitalism, S. 31 ff.

[106] *K. Eder*, Die Entstehung staatlich organisierter Gesellschaften, S. 32 f.

[107] Eher wird man sagen können, dass europäische Gesellschaften nicht zuletzt den asiatischen bis zur Neuzeit deutlich unterlegen waren.

[108] Vgl. *K. Eder*, Die Entstehung staatlich organisierter Gesellschaften, S. 17 ff.

[109] Siehe insoweit *M. Rice*, Egypt's Making: The Origins of Ancient Egypt 5000–2000 B.C., S. 37 f.; *T. A. H. Wilkinson*, Early Dynastic Egypt, S. 41 ff.

[110] Dazu knapp *H. Haarmann*, Vergessene Kulturen der Weltgeschichte, S. 70 ff.

(um 2300 v. Chr.) Eigenständigkeit und Unabhängigkeit in der Entstehung zusprechen können. Die genauen Hintergründe und Voraussetzungen dieser Entwicklung sind weiterhin nicht umfassend geklärt.[111] Am wahrscheinlichsten dürfte eine Mischung aus institutionell-organisatorischen Herausforderungen der neolithischen Revolution (vor allem im Hinblick auf die nunmehr begrenzte Territorialität der Anbauflächen) und eines sich daraus ergebenden kognitiven Wandels sein,[112] mithin eines veränderten Weltbildes, bei dem vor allem die frühen Tempelanlagen und die Tempelwirtschaft eine entscheidende Rolle spielten. Hinzu kommt die zuerst in Mesopotamien zu beobachtende Urbanisierung[113] und die Bevölkerungsstruktur. Unabhängige Hochkulturen entwickeln sich nur in wenigen Kerngebieten mit hoher Bevölkerungsdichte, in denen ein größeres Netzwerk politischer Herrschaftsgebilde („Cluster") entsteht,[114] die in einem permanenten auch kriegerischen Wettbewerb zueinander stehen.[115] Hier wird die archäologische Forschung weitere Erkenntnisse liefern, die neben der (politischen) Anthropologie und der historischen Soziologie vornehmlich gefordert ist. Hinzu kommt die Sozio-Biologie, die erhellende Einblicke liefern kann, wie zuletzt *Mark W. Moffett* gezeigt hat.[116] Die Allgemeine Staatslehre, die sich nicht als genuin historische Wissenschaft ansehen sollte und dem Anspruch, das Wesen der Staatlichkeit auch in geschichtlicher Perspektive zu ergründen von vornherein nicht gerecht werden könnte, kann dazu nur wenig beitragen. Gleichwohl kann sie bei einer Beschreibung der heutigen Staatenwelt und der heutigen Herausforderungen in zumindest drei Bereichen von den Erkenntnissen bezüglich der Entstehung der ersten staatlichen Strukturen und ihrer Prozesshaftigkeit profitieren:

[111] Siehe dazu *M. H. Fried*, The Evolution of Political Society. An Essay in Political Anthropology, 1967.

[112] Vgl. *K. Eder*, Die Entstehung staatlich organisierter Gesellschaften, S. 50 ff. Siehe auch *E. Gellner*, Pflug, Schwert und Buch, S. 43 ff.

[113] Teilweise wird auch von einer „urban revolution" gesprochen, vgl. *G. Childe*, The Urban Revolution. Town Planning Review 21 (1950), S. 3 ff. Eine gewisse Ausnahme ist Ägypten, was allerdings auch auf die besondere Situation im Niltal zurückgeführt werden kann, wo Überschwemmungen städtische Strukturen regelmäßig zerstört haben könnten. Gleichwohl dürften die Städte wohl nicht viel mehr als administrative Zentren gewesen sein, die gerade im Vergleich zu Mesopotamien kaum als Städte angesehen werden können. Siehe auch *T. A. H. Willkinson*, Early Dynastic Egypt, S. 323 ff.

[114] Daher kommt es allenfalls partiell zu originären staatlichen Hochkulturen in Afrika, vgl. *J. Iliffe*, Africans. The History of a Continent, S. 70.

[115] Vgl. dazu *C. Renfrew*, Introduction, in: C. Renfrew/J. Cherry (Hrsg.), Peer Polity Interaction and Sociopolitical Change, S. 1 ff.

[116] *M. W. Moffett*, Was uns zusammenhält. Eine Naturgeschichte der Gesellschaft, 2019. In der Natur finden sich zahlreiche komplexe Integrationsgemeinschaften – man denke an bestimmte Elefantenarten, Bienenstöcke und Ameisen. Siehe auch *M. Martin*, Why We Fight, 2018.

– Erstens im Hinblick auf den *Begriff des Politischen*, der in seinem Inhalt nicht vorschnell mit den politischen Institutionen des modernen europäischen Staates oder wie bei *Georg Jellinek* überhaupt mit dem Begriff des Staates verknüpft werden sollte.[117] Politisches Handeln in Form von Herrschafts- und Machtausübung[118] im Weber'schen Sinn und darin begründeter sozialer Schichtung hat es seit jeher und nicht nur in Europa gegeben. Das Politische[119] wird insofern durch den Bezugspunkt der Herrschaft konstituiert. Adressat und Autor der kollektiv verbindlichen Entscheidung ist das öffentliche Gemeinwesen, auch wenn lediglich Einzelne durch die Entscheidung betroffen sind oder die Entscheidung durch Einzelne getroffen wird. Das entspricht dem ursprünglichen Sinn des Begriffs, der auf die Polis und damit auf die überindividuelle öffentliche, nicht ausschließlich private Bedeutung von Entscheidungen verweist.[120] Die Bestimmung des Politischen ist daher auch von den Betroffenen und den Akteuren des Gemeinwesens abhängig und damit von den Anschauungen der politischen Gemeinschaft geprägt.[121] Damit ist die verbindliche Entscheidung individueller Konflikte durch ein Gemeinwesen nichts anderes als politische Herrschaftsausübung – und die findet sich in allen frühen Gesellschaftsformen, die daher als politisch angesehen werden können und müssen. Politische Herrschaft ist nicht zwingend an ein bestimmtes, fest umgrenztes Territorium gebunden, wenngleich sie sich regelmäßig dort auswirkt,[122] hängt aber auch nicht an einem irgendwie gearteten Gewaltmonopol.[123] Wie solche Entscheidungen zustande kamen und woraus sie ihre Legitimität schöpften ist auch für eine moderne Allgemeine Staatslehre bedeutend. Der Staat, erst recht der moderne Staat, ist dagegen eine spätere Entwicklungsstufe, die in komplexeren Gesellschaften entstehen kann und durch eine Ausdifferenzierung verschiedener Herrschaftsfunktionen und -strukturen gekennzeichnet ist. Er ist natürlich politisch, bildet aber nicht den gesamten Raum des Politischen ab.

---

[117] *G. Jellinek*, Allgemeine Staatslehre, S. 180: „‚Politisch' heißt ‚staatlich'; im Begriff des Politischen hat man bereits den Begriff des Staates gedacht."

[118] *M. Weber*, Wirtschaft und Gesellschaft, S. 514 f. Siehe dazu auch *A. Anter*, Max Webers Theorie des modernen Staates, S. 51 ff.

[119] Hier kann es nicht um eine Auseinandersetzung mit den verschiedenen Theorien des Politischen gehen, wie etwa dem verfehlten Ansatz von *C. Schmitt*, Der Begriff des Politischen, 1928 oder dem Gegenentwurf von *D. Sternberger*, Drei Wurzeln der Politik, 1978.

[120] Zur Struktur der Polis auch *E.-W. Böckenförde*, Geschichte der Rechts- und Staatsphilosophie, S. 14 ff.

[121] Vgl. auch *G. Brunner*, Vergleichende Regierungslehre Bd. 1, S. 15 f.

[122] So wird das Kriterium von *S. Breuer*, Der charismatische Staat, S. 12 f. auch so stark verwässert, dass es seinen Sinn verliert.

[123] So vor allem *M. Weber*, Wirtschaft und Gesellschaft (1922), S. 29. Siehe auch *S. Breuer*, Der Staat, S. 17 f.

- Zweitens im Hinblick auf das *Verständnis des Wandels von Staatlichkeit*. Solche transformatorischen Prozesse lassen sich auch in vorstaatlichen Strukturen nachweisen und machen nachgerade das Wesen jeder (politischen) Gemeinschaft aus. Darüber wie ein solcher Wandel unter welchen Voraussetzungen friedlich ablaufen kann, lassen sich durch diesen Blick zurück auch heutige Transformationsprozesse besser einordnen und verstehen. Hier werden zu einem gewissen Grad wohl auch genuin menschliche Eigenschaften wirksam, die ihre Gültigkeit nicht verloren haben. Jedenfalls wäre es verfehlt zu glauben, dass die ersten Gemeinschaften bis zur Ankunft der Europäer keine solchen Prozesse durchlaufen hätten.
- Schließlich und drittens dürften die *Integrationsleistungen* (insbesondere der ersten Hochkulturen) auch für das Verständnis heutiger Integrationsbemühungen von Interesse sein (Stichwort: Flüchtlingskrise). Wie konnte es gelingen, nicht-verwandte Personen in die Gesellschaft aufzunehmen? Lässt sich eine solche Integrationsleistung wiederholen? Die Ausweitung der Reziprozitätsleistungen auf nicht-verwandte „fremde" Personen bleibt eine staatliche Daueraufgabe, selbst wenn man diesen Vorgang nicht wie *Rudolf Smend* sogar als nachgerade staatskonstituierend ansieht.

b) Derivative Staatsentstehung

Während originäre Staatsentstehung ein historischer Vorgang ist, sind Formen derivativer (abgeleiteter) Staatsentstehung auf Territorien, die schon zuvor zu einem Staat gehörten, immer wieder auf der Tagesordnung. Jüngste Beispiele sind der Südsudan (2011), das Kosovo (2008) oder Montenegro (2006). Nordmazedonien existiert zwar erst seit Anfang 2019, Hintergrund bildete jedoch lediglich die mit Griechenland nach langen Verhandlungen vereinbarte Umbenennung der bereits seit 1991 bestehenden Republik Mazedonien (eine Veränderung der politischen Organisation war damit nicht verbunden). Die aktuelle Staatenwelt präsentiert immer eine Momentaufnahme, die konstanter Veränderung unterliegt. Aus völkerrechtlicher Perspektive – und diese ist in dieser Hinsicht zentral – lassen sich fünf Formen derivativer Staatsentstehung unterscheiden. Für alle lassen sich historische Beispiele angeben:

- *Dismembration*. Diese bezeichnet den Zerfall eines modernen Staates in zwei oder mehr neue Staaten, die umfänglich an die Stelle des bisherigen Staates treten.[124] Der alte Staat geht vollständig unter. Als Völkerrechtssubjekte sind die neuen Staaten mit dem alten Staat nicht mehr identisch (ohne dass damit etwas über mögliche völkerrechtliche Haftungsfragen

[124] *B. Schöbener/M. Knauff*, Allgemeine Staatslehre, § 3, Rn. 97 nutzen das Bild der „Zellteilung".

ausgesagt wäre). Historisch unumstrittene Beispiele bilden der Zerfall der Donau-Monarchie Österreich-Ungarn in die Staaten Österreich, Ungarn, Tschechoslowakei, Jugoslawien (1918), der Tschechoslowakischen Bundesrepublik in die Staaten Tschechische und Slowakische Republik (1993) sowie der Untergang der ehemaligen UdSSR Ende 1991. Umstritten ist die Einordnung des Zerfalls Jugoslawiens (1992).

- *Sezession.* Bei der Sezession spaltet sich ein Teilgebiet eines bestehenden Staates ab, auf dem sodann ein neuer Staat gegründet wird. Der alte Staat bleibt in veränderter territorialer Gestalt bestehen. Die Voraussetzungen unter denen eine solche Abspaltung zulässig ist – nicht zuletzt die Relevanz des Selbstbestimmungsrechts der Völker –, sind völkerrechtlich umstritten und hängen auch von der konkreten Verfassungsordnung ab. Historische Beispiele sind die Errichtung des Staates Griechenland durch Abspaltung vom Osmanischen Reich (1830), die Sezession Belgiens vom Königreich der Niederlande (1830) oder die Gründung des Irischen Freistaats durch Abspaltung vom Vereinigten Königreich (1922). Aktuelle Sezessionsbewegungen finden sich in Katalonien (zu Spanien gehörend) und – vor dem Hintergrund des Brexit – in Schottland (zum Vereinigten Königreich gehörend).[125]
- *Annexion.* Die Annexion meint die erzwungene (einseitige) Eingliederung eines fremden Staatsgebiets (entweder vollständig oder teilweise) in das Territorium eines anderen Staates; es geht um gewaltsamen Gebietserwerb auf Kosten eines anderen Staates.[126] Völkerrechtlich ist ein solches Vorgehen stets unzulässig, was nicht dazu führt, dass es in der Staatenpraxis unterbleiben würde. Bei einer teilweisen Annexion bleibt der Rest-Staat neben dem annektierenden Staat bestehen. Bei einer vollständigen Annexion geht der annektierte Staat (faktisch) unter. Historische Beispiele finden sich zahlreich, erwähnt sei die Annexion Tschechiens durch das Deutsche Reich im Jahr 1939 sowie die Annexion der Krim (der Ukraine zugehörig) durch Russland im Jahr 2014.[127]

---

[125] Im Jahr 2014 fand ein von London genehmigtes Unabhängigkeitsreferendum in Schottland statt. Bei einer Wahlbeteiligung von rund 85% sprachen sich aber gut 55% für den Verbleib im Vereinigten Königreich aus. Im Zusammenhang mit dem Brexit plant Schottland allerdings ein weiteres Referendum. Ob London dem zustimmen wird, ist unklar.

[126] Dazu *V. Epping*, Der Staat als die „Normalperson" des Völkerrechts, in: K. Ipsen (Hrsg.), Völkerrecht, § 7, Rn. 28 ff.

[127] Der Umstand, dass das „Volk der Krim" der Annexion zugestimmt hat, ändert an der Völkerrechtswidrigkeit aus mehreren Gründen nichts: Erstens erfolgte die Abstimmung unter massiver Überwachung durch russische Streitkräfte, war also alles andere als frei. Zweitens existierte nur das einheitliche Ukrainische Volk, drittens war eine entsprechende Abstimmung auch in der ukrainischen Verfassung nicht vorgesehen. Insofern stellte auch die UN-Generalversammlung am 27.3.2014 fest, dass das Referendum keine

- *Beitritt*. Der Beitritt (oder Inkorporation) bezeichnet die konsentierte territoriale Übernahme eines Staates durch einen anderen.[128] Der beitretende Staat geht unter, während sich der andere Staat um das Territorium des untergegangenen Staates vergrößert. Beispiel ist der Beitritt der DDR zur Bundesrepublik im Jahr 1990.
- *Fusion*. Hier gehen zwei oder mehr Staaten zusammen und gründen auf ihren bisherigen Territorien einen gemeinsamen neuen Staat. Die bisherigen Staaten gehen unter. Beispiele bilden die Errichtung der Schweiz im Jahr 1815 oder die Gründung des Deutschen Reiches im Jahr 1871.

Während die Systematisierung dieser Staatsentstehungsprozesse und die Entwicklung einer Anerkennungs- aber auch einer Nachfolge- und Haftungslehre dem Völkerrecht obliegen,[129] kann die Allgemeine Staatslehre auch mit ihrem partiell historischen Blick zu einem besseren Verständnis der Prozesse beitragen. Relevant sind einerseits die internen Transformationsprozesse und andererseits die Voraussetzungen, unter denen solche erfolgreich und das heißt vor allem friedlich ablaufen können.[130] Dass auch die früh-historischen Transformations- und Wandlungsprozesse von segmentären Gesellschaften zu staatlichen Hochkulturen von Interesse sind, ist bereits erwähnt worden.

2. *Transformatorische Prozesse und Verfassungsgebung*

Damit sind wir bei einer näheren Betrachtung dieser innerstaatlichen transformatorischen Prozesse. Im Ergebnis kann nach dem soeben Gesagten keine politische Ordnung davon ausgehen, in ihrer bestehenden Ausgestaltung dauerhaft Bestand zu haben. Das gilt selbst für vermeintlich gefestigte demokratische Verfassungsstaaten, wie die aktuellen Entwicklungen in den USA, Großbritannien oder Indien zeigen.[131] Diesen Umstand unter Berufung auf ein vermeintliches Ende der Geschichte zu ignorieren, erweist sich insofern als erstaunlich geschichtslos. Jede politische Ordnung ist fragil, weil sie einen Gleichgewichtszustand gerade in sozialer Hinsicht nie umfassend zu verwirklichen vermag.[132] Die Legitimität einer Herrschaftsordnung ist kein

völkerrechtlich relevanten Folgen nach sich zog, vgl. UN Doc. A/RES/68/262 (2014) v.1.4.2014. Ende 2016 wurde auch die rechtswidrige Okkupation der Krim beanstandet, vgl. UN Doc. A/RES/71/205 (2017) v. 1.7.2017.

[128] *B. Schöbener/M. Knauff*, Allgemeine Staatslehre, § 3, Rn. 103.

[129] Zu diesen Fragen *V. Epping*, Der Staat als die „Normalperson" des Völkerrechts, in: K. Ipsen (Hrsg.), Völkerrecht, § 7.

[130] Vgl. auch *S. M. Lipset*, Some Social Requisites of Democracy: Economic Developments and Political Legitimacy, American Political Science Review 53 (1959), 69 ff.

[131] Vgl. auch *A. Thiele*, Verlustdemokratie, S. 341 ff.

[132] Vgl. auch *G. Balandier*, Politische Anthropologie, S. 48 f.

statisches Faktum, ist nichts für die Ewigkeit. Damit stellt sich für die Allgemeine Staatslehre die Frage nach dem Wesen solcher Veränderungen und nach typischen (auch historischen) Mustern dieser Wandlungsprozesse, die sich möglicherweise verallgemeinern lassen und mit deren Hilfe aktuelle Ereignisse dieser Art – etwa im Hinblick auf die Vorgänge in westlichen Demokratien – besser eingeordnet und verstanden werden können. In dieser Hinsicht wird man, geordnet nach ihrer Intensität, vier transformatorische Prozesse unterscheiden können (a–d), die in einer (neuen) Verfassung münden können, wobei der Prozess der Verfassungsgebung wiederum gewissen Regelmäßigkeiten folgt (e). Ihren Ausgangspunkt dürften sämtliche dieser transformatorischen Wandlungen in wie auch immer gearteten Legitimitätsdefiziten des bestehenden Systems haben.[133] Idealerweise ist eine neue Verfassung (respektive eine neue Interpretation der alten) dann in der Lage, die erforderliche Legitimität[134] zu generieren, die für den (stets vorläufigen) Bestand der neuen politischen Ordnung erforderlich ist.

a) Stiller Verfassungswandel

Mehr oder weniger im Hintergrund und von keiner zentralen Instanz koordiniert läuft der stille Verfassungswandel ab. Es handelt sich nicht um formale Änderungen der Verfassung,[135] sondern um ein im Laufe der Zeit verändertes Verständnis zentraler Verfassungsbestimmungen, die zur Gewährleistung der erforderlichen Legitimität an den gesellschaftlichen Zeitgeist angepasst werden, ohne ihren Wortlaut zu verändern.[136] Mit der veränderten Interpretation der Verfassung verändert sich so zugleich das Fundament auf dem die politische Ordnung errichtet ist. An die Existenz einer geschriebenen Verfassung ist ein solcher Wandel nicht geknüpft. Er findet auch in Staaten wie Großbritannien,[137] Neuseeland oder Israel statt, ist bei einer geschriebenen Verfassung allerdings zwangsläufig einfacher feststellbar (dafür aber möglicherweise auch verfassungstheoretisch problematischer). Das Problem eines solchen Wandels ist offenkundig. Es liegt in dem dunklen und dadurch undurchsichtigen Prozess, der entsprechende Veränderungen hervorbringt und der damit zusammenhängenden unklaren demokratischen Legitimation der neuen Interpretation bereits seit Jahrzehnten oder sogar länger bestehenden Verfassungsrechts.[138] Andererseits sind Verfassungsbestimmungen ver-

---

[133] Zur Frage nach den Voraussetzungen von Legitimität siehe sogleich in Frage III.

[134] Zum Begriff der Legitimität siehe unten bei Frage III.

[135] Dazu sogleich unter e).

[136] Siehe auch *W. Haller/A. Kölz/T. Gächter*, Allgemeines Staatsrecht, Rn. 393 ff.

[137] Zur Evolution von „constitutional conventions" etwa *H. Barnett*, Constitutional and Administrative Law, S. 43 f.

[138] Siehe dazu für Deutschland *A. Voßkuhle*, Der Wandel der Verfassung und seine Grenzen, JuS 2019, 417 ff.

gleichsweise offen formuliert und ermöglichen dadurch die Implementierung veränderter Verständnisse, wollen das partiell sogar.[139] Eine Verfassungsordnung, die stets die politische Grundlage der aktuellen Gesellschaft abbilden und die notwendige Legitimität der aktuellen politischen Ordnung herzustellen in der Lage sein muss, allzu starr zu interpretieren und keinerlei Veränderung zuzulassen erscheint insofern verfehlt. Die Auslegung der Verfassung nach der Idee des „original intent“,[140] wie sie teilweise in den USA präferiert wird,[141] ist vielleicht auf den ersten Blick besonders demokratisch, riskiert aber den Bestand der politischen Ordnung selbst, weil die Bedürfnisse und Vorstellungen der aktuellen Generation nicht hinreichend berücksichtigt werden – gerade in Systemen wie den USA, in denen eine formelle Verfassungsänderung auf kaum zu überwindende prozessuale Hürden trifft.[142] Den richtigen Weg zwischen Verstarrung und interpretatorischer Beliebigkeit zu betreten ist für den dauerhaften Bestand eines politischen Systems und einer Verfassungsordnung essentiell. Diesen Weg zu weisen und dem stillen Verfassungswandel Grenzen zu setzen, bildet eine konstante Aufgabe der Verfassungstheorie,[143] der juristischen Methodenlehre[144] aber auch der Allgemeinen Staatslehre, die sich zumindest auch als normative Wissenschaft versteht. Sie kann zudem Beispiele aufzeigen, in denen dieses Spannungsverhältnis in schonender Weise aufgelöst worden ist. Die Aktualität dieser Fragen zeigt sich in Deutschland an der Diskussion um den Ehebegriff in Art. 6 Abs. 1 GG,[145] zuvor bereits bei der Auslegung des Art. 68 GG (Vertrauensfrage und Stellung des Bundespräsidenten),[146] in den USA bei der Interpre-

---

[139] Zur Verfassungsauslegung auch *F. Reimer*, Juristische Methodenlehre, Rn. 28 ff. sowie knapp *A. Thiele*, Finanzaufsicht, S. 248 ff.

[140] Dazu die Kritik bei *S. Breyer*, Making Our Democracy Work, S. 76 ff. Siehe auch *W. Heun*, Original Intent und Wille des historischen Verfassungsgebers als Interpretationsmaximen, in: ders. (Hrsg.), Verfassung und Verfassungsgerichtsbarkeit im Vergleich, S. 213 ff.

[141] Siehe dazu auch *S. Dregger*, Die Verfassungsinterpretation am US-Supreme Court, 2019.

[142] Siehe insoweit die zutreffende Aussage des US-Verfassungsrichters *S. Breyer*, Making Our Democracy Work, S. 75: „The Court must consider not just how eighteenth-century Americans used a particular phrase but also how the values underlying the phrase apply today to circumstances perhaps then inconceivable.“

[143] Dazu etwa *R. Wahl* (Hrsg.), Verfassungsänderung, Verfassungswandel, Verfassungsinterpretation, 2008; *U. Volkmann*, Verfassungsänderung und Verfassungswandel, JZ 2018, 265 ff.; *A. Voßkuhle*, Gibt es und wozu nutzt eine Lehre vom Verfassungswandel, Der Staat 43 (2004), 450 ff.

[144] Dazu generell *F. Reimer*, Juristische Methodenlehre, 2016.

[145] *K. F. Gärditz*, „Ehe für Alle“: Verfassungswandel oder zeitgebundene Rechtspolitik, FF 2018, 8 ff.; *J. Ipsen*, Ehe für alle – verfassungswidrig?, NVwZ 2017, 1046 ff.; *F. Brosius-Gersdorf*, Die Ehe für alle durch Änderungen des BGB – zur Verfassungsmäßigkeit der Ehe für gleichgeschlechtliche Paare, NJW 2015, 3557 ff.

[146] Dazu etwa *W. Heun*, Die Stellung des Bundespräsidenten im Lichte der Vorgänge um die Auflösung des Bundestages, AöR 109 (1984), 13 ff.

tation des 2. Zusatzartikels (dem Recht, Waffen zu tragen)[147] und in Großbritannien im Hinblick auf die Reichweite der „Royal Prerogative“ und der beim Monarchen verbliebenen Letztzuständigkeiten.[148]

b) Reformen von „Oben“

Reformen durch die politischen Herrschaftsträger können dazu beitragen eine politisch unruhige Situation, eine Unzufriedenheit in der Gesellschaft und damit aufkommende Legitimitätsdefizite zu beheben und den Fortbestand des politischen Systems zu sichern. Im Gegensatz zum stillen Verfassungswandel läuft dieser Prozess aktiv gesteuert ab. Beispiele sind die Preußischen Reformen zu Beginn des 19. Jahrhunderts[149] oder die Einführung der Sozialversicherungen Ende des 19. Jahrhunderts durch *Bismarck*. Hintergrund solcher Reformen können eine Eigeninitiative der herrschenden Eliten (so in Preußen), eine Konzession an Protestierende (wie in Südafrika) oder die Mobilisierung bestimmter neuer Bevölkerungsgruppen sein. Um erfolgreich zu sein, müssen diese Reformen rechtzeitig die konkreten Legitimitätsdefizite angehen und beheben. Dazu kann die Einräumung eines Streikrechts ausreichen, möglicherweise sind aber umfangreichere Reformen auch der Grundstrukturen des politischen Systems erforderlich. Entscheidend ist, dass durch die Reformen die faktische Anerkennung der konkreten Herrschaftsordnung als im Wesentlichen sozial gerecht wieder erreicht wird. Patentrezepte lassen sich auch durch die Allgemeine Staatslehre nicht angeben. Fest steht aber: Kommen die worin auch immer begründeten Reformschritte zu spät oder gehen diese – wie etwa in Frankreich unter *Ludwig XVI.* – nicht weit genug, droht der Übergang in eine revolutionäre Phase. Ähnlich erging es der DDR-Führung im Jahr 1989: Die angekündigten weitreichenden Reformen Anfang November 1989 konnten die „friedliche Revolution“ nicht mehr aufhalten. Ob die chilenische Führung ausreichende Sozialreformen einleiten wird, um die Ende 2019 begonnenen Unruhen beenden zu können, bleibt abzuwarten.

c) Revolutionen

Revolutionen – der Begriff stammt aus der Astronomie[150] – hat es in der Staatsgeschichte immer wieder gegeben.[151] Als klassisch gelten die Revoluti-

---

[147] Dazu erneut *S. Breyer*, Making Our Democracy Work, S. 165 ff.

[148] Zu dieser *H. Barnett*, Constitutional and Administrative Law, 8th Edition 2011, S. 107 ff.

[149] Siehe auch *H. M. Heinig*, Prekäre Ordnungen, S. 24 („nie gekannter Reformaktivismus“).

[150] Hier bezog er sich auf den geordneten Umlauf der Gestirne. Als Revolution wurden

onen in England (1642–60 und die Glorious Revolution 1688), die Französischen Revolutionen (1789,[152] 1830, 1848) und die Russische Revolution (1917). Zu erwähnen sind aber auch die Chinesischen Revolutionen – (nationale Revolution 1911–1927 sowie die kommunistische Revolution 1927–1949), die Kubanische Revolution (1953–1959) die Iranische Revolution (1979) sowie die Sawr-Revolution in Afghanistan (1978). In Deutschland sind die Paulskirchen-Revolution (1848/1849), die Novemberrevolution (1918/1919) sowie die „friedliche Revolution" (1989) zu nennen. Ob es sich beim Abfall der britischen Kolonien und der anschließenden Gründung der USA ebenfalls um eine Revolution gehandelt hat, ist umstritten und hängt vom gewählten Begriffsverständnis ab, entspricht allerdings der gemeinen Bezeichnung dieser Vorgänge, deren zeitlicher Beginn meist mit dem Siebenjährigen Krieg[153] verknüpft wird[154] („Amerikanische Revolution").[155] Nicht zuletzt einige Marxisten bestritten den Revolutionscharakter, da es sich lediglich um den Austausch einer imperialen durch eine konservativ-koloniale Elite gehandelt habe[156] – ein Elitenaustausch also ohne gesellschaftlichen Wandel, was sich schon am Fortbestand der Sklaverei gezeigt habe. Andere hingegen mieden den Begriff gerade deshalb, um soziale Spannungen innerhalb der späteren USA zu vertuschen, die im Vorfeld der Unabhängigkeit bestanden. Der Unabhängigkeitskrieg war danach keine inneramerikanische Revolution, sondern Ausdruck eines nachgerade übermenschlichen Kraftakts einer vollständig geeinten Nation.[157] Tatsächlich ging es aber, wie *Carl. L. Becker* später feststellte, keineswegs nur um die „home rule", sondern selbstverständlich auch darum „who should rule at home".[158] Und auch wenn die neue Ordnung konservativer war als sich das mancher Marxist gewünscht hätte, fanden sich mit der Idee der repräsentativen Demokratie und Gewaltenteilung sowie der Konstruktion des Bundesstaates selbstverständlich „re-

---

daher in der Politik Unruhen bezeichnet, die am Ende wieder in der alten Ordnung endeten, so dass alles wieder in geordneten Bahnen verlief. Erst später wurde er dann mit zukunftsweisendem politischem Wandel, einer neuen Ordnung, verbunden.

[151] Vgl. etwa *U. Niggemann*, Revolution in der frühen Neuzeit, Zeitschrift für Historische Forschung 46 (2019), 255 ff. (es handelt sich um einen kommentierend-analytischen Bericht über Fachliteratur zu dieser Frage).

[152] Zu dieser *H.-U. Thamer*, Die Französische Revolution, 5. Auflage 2019.

[153] Dazu im Überblick *M. Füssel*, Der Siebenjährige Krieg. Ein Weltkrieg im 18. Jahrhundert, 2010.

[154] *M. Hochgeschwender*, Die Amerikanische Revolution, S. 22.

[155] Vgl. etwa *H. Dippel*, Die Amerikanische Revolution, 1985; *M. Hochgeschwender*, Die Amerikanische Revolution. Geburt einer Nation, 2. Auflage 2017.

[156] *M. Hochgeschwender*, Die Amerikanische Revolution, S. 11.

[157] Vgl. *H. Dippel*, Die Amerikanische Revolution, S. 11 ff.

[158] *C. L. Becker*, The History of Political Parties in the Province of New York, 1760–1776, 1960.

volutionäre“ und die Gesellschaft verändernde Elemente, die die Staatenwelt maßgeblich prägen sollten. An diesem Beispiel zeigt sich daher vor allem die Abhängigkeit des Revolutionsbegriffs und der Einordnung bestimmter Ereignisse von den vorherrschenden Zeitauffassungen und Interessen, also vom politischen Kontext.[159] Gerade im Moment einer solchen Transformation ist die Verwendung des Begriffs „Revolution“ nur selten Ergebnis einer sachlich-objektiven Einordnung als vielmehr politische Kampfansage bestimmter gesellschaftlicher Schichten, die von anderen bewusst gemieden wird – nicht alles, was als Revolution bezeichnet wird, ist eine Revolution.

Versucht man sich unter Berücksichtigung dieser Schwierigkeiten an einer ersten allgemeingültigen Definition des Begriffs wird man formulieren können: Eine Revolution ist der von einem Veränderungswillen getragene Umsturz herrschender Eliten durch eine neue Elite, durch den nach der Machtübernahme die bestehende Herrschafts- und Sozialstruktur fundamental verändert wird. Ein solcher Umsturz impliziert gewalttätige Vorgänge, die man auch regelmäßig vorfinden wird. Allerdings ist Gewaltgebrauch kein notwendiger Bestandteil einer Revolution. Es gibt Beispiele friedlicher Revolutionen (Umsturz in der ehemaligen DDR 1989/1990). Allerdings werden sich auch dort meist punktuelle Gewalttätigkeiten finden – nicht zuletzt der Zusammenbruch des Ostblocks verlief nicht umfassend friedlich. Entscheidend ist dennoch weniger der Gewaltgebrauch als die Illegalität der Vorgänge nach der bestehenden Verfassungsordnung. Mit der fundamentalen Veränderung der Herrschafts- und Sozialstruktur, die weder völlig neuartig noch progressiv sein muss, unterscheidet sich die Revolution auch von einem Staatsstreich, der sich in der bloßen Auswechslung der Machtinhaber erschöpft. Auch die Erstürmung des Winterpalais am 24.10.1917 war daher zunächst einmal keine Revolution, sondern ein „gewöhnlicher“ Putsch. Selbst wenn es im Anschluss an einen solchen Staatsstreich zu formalen Veränderungen des Verfassungssystems kommt, haben diese auf die tatsächlichen gesellschaftlichen Verhältnisse meist keine besonderen Auswirkungen. Für die „einfache Bevölkerung“ ändern solche Machtwechsel dann im Alltagsleben vergleichsweise wenig. Sie werden denn auch nicht selten eher achselzuckend hingenommen. Zu größerem Widerstand kommt es möglicherweise erst dann, wenn und soweit die neuen Machthaber fundamentale gesellschaftliche Veränderungen „von oben“ durchdrücken wollen. Das zeigte sich auf dem afrikanischen Kontinent, wo die Aufstände der einheimischen Bevölkerungen erst extrem wurden, als diesen bewusst wurde, dass es bei der Kolonisation nicht nur um den Austausch der Herrschaftspersonen, sondern um einen grundlegenden gesellschaftlichen Wandel ging.[160] Während ein solcher Aus-

---

[159] *H. Dippel*, Die Amerikanische Revolution, S. 11.
[160] *F. Ansprenger*, Geschichte Afrikas, S. 12 ff.

tausch der herrschenden Eliten damit ohne größere Unterstützung in der Bevölkerung gelingen kann, wird eine Revolution nur bei einer ausreichenden Massenmobilisierung erfolgreich sein. *Che Guevara* ist das in Bolivien ab 1966 nicht gelungen, weshalb seine Umsturzversuche erfolglos blieben. Auch in Venezuela dürfte der politische Umsturz des *Maduro*-Regimes aus diesem Grund im Jahr 2019 nicht geglückt sein – das Militär sah sich zumindest wegen der unklaren Mehrheitsverhältnisse in der Bevölkerung nicht gezwungen, die Seite des Regimes zu verlassen. In Bolivien war das Ende 2019 anders – Präsident *Evo Morales* musste nach dem Vorwurf der Wahlmanipulation das Land verlassen, weil das Militär ihn nicht mehr stützen wollte (allerdings handelte es sich auch hier vorerst nicht um eine Revolution, sondern um eine Auswechslung der Machthaber). Im Zusammenhang mit der Arabellion (ab Ende 2010) glückte die notwendige Massenmobilisierung hingegen (zunächst) durch die Nutzung sozialer Medien, die vor allem im klassischen Medium „Fernsehen“ (Sender: Al-Dschasira) gespiegelt wurde.[161] Wie die Entwicklung in Chile weitergehen wird, bleibt abzuwarten; vermutlich wird es dort zur Verabschiedung einer neuen Verfassung kommen.

Revolutionen laufen nicht nach einem bestimmten Schema ab, sind sowohl in ihren Voraussetzungen als auch ihrem Verlauf individuelle Ereignisse, an denen unterschiedliche Persönlichkeiten und Zufälligkeiten beteiligt sind. Aus der Perspektive der Allgemeinen Staatslehre stellt sich die Frage, inwieweit es möglich ist, gewisse Regelmäßigkeiten zu erkennen, die die gesellschaftliche Situation im Vorfeld der Revolution und den „typischen“ Ablauf einer Revolution markieren. Betrachtet man die historischen und auch aktuellen Revolutionen (man denke an die „Arabellion“, den „Arabischen Frühling“ ab Ende 2010)[162] aus dieser Perspektive, so wird man im Hinblick auf die revolutionäre Situation Folgendes festhalten können:

- Ausgangspunkt revolutionärer Umstürze bildet meist ein beachtliches Elitenversagen, das sich entweder in einer erheblichen Uneinigkeit, Unfähigkeit oder schlicht Korruption widerspiegelt.
- Es zeigen sich meist bedeutende politische, soziale und/oder wirtschaftliche Diskriminierungen, die im Ergebnis zu nachgerade unlösbaren Gegensätzen zwischen sozialen Schichten führen.[163] Die Verfügung über die Ressourcen ist sehr ungleich verteilt, bisweilen kommt es zu Hungersnöten oder sonstigen humanitären Krisen.[164]

---

[161] *R. Steinberg*, Die Repräsentation des Volkes, S. 286.

[162] Vgl. auch *R. Steinberg*, Die Repräsentation des Volkes, S. 286, der in Bezug auf die Arabellion von der „Existenz einer revolutionären Lage“ im Vorfeld spricht.

[163] Zur Arabellion auch *R. Steinberg*, Die Repräsentation des Volkes, S. 286.

[164] Aktuelle Beispiele: Chile und Venezuela.

- In der gesellschaftlichen Stimmung offenbart sich ein allgemeines Krisengefühl und ein Gefühl des Niedergeschlagenseins.
- Existenz einer passenden neuen Ideologie, die sich in der Gesellschaft verbreitet und hinter der sich die Revolutionäre versammeln können.

Konkreter Auslöser für die ersten (gewalttätigen) Unruhen können dann ausländische Interventionen oder aber – wie etwa in Russland und Deutschland nach dem Ersten Weltkrieg oder in China ab 1911 – kriegerische Niederlagen sein. Der vollständige Niedergang der nationalen Armee bildet dann den Ausgangspunkt für eine grundlegende Umgestaltung der bisherigen Gesellschaftsordnung. Bisweilen können aber auch auf den ersten Blick eher marginale Ereignisse das „revolutionäre Fass" zum Überlaufen bringen – im Chile kam es Ende 2019 zu Unruhen, nachdem die Preise für den öffentlichen Nahverkehr um wenige Cent erhöht wurden. Schon die Schilderung dieser gesellschaftlichen Zustände im Vorfeld von Revolutionen lässt im Hinblick auf die aktuellen Entwicklungen in manchen westlichen Demokratien aufhorchen – ohne dass damit eine baldige Revolution prognostiziert wäre. Das Ausmaß sozialer Spaltung und der Umgang der Eliten miteinander mahnen hier aber zu einer erhöhten, historisch fundierten Wachsamkeit.

Im Hinblick auf den Ablauf einer Revolution lassen sich folgende Stufen unterscheiden, wobei sich Regelmäßigkeiten vornehmlich bei solchen Revolutionen zeigen, die letztlich in einer autoritären Ordnung, jedenfalls aber keiner demokratischen Verfassungsordnung enden. Im Folgenden ist etwa der Ablauf der Englischen, Französischen, Russischen und Chinesischen Revolution skizziert, Ähnlichkeiten zeigten sich aber auch bei einzelnen Teilrevolutionen des Arabischen Frühlings:

- In einer Situation eines geschwächten Staates, der häufig nur noch durch wenige alte Oberschichten repräsentiert wird, erzwingt die Gemeinsamkeit der Gegner dieser Elite den politischen Umsturz. Es ist dies die Phase, in der sich angesichts des gemeinsamen Gegners die größte Einigkeit der Revolutionäre zeigt. Im unmittelbaren Anschluss an die „Revolution" wird nicht selten gemeinsam ausgelassen gefeiert.
- Es folgt eine idealistische Phase, die jedoch angesichts der konkreten Realitäten und Probleme bei der Neugestaltung der Gesellschaft alsbald zu einer Spaltung der Revolutionsführer in Gemäßigte und Radikale führt. Während die Gemäßigten in dieser realistischen Phase für einen behutsamen und graduellen Übergang plädieren, drängen die Radikalen auf den umgehenden Wandel und werden immer rigoroser im Umgang mit vermeintlichen Revolutionsgegnern, als die alsbald auch die gemäßigten Revolutionäre eingeordnet werden.
- Aufgrund ihrer kompromisslosen Methoden steigen die Radikalen in der Revolutionshierarchie auf, verdrängen die Gemäßigten und konzentrieren die Macht um einen vergleichsweise kleinen Kreis an „echten" Revolutionären.

- Es folgen Terror und Thermidor,[165] bis sich ein neuartiges autoritäres Regime herausgebildet hat, dass im Namen der Revolution herrscht und Gegner und unliebsame Opposition mit gewalttätigen Mitteln verfolgt.

Revolutionen können auch anders und vor allem erfolgreich ablaufen. Aus der Perspektive der Allgemeinen Staatslehre gilt es sich aber der Gefahr bewusst zu sein, die mit revolutionären Vorgängen einhergehen kann. Die weithin gescheiterte Arabellion mahnt hier zur Zurückhaltung und vor allem dazu, die anfangs festzustellende Einigkeit der Akteure nicht mit einer dauerhaften Einigkeit in allen zentralen Fragen der Gesellschaft und ihrer zukünftigen Ausgestaltung zu verwechseln. Der entscheidende Moment einer Revolution, der über Erfolg oder Niederlage entscheidet, dürfte der Übergang von der idealistischen zur realistischen Phase sein. Hier gilt es sicherzustellen, dass aufkommende Differenzen bei der Gestaltung des „revolutionären Alltags“ nicht zu einer Spaltung und neuen Feindseligkeiten führen, die in Gewalt und Terror enden. Wege aufzuzeigen, wie dieser Übergang erfolgreich gestaltet werden kann, gehört damit zu den zentralen Aufgaben einer modernen Allgemeinen Staatslehre.

d) Kriegerische Niederlage

Die kriegerische Niederlage ist als möglicher Auslöser revolutionärer Unruhen erwähnt worden. Daneben kann eine solche Niederlage aber den Ausgangspunkt für eine friedliche und möglicherweise auch extern gesteuerte Neuordnung der politischen Ordnung bilden – die Errichtung der Bundesrepublik Deutschland nach dem Zweiten Weltkrieg bildet eines der erfolgreichsten Beispiele. In beiden Fällen – also Revolution oder friedliche Neuordnung – zeigt sich die Integrationskraft, die von der Armee im modernen Staat ausgehen kann.[166] Gerade im Kriegsfall versammelt sich die Bevölkerung hinter der Armee. Die Kapitulation ist für große Teile der Gesellschaft dann gleichbedeutend mit dem Untergang des bisherigen Systems im Sinne einer „politischen Stunde Null“. Es entsteht Raum für eine neue politische Ordnung, die an die Stelle der bisherigen treten kann. Auch hier obliegt es der Allgemeinen Staatslehre Wege aufzuzeigen, wie aus einer solchen umfassenden kriegerischen und politischen Niederlage mit externer Hilfe ein neues und stabiles Staatswesen errichtet werden kann – historisch gesehen sind positive Beispiele allerdings selten.

[165] Zur Situation in Frankreich siehe *H.-U. Thamer*, Die Französische Revolution, S. 76 ff.

[166] Vgl. *A. Thiele*, Der gefräßige Leviathan, S. 97 f.

e) Verfassungsgebung und Verfassungsänderung

Neue politische Herrschaftsordnungen, vor allem solche, die aus umfassenden Reformen, Revolutionen, Dismembrationen, Sezessionen oder – wie die BRD – kriegerischen Niederlagen hervorgehen, konstituieren sich formal durch den Erlass einer neuen Verfassungsordnung.[167] Diese neue Verfassungsordnung ist Ausdruck der „verfassungsgebenden Gewalt" des Volkes, die seit der Französischen Revolution und *Abbé Emmanuel Joseph Sièyes* von der „verfassten Gewalt" des Volkes unterschieden wird:[168] „Als Autor der neuen staatlichen Ordnung setzt sich das Volk selbst ein [...]. Man legt kraft autonomer Selbstorganisation und reklamierter Rechtsetzungskompetenz einen neuen normativen Grund für die gesamte Rechts- und Staatsordnung."[169] Von Volkssouveränität sollte nur für diesen Prozess der erstmaligen Verfassungsgebung gesprochen werden. Ist die Verfassung verfasst und in Geltung gesetzt, genießt im demokratischen Verfassungsstaat kein Organ – auch und gerade nicht das Volk – Souveränität.[170] *Martin Kriele* hat diesen Umstand treffend auf den Punkt gebracht: „Das Vorhandensein eines Souveräns in diesem Sinne einerseits und der Verfassungsstaat andererseits sind zwei polare, einander ausschließende Gegensätze, mit anderen Worten: Die Vorstellung eines Souveräns ist revolutionärer Sprengstoff gegen den Verfassungsstaat."[171] Nach der Verfassungsgebung agiert das Volk mithin als von der Verfassung konstituiertes Organ mit spezifischen Zuständigkeiten, das wie die anderen Organe an die vorrangige Verfassung gebunden ist.[172]

Wer sich den realen Prozess der Verfassungsgebung allerdings in Form einer sozial-romantischen Zusammenkunft aller BürgerInnen an einem Ort vorstellt, die nach anregender Debatte die neue gemeinsame Verfassungsordnung verabschieden, wird von der (historischen) Praxis enttäuscht – schon angesichts der großen Zahl an BürgerInnen wäre eine solche Zusammen-

---

[167] Zum Begriff der Verfassung und Verfassungsfunktionen knapp *F. Wittreck/G. Sydow*, Deutsches und Europäisches Verfassungsrecht I, S. 4 ff. Ausführlich zur Verfassungsgebung *C. Winterhoff*, Verfassung – Verfassunggebung – Verfassungsänderung, S. 123 ff.

[168] „Pouvoir constituant" und „pouvoir constitué", ein Gedanke, der unter anderem auch von *Carl Schmitt* übernommen wird. Siehe dazu generell auch *A. Tschentscher*, Die Volkssouveränität als Grund und Grenze der Verfassungsgeltung, in: F. Wittreck (Hrsg.), Grundlagen des Grundgesetzes, S. 75 ff.; *H. Dreier*, Gilt das Grundgesetz ewig?, S. 7 ff., 19 f.; *W. Haller/A. Kölz/T. Gächter*, Allgemeines Staatsrecht, Rn. 349.

[169] *H. Dreier*, Gilt das Grundgesetz ewig?, S. 18 f.

[170] *H. Dreier*, Gilt das Grundgesetz ewig?, S. 20.

[171] *M. Kriele*, Einführung in die Staatslehre, S. 102.

[172] Siehe dazu auch Frage VI. Ungenau insoweit *S. Hölscheidt*, Wie viel „neues Deutschland" ist möglich?, DÖV 2020, 69 (73): „Das Volk ist eben der Souverän – was sich bereits aus Art. 20 Abs. 2 Satz 1 GG entnehmen lässt." Tatsächlich ist das in Art. 20 Abs. 2 GG genannte Volk aber der „pouvoir constitué" und deshalb gerade nicht souverän.

kunft undenkbar.[173] Hinzu kommt der Umstand, dass die komplexe Ausarbeitung einer Verfassungsordnung eine begrenzte Anzahl an Personen voraussetzt.[174] Sieht man von einer oktroyierten Verfassung ab – wie in Preußen im Jahr 1850 – erfolgt die Ausarbeitung der neuen Verfassung daher meist in einer verfassungsgebenden Versammlung, die ihre Geburtsstunde in den amerikanischen „constitutional conventions" Ende des 18. Jahrhunderts hatten. Schon hier zeigt sich ein erstes kaum lösbares Problem des modernen Verfassungsstaats: Es liegt in der Legitimation dieser die Verfassung ausarbeitenden Versammlung. Die Zusammensetzung ergibt sich in Zeiten revolutionärer Unruhen nur selten aus vollständig freien und gleichen demokratischen Wahlen, hängt von Zufälligkeiten oder den Vorstellungen eventueller Siegermächte ab. Teilweise greift die verfassungsgebende Versammlung auch auf Vorarbeiten von Verfassungskommissionen (Herrenchiemseer Konvent, Verfassungskommission der Paulskirchenversammlung) oder gar Einzelpersönlichkeiten zurück (Weimar: *Hugo Preuß*), wodurch sich die Legitimationsfrage noch einmal verschärft. Insofern findet sich im Rückblick kaum eine Verfassungsordnung, die im Hinblick auf ihre Entstehung nicht gewisse Legitimationsdefizite aufweist,[175] schon weil der politische Körper und damit auch die Zugehörigkeit zu diesem erst mit der zu vereinbarenden Verfassung begründet werden.[176] Die Verabschiedung der neuen Ordnung durch eine solche „undemokratische" Versammlung wird für sich daher kaum die Legitimität erzeugen können, derer es für ihre Stabilität bedarf. Ihren eigentlichen „Legitimationsschub" erhalten Verfassungen daher auf zweierlei Weise: Einerseits indem der Verfassungstext dem Volk zur Zustimmung vorgelegt wird. So verhielt es sich etwa mit der Verfassung der fünften Französischen Republik, die nach ihrer Ausarbeitung durch die Regierung unter Beteiligung eines aus Parlamentariern besetzten beratenden Verfassungsausschusses in einem Plebiszit vom Französischen Volk angenommen wurde. Etwas anders, im Hinblick auf die Legitimation allerdings kaum weniger, vielleicht sogar stärker ausgeprägt, erfolgte die Annahme der ausgearbeiteten Verfassung in den USA (1787) und in der Schweiz (1848) durch Plebiszite in den Einzelstaaten. Ein geringeres Legitimationsniveau wies die Ratifizierung des Grundgesetzentwurfs in den einzelnen Landtagen der Bundesländer auf – eine Volksbefragung wurde weder in den Ländern noch auf

[173] *A. Gamper*, Staat und Verfassung, S. 42 f.

[174] Vgl. auch *A. Katz*/*G. Sander*, Staatsrecht, Rn. 93.

[175] Siehe auch *F. Wittreck*/*G. Sydow*, Deutsches und Europäisches Verfassungsrecht I, S. 37.

[176] Vgl. *J.-W. Müller*, Was ist Populismus?, S. 93. Siehe auch. *C. Möllers*, Das Grundgesetz, S. 36: „Man wird in der Verfassungsgeschichte wenige Fälle finden, in denen die Entstehung einer demokratischen Verfassung selbst demokratisch vor sich gegangen ist."

Bundesebene durchgeführt.[177] Aufgefangen wurde dieses Legitimationsdefizit durch den zweiten Legitimationsstrang moderner Verfassungen: Zeit.[178] Die politische Ordnung gewinnt mit jedem Tag, an dem sie von der Bevölkerung als auch vom politischen Betrieb als neue Grundordnung des Gemeinwesens anerkannt und geachtet wird an zusätzlicher Legitimation: „Die erfolgreiche Revolution aber streift irgendwann den Makel ihrer Herkunft ab und erwächst in Legitimität."[179] Eine besondere legitimatorische Bedeutung kommt hier dem ersten friedlichen Regierungswechsel zu, der sich in Deutschland etwa im Jahr 1969 vollzog. Spätestens mit dieser gelungenen Übergabe der Macht von der Regierung an die bisherige Opposition wird man von legitimatorischen Defiziten mit Blick auf die Bundesrepublik nicht mehr sprechen können[180] – im Jahr 2020 gilt das erst Recht. Legitimitätsschwankungen, ablesbar etwa in sinkenden Wahlbeteiligungen, sind dadurch nicht ausgeschlossen, da die Legitimation immer nur einen notwendigen aber nicht hinreichenden Faktor für die Legitimität einer demokratischen Ordnung darstellt.[181] Voraussetzungen und dogmatische Einordnung der Verfassungsgebung bleiben gleichwohl umstritten.[182]

Noch nicht gelöst ist damit ohnehin das zweite allgemeine Legitimationsproblem von Verfassungen, das in der Bindung kommender Generationen liegt. Wie lässt es sich rechtfertigen, dass sich eine frühere Generation über den Erlass einer Verfassung anmaßt, auch über die politische Grundordnung kommender Generationen zu entscheiden? Von einer Selbstbindung kann schwerlich gesprochen werden, wenn die aktuelle Generation an der ursprünglichen Ausgestaltung der Ordnung in keiner Weise beteiligt war: „Der Zeitfaktor macht aus Selbstbindung Fremdbindung, aus Autonomie Heteronomie."[183] Tatsächlich wurde aus diesen Überlegungen – nicht zuletzt von *Thomas Jefferson*[184] – teilweise der Schluss gezogen, dass eine Verfassungs-

[177] Zur diesem „Geburtsmakel" des Grundgesetzes etwa *F. Wittreck/G. Sydow*, Deutsches und Europäisches Verfassungsrecht I, S. 36 f.

[178] Vgl. auch *T. Stark/T. Smolka/S. Pickel*, Die Legitimität demokratischer Verfassungen – ein Vorschlag zur empirischen Bestimmung, in: M. Hein/F. Petersen/S. v. Steinsdorff (Hrsg.), Die Grenzen der Verfassung, S. 185 (185).

[179] *F. Wittreck/G. Sydow*, Deutsches und Europäisches Verfassungsrecht I, S. 37.

[180] Siehe auch *F. Meinel*, Vertrauensfrage, S. 79. Siehe generell für das Grundgesetz auch *C. Möllers*, Das Grundgesetz, S. 35 ff.

[181] Zur Legitimität sogleich bei Frage III.

[182] Siehe auch *C. Winterhoff*, Verfassung – Verfassunggebung – Verfassungsänderung, S. 164: „Als Ergebnis der bisherigen Ausführungen kann festgehalten werden, dass es zu fast allen Fragen, die sich im Zusammenhang mit dem Phänomen Verfassunggebung stellen, keine einheitliche Meinung gibt."

[183] *H. Dreier*, Gilt das Grundgesetz ewig?, S. 29.

[184] *T. Jefferson*, Letter zu James Madison, in: P. L. Ford (Hrsg.), The Works of Thomas Jefferson, Vol. VI, 1904, S. 9. Siehe auch *M. Lukan*, Verfassungskontinuität durch Verfassungsänderung, DÖV, 2019, 811 (812).

ordnung stets nur für eine Generation Geltung beanspruchen könne. Jede Verfassung müsse mit einem obligatorischen Verfallsdatum versehen werden, um jeder Generation die Möglichkeit zu geben, selbst über die für sie geltenden Spielregeln des politischen Betriebs zu entscheiden. Die Verfassungstheorie entwickelte hingegen eine andere Lösung des Generationenproblems, die den Spagat zwischen notwendiger Stabilität und generationengerechter Flexibilität sachgerecht auflöste: Die Möglichkeit der Verfassungsänderung.[185] Die moderne Verfassungstheorie kennt dadurch neben der verfassungsgebenden und der gesetzgebenden mit der verfassungsändernden noch eine dritte besondere Legislativgewalt, deren Existenz von der Verfassung anerkannt und ausgeformt wird. Damit ist eine Änderung der Spielregeln jederzeit möglich, ohne die Verfassung als Ganzes ablösen zu müssen. Die konkreten Änderungsverfahren müssen allerdings einen gewissen Abstand zum gewöhnlichen Gesetzgebungsverfahren aufweisen.[186] Ist der Abstand sehr groß – wie in den USA – kann die Verfassungsänderung einer formalen Verfassungsablösung nahe kommen. Ist der Abstand gering, wie in Deutschland, werden Verfassungsänderungen hingegen zu einer alltäglichen politischen Option.[187] Das Grundgesetz ist im internationalen Vergleich daher schon häufig geändert worden. Für die Allgemeine Staatslehre ist die Analyse dieser Änderungsverfahren und ihrer Auswirkungen auf die Stabilität einer politischen Ordnung von Interesse. Darüber hinaus zeigt sich, dass die Rechtfertigung qualifizierter Mehrheiten für das Änderungsverfahren – das ein Vetorecht der Minderheit begründet – bis heute unter einem legitimatorischen Defizit leidet, praktisch in allen Verfassungsordnungen aber zur Anwendung kommt. Wie *Diego Pardo-Alvarez* gezeigt hat,[188] lässt sich die notwendige Distanz zum gewöhnlichen Gesetzgebungsverfahren auch auf eine Weise herstellen, die diese Defizite vermeidet.[189] Anders als zu erwarten, wird diese Diskussion aber weder in der Verfassungstheorie noch in der Allgemeinen Staatslehre ernsthaft geführt.

---

[185] Ausführlich dazu *C. Winterhoff*, Verfassung – Verfassunggebung – Verfassungsänderung, S. 166 ff. sowie *R. Albert*, Constitutional Amendments, 2019. Siehe auch *M. Lukan*, Verfassungskontinuität durch Verfassungsänderung, DÖV, 2019, 811 ff.

[186] Vgl. auch *A. Gamper*, Staat und Verfassung, S. 60 ff. mit der Unterscheidung von beweglichen und starren Verfassungen.

[187] Zu möglichen Grenzen der Verfassungsänderung in Deutschland *S. Hölscheidt*, Wie viel „neues Deutschland" ist möglich?, DÖV 2020, 69 ff.

[188] *D. Pardo-Alvarez*, Das Rechtfertigungsdefizit des qualifizierten Mehrheitserfordernisses, 2020.

[189] Etwa durch das Erfordernis eines Referendums, das die mit einfacher Mehrheit beschlossenen Änderungen bestätigen muss (ebenfalls mit einfacher Mehrheit) und das erst nach einer bestimmten Frist im Anschluss an die parlamentarische Entscheidung erfolgen darf.

3. Untergang von Staaten beziehungsweise „Failed States"

Bei der Darstellung derivativer Staatsentstehung sind Fälle genannt worden, in denen Staaten untergehen.[190] Dort allerdings trat umgehend ein neuer Staat an die Stelle des bisherigen. Davon zu unterscheiden sind die Zeiträume, in denen ein Staat aus sich heraus nicht mehr alle völkerrechtlichen Staatlichkeitsmerkmale erfüllt, allerdings noch kein neuer Staat an dessen Stelle getreten ist. In einer solchen Situation von Untergang zu sprechen erweist sich als unpräzise, da es nicht ausgeschlossen ist, dass die staatsprägenden Merkmale zurückerlangt werden, die Staatlichkeit wieder auflebt. In den überwiegenden Fällen ist es die Staatsgewalt, mithin die territoriale Hoheit über das bisherige Staatsgebiet, die sich für einen gewissen Zeitraum, oftmals infolge eines Bürgerkriegs, auf verschiedene Akteure verteilt oder gänzlich entfällt (sogenannter „failed state").[191] Die Einordnung entsprechender Fälle und die Frage, wie dort (wieder) entstehende Staaten im Hinblick auf den völkerrechtlichen Kontinuitätsgrundsatz[192] einzuordnen sind, obliegt dem Völkerrecht.[193] Gleiches gilt im Hinblick auf „schlafende Staaten", als die die baltischen Staaten vor dem Zusammenbruch der Sowjetunion angesehen wurden.[194] Für die Allgemeine Staatslehre sind die Muster von Interesse, die zu einem solchen Verfall führen und wie es gelingen kann, auf dem Territorium eine erneute stabile politische Ordnung zu errichten. Aktuell stellt sich diese Frage etwa im Südsudan, in Libyen, in Somalia, der Zentralafrikanischen Republik, dem Jemen oder dem Libanon. In Syrien scheint sich das Assad-Regime nach Jahren des Bürgerkriegs wieder stabilisiert zu haben.

III. Wie lässt sich Herrschaft rechtfertigen und wann ist Herrschaft legitim?

1. Zur Rechtfertigung von Herrschaft

Der Blick auf die ersten menschlichen Gemeinschaften hat gezeigt, dass Herrschaft kein Phänomen der Neuzeit oder des modernen Staates ist, sondern seit jeher existiert – herrschaftsfreie und umfassend egalitäre Gesell-

---

[190] Siehe auch *K. Doehring*, Allgemeine Staatslehre, Rn. 120 ff.

[191] Knapp auch *W. Haller/A. Kölz/T. Gächter*, Allgemeines Staatsrecht, Rn. 67.

[192] Dazu *V. Epping*, Der Staat als „Normalperson" des Völkerrechts, in: K. Ipsen (Hrsg.), Völkerrecht, § 7, Rn. 198 ff.

[193] Dazu etwa *V. Epping*, Der Staat als „Normalperson" des Völkerrechts, in: K. Ipsen (Hrsg.), Völkerrecht, § 7, Rn. 141 ff.

[194] *B. Schöbener/M. Knauff*, Allgemeine Staatslehre, § 3, Rn. 116 ff.

schaften dürfte es historisch nicht gegeben haben. Dieser empirische Befund schließt aber weder die theoretische noch die praktische Möglichkeit herrschaftsfreier Gemeinschaften und politischer Ordnungen aus. Und er sagt auch nichts darüber aus, dass und wie sich Herrschaft rechtfertigen lässt: Daraus, dass Herrschaft *ist*, folgt nicht, dass Herrschaft *sein darf*. Diese Frage nach der Rechtfertigung staatlicher Herrschaft bildet eine der zentralen Problemstellungen der politischen Philosophie und politischen Ideengeschichte, mit der sich alle großen StaatstheortikerInnen von der Antike bis heute, von *Platon* über *Thomas Hobbes* bis zu *Hannah Arendt* immer wieder beschäftigt haben.[195] Sie stellt sich, weil Herrschaft und damit einhergehende Machtverhältnisse mit erheblichen Freiheitsbeschränkungen und Gewaltakten einhergehen können. Gleichwohl galten herrschaftsfreie Zustände lange Zeit als nicht wünschenswerte Unordnung, die es zu vermeiden galt; als ernsthafte oder anzustrebende Alternative zu staatlichen Strukturen wurden sie nicht angesehen. Als geistesgeschichtliche Strömung entwickelte sich der Anarchismus, dem es aus dem genannten Grund um die Überwindung jeglicher Form von Herrschaft geht, erst im Laufe des 19. Jahrhunderts,[196] als sich die Konsequenzen der Zentralisierung der Macht und die damit einhergehenden sozialen Verwerfungen – nicht nur im Staat, sondern auch in den Gesellschaftsstrukturen – deutlich zeigten. Anarchie wurde von den ersten AnarchistInnen nun nicht mehr als Unordnung, sondern mit *Pierre-Joseph Proudhon*[197] positiv besetzt und als „Ordnung ohne Herrschaft“ verstanden (womit sich auch das anarchistische Symbol – das A vor dem O – erklären lässt).[198] Herrschaftsfreiheit wurde für die Anhänger des Anarchismus zum anzustrebenden Ideal, weil sich jedwede Form der Herrschaft nicht rechtfertigen lasse.

Während es dem Anarchismus als politischer Bewegung[199] damit insgesamt um die Überwindung staatlicher und sonstiger Herrschaftsstrukturen zur Befreiung des Menschen geht,[200] ein Ziel, das allerdings – im Unterschied zum Marxismus – ohne die temporäre Instrumentalisierung des Staates erreicht werden sollte,[201] lassen sich zwei Hauptströmungen mit einem abwei-

[195] Überblick für die Antike und das Mittelalter bei *E.-W. Böckenförde*, Geschichte der Rechts- und Staatsphilosophie, 2. Auflage 2006.

[196] *E. Oberländer*, in ders. (Hrsg.), Der Anarchismus, S. 8, 11. Dazu insgesamt auch *N. Chomsky*, On Anarchism, 2013.

[197] *Pierre-Joseph Proudhon* war der erste Philosoph, der sich selbst als Anarchist bezeichnet hat, siehe *P.-J. Proudhon*, Bekenntnisse eines Revolutionärs, S. 146. Vgl. auch *D. Loick*, Anarchismus, S. 9; *E. Oberländer*, in ders. (Hrsg.), Der Anarchismus, S. 11.

[198] *D. Loick*, Anarchismus, S. 9.

[199] Daneben lässt sich der Anarchismus auch als eine philosophische Richtung und als Lebensform verstehen.

[200] Vgl. *B. Schöbener/M. Knauff*, Allgemeine Staatslehre, § 4, Rn. 18. Siehe auch *E. Oberländer*, in ders. (Hrsg.), Der Anarchismus, S. 12.

[201] Vgl. *D. Loick*, Anarchismus, S. 130 ff.

chenden Freiheitsverständnis unterscheiden. Der individualistische Anarchismus (*William Goodwin*, *Max Stirner*) geht davon aus, dass jede Form von Gesellschaft eine Einschränkung der freien Entwicklungsmöglichkeiten des Einzelnen darstellt. Das Ziel muss daher die Erlangung der Freiheit des Individuums *von* jedweder Gesellschaft sein, mithin die innere Befreiung des Einzelnen. Einige dieser Denkrichtung zuzurechnenden VertreterInnen haben sich denn auch zeitweise vollständig von gesellschaftlichen Bindungen gelöst, um sich ungestört und umfassend in der Natur auf das eigene Ich zu besinnen. Indem dieser Ansatz die soziale Komponente menschlichen Zusammenlebens zwar nicht umfassend aber doch größtenteils negiert, ist er im Hinblick auf die Organisation großer Gesellschaften jedoch nicht anschlussfähig. Um es deutlicher zu sagen: Wir werden uns nicht alle in den Wald zurückziehen und zugleich unsere sozialen Zugehörigkeiten (Familie) aufgeben können (oder wollen). Für den kollektiven Anarchismus[202] als der zweiten Hauptströmung gilt das freilich nicht, da es diesem nicht um die Freiheit *von*, sondern um die Freiheit *zur* Gesellschaft geht. Für die VertreterInnen dieser Spielart (*Pierre-Joseph Proudhon*, *Michael Bakunin*, *Peter Kropotkin*, *Emma Goldman*) ist das Leben in einer Gesellschaft ohne Herrschaft also theoretisch wie praktisch denkbar und damit zugleich notwendig. Herrschaftslosigkeit ist für *Pierre-Joseph Proudhon* nicht mit dem Zustand des Chaos oder noch drastischer – wie in *Thomas Hobbes'* Naturzustand – einem Krieg aller gegen alle gleichzusetzen, kann vielmehr mit einer für sämtliche Mitglieder des Gemeinwesens vorteilhaften, weil umfassend freiheitlichen Ordnung einhergehen. Die bestehenden staatlichen Ordnungen sind von diesem Ideal allerdings weit entfernt und daher nicht zu rechtfertigen. Für die Zustände in autokratischen Staaten fällt es nicht schwer, die Kritik der AnarchistInnen zu teilen: Der Staat agiert hier nicht mehr als Garant für Sicherheit, er stellt vielmehr selbst das größte Sicherheitsrisiko für den Einzelnen dar[203] – man denke an das Terrorregime des Nationalsozialismus, aktuell an Autokratien wie Nordkorea oder Weißrussland.

Die staatstheoretische Antwort auf solche Gewaltexzesse war unter anderem der demokratische Verfassungsstaat. Dieser beseitigt Herrschaft allerdings nicht,[204] versucht sie lediglich einzuhegen und ertragbar zu gestalten, bleibt für AnarchistInnen aber deshalb nicht akzeptabel. Als problematisch erweist sich für diese schon die Vorstellung einer durch staatliche Institutionen erfolgenden Repräsentation der Gesamtbevölkerung,[205] einem auf

---

[202] Auf den kommunistischen Anarchismus wird an dieser Stelle nicht gesondert eingegangen.

[203] *D. Loick*, Anarchismus, S. 118. Siehe auch *J.-W. Müller*, Furcht und Freiheit, S. 27.

[204] Vgl. *A. Thiele*, Verlustdemokratie, S. 35 ff.

[205] Siehe dazu Frage V.

Alexander Hamilton zurückgehenden Konzept, auf dem alle demokratischen Verfassungsstaaten heute beruhen.[206] Von einer „echten" Repräsentation könne schon im Hinblick auf bestehende Minderheiten keine Rede sein. Aber auch Anhänger der Mehrheit könnten ihre einmal erteilte Zustimmung bezüglich einer bestimmten Frage jederzeit widerrufen. Repräsentation sei eine reine Fiktion, die mit dem freien Willen der Mitglieder einer Gemeinschaft nicht in Einklang zu bringen sei. Wer dauerhaft frei sein wolle, könne nicht repräsentiert werden, jede Demokratie erweise sich zumindest für manche als Tyrannei der Mehrheit.[207] Die irreale Fiktion der Repräsentation zeige sich im alltäglichen Zwang, den auch demokratische Verfassungsstaaten einsetzen müssten, um ihre Entscheidungen durchzusetzen: Warum braucht es „legitime Gewalt", warum braucht es Wasserwerfer und Schlagstöcke, wenn der demokratische Verfassungsstaat zu jeder Zeit die Interessen aller seiner Mitglieder „repräsentiert"?[208] Von der Rousseau'schen Idee eines damit einhergehenden „Zwangs zur Freiheit" halten AnarchistInnen wenig.

Diese anarchistische Kritik an den Zuständen in demokratischen Verfassungsstaaten lässt sich nicht als völlig abwegig vom Tisch wischen. Auch wenn man ihr theoretisch begegnen kann, lässt sich an den faktischen Auswirkungen demokratischer Herrschaft kaum etwas leugnen.[209] Hinzu kommen weitere Kritikpunkte an demokratischer Herrschaft, die den Finger in bekannte Wunden legen. Eine institutionelle und innovationshemmende Verstarrung sowie bürokratische Absurditäten[210] dürften nur zwei solcher Wunden sein, die jeder in seinem privaten Umfeld bereits erfahren hat. Nicht zuletzt die Universitätsverwaltung entwickelt ständig und aus sich heraus (also quasi intentionslos) Rationalitäten und Verfahrensweisen, die wenigen nutzen, einmal eingeführt aber praktisch nicht reformiert, geschweige denn beseitigt werden können.

Das zentrale Defizit des kollektiven Anarchismus liegt daher weniger in der kritischen Analyse bestehender Herrschaftsordnungen als in der fehlenden Entwicklung theoretisch fundierter und praktisch umsetzbarer Alternativen zu einer (demokratischen) staatlichen Herrschaftsstruktur, die einerseits Sicherheit und Ordnung wahren, andererseits zu jedem Zeitpunkt die völlige Freiwilligkeit jedes einzelnen Individuums zu garantieren vermögen. Schon der Weg dorthin bleibt unter Beachtung anarchistischer Ideale kaum möglich.[211] Es ist dieser Widerspruch, der unauflöslich scheint und der sich

---

[206] Was demokratische Repräsentation im Einzelnen bedeutet, ist allerdings weiterhin nicht abschließend geklärt.

[207] Vgl. auch *E. Oberländer*, in: ders. (Hrsg.), Der Anarchismus, S. 18.

[208] *D. Loick*, Anarchismus, S. 122.

[209] Vgl. auch *A. Thiele*, Verlustdemokratie, S. 36.

[210] Dazu zuletzt *D. Graeber*, The Utopia of Rules, 2015. Siehe auch unten bei Frage VI.

[211] Siehe auch *E. Oberländer*, in ders. (Hrsg.), Der Anarchismus, S. 57: „Das zentrale

auch durch eine „Atomisierung"[212] der Staatsgewalt nicht beseitigen lässt. So ist die von *Proudhon* vorgeschlagene Föderation freier (kleiner) Assoziationen zwar umfassend freiwillig und ohne jede Form der formalen Über- und Unterordnung konstruiert. Sie erweist sich aber als theoretisch hilflos bei der Frage, wie sie mit Individuen umgehen soll, die sich diesem Ordnungskonzept (freiwillig) entziehen oder den anarchistischen Weg generell nicht mitgehen wollen. Da jede Form des Zwangs zur freiwilligen Kooperation selbst gegenüber gewalttätigen Mitgliedern ausgeschlossen ist, bleibt den AnarchistInnen am Ende nur die Hoffnung[213] auf eine Einsicht aller in die damit einhergehende Art des guten Lebens: „Zugleich mit dem Entbehrlichwerden der Herrschaft wird der Mensch von selbst ein anderer werden, und der herrschaftslose Zustand wird in allem ein lichtes Bild menschlicher Vollkommenheit in jeder Hinsicht und schönsten Zusammenlebens zeigen."[214] Bei den zahlreichen Versuchen, diese theoretischen und optimistischen Konzeptionen in die reale Welt zu übertragen, ist diese Hoffnung allerdings immer wieder enttäuscht worden und nicht selten in erheblichen Gewaltakten geendet. Für die Ordnung einer größeren Gesellschaft erscheint es daher kaum ratsam, allein auf diese Hoffnung zu setzen – die Wette einer alsbaldigen „Vervollkommnung des Menschen"[215] wäre allzu riskant,[216] wo es aktuell mancherorts schon an einer grundlegenden zwischenmenschlichen Solidarität zu mangeln scheint.[217]

Gerade für die im Jetzt angesiedelte Allgemeine Staatslehre scheint die gesamte allgemeine Herrschaftsdebatte der AnarchistInnen damit auf den ersten Blick wenig interessant. Moderne Staaten sind Realität, Herrschaftslosigkeit hat es bisher nicht gegeben und Versuche eine solche in größeren Gemeinwesen zu verwirklichen sind an den selbst gesetzten Maßstäben immer wieder gescheitert, entweder im Sande verlaufen oder in Gewalt geendet: „Vielleicht wird man erstaunt sein darüber, dass eine Staatslehre sich mit

---

Problem des Anarchismus besteht also nicht nur in der Frage nach der Organisationsform seiner Anhänger, sondern ebensosehr darin, wie eine Minderheit unter Vermeidung eines Herrschaftsanspruchs alle übrigen Mitglieder der Gesellschaft für ihr Ideal gewinnen kann."

212 *H. Krüger*, Allgemeine Staatslehre, S. 671.

213 Vgl. *R. Herzog*, Allgemeine Staatslehre, S. 105.

214 *H. Krüger*, Allgemeine Staatslehre, S. 669.

215 Zumindest die historische Perspektive bietet hierfür keinen sonderlich überzeugenden Grund, vgl. auch *R. Herzog*, Allgemeine Staatslehre, S. 103.

216 Siehe auch *B. Schöbener/M. Knauff*, Allgemeine Staatslehre, § 4, Rn. 25: „Die Verwirklichung des angestrebten Ideals stellt deshalb unerreichbar hohe moralische Anforderungen an die Gesellschaftsangehörigen, so dass der Anarchismus letztlich als utopische Gesellschaftsauffassung anzusehen ist."

217 Siehe zuletzt *H. Bude*, Solidarität. Die Zukunft einer großen Idee, 2019. Siehe dazu generell auch *C. Calliess* (Hrsg.), Europäische Solidarität und nationale Identität, 2013.

Träumereien, etwas weniger hart ausgedrückt: mit Utopien beschäftigt."[218] Doch wäre ein solcher Schluss voreilig, auch *Herbert Krüger* zieht ihn, wie andere Lehrbücher,[219] nicht. Denn zum einen hat sich gezeigt, dass die anarchistische Kritik an Herrschaft (auch demokratischer Herrschaft) und den damit einhergehenden Folgen (Verstarrung, Fantasielosigkeit) real ist. Entgegen einem noch immer weit verbreiteten Bild hat der Anarchismus in seiner Analyse der bestehenden Herrschaftsordnung eine Menge zu bieten – und erst recht sind AnarchistInnen nicht die „antiautoritären Bombenleger", als welche sie seit jeher und bis heute allzu pauschal diffamiert werden.[220] Diese anarchistische Kritik nicht nur zur Kenntnis, sondern anzunehmen, tut damit auch der Allgemeinen Staatslehre gut, der es nicht darum gehen darf, den modernen Staat im Allgemeinen noch den demokratischen Verfassungsstaat im Besonderen als in ihrer konkreten Form alternativlos darzustellen. Durch den „Blick von außen" lassen sich spezifische Herrschaftsprobleme besser erkennen und analysieren sowie Reformen initiieren – wer Anarchismus sagt, meint nicht immer gleich Revolution.[221] Vor allem aber zeigen die anarchistischen Debatten auf, dass sich Herrschaft trotz aller Empirie zwar nicht von selbst versteht, aber in der Notwendigkeit kollektiver und verbindlicher Entscheidungsfindung, der Beseitigung beziehungsweise Verhinderung sozialer Ungleichheiten und der (institutionellen) zwischenmenschlichen Konfliktlösung ihre Rechtfertigung aber zugleich ihre Grenze findet.[222] Denn zur praktischen Lösung dieser aus empirischer Sicht unvermeidlichen gesell-

[218] *H. Krüger*, Allgemeine Staatslehre, S. 654.

[219] Vgl. etwa *G. Jellinek*, Allgemeine Staatslehre, S. 184: „Warum überhaupt der Staat mit seiner Zwangsgewalt? Warum muss sich das Individuum die Beugung seines Willens durch einen anderen gefallen lassen, warum und in welchem Umfange muss es der Gesamtheit Opfer bringen?" Siehe auch *R. Zippelius*, Allgemeine Staatslehre, S. 104 ff.; *R. Herzog*, Allgemeine Staatslehre, S. 103 ff.; *B. Schöbener/M. Knauff*, Allgemeine Staatslehre, § 4, Rn. 1 ff.

[220] Dieses Klischee besteht schon seit dem 19. Jahrhundert, vgl. *J. Most*, Der kommunistische Anarchismus, S. 1: „In jeder Tasche eine Bombe, angefüllt mit Dynamit, den Mordstrahl in der einen, die Brandfackel in der anderen Hand – so stellt sich ein Gegner des Anarchismus in der Regel einen Anarchisten vor. Er erblickt in ihm einen Menschen, der halb Narr, halb Verbrecher, nichts weiter im Sinn hat als die Ermordung eines jeden, der nicht seiner Meinung ist, und dessen Ziel der allgemeine Wirrwarr, das Chaos ist." Ähnlich auch *B. Russell*, Roads to Freedom: Socialism, Anarchism, and Syndicalism, S. 49. *E. Oberländer*, in: ders. (Hrsg.), Der Anarchismus, S. 7 spricht von einem „zum Klischee erstarrte[n] Anarchismusbegriff".

[221] Vgl. auch *E. Oberländer*, in: ders. (Hrsg.), Der Anarchismus, S. 9.

[222] Siehe auch *E. Özmen*, Politische Philosophie, S. 27: „Vielmehr fungiert sie [die Anarchie, A.T.] als eine negative Argumentationsfigur, an der gezeigt werden kann, wie gefahrenvoll, reduziert und unwürdig das menschliche Leben ohne politische Normen (und die entsprechenden Ordnungs- und Sanktionsinstanzen) wäre." Zu den konkreten Staatszwecken siehe Frage V.

schaftlichen Probleme haben anarchistische Vorstellungen bisher nichts oder wenig Taugliches beizutragen vermocht. Ein einigermaßen friedliches und sozial erträgliches Zusammenleben in größeren Gruppen hat es bisher nur in wie auch immer gearteten Herrschaftsordnungen gegeben; gerade in funktionierenden demokratischen Verfassungsstaaten – Deutschland, Australien, USA, Frankreich, Schweden, Japan – ist das Leben so schlecht nicht. Darüber hinaus lassen sich mit der Aufnahme anarchistischer Diskurse auch gesellschaftliche Phänomene und Entwicklungen besser einordnen und verstehen. Dem Anarchismus geht es nicht nur um die Abschaffung staatlicher, sondern der Herrschaft an sich, die sich in vielen tradierten Gesellschaftsstrukturen (vor allem im Institut des Privateigentums,[223] des modernen Finanzkapitals aber auch in den Geschlechterbeziehungen) bisweilen sehr gemütlich eingerichtet hat. Als letzte größere anarchistisch motivierte Protestbewegung sei an „Occupy Wall Street“[224] aus dem Jahre 2011 erinnert. Auf diese gesellschaftlichen Verkrustungen hinzuweisen und Verbesserungen anzumahnen, ist auch das Verdienst dieser Bewegungen. Schließlich versteht sich der Anarchismus seit jeher auch als Philosophie des guten Lebens und kann vor diesem Hintergrund bereichernd wirken, wenn es darum geht, das konkrete staatliche Leben in einer Form zu organisieren, die für möglichst viele als lebenswert und wertvoll angesehen wird und als Alternative zu heutigen Selbstoptimierungstendenzen fungieren kann. Nicht zuletzt Fragen der Staatsorganisation im Hinblick auf die föderale und regionale Struktur der Staaten sind hier angesprochen – im Anarchismus lassen sich Ansätze finden, wie lokale Politik bürgernäher gestaltet werden könnte. Gleichwohl zeigt sich aus der Perspektive der Allgemeinen Staatslehre damit aber eine Verschiebung der Fragestellung: Steht für den Anarchismus die Verneinung der allgemeinen Herrschaftsrechtfertigung im Zentrum, geht es der Allgemeinen Staatslehre um die Organisation faktisch bestehender, prinzipiell gerechtfertigter und auch in naher Zukunft nicht verschwundener Herrschaft, mithin um die konkrete Ausgestaltung „guter“ Herrschaft.[225] Denn auch wenn an Herrschaft vorerst kein Weg vorbei führt, heißt das nicht, dass jede Form der

[223] Vgl. dazu *H. Krüger*, Allgemeine Staatslehre, S. 661 f. Von *Pierre-Joseph Proudhon* stammt unter anderem der Satz: „Eigentum ist Diebstahl“.

[224] Für anarchistische Bewegungen typisch hat Occupy Wall Street auch keine konkreten Forderungen an den Staat formuliert.

[225] Vgl. *R. Herzog*, Allgemeine Staatslehre, S. 105: „Ist man dagegen nicht bereit, eine solche prästabilierte Harmonie zu akzeptieren, so mögen Phänomene wie der Staat und die Herrschaft von Menschen über Menschen überhaupt zwar mit Argwohn betrachtet werden, aber man wird sich letztlich darüber klar werden, dass sie aus dem menschlichen Leben nicht wegzudenken sind und dass alles darauf ankommt, sie in den Griff zu bekommen und das Beste aus ihnen zu machen. Die ziel- und planmäßige Evolution wird dann dort zur Aufgabe, wo der Anarchismus zur Revolution drängt.“

Herrschaft hinzunehmen wäre. Herrschaft ist und bleibt eine notwendige Zumutung und die Ausmaße dieser Zumutung möglichst gering zu halten, eine beständige Aufgabe. Diese Frage nach der Legitimität staatlicher Herrschaft muss für eine moderne Allgemeine Staatslehre im Zentrum stehen.

2. Die Legitimität staatlicher Herrschaft

a) Zum Begriff der Legitimität

Wann kann eine Herrschaftsordnung als „gut" bezeichnet werden? Diese Frage kann nur aus der Perspektive der Herrschaftsunterworfenen sinnvoll beantwortet werden.[226] Eine Herrschaft ist mithin genau dann gut, wenn sie von den Herrschaftsunterworfenen als gut angesehen und aus diesem Grund anerkannt wird. Der Begriff der Legitimität steht diesem Verständnis nach für die soziale Anerkennung der Herrschaftsordnung als prinzipiell gerecht[227] („gut") und ist von Legalität (Einhaltung rechtlicher Vorgaben) und Legitimation (ausreichende demokratische Rückbindung) zu unterscheiden.[228] Als ein vornehmlich faktisches Phänomen hängt diese soziale Anerkennung zentral von den Wertevorstellungen der Herrschaftsunterworfenen ab, ist damit freilich zugleich normativ fundiert. Die Herrschaftsordnung muss dieses gesellschaftliche Wertesystem spiegeln, wenn sie die Chance generieren will, als legitim anerkannt zu werden.[229] Solange dieser Zusammenhang besteht, kann theoretisch jede Herrschaftsordnung eine solche Legitimität erzielen. Legitimität bezieht sich in dieser Form nur auf die gesamte Herrschaftsordnung, nicht auf konkrete Einzelentscheidungen.[230] Eine Herrschaftsordnung kann auch dann als legitim angesehen werden, wenn einzelne Entscheidungen nicht von allen akzeptiert werden.[231] Legitime Herrschaft schließt daher

---

[226] Ähnlich *T. Stark/T. Smolka/S. Pickel*, Die Legitimität demokratischer Verfassungen – ein Vorschlag zur empirischen Bestimmung, in: M. Hein/F. Petersen/S. v. Steinsdorff (Hrsg.), Die Grenzen der Verfassung, S. 185 (188).

[227] Wie hier *C. Möllers*, Legalität, Legitimität und Legitimation des Bundesverfassungsgerichts, in: M. Jestaedt u.a. (Hrsg.), Das entgrenzte Gericht, S. 281. Siehe auch *T. Würtenberger*, Die Legitimität staatlicher Herrschaft, S. 13 f.

[228] Legalität und Legitimation spielen für die Frage der Legitimität allerdings eine Rolle, siehe sogleich.

[229] *T. Stark/T. Smolka/S. Pickel*, Die Legitimität demokratischer Verfassungen – ein Vorschlag zur empirischen Bestimmung, in: M. Hein/F. Petersen/S. v. Steinsdorff (Hrsg.), Die Grenzen der Verfassung, S. 185 (188 f.).

[230] *T. Stark/T. Smolka/S. Pickel*, Die Legitimität demokratischer Verfassungen – ein Vorschlag zur empirischen Bestimmung, in: M. Hein/F. Petersen/S. v. Steinsdorff (Hrsg.), Die Grenzen der Verfassung, S. 185 (188).

[231] Tatsächlich dürften die meisten BürgerInnen immer wieder einzelne Entscheidungen der politischen Ordnung als verfehlt ansehen oder diese sogar missachten ohne damit die politische Ordnung insgesamt abzulehnen.

Zwangsmaßnahmen im Einzelfall nicht aus; sie sind im modernen Staat (auch im demokratischen Verfassungsstaat) eine alltägliche Erscheinung – angefangen beim abgeschleppten PKW. Soll eine Herrschaftsordnung dauerhaft stabil bleiben, müssen solche Zwangsmaßnahmen gleichwohl die Ausnahme bleiben: „Denn der Legitimitätsglaube des Volkes ist die wichtigste Grundlage für den dauernden Bestand einer Machtposition",[232] da andernfalls „innere[r] Bestand, Festigkeit und Kontinuität"[233] derselben gefährdet sind.[234] Es ist dieser Legitimitätsglaube der Bevölkerung, der gewährleistet, dass die politische Ordnung verbindliche Entscheidungen zu tragbaren sozialen Kosten treffen und durchsetzen kann, weil die rechtliche Ordnung dann in ihrem Kern freiwillig befolgt wird.[235] Ohne Legitimität wäre es mittelfristig unmöglich, den mit jeder Herrschaftsordnung verbundenen Verbindlichkeitsanspruch effektiv und umfassend durchzusetzen – schon in personeller Hinsicht. Mit anderen Worten: Erst Legitimität versetzt ein politisches System in die Position, zu tragfähigen Kosten dauerhaft zu bestehen.[236] Autoritäre Systeme müssen einen Großteil ihrer Ressourcen in den Erhalt ihrer Herrschaftsstrukturen (und nicht in ökonomische oder soziale Entwicklung) stecken. Die wohlhabendsten und zufriedensten Gesellschaften sind nicht zufällig sämtlich Demokratien.

b) Voraussetzungen der Legitimität[237]

Wie Legitimität generiert werden kann, ist weiterhin nicht abschließend geklärt und bleibt eine zentrale Fragestellung innerhalb der Allgemeinen Staatslehre. *Max Weber* hat in seiner Herrschaftssoziologie mit der legalen, traditionalen und charismatischen Herrschaft zwar drei Formen legitimer Herrschaft beschrieben.[238] Wie eine für den demokratischen Verfassungsstaat – und nur um diesen soll es im Folgenden gehen – allein in Betracht kom-

---

[232] *T. Würtenberger*, Die Legitimität staatlicher Herrschaft, S. 17. Siehe auch *P. Graf Kielmansegg*, Legitimität als analytische Kategorie, PVS 1971, 367 (389 ff.).

[233] *T. Würtenberger*, Die Legitimität staatlicher Herrschaft, S. 18.

[234] Vgl. auch *R. Steinberg*, Die Repräsentation des Volkes, S. 164 sowie *T. Stark/T. Smolka/S. Pickel*, Die Legitimität demokratischer Verfassungen – ein Vorschlag zur empirischen Bestimmung, in: M. Hein/F. Petersen/S. v. Steinsdorff (Hrsg.), Die Grenzen der Verfassung, S. 185 (185).

[235] Vgl. dazu auch *P. Hilbert/J. Rauber* (Hrsg.), Warum befolgen wir Recht?, 2019.

[236] Vgl. auch *P. Collier*, The Future of Capitalism, S. 37 mit Beispielen aus dem Familienleben.

[237] Die folgenden Ausführungen sind partiell entnommen aus *A. Thiele*, Der gefräßige Leviathan, S. 302 ff.

[238] *M. Weber*, Die drei reinen Typen legitimer Herrschaft, in: J. Winckelmann (Hrsg.), Gesammelte Aufsätze zur Wissenschaftslehre, S. 475 ff. Vgl. dazu auch *T. Würtenberger*, Legitimität staatlicher Herrschaft, S. 277 ff.

mende legale legitime Herrschaftsordnung im Einzelnen ausgestaltet sein muss, hat er aber nicht beantwortet. Als wertefundiertes Konzept lässt sich die Frage, welche Voraussetzungen eine Herrschaftsordnung erfüllen muss, um eine Chance auf soziale Anerkennung zu entwickeln, allgemeingültig auch nicht beantworten.[239] Jede Gesellschaft bedarf abhängig von ihren konkreten normativen Wertevorstellungen die zu ihr passende Herrschaftsordnung. Die konkreten Anforderungen können sich von Gesellschaft zu Gesellschaft erheblich unterscheiden. Wenn es hier um die generellen Voraussetzungen für die Legitimität des demokratischen Verfassungsstaates gehen soll, dann liegt dem also eine gewisse Pauschalisierung zu Grunde, die die bestehenden Wertedifferenzen innerhalb demokratischer Gesellschaften bewusst vernachlässigt. Das erscheint allerdings deshalb gerechtfertigt, weil alle demokratischen Gesellschaften grundlegende normative Wertevorstellungen teilen müssen, da sie andernfalls schon nicht als demokratisch angesehen werden könnten. In den Details bestehen Differenzen, doch sind diese eben nicht so grundlegend, dass sie einer allgemeinen Theorie der Legitimität demokratischer Verfassungsstaaten entgegenstehen würden.

Den Ausgangspunkt einer solchen Legitimitätstheorie muss das demokratische Versprechen der gleichen politischen Freiheit aller bilden, das zugleich das zentrale Wertefundament bildet, auf dem jede Demokratie errichtet ist.[240] Es ist dieses gegenseitige Versprechen, das selbst auf demokratischem Wege – also durch Mehrheitsentscheidung – nicht abgeschafft werden könnte, ohne dass die Herrschaftsordnung ihren demokratischen Charakter verlöre. Aus diesem Versprechen folgt das Erfordernis, dass im demokratischen Verfassungsstaat die gesamte konstituierte Staatsgewalt im Volk ihren Ausgangspunkt finden muss: „Alle Staatsgewalt geht vom Volke aus".[241] Freilich ist diese Rückführbarkeit der Staatsgewalt auf das Legitimationsendsubjekt, die sogenannte Legitimation der Staatsgewalt, für sich genommen noch nicht ausreichend, um die erforderliche Legitimität der gesamten demokratischen Ordnung zu generieren.[242] Sie ist notwendige, aber keine hinreichende Legitimitätsvoraussetzung. Das bestätigt ein Blick auf solche Ordnungen, die das demokratische Prinzip radikal im Rousseau'schen Sinne verwirklichen und schnell in einer Tyrannei der Mehrheit münden können. Die Minderheit, die Teil der Gesamtgesellschaft ist, wird eine solche radikaldemokratische Ordnung nicht als legitim anerkennen können. Die Idee des demokratischen Verfassungsstaates beruht vielmehr darauf, die ungebändigte Mehrheitsherrschaft rechtlich einzuhegen und zu zähmen (insbeson-

[239] Siehe auch *T. Würtenberger*, Legitimität staatlicher Herrschaft, S. 18 f.

[240] Vgl. dazu *A. Thiele*, Verlustdemokratie, S. 41 ff.

[241] Art. 20 Abs. 2 S. 1 GG.

[242] Vgl. dazu auch *P. Graf Kielmansegg*, Volkssouveränität. Eine Untersuchung der Bedingungen demokratischer Legitimität, 1977 passim.

dere durch die Gewährleistung von Grundrechten) und dadurch für alle ertragbar zu gestalten.[243] Und schließlich wird eine demokratische Herrschaftsordnung nur dann mit sozialer Anerkennung rechnen können, wo sie den Herrschaftsunterworfenen im Vergleich zur Herrschaftsfreiheit erkennbare Vorteile bringt.[244] Aus diesen knappen Überlegungen lassen sich für den demokratischen Verfassungsstaat drei Legitimitätsanforderungen formulieren: Erstens ausreichend demokratische Teilhabe aller an der staatlichen Herrschaft, zweitens eine hinreichende Begrenzung der staatlichen Herrschaft sowie drittens die ausreichende Leistungsfähigkeit der Herrschaft. Diese Elemente können hier nur sehr knapp skizziert werden.[245]

– *Ausreichende Teilhabe an der Herrschaft*. Das von der Verfassung gewährleistete Legitimationsniveau der zentralen Organe (Parlament, Regierung, Rechtsprechung) muss zu den konkreten gesellschaftlichen Erwartungen passen. Es ist daher nur bedingt möglich, bestehende Verfassungsordnungen unbesehen auf andere Gemeinwesen zu übertragen.[246] Jede Gesellschaft entwickelt im Laufe der Jahre ihre eigene „Demokratiekultur". Während Deutschland mit der auf *Ernst-Wolfgang Böckenförde* zurückgehenden „Legitimationskettenkonzeption" ein vergleichsweise strenges Konzept materieller demokratischer Rückbindung entwickelt hat, das dem Parlament eine zentrale Rolle zuweist („Wesentlichkeitstheorie"), ist das angloamerikanische Verständnis formaler. Als per se undemokratisch präsentiert sich dieser von der deutschen Konzeption abweichende Zustand nicht, erklärt aber, warum sich das Bundesverfassungsgericht auch mit der demokratischen Ordnung der Europäischen Union schwer tut und gerade VerfassungsjuristInnen und PolitologInnen unterschiedlicher Traditionen bisweilen schlicht aneinander vorbei reden.[247] Angesichts dieses Wechselspiels zwischen verfassungsrechtlicher Ordnung und demokratischen Erwartungen der Gesellschaft wäre es verfehlt, stets nach größtmöglicher demokratischer Rückkopplung zu streben. Zwar dürfte eine Gesellschaft für sich genommen nur selten etwas gegen eine ausgeprägte Legitimation einzuwenden haben. Doch bedeutet mehr demokratische Rückkopplung in der Regel auch eine Beeinträchtigung der Leistungsfä-

---

[243] Siehe dazu unten bei Frage V.

[244] Hier dürfte im Übrigen einer der Hauptgründe für die Legitimitätskrise der Europäischen Union liegen.

[245] Ausführlich zu diesen drei Elementen *A. Thiele*, Der gefräßige Leviathan, S. 306 ff.

[246] Vgl. auch *F. Weber*, Staatsangehörigkeit und Status, S. 379: „Kollektive politische Herrschaft ist voraussetzungsvoll, weshalb die bloße Einrichtung rechtlicher Institutionen sie nicht tragen kann."

[247] So gilt das Europäische Parlament in Frankreich als vergleichsweise starkes Parlament, während in Deutschland immer wieder auf dessen Schwäche verwiesen wird (für diesen Hinweis danke ich *Konstantin Kuhle*).

higkeit des Herrschaftsmodells: Über alles abzustimmen mag besonders demokratisch erscheinen, zu einer sinnvollen Gestaltung wäre ein solches Gemeinwesen aber schon aus zeitlichen Gründen unfähig. Die Ermöglichung effektiver Herrschaft als einer weiteren Legitimitätsvoraussetzung setzt einer solchen Rückkopplung strukturelle Grenzen – und auch diese werden in den unterschiedlichen demokratischen Gesellschaften an unterschiedlichen Stellen liegen. Leitlinie im Hinblick auf das Ausmaß demokratischer Teilhabe muss daher nicht ihre Maximierung, sondern die Verhinderung spürbarer Repräsentativitätsdefizite sein, Situationen also, in denen sich signifikante Teile der Bevölkerung nicht mehr hinreichend im politischen Prozess repräsentiert sehen. Unter welchen Voraussetzungen das der Fall ist hängt erneut von der politischen Kultur ab, gleiches gilt auch für die Frage, wie die Verfassungsordnung auf solche Situationen reagieren sollte. Die Allgemeine Staatslehre ist dazu aufgerufen, diese allgemeinen Anforderungen im Einzelnen – in abstrakter als auch konkreter Form – zu entfalten und aufzuzeigen, wie sich diese auf die Legitimität eines Gemeinwesens auswirken können. Anschließend gilt es darzulegen, wie bestehende Defizite (theoretisch) behoben werden können.[248]

– *Ausreichende Begrenzung der Herrschaft*. Nur wenn zentrale und höchstpersönliche Lebensbereiche der demokratischen Mehrheitsentscheidung entzogen sind, kann ein Gemeinwesen damit rechnen, dass die Mehrheitsentscheidungen von der überstimmten Minderheit akzeptiert werden. Erneut steht diese Legitimitätsanforderung in einem Spannungsverhältnis zu den anderen Anforderungen. Denn einerseits werden dem demokratischen Prozess dadurch Gegenstände entzogen und der privaten Ebene zugeordnet, auf der jedoch nicht demokratisch entschieden wird. Je weiter dieser Raum der Dunkelheit gezogen wird, desto kleiner ist der öffentliche (demokratische) Raum. Damit wird andererseits auch die Effektivität der Herrschaft begrenzt. Wie bei der Frage der ausreichenden Teilhabe an der Staatsgewalt muss jede Gesellschaft für sich selbst entscheiden, wie weit sie diesen Raum der Dunkelheit dehnen, welche Entscheidungen sie also noch der staatlichen oder schon der privaten Ebene zuordnen will. Hier lassen sich – abgesehen von gewissen (menschenrechtlichen) Mindeststandards – keine festen Grenzen abstecken. Dabei gilt es zu beachten, dass das Ausmaß dieses Raumes zugleich Einfluss auf die Vielfalt eines Gemeinwesens hat. Gemeint ist damit allerdings nicht nur individuelle, sondern

[248] Für Deutschland habe ich an anderer Stelle (*A. Thiele*, Verlustdemokratie, S. 292 ff.) unter anderem die Einführung einer Ersatzstimme, einer Wahlpflicht sowie eines Schulfaches Demokratie gefordert und zudem darzulegen versucht, an welchen Stellen die politische Diskurskultur sich als problematisch erweist. Grundlegende Änderungen der Verfassungsordnung selbst scheinen hier nicht angezeigt, allenfalls ließe sich darüber streiten, ob es sinnvoll sein könnte, direkte Partizipationsmöglichkeiten auszuweiten.

auch kollektive Vielfalt. Jede Verfassungsordnung kann und muss also auch darüber entscheiden, welche Selbstverwaltungsrechte außerhalb allgemeiner demokratischer Verfahren sie welchen kollektiven Identitäten (etwa Religionsgemeinschaften) zuweisen will.[249]

- *Ausreichende Leistungsfähigkeit der Herrschaft*. Herrschaft ist kein Selbstzweck, für das Individuum vielmehr nur hinnehmbar, wenn sich für dieses im Vergleich zur Herrschaftslosigkeit Vorteile ergeben. Wo die BürgerInnen diese Vorteile nicht mehr zu erkennen vermögen, werden sie der konkreten Herrschaftsordnung die Legitimität verweigern, sich von dieser abwenden oder diese sogar aktiv bekämpfen.[250] Erneut ist damit noch nicht gesagt, *welche* konkreten Leistungen sich eine demokratische Gesellschaft – abgesehen von der grundlegenden Forderung nach Friedenssicherung – im Einzelnen erhofft. Hier sind es wieder die kulturellen Prägungen, die in der Verfassungsordnung ihre individuelle Spiegelung finden müssen. Tendenziell erwarten angloamerikanische Gesellschaften weniger staatliche Leistungen als europäische. Wo Erwartungen und Leistungen auseinanderfallen, kann das in der Verfassungsordnung selbst oder in konkreten Entscheidungen der politischen Funktionsträger liegen. Ohne die Details analysieren zu können, scheint die Legitimitätskrise in vielen westlichen Demokratien auch in den neuen und vor allem globalisierungsbedingten sozialen sowie kulturellen ökonomischen und ökologischen Verwerfungen (und der nicht ausreichenden Entschädigung der „VerliererInnen" dieser Prozesse) ihre Ursache zu finden.[251] Hier wird man also den Blick schärfen müssen, um die gesellschaftlichen Erwartungen an die vom Staat geforderten (Schutz-) Leistungen besser abzubilden.[252]

Diese drei Elemente, die im modernen Staat in den Staatsstrukturprinzipien Demokratie, Rechtsstaat, Sozialstaat gespiegelt werden, stehen – das sollte deutlich geworden sein – in einem Spannungsverhältnis zueinander. Das passende „Mischungsverhältnis" kann nicht nur zwischen einzelnen Staaten variieren, sondern sich auch innerhalb eines Staatswesens im Zeitablauf verändern. Das ergibt sich aus ihrer Werteabhängigkeit. Verändern sich die Wertvorstellungen einer Gesellschaft kann das folglich (erhebliche) Auswir-

[249] Dazu auch *A. Thiele*, Gleichheit angesichts von Vielfalt als Gegenstand des philosophischen und juristischen Diskurses, DVBl. 2018, 1112 (1119).

[250] Hier dürfte eine der wesentlichen Ursachen für die Legitimitätskrise der EU liegen.

[251] Dazu zuletzt *C. Koppetsch*, Die Gesellschaft des Zorns, 2019. Siehe auch *P. Manow*, Die politische Ökonomie des Populismus, 2018 sowie unten bei Frage V.

[252] Siehe auch *R. Steinberg*, Die Repräsentation des Volkes, S. 74 f.: „Hier deutet sich in den westlichen Ländern eine wachsende Spaltung der Gesellschaft an, die vor allem auch in Deutschland mit seinem ausgeprägten Gleichheitsempfinden die Legitimität unserer gesellschaftlichen Ordnung gefährdet und so eine erhebliche Sprengkraft entfalten könnte."

kungen auf die Legitimität einer Herrschaftsordnung haben. „Conditions change, public expectations develop, and societal values (including legitimation norms) evolve.“[253] Das Alter einer politischen Ordnung ist insofern kein automatischer Stabilitätsfaktor, kann sich sogar zur Belastung entwickeln. Beobachten lässt sich das aktuell in Großbritannien, wo das althergebrachte politische System nicht mehr ausreichend in der Lage zu sein scheint, die erforderlichen Integrationsleistungen für eine moderne pluralistische Gesellschaft zu erbringen.[254] Passt sich die politische Ordnung solchen Werteveränderungen nicht an – durch stillen Verfassungswandel oder andere Reformen – droht die Revolution, an deren Ende eine neue legitime Herrschaftsordnung steht.[255] Bestehende Legitimität ist nichts für die Ewigkeit, sie muss durch die Herrschaftsordnung ständig neu generiert werden.[256] Es sind dann die BürgerInnen, die im Smend'schen Sinne in einem täglichen Plebiszit darüber entscheiden, inwieweit dies gelungen ist. Damit ist die Frage nach der Legitimität staatlicher Herrschaftsordnungen wegen ihrer engen Verknüpfung mit sozialen und politischen Transformationen auch für die Allgemeine Staatslehre keine, die jemals abschließend beantwortet werden könnte:[257] „A crisis of legitimacy is a crisis of change, and therefore its roots, as a factor affecting the stability of democratic systems, must be sought in the character of change in modern society.“[258]

3. Exkurs: Widerstandsrecht[259] und ziviler Ungehorsam

Ein Widerstandsrecht gegen staatliche Herrschaft, das die Staatstheorie seit jeher beschäftigt,[260] steht in engem Zusammenhang zur Legitimitätsfrage: Ein solches Recht kann es nur gegen illegitime Herrschaft geben. Ein Widerstandsrecht ist also denkbar, sofern die konkrete Herrschaft – und zwar generell und nicht in Bezug auf einzelne Entscheidungen – mit den in der Gesellschaft vorherrschenden wertefundierten Herrschaftserwartungen

[253] *P. Tucker*, Unelected Power, S. 547.

[254] Erschwerend kommt hinzu, dass das Vereinigte Königreich keine geschriebene Verfassung und kein formelles Verfassungsänderungsverfahren kennt.

[255] Dazu bereits unten in Frage II.

[256] *J.-W. Müller*, Furcht und Freiheit, S. 102.

[257] Siehe dazu etwa *A. Thiele* (Hrsg.), Legitimität in unsicheren Zeiten. Der demokratische Verfassungsstaat in der Krise?, 2019.

[258] *S. M. Lipset*, Some Social Requisites of Democracy: Economic Developments and Political Legitimacy, American Political Science Review 53 (1959), 69 (87).

[259] Dazu zuletzt umfassend und interdisziplinär *D. P. Schweikard/N. Mooren/L. Siep* (Hrsg.), Ein Recht auf Widerstand gegen den Staat? – Verteidigung und Kritik des Widerstandsrechts seit der europäischen Aufklärung, 2019.

[260] Vgl. dazu im Überblick *B. Schöbener/M. Knauff*, Allgemeine Staatslehre, § 4, Rn. 106 ff.

nicht mehr übereinstimmt. Die Berufung auf das Widerstandsrecht dient dann der Überwindung der illegitimen Herrschaft mit dem Ziel, eine neue, legitime Ordnung zu errichten. Damit stellt sich die Frage, wie sich eine entsprechende Illegitimität ermitteln lässt. In der Regel werden sich Protest und Widerstand nicht in förmlichen Verfahren artikulieren, die die gleiche Freiheit aller achten – im Jahr 2019 sichtbar in Venezuela oder Hongkong. Ob die Mehrheitserwartung an die Herrschaftsordnung tatsächlich verfehlt wird, lässt sich damit allenfalls durch die Heftigkeit des Protests ermitteln – ein Problem, dass bereits *John Locke* beschäftigt hat.[261] Hinzu kommt, dass der Widerstand selbst von staatlicher Seite nie akzeptiert werden kann, da diese andernfalls ihre eigene Illegitimität einräumen und auf die eigene Beseitigung hinwirken müsste. Die Anerkennung eines Widerstandsrechts erfolgt in der konkreten Situation damit stets von außen, während der betroffene Staat zu jeder Zeit dessen Illegalität betonen und nicht selten massiv gegen die Widerstand Leistenden vorgehen wird (Beispiel: Syrien). Das zeigte sich bei den Hongkonger Protesten gegen die chinesische Herrschaftsausweitung im Jahr 2019. Art. 20 Abs. 4 GG, der bisweilen als Widerstandsrecht bezeichnet wird, ist nur ein scheinbarer Widerspruch.[262] Denn dieser normiert kein eigentliches Widerstandsrecht gegen die grundgesetzliche Herrschaft, sondern umgekehrt gegen Kräfte, die die grundgesetzliche Herrschaft beseitigen wollen – man könnte von einem umgekehrten oder unechten Widerstandsrecht sprechen.[263] Unter welchen Voraussetzungen ein Widerstandsrecht (von außen) anerkennungswürdig erscheint, bleibt für die Allgemeine Staatslehre als Ergänzung zum Legitimitätsproblem eine immer wieder neu zu beantwortende Frage. Prinzipiell wird das nur der Fall sein können, wo den BürgerInnen fundamentale Rechte verwehrt werden – in Katalonien dürfte ein solches gegen die spanische Herrschaft daher eher nicht bestehen.

Ähnlich, freilich stärker auf individuelle Entscheidungen abstellend, verhält es sich mit dem „zivilen Ungehorsam". Auch hier bildet der gleichheitswidrige Rechtsbruch nachgerade dessen Grundlage, mit dem nicht auf die Illegitimität der gesamten Herrschaftsordnung, sondern auf ein bestimmtes Problem (Klimaschutz, Asylrecht) außerhalb des erwünschten rechtlich-geregelten Diskursrahmens aufmerksam gemacht werden soll. Ziel ist also nicht die Überwindung der politischen Ordnung als solcher, der intendierte Rechtsbruch ist vielmehr Mittel zum (politischen) Zweck. Es geht dabei freilich, wie schon der Begriff „Ungehorsam" zum Ausdruck bringt, meist nur um kleinere Vergehen und Ordnungswidrigkeiten, regelmäßig jedoch nicht

---

[261] Vgl. *J. Locke*, Über die Regierung, Rn. 240 ff. Sowohl *Niccolò Machiavelli* als auch *Thomas Hobbes* lehnten ein Widerstandsrecht demgegenüber generell ab.

[262] Dazu auch *G. Sydow/F. Wittreck*, Deutsches und Europäisches Verfassungsrecht I, § 14, Rn. 12 ff.

[263] Dazu *B. Schöbener/M. Knauff*, Allgemeine Staatslehre, § 4, Rn. 137 ff.

um größere (gegen Personen gerichtete) Straf- und Gewalttaten. Die Sanktionierung dieses „Ungehorsams" durch den Staat ist von staatlicher Seite zwingend erforderlich, schon um das Vertrauen in die selbst gesetzte und verbindliche Rechtsordnung sowie die Gleichheit der BürgerInnen sicherzustellen, die sich in den demokratischen Gesetzen spiegelt.[264] Sie liegt paradoxerweise auch im Interesse der „ungehorsam" handelnden Personen – wegen der damit einhergehenden medialen Aufmerksamkeit und der im Rechtsbruch zum Ausdruck kommenden besonderen Bedeutung des eigentlich verfolgten Zwecks: Wer bewusst ungehorsam handelt, will sanktioniert werden, um dadurch als außerhalb des normalen Rahmens agierend in besonderer Weise ernst genommen zu werden. „Zulässiger ziviler Ungehorsam" ist ein Widerspruch in sich und wer sich dieses Mittels bedient – wie *Beate Klarsfeld* bei der berüchtigten Ohrfeige des Bundeskanzlers *Kurt Georg Kiesinger* – muss die Sanktion nicht beklagen, sondern nachgerade einfordern (zumindest im demokratischen Verfassungsstaat, in dem die Verhältnismäßigkeit der Sanktion sichergestellt ist).[265] Das gilt selbstverständlich auch dann, wenn der Einsatz Zielen dient, die der Mehrheitswille (mutmaßlich) goutiert,[266] da auch dann die Rechtsordnung verlassen wird. Ziviler Ungehorsam bleibt mit *Marie-Luise Frick* daher „ein ausgesprochen heikles Instrument, seine politische Meinung zu vertreten, das weder idealisiert noch banalisiert werden sollte."[267] Wenn einzelne SchülerInnen der „Fridays for Future"-Bewegung im Jahr 2019 die ihnen gegenüber erlassenen Bußgelder für unentschuldigtes Fehlen in der Schule anprangerten, erwies sich das als ebenso verfehlt (weil undemokratisch), wie das Verhalten mancher Schulen, soweit diese auf eine (auch symbolische) Sanktionierung gänzlich verzichteten.

---

[264] Vgl. *M.-L. Frick*, Zivilisiert streiten, S. 69.

[265] *Beate Klarsfeld* wollte durch ihre Aktion auf die NS-Vergangenheit Kiesingers aufmerksam machen. Sie wurde anschließend in einem Schnellverfahren zunächst zu einem Jahr Freiheitsstrafe verurteilt. Die Strafe wurde dann jedoch auf vier Monate reduziert, die zudem zur Bewährung ausgesetzt wurden.

[266] Wie die Mehrheitsmeinung aussieht, lässt sich außerhalb direkt-demokratischer oder parlamentarischer Verfahren auch nicht durch „repräsentative" Umfragen ermitteln. Vor allem im Zusammenhang mit dem Klimaschutz kommt es immer häufiger zu entsprechenden Aktionen, vgl. etwa den „massenhaften zivilen Ungehorsam" der Gruppe „Extinction Rebellion" in Berlin im Oktober 2019.

[267] *M.-L. Frick*, Zivilisiert streiten, S. 70.

IV. Welche (politischen) Regierungssysteme lassen sich unterscheiden?

Die Frage, wie sich bestehende Herrschaftssysteme ordnen lassen, beschäftigt die Staatstheorie bereits seit der Antike (1). Heute werden mit der Demokratie auf der einen und der Diktatur auf der anderen Seite zwei fundamentale Herrschaftstypen unterschieden (2). Demokratien lassen sich in vier „typische" Regierungssysteme unterteilen, eine neuere Ansicht differenziert allein zwischen Mehrheits- und Konsensdemokratien (3). Darüber hinaus wird die konkrete oder auch die tatsächliche „Demokratiequalität" in Indizes bewertet (4). Aufgabe der Allgemeinen Staatslehre ist es, diese Einteilung beständig auf ihre Sinnhaftigkeit zu hinterfragen (5).[268]

1. Klassische Typologien

Es findet sich eine Vielzahl klassischer Typologien, auf die teilweise weiterhin zurückgegriffen wird.[269] Sie orientieren sich an einem bestimmten Herrschaftsmerkmal als Unterscheidungskriterium, erweisen sich dadurch allerdings als zu undifferenziert für eine moderne und umfassende Einteilung der bestehenden Staatenwelt als Grundlage eines gewinnbringenden systematischen und komplexitätsreduzierenden Vergleichs.[270]

- *Zahl der Herrschenden.* Dies ist die aristotelische Einteilung, die auch heute Verwendung findet.[271] *Aristoteles* unterschied drei Staatsformen, je nachdem, ob einer, wenige oder alle regieren.[272] Zusätzlich verknüpfte er diese Einteilung mit einem qualitativen Element, abhängig davon, ob die Herrschaft auf das Wohl der Regierenden (schlecht) oder das Gemeinwohl (gut) ausgerichtet war. Daraus folgten für *Aristoteles* drei gute (Königtum, Aristokratie, Politie) sowie drei schlechte Regierungsformen (Tyrannis, Oligarchie, Demokratie[273]).[274] *Montesquieu* unterschied zwischen Re-

[268] Vgl. auch *W. Reese-Schäfer*, Klassiker der politischen Ideengeschichte, S. 42.

[269] Siehe auch *W. Haller/A. Kölz/T. Gächter*, Allgemeines Staatsrecht, Rn. 120 ff.

[270] Zu den Zielen des Vergleichs knapp auch *H.-J. Lauth/C. Wagner*, Gegenstand, grundlegende Kategorien und Forschungsfragen der „Vergleichenden Regierungslehre", in: H.-J. Lauth (Hrsg.), Vergleichende Regierungslehre, S. 17 (18).

[271] Vgl. *H. Kelsen*, Allgemeine Staatslehre, S. 320; *H.-J. Lauth/C. Wagner*, Gegenstand, grundlegende Kategorien und Forschungsfragen der „Vergleichenden Regierungslehre", in: H.-J. Lauth (Hrsg.), Vergleichende Regierungslehre, S. 17 (17). Siehe auch *M. G. Schmidt*, Demokratietheorien, S. 48: „Auch in dieser Hinsicht ist die aristotelische Staatsformenlehre, so distanziert ihr Verhältnis zur Demokratie ist, eine feste Grundlage für die wissenschaftliche Beobachtung politischer Systeme, einschließlich der Demokratien."

[272] Ausführlich *M. G. Schmidt*, Demokratietheorien, S. 27 ff.

[273] Der Begriff Demokratie stand in dieser Einteilung also noch für eine schlechte Regierungsform. Das heutige Verständnis entspricht insoweit eher der aristotelischen Politie.

[274] Zentral war für *Aristoteles* freilich vornehmlich die mit der Herrschaft einherge-

publiken,[275] Monarchien und Despotien und verband diese mit bestimmten Prinzipien, derer sie bedürfen, um sich zu erhalten. Republiken beruhten danach auf dem Prinzip der Tugend, Monarchien auf der Ehre und Despotien auf der Furcht. *Machiavelli* unterschied zuvor bereits lediglich zwischen Fürstentümern und Republiken,[276] wodurch eine Differenzierung in gute oder schlechte Regierungsformen allerdings ebenso unmöglich war, wie eine genaue Bezeichnung des Herrschaftssubjekts. Letzteres war Anlass für *Jean Bodin* zwischen der Inhaberschaft der Herrschaft und der Ausübung derselben zu differenzieren.

- *Normative Kriterien (gut oder schlecht).* Diese finden sich schon bei *Platon* und später bei *Thomas von Aquin*. Für eine erste systematische Einteilung der realen Staatenwelt sind solche Typisierungen freilich kaum geeignet und meist zu pauschal. Das gilt nicht zuletzt für *Platons* anti-demokratische Vorstellungen,[277] die „außerordentlich fortschrittspessimistisch" und auf „gesellschaftlichen Stillstand ausgelegt"[278] in seiner Idee des Philosophenstaates münden. *Karl R. Popper* hat sie treffend als Blaupause zur Errichtung eines autoritären Staatswesens kritisiert.
- *Legitimität der Herrschaft. Max Weber* unterschied legale, traditionale und charismatische Formen der Herrschaft. Illegitime Herrschaftsformen wurden dadurch allerdings nicht erfasst; für eine Kategorisierung sämtlicher Herrschaftsformen ist die Einteilung damit nicht weiterführend.
- *Grenzen der Herrschaft.* Danach können absolute, ständische, konstitutionelle und parlamentarische Herrschaftsformen (damals Monarchien) unterschieden werden. Ansätze einer solchen Einteilung finden sich bereits bei *Platon* und *Montesquieu*. Insgesamt erweist sich diese Einteilung als zu undifferenziert, wirkt in heutigen Begrifflichkeiten wie Unrechtsstaat, Rechtsstaat sowie liberaler und autoritärer Staat aber fort.
- *Entwicklungstheoretische Ansätze.* Diese betonen die Wandelbarkeit und Entwicklungsfähigkeit von Herrschaft. Es finden sich zyklische Modelle (Platon, Aristoteles), das marxistische Modell mit einem klaren (gewollten) Endpunkt der Entwicklung (staatenlos, Sklavenhaltergesellschaft, Klassengesellschaft, Feudalismus, Kapitalismus, Sozialismus), das *Schumpeter'sche* Modell, nach dem der Kapitalismus an seinem eigenen

hende soziale Schichtung der Gesellschaft, vgl. *W. Reese-Schäfer*, Klassiker der politischen Ideengeschichte, S. 40.

[275] Hier herrschten dann entweder das Volk als Ganzes oder bestimmte Familien; der Begriff umfasste mithin sowohl die Aristokratie als auch die Politie im aristotelischen Sinne.

[276] Vgl. auch *B. Schöbener/M. Knauff*, Allgemeine Staatslehre, § 5, Rn. 14.

[277] Von der Demokratie hielt *Platon* nichts, glaubte vielmehr an den „Wahnwitz der Menge" (Politeia, 496c) und verwies als Beleg gar auf das Verhalten der Haustiere, die in einer Demokratie ihre Freiheit missbrauchten (Politeia, 563c).

[278] Beide Zitate aus *W. Reese-Schäfer*, Klassiker der politischen Ideengeschichte, S. 25.

Erfolg scheitert und im demokratischen Sozialismus (mit vermutlich faschistischer Prägung) endet sowie Modernisierungstheorien (*Luhmann*).

Insgesamt enthalten diese Typologien für eine heutige Kategorisierung der modernen Staatenwelt brauchbare Ansätze, sind aber für sich genommen nicht ausreichend. Sie sind entweder zu normativ geprägt oder gehen – wie die entwicklungstheoretischen Ansätze – von allzu natürlichen Regelmäßigkeiten aus, die sich in der realen Welt nicht spiegeln, die Gestaltbarkeit staatlicher Strukturen verkennen und für eine Einteilung im Jetzt daher nur bedingt geeignet erscheinen.

2. Moderne Typologie

Eine moderne Typologie sollte versuchen, diese Defizite zu vermeiden, indem sie die Ansätze kombiniert, dabei aber sowohl von entwicklungstheoretischen Notwendigkeiten absieht als auch normative Bewertungen (vorerst) vermeidet.[279] Das gelingt, indem die Herrschaftsordnungen nach den folgenden drei Fragen kategorisiert werden:

- *Herrschaftsstruktur*. Wer hat die Fähigkeit, verbindliche Entscheidungen für das Gemeinwesen zu treffen? Dieses primäre Einteilungskriterium kann in drei Unterkriterien aufgeteilt werden: Die Zahl der Herrschaftszentren (pluralistisch oder monistisch), der Grad der Selbstbestimmung (autonom oder heteronom) sowie die Anerkennung der Herrschaftsstruktur durch die Herrschaftsunterworfenen (legitim oder illegitim).
- *Herrschaftsumfang*. Wo liegt die Grenze des Öffentlichen beziehungsweise wie weit reichen politische Entscheidungen in den Privatbereich hinein? Der Herrschaftsumfang kann entweder limitiert (begrenzt) oder absolut (unbegrenzt) sein.
- *Herrschaftsausübung*. Welche Mittel werden zur Durchsetzung der getroffenen Entscheidungen eingesetzt? Diese sind entweder moderiert (eingeschränkt) oder exzessiv (uneingeschränkt).

Aus diesem Analyseraster lassen sich die beiden Grundmodelle staatlicher Herrschaft[280] ermitteln:

- *Demokratie*. Diese ist pluralistisch, autonom, legitim, limitiert und moderiert.
- *Diktatur*. Diese ist monistisch, heteronom, illegitim, absolut und exzessiv.[281]

---

[279] Dass eine normative Bewertung anschließend notwendig ist, wurde bereits betont.

[280] Vgl. auch *B. Schöbener/M. Knauff*, Allgemeine Staatslehre, § 5, Rn. 16.

[281] Typische Erscheinungsformen der Diktatur bei *B. Schöbener/M. Knauff*, Allgemeine Staatslehre, § 5, Rn. 19 ff.

Die realen Herrschaftsordnungen werden sich weder als umfassend demokratisch noch als umfassend diktatorisch präsentieren und sich zwischen diesen beiden extremen Polen positionieren.[282] Zumindest im auf der gleichen politischen Freiheit aller und der Würde des Menschen beruhenden „westlichen" Wertesystem, steht mit dieser binären Einteilung auch die normative Bewertung fest: Demokratie ist die gute, Diktatur die schlechte Herrschaftsform.

3. Die demokratischen Regierungssysteme

Demokratische Herrschaft als „gute" Herrschaft lässt sich in der konkreten Verfassungsordnung auf unterschiedliche Weise verwirklichen – entscheidend für die Einordnung als Demokratie ist allein die Gewährleistung der gleichen politischen Freiheit aller BürgerInnen.[283] Wie dieses Erfordernis im Einzelnen umgesetzt wird, muss jede Gesellschaft für sich entscheiden. Maßgeblich ist, dass die Verfassungsordnung die Herrschaftserwartungen der Gesellschaft spiegelt, da sich nur dann die Legitimität der Herrschaft einstellen wird. Es gibt angesichts des Spannungsverhältnisses zwischen den einzelnen Legitimitätsanforderungen keine „demokratische Standardordnung", die für jede Gesellschaft passen würde. Ein „Verfassungsexport" wird nur selten erfolgreich sein können. Die bestehenden demokratischen Ordnungen erweisen sich denn auch als vielfältig: Demokratie ist nicht gleich Demokratie. Es ist daher aus einer theoretischen Perspektive sinnvoll, demokratische Ordnungen weiter zu unterteilen. Erhebliche Unterschiede zeigen sich vor allem in der Ausgestaltung des Verhältnisses der Exekutive zur Legislative, der Binnenstruktur der Exekutive und (teilweise) in der praktischen Relevanz von Volksabstimmungen. Daraus lassen sich vier Grundtypen[284] demokratischer Regierungssysteme[285] ermitteln.[286] Auch wenn sich die

---

[282] *H. Kelsen*, Allgemeine Staatslehre, S. 327: „Autokratie und Demokratie sind jedoch nur Idealtypen." Siehe dazu auch sogleich bei der Darstellung der Indizes zur Messung der realen Demokratiequalität.

[283] Siehe auch *A. Lijphart*, Patterns of Democracy, S. 1: „There are many ways in which, in principle, a democracy can be organized and run; in practice, too, modern democracies exhibit a variety of formal governmental institutions, like legislatures and courts, as well as political party and interest group systems."

[284] Zu weiteren Untergruppen siehe *M. G. Schmidt*, Demokratietheorien, S. 294 f.

[285] Zum Begriff des Regierungssystems *A. Croissant*, Regierungssysteme und Demokratietypen, in: H.-J. Lauth (Hrsg.), Vergleichende Regierungslehre, S. 117 (118).

[286] Zu diesen (bis auf das Direktorialsystem) *A. Croissant*, Regierungssysteme und Demokratietypen, in: H.-J. Lauth (Hrsg.), Vergleichende Regierungslehre, S. 117 ff. Ausführlich und für den deutschen Raum prägend *W. Steffani*, Parlamentarische und präsidentielle Demokratie. Strukturelle Aspekte westlicher Demokratien, 1979.

realen Demokratien einem dieser Demokratietypen zuordnen lassen, gilt es die bestehenden Unterschiede nicht zu negieren. Demokratien des gleichen Regierungstyps können im politischen Alltagsgeschäft stark voneinander abweichen, entwickeln unterschiedliche politische Kulturen und interinstitutionelle Arrangements.[287] Konkrete Zuständigkeiten und Kompetenzen der einzelnen Organe lassen sich also nur aus der jeweiligen Verfassung ableiten. Als erste Kategorisierung erweist sich die Einteilung gleichwohl als sinnvoll.

a) Parlamentarisches Regierungssystem

Ein parlamentarisches Regierungssystem findet sich unter anderem in Armenien, Bulgarien, Deutschland, Norwegen, Großbritannien, Italien, Österreich, Polen, Ungarn, der Slowakei, Tschechien, Kanada und Australien. In Island genießt der Staatspräsident zwar formal eine starke Stellung, faktisch handelt es sich aber auch hier um ein parlamentarisches Regierungssystem.[288] Ähnlich ist die Situation mittlerweile in Finnland.[289] Charakteristisch ist für dieses die Abhängigkeit der Regierung in ihrem Bestand vom Vertrauen des Parlaments.[290] Das Parlament hat jederzeit die Möglichkeit, die Regierung aus politischen Gründen zu stürzen. Unerheblich ist, wer die Regierung ernennt oder ob das Parlament die Regierung selbst wählt.[291] Ausgeschlossen ist allerdings die Direktwahl der Regierung durch das Volk; die Regierung ist stets mittelbar legitimiert. In der Regel wird das Staatsoberhaupt in das Ernennungsverfahren involviert sein. Es muss dabei auf die Mehrheitsverhältnisse im Parlament Rücksicht nehmen, ist in seinen Handlungsoptionen also (politisch) begrenzt. Eher selten findet sich ein unbedingtes Recht der Regierung, das Parlament aufzulösen. Die besondere parlamentarische Abhängig-

[287] So wird nicht nur die Tagesordnung sowie die sonstige Agenda des britischen Parlaments maßgeblich von der Regierung bestimmt. Diese entscheidet auch vergleichsweise frei und unter Umständen sogar gegen den Willen des Parlaments über die Beendigung der Sitzungsperiode und den konkreten Wahltag – ein angesichts des britischen Konzepts der Parlamentssouveränität überraschender Befund, der gerade in aufgeregten Zeiten erhebliche machtpolitische Implikationen haben kann (Brexit). Das deutsche Parlament entscheidet über die interne Organisation hingegen völlig autark und legt auch seine Tagesordnung und die zu behandelnden Gesetzesvorhaben eigenständig (ohne formelle Beteiligung der Regierung) fest.

[288] Vgl. dazu *G. T. Eythórsson/D. Jahn*, Das politische System Islands, in: W. Ismayr (Hrsg.), Die politischen Systeme Westeuropas, S. 195 (197 ff.).

[289] *B. Auffermann*, Das politische System Finnlands, in: W. Ismayr (Hrsg.), Die politischen Systeme Westeuropas, S. 219 (225 ff.).

[290] *M. G. Schmidt*, Demokratietheorien, S. 292; *F. Meinel*, Vertrauensfrage, S. 16 f.; *W. Haller/A. Kölz/T. Gächter*, Allgemeines Staatsrecht, Rn. 673.

[291] *A. Croissant*, Regierungssysteme und Demokratietypen, in: H.-J. Lauth (Hrsg.), Vergleichende Regierungslehre, S. 117 (119).

keit der Regierung führt zu einer engen Kooperation der parlamentarischen Regierungsmehrheit mit der Regierung, die auch im Gesetzgebungsverfahren gespiegelt wird. Die meisten Initiativen werden durch die Regierung in das Parlament eingebracht. Typisch sind enge personelle Verflechtungen, etwa über parlamentarische Staatssekretäre, die sowohl Mitglied des Parlaments als auch der Regierung sind. In Großbritannien werden zahlreiche Abgeordnete der Regierungsfraktion mit weiteren Regierungsämtern betraut und dadurch auch finanziell an die Regierung gebunden, was bisweilen kritisiert wird.[292] Auch der Regierungschef wird in parlamentarischen Regierungssystemen meist dem Parlament angehören, teilweise ist dies – wie in Großbritannien – zwingend. In Deutschland ist dies zwar die Regel, verfassungsrechtlich aber nicht vorgeschrieben – *Kurt Georg Kiesinger* war als Bundeskanzler der ersten Großen Koalition nicht Mitglied des Bundestages. Institutioneller Gegenspieler und Kontrolleur der Regierung ist nicht das Parlament als Ganzes, sondern die parlamentarische Opposition, die sich aus den nicht die Regierung tragenden Fraktionen zusammensetzt.[293] Wie stark diese Opposition ist, variiert und hängt vom Ausgang der Wahl und der Ausgestaltung des Wahlrechts ab (Mehrheitswahlrecht oder Verhältniswahlrecht). Um regierungstragende Mehrheiten zu generieren, spielen die politischen Parteien eine große Rolle. In der Praxis zeigt sich eine gewisse Verlagerung der Macht vom Parlament zur Regierung, ein Prozess, der durch die Globalisierung verstärkt worden zu sein scheint. Das hängt freilich auch vom Selbstverständnis des Parlaments ab, welches sich im Laufe der Zeit auch ohne formelle Anpassung der Verfassung ändern kann.[294] Die Binnenstruktur der Exekutive ist in der Regel dualistisch. Neben der kollektiv besetzten Regierung findet sich noch ein (monokratisches und meist indirekt gewähltes) Staatsoberhaupt.[295] Volksabstimmungen spielen in parlamentarischen Systemen nur eine untergeordnete, allenfalls ergänzende Rolle. Der politische Prozess fokussiert sich auf Parlament und Regierung. Da innerhalb des Parlaments eine effektive Opposition besteht, sind Volksabstimmungen – anders als im schweizerischen Direktorialsystem – nicht nötig, um (zumindest in der Theorie) eine repräsentative Debatte in der politischen Arena sicherzustellen.[296] Bei einer zu großen Ausweitung von Volksabstimmungen

---

[292] *R. Sturm*, Das politische System Großbritanniens, S. 119.

[293] *M. G. Schmidt*, Demokratietheorien, S. 293. Möglich ist allerdings auch die Tolerierung einer Minderheitsregierung.

[294] Das zeigt sich aktuell in Großbritannien, aber auch in Deutschland scheint der Bundestag hier wieder eine größere Rolle spielen zu wollen, nachdem er einige Male vom Bundesverfassungsgericht ermahnt wurde, seine Eigenständigkeit gegenüber der Regierung deutlicher zu artikulieren.

[295] Zu den Aufgaben der Regierung und des Staatsoberhaupts siehe unten in Frage VI.

[296] Zu gleichwohl bestehenden Repräsentativitätsdefiziten im politischen Raum siehe *A. Thiele* Verlustdemokratie, S. 123 ff.

bestünde sogar die Gefahr, diese parlamentarische Opposition zu unterhöhlen und damit das austarierte Gewaltensystem zu destabilisieren[297] (das hat das Referendum zum Brexit[298] gezeigt).[299] Sie finden sich daher – wenn überhaupt – vor allem auf föderaler und regionaler Ebene.[300]

b) Präsidentielles Regierungssystem

Paradebeispiel eines präsidentiellen Regierungssystems sind die USA. Es findet sich aber auch in den meisten lateinamerikanischen (u.a. Argentinien, Brasilien, Mexico, Kolumbien, Paraguay, Uruguay)[301] sowie einigen osteuropäischen und asiatischen Staaten (etwa Aserbaidschan, Usbekistan, Weißrussland, Türkei)[302] Mit der strikten institutionellen und personellen Trennung zwischen Exekutive und Legislative bildet es gewissermaßen das Gegenstück zum parlamentarischen Regierungssystem.[303] Der Präsident ist als Exekutive politisch nicht vom Parlament abhängig, das Parlament kann den Präsidenten nicht aus rein politischen Gründen stürzen (kontrolliert ihn dafür umso strenger).[304] Möglich ist zwar ein Amtsenthebungsverfahren (sogenanntes Impeachment), dieses knüpft aber an ein zu missbilligendes Verhalten des Präsidenten an,[305] hat vergleichsweise hohe Hürden und ähnelt

---

[297] *M. G. Schmidt*, Demokratietheorien, S. 353: „Insoweit passt eine Direktdemokratie insbesondere nach Schweizer Art nicht zu den politischen Institutionen Deutschlands." Siehe auch *R. Sturm*, Das politische System Großbritanniens, S. 197 zu Großbritannien: „Referenden sind im Vereinigten Königreich verfassungssystematisch wenig sinnvoll."

[298] Zum Brexit nur *A. Thiele*, Der Austritt aus der EU. Hintergründe und rechtliche Rahmenbedingungen eines „Brexit", EuR 2016, 281 ff.

[299] Vgl. auch *M. G. Schmidt*, Demokratietheorien, S. 351 zu den Wirkungen: „Einerseits kann sie der Einbindung und Beteiligung des Volkes dienen, andererseits wird sie in dem Maße, in dem sie an Stärke zunimmt, das Parlament als Institution und die Abgeordneten als Volksvertreter schwächen."

[300] In Deutschland sind Volksabstimmungen auf Bundesebene aktuell ausgeschlossen, auf Landes- und kommunaler Ebene finden sie aber durchaus statt. Eine Ausweitung kommt nach hier vertretener Ansicht auch allein auf regionaler Ebene in Betracht, kann dort aber unter bestimmten Umständen zur Ergänzung durchaus sinnvoll sein, vgl. *A. Thiele*, Verlustdemokratie, S. 332 ff.

[301] Peru hat formal ein semi-präsidentielles, faktisch aber ebenfalls ein präsidentielles Regierungssystem. Generell zu Lateinamerika siehe *J. Hartmann*, Die politischen Systeme Lateinamerikas. Ein Überblick, 2017.

[302] Allerdings handelt es sich hier bisweilen nur der Verfassung nach um Demokratien.

[303] *W. Haller/A. Kölz/T. Gächter*, Allgemeines Staatsrecht, Rn. 707. Die Türkei lässt sich nach der Verfassungsreform – entgegen den eigenen Beteuerungen – nicht als klassisches präsidentielles Regierungssystem einordnen, da hier erhebliche Verschränkungen des Präsidenten mit der Legislative bestehen, die ernsthafte Bedenken im Hinblick auf die Gewaltenteilung hervorrufen.

[304] *A. Croissant*, Regierungssysteme und Demokratietypen, in: H.-J. Lauth (Hrsg.), Vergleichende Regierungslehre, S. 117 (120); *M. G. Schmidt*, Demokratietheorien, S. 292.

[305] In den USA ist es für eine Amtsenthebung erforderlich, dass der Präsident schwere

auch in seiner verfahrensmäßigen Ausgestaltung eher einem gerichtlichen Prozess.[306] Als tagespolitische Option eignet sich das Impeachment-Verfahren – die Vorgänge um *Donald Trump* machten dies deutlich – nur bedingt. Andersherum kann auch der Präsident das Parlament nicht auflösen. Die Gleichberechtigung der beiden Gewalten zeigt sich in ihrer identischen Legitimation: Präsident und Parlament werden jeweils direkt gewählt; es besteht, anders als im parlamentarischen System, eine doppelte Legitimationsbasis.[307] Die Trennung der beiden Gewalten[308] spiegelt sich im Gesetzgebungsverfahren, an dem der Präsident formal zunächst nicht beteiligt ist. Er hat – abgesehen vom Haushaltsverfahren – keinerlei Initiativrecht. Informell kommt es gleichwohl zu einer Kooperation zwischen Präsident und Parlament, weil der Präsident über ein Vetorecht verfügt. Zwar kann ein solches Veto durch das Parlament überstimmt werden. Dazu sind jedoch qualifizierte Mehrheiten erforderlich. Gerade bei knappen Mehrheitsverhältnissen ist eine vorherige Absprache mit dem Präsidenten daher zwingend. Als problematisch kann es sich erweisen, wenn die Mehrheit des Parlaments (oder in einem der beiden Häuser) nicht der Partei des Präsidenten angehört. Hier droht der Stillstand des politischen Prozesses. In den USA haben die letzten Präsidenten versucht, Uneinigkeiten im Kongress durch den vermehrten Erlass sogenannter „Executive Orders“[309] zu überwinden, was verfassungsrechtlich in manchen Bereichen fragwürdig war, die Stellung des Präsidenten[310] aber zusätzlich gestärkt hat.[311] Der Umstand, dass der Präsident direkt gewählt wird, führt im Übrigen dazu, dass politische Parteien eine geringere Rolle spielen, jedenfalls institutionell nicht so verfestigt sind, wie das in par-

---

Straftaten oder ein anderes Fehlverhalten („high Crimes and Misdemeanors“) begangen hat, vgl. Art. 2 Section 4 der US-Verfassung. Zur Bedeutung dieser Voraussetzungen *C. Sunstein*, Impeachment. A Citizen's Guide, 2017.

306 In den USA folgt auf eine Anklage des Repräsentantenhauses eine Entscheidung des Senats, die sich an ein gerichtliches Verfahren anschließt, das vom Obersten Richter des Supreme Court geleitet wird.

307 *M. G. Schmidt*, Demokratietheorien, S. 293.

308 Allgemein dazu auch *W. Heun*, Gewaltenteilung im präsidentiellen System, in: A. Scherzberg/O. Can/I. Dogan (Hrsg.), Regierungssysteme im Lichte von „Checks and Balances“, S. 127 ff.

309 Dabei handelt es sich um Exekutiverlasse, die der Präsident aus eigenem Recht erlässt. In welchen Bereichen sie in welchem Umfang erlassen werden können, ist verfassungsrechtlich nicht eindeutig geklärt. Die Erlasse stehen in der Normenhierarchie aber unterhalb vom Kongress erlassener Gesetze.

310 Diese Entwicklung fügt sich insoweit in die generelle Tendenz aller Regierungssysteme einer immer stärker werdenden Exekutive ein (abgesehen vielleicht vom Schweizer Direktorialsystem).

311 Siehe dazu auch die (allerdings zu weitgehende) Analyse bei *E. A. Posner/A. Vermeule*, Die entfesselte Exekutive. Die Krise des liberalen Legalismus, 2010.

lamentarischen Regierungssystemen der Fall ist.[312] Formal ist die Exekutive monistisch und monokratisch organisiert, der Präsident ist Regierungschef und Staatsoberhaupt zugleich.[313] Volksabstimmungen spielen ebenfalls nur eine untergeordnete Rolle; das komplexe System der „checks and balances" könnte andernfalls unterhöhlt werden. Anders ist das hingegen in Bundesstaaten auf der gliedstaatlichen Ebene.

c) Semi-präsidentielles Regierungssystem[314]

Ein semi-präsidentielles Regierungssystem findet sich unter anderem in Frankreich,[315] Portugal, der Ukraine sowie (formal) auch in Peru. Es kombiniert die beiden Grundtypen, indem die Exekutive neben einem direkt gewählten Präsidenten zugleich aus einer vom Parlament abhängigen (kollegialen) Regierung besteht.[316] Der direkt gewählte Präsident hat aufgrund seiner starken Legitimation allerdings nicht nur repräsentative, sondern handfeste politische Zuständigkeiten. Er ist nicht zuletzt für die Ernennung (und bisweilen auch für die Entlassung)[317] des Premierministers zuständig. Einer Bestätigung durch das Parlament bedarf diese Ernennung nicht – allerdings hat das Parlament theoretisch jederzeit die Möglichkeit, den Premier zu stürzen. Vor allem dann, wenn die Mehrheit im Parlament nicht zur Parteienfamilie des Präsidenten gehört (sogenannte Cohabitation) droht der Premier dadurch politisch zerrieben zu werden. Zwar kann der Präsident das Parlament auflösen, als tagespolitische Option kommt das allerdings nicht in Betracht. Der Präsident wiederum kann vom Parlament nicht gestürzt werden. Wo die eigentliche politische Macht in einem semi-präsidentiellen System liegt, lässt sich dadurch nicht immer klar bestimmen und hängt auch von den Persönlichkeiten ab, die die politische Kultur zu prägen vermögen. In Frankreich hat der erste Präsident der Fünften Republik, *Charles de Gaulle*, schnell das Zepter an sich gerissen, so dass auch heute noch die Regierung eine eher untergeordnete Rolle spielt. In anderen semi-präsidentiellen Systemen kann das aber anders sein – in Portugal etwa verfügt der Staatspräsident über praktisch keine Exekutivkompetenzen.[318] Wie in den beiden an-

---

[312] *M. G. Schmidt*, Demokratietheorien, S. 293.

[313] Dazu noch unten in Frage VI.

[314] Begriffsprägend *M. Duverger*, A New Political System Model: Semi-Presidential Government, EJPR 8 (1980), 165 ff.

[315] Dazu auch *W. Heun*, Gewaltenteilung im präsidentiellen System, in: A. Scherzberg/O. Can/I. Dogan (Hrsg.), Regierungssysteme im Lichte von „Checks and Balances", S. 127 (140 ff.).

[316] Vgl. dazu *U. Kempf*, Das politische System Frankreichs, in: W. Ismayr (Hrsg.), Die politischen Systeme Westeuropas, S. 349 (354 f.).

[317] So etwa in Portugal, anders aber in Frankreich, wo der Premier lediglich vom Parlament gestürzt werden kann.

[318] *S. Claro da Fonseca*, Das politische System Portugals, in: W. Ismayr, Die politischen Systeme Westeuropas, S. 765 (769).

deren Grundtypen spielen Volksabstimmungen aber aus den genannten Gründen eine eher untergeordnete Rolle.

d) Direktorialsystem

Das Direktorialsystem bildet mittlerweile eine Schweizer Besonderheit – lediglich Uruguay war in der Zeit von 1952 bis 1967 ebenfalls nach diesem System organisiert. Die kollegial besetzte Regierung wird in diesem System zwar vom Parlament gewählt, kann von diesem anschließend aber nicht gestürzt werden.[319] Es besteht also keine dauernde Abhängigkeit der Regierung vom Vertrauen des Parlaments. Das ist allerdings deshalb unschädlich, weil das Schweizerische Parlament – zumindest bisher – keine wirkliche Opposition zur Regierung kennt. Die siebenköpfige Regierung wird vielmehr nach der sogenannten „Zauberformel“ besetzt, nach der die vier stärksten Parlamentsparteien im Verhältnis 2:2:2:1 in der Regierung vertreten sind. Bisher waren dadurch praktisch alle politischen Kräfte innerhalb des Parlaments auch in der Regierung vertreten. Das Erstarken der schweizerischen Grünen hat das allerdings geändert. Ob es dadurch zu einer Anpassung der Zauberformel kommt, bleibt vorerst abzuwarten; nach der letzten Parlamentswahl war das noch nicht der Fall.[320] Einen formal führenden Kopf kennt die Regierung nicht, im jährlichen Wechsel nimmt ein Mitglied aber zusätzlich die Funktion des Staatsoberhauptes wahr. Diese einzigartige Konstruktion erklärt die besondere Bedeutung von Volksabstimmungen. Das Volk tritt durch diese gewissermaßen an die Stelle der sonst üblichen parlamentarischen Opposition und füllt eine Lücke, die in anderen Regierungssystemen nicht besteht. Diesen Unterschied gilt es zu beachten, wenn in anderen Regierungssystemen gerade unter Verweis auf die Schweiz für mehr Volksabstimmungen geworben wird. Eine entsprechende Ausweitung könnte außerhalb des Direktorialsystems eine destabilisierende Wirkung entfalten.

---

[319] *W. Linder*, Das politische System der Schweiz, in: W. Ismayr (Hrsg.), Die politischen Systeme Westeuropas, S. 567 (571). Aktuell wird über die Einführung entsprechender Möglichkeiten allerdings diskutiert. Bisher ist eine Änderung allerdings nicht abzusehen, vgl. *M. Strebel*, Soll das Parlament ein Exekutivmitglied abwählen können? Eine Frage mit Brisanz im politischen System der Schweiz, ZParl 2019, 613 ff.

[320] Bisher sind die Grünen nicht am Bundesrat beteiligt, obwohl sie als viertstärkste Kraft an sich Anspruch auf einen Sitz hätten. Hier setzte sich zuletzt allerdings die (ungeschriebene) Regel durch, wonach ein erneut kandidierendes Bundesratsmitglied in der Regel wieder gewählt wird. Das dürfte auf Dauer allerdings kaum zu halten sein, zumal es in der jüngeren Vergangenheit bereits Ausnahmen von dieser Regel gegeben hat, vgl. *W. Haller/A. Kölz/T. Gächter*, Allgemeines Staatsrecht, Rn. 738.

e) Die Einteilung nach Lijphart*: Mehrheits- und Konsensdemokratie*

Eine grundsätzlich andere Einteilung der Demokratien wurde im Jahr 1999 von *Arend Lijphart* vorgeschlagen. Sie hat sich als ergänzendes Modell etabliert, im Jahr 2012 legte er eine aktualisierte Version seiner viel beachteten[321] Studie vor.[322] Basierend auf einer Analyse von 36 demokratischen Ordnungen unterscheidet er nur zwei Modelle: Die Mehrheitsdemokratie (oder das Westminster-Modell) und die Konsensdemokratie. Während das politische System einer Mehrheitsdemokratie dadurch geprägt ist, dass die politische Mehrheit (unter Beachtung der Grundrechte) auch gegen die politische Minderheit und andere gesellschaftliche Gruppen entscheiden kann (und auch entscheidet), ist die Konsensdemokratie stärker auf Kooperation angelegt. Ein einfaches Durchregieren der Mehrheit ist hier nicht möglich, vielmehr werden bei praktisch allen größeren Entscheidungen nicht nur die politische Opposition, sondern auch weitere außerparlamentarische Interessenvertretungen (Arbeitgeberverbände, Gewerkschaften, NGOs) miteinbezogen. *Lijphart* zieht zur Einteilung der untersuchten Demokratien zehn Kriterien heran.[323] Fünf beziehen sich auf die Exekutivstruktur,[324] weitere fünf auf die föderal-organisatorische Struktur.[325] Interessant ist *Lijpharts* Untersuchung erstens, weil sie auch föderale Strukturen und die konkrete Entscheidungsfindung, mithin die politische Kultur berücksichtigt. Formal ähnliche Verfahren können in verschiedenen politischen Ordnungen faktisch sehr unterschiedlich ablaufen. Zweitens zeigt *Lijpharts* Perspektivwechsel, dass sich

---

[321] Hinweise auf befürwortende und kritische Sekundärliteratur bei *A. Croissant*, Regierungssysteme und Demokratietypen, in: H.-J. Lauth (Hrsg.), Vergleichende Regierungslehre, S. 117 (130).

[322] *A. Lijphart*, Patterns of Democracy. Government Forms and Performance in Thirty-Six Countries, 2nd Edition 2012. Dazu auch *M. G. Schmidt*, Demokratietheorien, S. 319 ff.

[323] *A. Lijphart*, Patterns of Democracy, S. 3 f.

[324] Concentration of executive power in single-party majority cabinets versus executive power-sharing in broad multiparty coalitions; executive-legislative relationships in which the executive is dominant versus executive-legislative balance of power; two-party versus multiparty systems; majoritarian and disproportional electoral systems versus proportional representation; pluralist interest group systems with free-for-all competition among groups versus coordinated and „corporatist" interest group systems aimed at compromise and concertation.

[325] Unitary and centralized government versus federal and decentralized government; concentration of legislative power in a unicameral legislature versus division of legislative power between two equally strong but differently constituted houses; flexible constitutions that can be amended by simple majorities versus rigid constitutions that can be changed only by extraordinary majorities; systems in which legislatures have the final word in the constitutionality of their own legislation versus systems in which laws are subject to a judicial review of their constitutionality by supreme or constitutional courts; central banks that are dependent on the executive versus independent central banks.

demokratische Ordnungen mit dem gleichen „klassischen“ Regierungssystem signifikant voneinander unterscheiden können. Großbritannien und Deutschland sind parlamentarische Regierungssysteme, nach *Lijpharts* Modell jedoch einmal Mehrheits- (Großbritannien) und einmal Konsensdemokratie (Deutschland). Seine Einteilung mahnt damit aus der Zuordnung zu einem der Regierungssysteme nicht allzu weitreichende Schlüsse zu ziehen. Schließlich und drittens verbindet *Lijphart* seine Untersuchung mit einer Analyse der Leistungsfähigkeit der beiden Modelle. Er sieht leichte (allerdings nicht sonderlich ausgeprägte) Vorteile bei der Konsensdemokratie.[326]

4. Demokratieindizes

Von der formalen Zuordnung der Verfassungsordnungen der Staaten als demokratisch oder diktatorisch ist die Bewertung der faktischen Herrschaftssituation zu unterscheiden. Nicht jede formal demokratische Verfassungsordnung kann den realen politischen Verhältnissen nach als demokratisch angesehen werden. Das zeigt der Blick auf die „Demokratische Volksrepublik Korea“.[327] Auch innerhalb einer demokratischen Ordnung kann das „Demokratieniveau“ schwanken. Den Hintergrund solcher Schwankungen bildet der Umstand, dass eine demokratische Ordnung nicht (per Verfassung) verordnet, sondern von den BürgerInnen gelebt werden muss.[328] Es ist dieser Umstand, der den Hintergrund des berühmten *Böckenförde*-Diktums bildet, wonach der freiheitlich säkularisierte Staat von Voraussetzungen lebt, die er selbst nicht garantieren kann.[329] Die Bedeutung, die einer demokratischen

[326] *A. Lijphart*, Patterns of Democracy, S. 255 ff.

[327] Gemeinhin als „Nordkorea“ bezeichnet.

[328] Vgl. auch *A. Thiele*, Verlustdemokratie, S. 271 ff. Hier wird meist auch der Grund für das Scheitern der Weimarer Verfassung gesehen. Es war mithin weniger die Verfassung schuld, als vielmehr das Fehlen einer kritischen Masse an DemokratInnen in der Bevölkerung. Zur Rolle der Verfassung am Scheitern der Weimarer Republik auch *D. Grimm*, Weimars Ende und Untergang, in: H. Dreier/C. Waldhoff (Hrsg.), Das Wagnis der Demokratie, S. 263 (275 ff.).

[329] *E.-W. Böckenförde*, Die Entstehung des Staates als Vorgang der Säkularisation, in: ders. (Hrsg.), Recht, Staat, Freiheit, S. 92 (112 f.): „So stellt sich die Frage nach den bindenden Kräften von neuem und in ihrem eigentlichen Kern: *Der freiheitliche, säkularisierte Staat lebt von Voraussetzungen, die er selbst nicht garantieren kann.* Das ist das große Wagnis, das er, um der Freiheit willen, eingegangen ist. Als freiheitlicher Staat kann er einerseits nur bestehen, wenn sich die Freiheit, die er seinen Bürgern gewährt, von innen her, aus der moralischen Substanz des einzelnen und der Homogenität der Gesellschaft, reguliert. Anderseits kann er diese inneren Regulierungskräfte nicht von sich aus, das heißt mit den Mitteln des Rechtszwanges und autoritativen Gebots zu garantieren suchen, ohne seine Freiheitlichkeit aufzugeben und – auf säkularisierter Ebene – in jenen Totalitätsanspruch zurückzufallen, aus dem er in den konfessionellen Bürgerkriegen herausgeführt hat. Es führt kein Weg über die Schwelle von 1789 zurück, ohne den Staat als die Ordnung der Freiheit zu zerstören.“

Ordnung und den mit ihr verknüpften Wertvorstellungen in der Gesellschaft zukommt, unterliegt erwartbaren Wellenbewegungen, die von verschiedenen Faktoren beeinflusst werden. Das allein ist noch kein Grund zur Besorgnis, zeigt aber, dass eine demokratische Ordnung dauerhaft für sich werben und sich gegebenenfalls anpassen muss. Um entsprechende Entwicklungen rechtzeitig zu erkennen, bedarf es möglichst passgenauer Kriterien, mit denen sich das tatsächliche Demokratieniveau und seine Entwicklung messen und vergleichen lassen. Dazu finden sich unterschiedliche „Demokratieindizes", die den Anspruch erheben, durch bestimmte (meist in Zahlen übersetzte) Kriterien dieses reale Demokratieniveau der Staaten und seine Entwicklung zu erfassen.[330] Zwangsläufig arbeiten diese Indizes mit Vereinfachungen,[331] hinzu kommt, dass die Datenerfassung gerade in autoritären Regimen schwer fällt und die angemessene Berücksichtigung der sich auf die Machtstrukturen auswirkenden Digitalisierungsprozesse neue Herausforderungen stellt.[332] Interessant sind die Indizes daher vor allem für die Beobachtung von Demokratietendenzen.

Am Bekanntesten dürfte der Freedom-House-Index sein, der bereits seit 1973 jährlich den Demokratisierungsgrad von aktuell 195 Staaten und 14 Territorien ermittelt und dazu einerseits die politischen Rechte (drei Kategorien) und andererseits die bürgerlichen Freiheiten (vier Kategorien) anhand einer Skala von 1 (frei) bis 7 (unfrei) bewertet.[333] Staaten, die in der Gesamtbewertung zwischen 1,0 und 2,5 eingeordnet werden gelten als frei, es folgen teilweise freie Staaten (3,0–5,0) und unfreie Staaten (5,5–7). Die Gesamtbewertung erfolgt in einer Zahl zwischen 1 (unfrei) und 100 (völlig frei). Im Jahr 2019 stellte Freedom House im 13. Jahr in Folge einen weltweiten Rückgang dieser Freiheiten fest: „The 13 years of decline have touched all parts of the world and affected Free, Partly Free, and Not Free countries alike. Every region except Asia-Pacific has a lower average score for 2018 than it did in 2005, and even Asia declined when countries with less than 1 million people – mostly small Pacific Island states – are excluded. Not Free countries as a group suffered a more significant score drop than Free or

---

[330] Siehe dazu auch *M. G. Schmidt*, Demokratietheorien, S. 370 ff.

[331] *T. Stark*/*T. Smolka*/*S. Pickel*, Die Legitimität demokratischer Verfassungen – ein Vorschlag zur empirischen Bestimmung, in: M. Hein/F. Petersen/S. v. Steinsdorff (Hrsg.), Die Grenzen der Verfassung, S. 185 (186). Generell zu Vorzügen und Grenzen der Demokratiemessungen *M. G. Schmidt*, Demokratietheorien, S. 389 ff.

[332] Dazu *D. Fleuß*/*G. Schaal*/*K. Helbig*, Empirische Messung digitalisierter Demokratien: Erkenntnistheoretische Herausforderungen und eine wissenschaftstheoretische Antwort, PVS 60 (2019), 461 ff. sowie *M. Kneuer*, E-Democracy: a new challenge for measuring democracy, International Political Science Review 37 (2016), 666 ff.

[333] Die Methodik ist insgesamt noch etwas komplexer, wird von Freedom House aber umfassend auf der Website erläutert.

Partly Free countries, which also declined.“ An der Spitze steht weiterhin Finnland (100), gefolgt von Norwegen (100). Deutschland (94) steht auf Platz 18, Schlusslicht ist Syrien (0). Als besonders bedrohlich wurde angemerkt, dass der Rückgang mittlerweile nicht mehr nur junge, sondern zunehmend auch etablierte Demokratien betrifft (wie die USA (86), Großbritannien (94), Österreich (94)). Insgesamt wurden 44% der Staaten als frei eingeordnet, 30% als teilweise frei und 26% als unfrei. Innerhalb dieser drei Gruppen bestehen freilich erhebliche Unterschiede. Betrachtet man nicht die Anzahl der Staaten, sondern die vertretene Bevölkerung sieht es schlechter aus: 39% der Bevölkerung leben in freien Staaten, 24% in teilweise freien und 37% in unfreien Staaten.

Neben dem Freedom-House-Index hat sich der Democracy-Index der liberalen Zeitung „Economist“ etabliert, der allerdings erst seit 2006 jährlich veröffentlicht wird. Er untersucht 167 Staaten und bewertet diese auf einer Skala von 1 (autoritär) bis 10 (demokratisch). Zur Ermittlung des konkreten Wertes werden 60 Fragen zu den fünf Bereichen Wahlprozess und Pluralismus, Funktionsweise der Regierung, Politische Teilhabe, Politische Kultur und Bürgerrechte gestellt, die entweder von Experten oder durch öffentliche Erhebungen beantwortet werden. Die Staaten werden anschließend in vier Kategorien eingeteilt: vollwertige Demokratien (10,00–8,01), defekte Demokratien (8,00–6,01), hybride (6,00–4,01) und autoritäre Systeme (4,00 und weniger). Spitzenreiter war 2018 erneut Norwegen (9,87 Punkte), Schlusslicht Nordkorea (1,08 Punkte). Deutschland lag mit 8,68 Punkten auf dem 13. Platz. Auch wenn das Jahr 2018 nach drei Jahren das erste war, in dem kein Rückgang der Demokratien festgestellt werden konnte, gab es insgesamt nur 20 vollwertige und 55 defekte Demokratien.[334] 39 Staaten wurde als hybride Systeme und 53 Staaten als autoritär[335] eingestuft. Damit leben nach dem Democracy-Index gerade einmal 4,5% der Weltbevölkerung in vollwertigen Demokratien.

5. Aufgabe der Allgemeinen Staatslehre

Für die Allgemeine Staatslehre bleibt die Aufgabe, diese Einteilungen kritisch zu hinterfragen und die Wandlungsprozesse innerhalb der demokratischen Ordnungen zu berücksichtigen.[336] Zuletzt hat etwa *Dirk Jörke* daran erinnert, dass auch die Größe einer demokratischen Ordnung Einfluss auf

---

[334] Zu den defekten Demokratien gehören bereits seit 2016 auch die USA.

[335] Der Großteil der autoritären Regime findet sich in Afrika und Asien.

[336] Generell zur Transformation politischer Systeme *W. Merkel*, Systemtransformation. Eine Einführung in die Theorie und Empirie der Transformationsforschung, 2. Auflage 2010 sowie *J. J. Linz*/*A. Stepan*, Problems of Democratic Transition and Consolidation, 1996.

ihre Stabilität und Leistungsfähigkeit haben kann[337] – ein Umstand, der bereits in der Antike immer wieder betont wurde, mit der auf *Alexander Hamilton* zurückgehenden Idee der repräsentativen Demokratie indes gelöst schien. Dass und warum das möglicherweise nicht der Fall ist, legt *Jörke* nachvollziehbar dar. Die Größe der demokratischen Ordnung spielt bei der bisherigen Einteilung der Demokratien und auch bei der Analyse ihrer „Performance" keine oder jedenfalls nur eine untergeordnete Rolle. Auch für die Beantwortung der Frage nach dem richtigen „Regierungssystem" der Europäischen Union könnte dieser Aspekt von Relevanz sein. Gegenwärtig lässt sich die Europäische Union keinem der klassischen Regierungssysteme zuordnen; nach *Lijphart* würde es sich um eine Konsensdemokratie handeln. Wenn es für demokratische Regierungssysteme aber so etwas wie eine „kritische Größe" geben sollte, wäre die Ausrichtung der Europäischen Union auf diese klassischen Systeme möglicherweise von vornherein zum Scheitern verurteilt. Dann bedürfte es neuer Modelle, an denen sich die Europäische Union in ihrer Entwicklung orientieren kann und an deren Entwicklung sich die Allgemeine Staatslehre beteiligen sollte.

V. Was sind die Grundelemente demokratischer Verfassungsstaaten und wie finanzieren sich diese?

Die Analyse der den demokratischen Verfassungsstaat prägenden Grundelemente steht im Zentrum der Allgemeinen Staatslehre. Hintergrund bildet der Umstand, dass sich diese als Konkretisierung der skizzierten Legitimitätsanforderungen präsentieren. Sie haben für die Stabilität einer Demokratie daher erhebliche Bedeutung, weshalb Ihnen an dieser Stelle etwas mehr Raum eingeräumt wird. Aus den gesellschaftlichen Erwartungen an diese Elemente lässt sich bisweilen auch ableiten, warum eines der dargestellten Regierungssysteme gewählt wurde, die im Hinblick auf das „Mischungsverhältnis" der Legitimitätsanforderungen unterschiedlich ausgestaltet sind. Die darzustellenden Grundelemente lassen sich jeweils einem der drei Legitimitätsanforderungen – *Teilhabe an*, *Begrenzung von* und *Leistungsfähigkeit der* Herrschaft – zuordnen (2–4) und so sinnvoll systematisieren. Zuvor ist indes auf die Gewaltenteilung einzugehen, die – nach moderner Interpretation – allen drei Legitimitätsanforderungen zuzuordnen ist (1).

---

[337] *D. Jörke*, Die Größe der Demokratie. Über die räumliche Dimension von Herrschaft und Partizipation, 2019.

1. Gewaltenteilung

Die Aufteilung der Staatsgewalt auf die Staatsfunktionen Legislative, Exekutive und Judikative und deren Zuweisung an institutionell-organisatorisch sowie personell unterschiedliche Organe prägt den demokratischen Verfassungsstaat.[338] Sie ist eines der zentralen Unterscheidungskriterien zu diktatorischen Regimen, in denen eine Gewaltenteilung allenfalls formal besteht.[339] Während historische Konzeptionen vor allem auf die herrschaftsbegrenzende Funktion der Gewaltenteilung abstellen (a) betont die Idee der Funktionsgerechtigkeit ihren engen Zusammenhang zu allen drei Legitimitätsanforderungen (b).

a) Historische Konzeptionen

Aus historischer Perspektive lassen sich verschiedene Konzeptionen einer Gewaltenteilung zur Mäßigung und Kontrolle der Herrschaftsgewalt aufzeigen:

- *Antike Vorstellungen.* Teilweise wird die Idee der Gewaltenteilung bereits in der Antike verortet. *Aristoteles* unterschied in seiner Politik tatsächlich zwischen verschiedenen Entscheidungsinstanzen (den beratenden, den regierenden und den rechtsprechenden Ämtern).[340] Damit war allerdings nicht die Idee einer organisatorischen oder personellen Trennung dieser Ämter verknüpft. Bedeutender im Hinblick auf die Begrenzung der Herrschaft war eher seine Mischverfassungslehre, nach der eine Kombination aus Oligarchie und Demokratie prägendes Merkmal einer stabilen und ausgleichenden Politie sei. Die Mischverfassungslehre wurde später von *Polybios* geschärft und mit der Idee der gegenseitigen Mäßigung verknüpft. Die amerikanische Verfassung mit ihrer Mischung von monarchischen, aristokratischen und demokratischen Elementen beruht auf diesen Vorstellungen.[341]
- *John Locke (Two Treatises of Government).* Die Vorstellungen *John Lockes* sind deshalb von Bedeutung, weil sich *Montesquieu* bei seiner wirkmächtigen Gewaltenteilungsidee an ihnen orientierte. *Locke* ging zwar

[338] *W. Heun*, Das Konzept der Gewaltenteilung in seiner verfassungsgeschichtlichen Entwicklung, in: ders. (Hrsg.), Verfassung und Verfassungsgerichtsbarkeit im Vergleich, S. 56 (56).

[339] Gerade deshalb erweist es sich als so bedrohlich, wenn insbesondere die Unabhängigkeit der Judikative in zahlreichen demokratischen Ordnungen zuletzt so stark unter Druck gerät (Polen, Ungarn).

[340] *Aristoteles*, Politik, 1297b.

[341] *E. Fraenkel*, Das amerikanische Regierungssystem, S. 223 f. Siehe generell auch *G. Wood*, The Creation of the American Republic, 1776–1789, S. 197 ff.

von einem (auch heute noch in Großbritannien sichtbaren) Vorrang der Gesetzgebung aus, differenzierte aber staatstheoretisch zwischen legislativen, exekutiven und judikativen Staatsfunktionen. Zur Verhinderung eines Machtmissbrauchs war für ihn vor allem die auch personelle Trennung der exekutiven von der ungeteilten legislativen Gewalt entscheidend. Das spiegelt sich in der englischen Verfassung: Danach ist der Monarch zwar alleiniger Inhaber der Exekutivgewalt, an der Gesetzgebung jedoch nur begrenzt beteiligt.

- *Montesquieu (De l'Esprit des Lois).* Bis heute gilt *Montesquieu* als der eigentliche Begründer der Gewaltenteilungslehre, weil er in einem kurzen Kapitel seines bekannten Werkes nicht nur für die Unterscheidung der drei Funktionen Legislative, Exekutive und Judikative, sondern auch für deren Wahrnehmung durch getrennte Organe eintrat.[342] Eine strikte Trennung postulierte *Montesquieu* allerdings allein für die Judikative, während Legislative und Exekutive zwar nicht in einer Hand liegen, aber durchaus zusammenwirken durften (und das aus Stabilitätsgründen sogar sollten). Von einer Gewalten*teilung* zu sprechen, scheint daher schon für *Montesquieu* nicht ganz passend, auch wenn das in seiner Rezeptionsgeschichte immer wieder vorkommt.[343]
- *Rousseau (Contrat social). Jean-Jacques Rousseau* ging zwar von der unteilbaren Souveränität des Volkes aus und lehnte die Gewaltenteilung prinzipiell ab.[344] Gleichwohl kam er zumindest zu einer funktionellen Unterscheidung von einer Exekutive, die für den Einzelfall zuständig zeichnete, und einer Legislative, die allgemein handelte. Der damit begründete Vorrang der Gesetzgebung kennzeichnete die ersten französischen Revolutionsverfassungen, auch wenn diese die anerkannte Dreiteilung der Gewalten aufnahmen; er lässt sich auch bei späteren französischen Verfassungen nachweisen.
- *USA (checks and balances).* Anders als im britischen oder französischen Konzept ist die Gesetzgebung in den USA nicht Ausdruck der ungeteilten Souveränität des Volkes. Durch die Verfassung werden vielmehr alle drei Gewalten funktionell und organisatorisch voneinander getrennt, auf unterschiedliche Legitimationsgrundlagen gestellt, bei der Ausübung ihrer Zuständigkeiten aber an höheres Recht gebunden und zur Mäßigung miteinander verschränkt (checks and balances). Wie erwähnt, kombiniert die amerikanische Verfassung damit monarchische, aristokratische und demokratische Elemente.

---

[342] *C. de Montesquieu*, De l'Esprit des Lois, 1748, XI, 6. Siehe dazu auch *H. Merry*, Montesquieu's System of Natural Government, S. 373 ff.

[343] Siehe etwa *F. Berber*, Das Staatsideal im Wandel der Weltgeschichte, S. 279 f.

[344] *J.-J. Rousseau*, Contrat social (1762), II, 2.

Insgesamt zeigt dieser kursorische Blick auf historische Konzeptionen zweierlei: Erstens hat sich die funktionelle Unterscheidung der drei Staatsgewalten spätestens zum Ende des 18. Jahrhunderts umfassend durchgesetzt und prägt auch den heutigen demokratischen Verfassungsstaat. Im Hinblick auf das Verhältnis von Exekutive und Legislative (und anders als im Verhältnis zur Judikative) geht es allerdings schon historisch nicht um eine vollständige (personelle und funktionelle) Trennung. Auszuschließen ist allein, dass diese beiden Gewalten vollständig in die Hände einer Person beziehungsweise eines Organs gelegt werden. Darüber hinaus fehlt es zweitens sämtlichen historischen Konzeptionen an normativen Kriterien, wie eine solche „Unterscheidung bei Verschränkung" konkret aussehen sollte. Wann wird eine Kooperation der Exekutive und Legislative problematisch? Welcher der beiden Gewalten sollte eine neue Staatsaufgabe zugeordnet werden? Dieses theoretische Defizit wird durch den Blick in das deutsche Grundgesetz sichtbar: Dieses unterscheidet zwar in Art. 20 Abs. 2 GG explizit die drei Staatsfunktionen und nimmt die klassische „Gewaltenteilung" sogar in den Kreis der von Art. 79 Abs. 3 GG geschützten Elemente der „Ewigkeitsgarantie" auf. Die spätere Ausgestaltung und die tatsächliche Entwicklung des parlamentarischen Regierungssystems mit der engen personell-funktionellen Verzahnung von Exekutive und Legislative wollen dazu aber nicht so recht passen.[345] Wann handelt es sich noch um eine zulässige, wann schon um eine unzulässige Konkretisierung der klassischen Konzeption? Die zahlreichen faktischen Funktionsüberschneidungen und Gewaltenverbindungen haben dadurch „die Gewaltenteilungslehre zu einer Lehre von ihren Durchbrechungen voranschreiten lassen."[346] Mit der „Funktionenlehre", die zwischen richtungsbestimmenden Grundentscheidungen und vollziehenden Aus- und Durchführungsentscheidungen differenziert und der „umfassenden Gewaltenteilungslehre", die jede Form der Aufteilung von Herrschaft und politischer Macht (etwa auch die föderale und temporale) umfassend analysiert, sind zwar weiterführende Konzepte entwickelt worden. Als rein empirische Modelle lassen sie die zentrale Frage nach einer normativen Gewaltenteilungs*theorie* gleichwohl unbeantwortet. Auch die Kernbereichsrechtspre-

---

[345] Vgl. auch *B. Schöbener/M. Knauff*, Allgemeine Staatslehre, § 5, Rn. 158, die sich freilich mit dem Hinweis begnügen, dass sich die tatsächliche Gewaltenverschränkung als „moderne, auf die Bedingungen der parlamentarischen Demokratie zugeschnittene Interpretation des Gewaltenteilungsgrundsatzes" verstehen lasse. Wo normative Grenzen der Verschränkung liegen, lässt sich daraus nicht ermitteln. Allgemein zum deutschen Konzept *F. Schoch,* Gewaltenteilung im deutschen Verfassungsrecht, in: A. Scherzberg/O. Can/I. Dogan (Hrsg.), Regierungssysteme im Lichte von „Checks and Balances", S. 89 ff.

[346] *W. Heun*, Das Konzept der Gewaltenteilung in seiner verfassungsgeschichtlichen Entwicklung, in: ders. (Hrsg.), Verfassung und Verfassungsgerichtsbarkeit im Vergleich, S. 56 (71).

chung des Bundesverfassungsgerichts[347] hilft nur bedingt weiter: Wie bestimmt man den Kernbereich ohne normative Fundierung?

b) Funktionsgerechtigkeit (Organadäquanz)

Das Konzept der Funktionsgerechtigkeit vermeidet dieses Defizit der klassischen Konzeptionen. Aus der Perspektive der Allgemeinen Staatslehre erweist es sich dadurch als die vielversprechendste Konzeption, weil es eine theoretisch-fundierte Analyse und Bewertung bestehender Verfassungsordnungen ermöglicht. Sie hat (partiell) auch Eingang in die Rechtsprechung des Bundesverfassungsgerichts gefunden.[348] Überzeugend ist sie, weil sie eine Verbindung zwischen der konkreten Gewaltenteilung und der Legitimität der politischen Ordnung begründet. Leitlinie der Zuweisung einzelner Staatsfunktionen bildet danach die „Organadäquanz." Sie sollten von den Organen wahrgenommen werden, „die dafür nach ihrer Organisation, Zusammensetzung, Funktion und Verfahrensweise über die besten Voraussetzungen verfügen."[349] Nach dieser Interpretation soll die Gewaltenteilung Herrschaft also nicht nur begrenzen, sondern zugleich ausreichende Teilhabe an und ausreichende Leistungsfähigkeit der Herrschaft gewährleisten.[350] Sie bildet damit das Fundament legitimer staatlicher Ordnungen und steht „im Dienst der Legitimität": „Die Gewaltenteilung ist organisatorischer Ausdruck der drei grundlegenden Legitimitätsmaßstäbe und zugleich an ihnen auszurichten."[351] Zentrale Zuweisungskriterien einer Aufgabe an ein Organ sind folglich dessen Legitimationsniveau, dessen organisatorische Struktur und dessen Entscheidungsverfahren. Negativ formuliert *Konrad Hesse*, dass eine Aufgabenzuweisung nicht erfolgen darf, sofern es um Funktionen geht, „die der Struktur des Organs und der von ihm wahrzunehmenden Grundfunktion nicht entsprechen."[352] Ein Parlament unterscheidet sich in dieser Hinsicht signifikant von Exekutivorganen und ist dadurch für die Wahrnehmung bestimmter Aufgaben besser oder schlechter geeignet.[353] Organadäquanz umfasst dabei stets auch die Begrenzung der zugewiesenen Zuständigkeiten und

---

[347] Siehe etwa BVerfGE 9, 268 (279); 22, 106 (111); 34, 52 (59).

[348] BVerfGE 68, 1 (15).

[349] BVerfGE 68, 1 (86), 95, 1 (15).

[350] Umfassend *W. Heun*, Staatshaushalt und Staatsleitung, S. 97 f.

[351] *W. Heun*, Das Konzept der Gewaltenteilung in seiner verfassungsgeschichtlichen Entwicklung, in: ders. (Hrsg.), Verfassung und Verfassungsgerichtsbarkeit im Vergleich, S. 56 (74).

[352] *K. Hesse*, Grundzüge des Verfassungsrechts der Bundesrepublik Deutschland, Rn. 489. Statt von Funktionengerechtigkeit wird daher auch vom Konzept der Organadäquanz gesprochen, vgl. *H. Meyer*, Das parlamentarische Regierungssystem, VVDStRL 33 (1975), 69 (102).

[353] Siehe dazu noch unten bei Frage VI.

eine angemessene Verantwortung für deren Wahrnehmung (Herrschaftsbegrenzung).[354] Mit dieser Konzeption wird es – anders als bei den historischen Modellen – möglich, die Verteilung staatlicher Aufgaben auf die Organe normativ zu bewerten sowie neue Aufgaben sinnvoll zuzuweisen. Auch neu gestaltete Verfassungen – man denke an die Verfassung der Türkei oder möglicherweise in wenigen Jahren an diejenige Russlands[355] – können mit diesem normativen Modell einer Analyse unterzogen werden, die über die Frage der ausreichenden Begrenzung der Macht hinausgeht, vielmehr alle gesellschafts-individuellen Legitimitätsanforderungen einbezieht,[356] die sich in der konkreten Gestaltung der „Gewaltengliederung"[357] spiegeln müssen.

2. Elemente der Herrschaftsteilhabe (Demokratieprinzip)

a) „Volkssouveränität"[358]

Oben wurde dargelegt, dass die Idee der Volks*souveränität* im konstituierten demokratischen Verfassungsstaat nicht verwirklicht wird: Hier ist weder das Volk, noch irgendein anderes Organ souverän. Souverän ist das Volk als „pouvoir constituant" nur im Moment der Verfassungsgebung. Anschließend wird es als „pouvoir constitué" durch die Verfassung in seinen Zuständigkeiten ebenso begrenzt, wie jedes andere Organ. Um als demokratisch angesehen werden zu können, muss die Ordnung der vorrangigen Verfassung[359] aber eine Willensbildung vorsehen, die im durch die Verfassung konstituierten Volk ihren Ausgangspunkt findet, wo also „der Wille des Staates oder die Rechtsordnung von denjenigen selbst erzeugt wird, die dieser Ordnung unterworfen sind."[360] Die freien und gleichen BürgerInnen müssen Aus-

---

[354] *W. Heun*, Das Konzept der Gewaltenteilung in seiner verfassungsgeschichtlichen Entwicklung, in: ders. (Hrsg.), Verfassung und Verfassungsgerichtsbarkeit im Vergleich, S. 56 (76). Siehe auch *K. Hesse*, Die verfassungsrechtliche Stellung der politischen Parteien im modernen Staat, VVDStRL 17 (1959), 11 (42): „Die Verfassung kennt keine Macht ohne Verantwortlichkeiten."

[355] Anfang 2020 kündigte Russlands Präsident Wladimir Putin an, die russische Verfassung bis zum Ende seiner Amtszeit grundlegend reformieren zu wollen.

[356] Vgl. auch *A. Thiele*, Der gefräßige Leviathan, S. 261 f.

[357] Begriff bei *C. Möllers*, Gewaltengliederung, 2005.

[358] Die folgenden Ausführungen sind partiell entnommen aus *A. Thiele*, Der gefräßige Leviathan, S. 254 ff.

[359] Zum Vorrang der Verfassung siehe sogleich.

[360] *H. Kelsen*, Allgemeine Staatslehre, S. 326. Siehe auch *H. Dreier*, Vom Schwinden der Demokratie, in: F. W. Graf/H. Meier (Hrsg.), Die Zukunft der Demokratie, S. 29 (29 f.): „Staatliche Herrschaft gründet sich nach diesem Prinzip *nicht* auf eine metaphysische oder sakrale Instanz, *nicht* auf die Blaublütigkeit alter Adelsgeschlechter, *nicht* auf geheiligte Traditionen, *nicht* auf das Charisma überragender Führungsgestalten oder das Gottesgnadentum eines Monarchen, sondern allein auf den Willen der zum Staatsvolk zusammengefaßten Individuen."

gangspunkt der Staatsgewalt sein, das Volk ist das Legitimationsendsubjekt jeglicher Staatsgewalt.[361] Wo das in einer Verfassungsordnung nicht der Fall ist, kann von einer demokratischen Ordnung nicht gesprochen werden; Verfassungsstaat und Demokratie sind keine Synonyme.[362]

Es war das Verdienst *Alexander Hamiltons*, mit der Idee der repräsentativen Demokratie ein Willensbildungsverfahren entwickelt zu haben, das diese Voraussetzung zu erfüllen vermag und zugleich im modernen pluralistischen Massenstaat Anwendung finden kann. Es besteht auch Einigkeit, dass an der repräsentativen Demokratie heute kein Weg vorbei führt. Unter der Bedingung einer gleichen und freien Wahl der RepräsentantInnen handelt es sich nicht um eine „Demokratie zweiter Klasse" oder gar eine Notlösung.[363]

Die Ausgestaltung des demokratischen Prinzips und das Verhältnis von direkter zu indirekter Demokratie sind im Übrigen nicht vorgegeben. Ein Blick in die demokratischen Verfassungen einschließlich der dazu ergangenen verfassungsgerichtlichen Urteile zeigt, dass die Vorstellungen schon bei den Mitgliedstaaten der Europäischen Union erheblich divergieren. Prinzipiell kann kein Demokratieverständnis Vorrang vor anderen verlangen. Auch das deutsche Konzept genießt keine hegemoniale Stellung, was im deutschen Europa-Diskurs bisweilen nicht hinreichend beachtet wird. Bei allen historisch und kulturell begründeten Unterschieden wird man mit *Christoph Möllers* und *Linda Schneider* mindestens verlangen müssen, dass die verfassungsrechtliche Ordnung theoretisch wie praktisch dafür Sorge trägt, dass sich die institutionelle Chance der Minderheit ergibt, wieder zur Mehrheit werden zu können.[364] Das setzt die Sicherung der Meinungs- und Versammlungsfreiheit,[365] parlamentarischer Minderheitenrechte, die Unabhängigkeit der Justiz sowie freie, gleiche und periodische Wahlen voraus.[366] Wo diese Standards nicht gewährleistet werden, kann von einem demokratischen Verfassungsstaat, dessen Staatsgewalt vom Volke ausgeht, nicht gesprochen werden.[367]

---

[361] Dieser Zusammenhang wird meist gemeint sein, wenn von „Volkssouveränität" gesprochen wird.

[362] Zutreffend *A. Benz*, Der moderne Staat, S. 135.

[363] Siehe dazu *A. Thiele*, Verlustdemokratie, S. 61 ff.

[364] *C. Möllers/L. Schneider*, Demokratiesicherung in der Europäischen Union, S. 100 f.

[365] Siehe auch *H. Kelsen*, Vom Wesen und Wert der Demokratie, S. 101: „Demokratie schätzt den politischen Willen jedermanns gleich ein, wie sie auch jeden politischen Glauben, jede politische Meinung, deren Ausdruck ja nur der politische Wille ist, gleichermaßen achtet. Darum gibt sie jeder politischen Überzeugung die gleiche Möglichkeit, sich zu äußern und im freien Wettbewerb um die Gemüter der Menschen sich geltend zu machen."

[366] Vgl. *S. Huntington*, The Third Wave, S. 7 f.

[367] In Polen und in Ungarn mehren sich diesbezüglich gewisse Zweifel.

Indem die Staatsgewalt auf das Staatsvolk rückführbar sein muss, teilt der demokratische Verfassungsstaat mit dem Nationalstaat das Zuordnungs- und Abgrenzungsproblem: „‚Das Volk‘ ist keine festgelegte Bevölkerung; es wird vielmehr durch die von uns implizit oder explizit gezogenen Grenzlinien konstituiert.“[368] Demokratische Legitimation ist nur denkbar, wenn die Zugehörigkeit zum legitimierenden Staatsvolk als Legitimationsendsubjekt anhand formaler Kriterien demokratisch zugewiesen, verstetigt und der Willkür des Einzelnen oder einer Gruppe entzogen wird.[369] Das Volk sind daher auch nicht einfach alle Personen, die sich (zufällig) auf dem Territorium eines Staates aufhalten[370] und von der Staatsgewalt betroffen sind.[371] Die Bestimmung der formalen Kriterien obliegt dem Volk selbst, erstmalig im Prozess der Verfassungsgebung,[372] anschließend im Wege (willkürlicher)[373] demokratischer Gesetzgebung.[374] Der demokratische Verfassungsstaat ist damit stets auch ein partiell exkludierender Staat,[375] der den Anspruch erhebt, selbst zu entscheiden, wer als Mitglied des Staatsvolkes anerkannt wird und wer nicht: „Ein bestehendes demokratisches Subjekt muss aber – wie über alle anderen Fragen – auch selbst über die eigene Mitgliedschaft entscheiden und diese dadurch normativieren.“[376] Zuletzt hat *Olivero Angeli* vor dem Hintergrund der Flüchtlingskrise dargelegt, dass und warum jede demokratische Ordnung mit einem solchen „Recht auf Ausschluss“ einhergeht und weshalb dieses nicht aus moralischen Gründen negiert werden darf.[377]

---

[368] *J. Butler*, Anmerkungen zu einer performativen Theorie der Versammlung, S. 10.

[369] Siehe auch *F. Weber*, Staatsangehörigkeit und Status, S. 380, der zu Recht den Zusammenhang zwischen klarer Zuordnung und Stabilität der Herrschaft betont.

[370] *H. Dreier*, Vom Schwinden der Demokratie, in: F. W. Graf/H. Meier (Hrsg.), Die Zukunft der Demokratie, S. 29 (33). Eine solche Zuordnung zum Staatsvolk durch „tatsächliche Bindungen“ und Aufenthalt wird allerdings teilweise befürwortet, vgl. zu einem solchen „ius nexi“ *F. Weber*, Staatsangehörigkeit und Status, S. 332 ff. Für eine Überwindung des Volksbegriffs spricht sich auch *M. Wildt*, Die Ambivalenz des Volkes, S. 20 aus, verkennt damit aber zugleich die Notwendigkeit dieser Abgrenzung.

[371] *F. Weber*, Staatsangehörigkeit und Status, S. 349 ff.

[372] Das wirft erhebliche Probleme auf, auf die hier nicht näher eingegangen werden soll, vgl. aber *A. Benz*, Der moderne Staat, S. 138.

[373] *J.-W. Müller*, Was ist Populismus?, S. 94: „Insofern bleibt immer ein nicht zu beseitigender Rest an historischem Zufall und, wenn man so will, an historischer Ungerechtigkeit [...].“

[374] *C. Möllers*, Die drei Gewalten, S. 83: „In den untersuchten Rechtsordnungen findet sich diese Einsicht dadurch verwirklicht, dass über Fragen der Staatsangehörigkeit der demokratische Gesetzgeber zu entscheiden hat.“ Siehe auch *F. Weber*, Staatsangehörigkeit und Status, S. 359.

[375] Vgl. auch *F. Weber*, Staatsangehörigkeit und Status, S. 380 f., der – quasi aus der anderen Perspektive – von der komplementären Exklusivität der Staatsangehörigen spricht.

[376] *C. Möllers*, Die drei Gewalten, S. 83. Siehe auch *H. Brunkhorst*, Solidarität, S. 227 f.

[377] *O. Angeli*, Migration und Demokratie, S. 44 ff.

Mit dieser grundlegenden Feststellung ist noch nichts darüber gesagt, welche Kriterien diesbezüglich zur Anwendung kommen sollten, welche Voraussetzungen also für eine demokratische Mitgliedschaft erfüllt sein müssen.[378] Der Großteil der demokratischen Verfassungsstaaten zieht nationale Kriterien heran.[379] Das aber ist weder theoretisch zwingend noch – wie an späterer Stelle zu zeigen ist – praktisch notwendig.[380] Demokratische Verfassungsstaaten *können* Nationalstaaten sein, sie *müssen* aber nicht Nationalstaaten sein: „‚Das Volk' kann es, mit anderen Worten, nicht geben, ohne dass irgendwo eine diskursive Grenze gezogen wird, die entweder entlang der bestehenden Nationalstaaten, ethnischen oder sprachlichen Gemeinschaften oder politischen Zugehörigkeiten verläuft."[381] Der Phantasie der demokratischen Verfassungsstaaten sind hier keine Grenzen gesetzt und angesichts des gescheiterten Nationalstaatskonzepts[382] erscheint es überraschend, dass heute nicht andere Kriterien als die in die Vergangenheit gerichtete Idee der Zugehörigkeit zu einer ethnisch, kulturell oder religiös fundierten Nation herangezogen werden. Eine umfassende Integration Zugewanderter ist auf diesem Wege von vornherein ausgeschlossen. Eine moderne Allgemeine Staatslehre ist daher gefragt, alternative Zuordnungskriterien zu entwickeln.[383]

b) Mehrheitsprinzip[384]

Die politische Gleichheit aller Mitglieder des Gemeinwesens scheint unmittelbar zum Mehrheitsprinzip als demokratischem Entscheidungsverfahren zu führen.[385] Was sollte auch sonst gelten?[386] Es setzt sich die Ansicht durch, die die Mehrheit der Mitglieder des Gemeinwesens auf sich vereinen kann. Dies ist zwar richtig, jedoch weniger selbstverständlich als vermutet. Denn

---

[378] Ausführlich dazu *F. Weber*, Staatsangehörigkeit und Status, S. 377 ff.

[379] Vgl. auch *J.-W. Müller*, Was ist Populismus?, S. 93 f.

[380] Siehe Frage X.

[381] *J. Butler*, Anmerkungen zu einer performativen Theorie der Versammlung, S. 12.

[382] Siehe oben bei Frage I.

[383] Siehe dazu in Frage X.

[384] Der folgende Abschnitt ist partiell entnommen aus *A. Thiele*, Verlustdemokratie, S. 50 ff.

[385] *D. L. Beahm*, Conceptions of and Corrections to Majoritarian Tyranny, S. 1: „The fundamental tenet of democracy is that the majority rules." Siehe auch *S. Issacharoff*, The majoritarian threat to democracy. Constitutional courts and the democratic pact, in: S. Novak/J. Elster (Hrsg.), Majority Decisions, S. 236 (236); *E.-W. Böckenförde*, Demokratie als Verfassungsprinzip, in: ders., Staat, Verfassung, Demokratie, S. 289 (337 ff.). Kritisch hingegen *H. Kelsen*, Vom Wesen und Wert der Demokratie, S. 9 f.

[386] Vgl. auch *W. Heun*, Das Mehrheitsprinzip in der Demokratie, S. 79; *M. Balinski/R. Laraki*, What *should* „majority decision" mean?, in: S. Novak/J. Elster (Hrsg.), Majority Decisions, S. 103 (103).

das Erfordernis der Einstimmigkeit wäre prinzipiell besser geeignet, die formale Gleichheit zu gewährleisten.[387] Anders als bei der Mehrheitsentscheidung gäbe es dann keine Minderheit, deren Auffassung in der Entscheidung keine Berücksichtigung findet und deren Selbstbestimmungsrecht von der Mehrheit übergangen wird. Das mag den Entscheidungsprozess erschweren. Im Zweifel würde dann aber keine Entscheidung getroffen, um eine solche Beeinträchtigung der Gleichheit und des Selbstbestimmungsrechts auszuschließen. Auch im Völkerrecht gilt daher meist das Erfordernis der Einstimmigkeit, das, strukturell vergleichbar, aus dem Prinzip der souveränen Gleichheit der Staaten abgeleitet wird.[388] Kein Staat soll sich einer Regelung unterwerfen müssen, der er nicht ausdrücklich zugestimmt hat.

Dass sich die Mehrheitsentscheidung dennoch als das typische demokratische Entscheidungsverfahren durchgesetzt hat,[389] liegt daher daran, dass ein politisches Gemeinwesen auf regelmäßige Entscheidungen angewiesen ist,[390] kann hingegen nicht mit einer in politischen Fragen abzulehnenden aber bis auf *Aristoteles* zurückgehenden „Vermutung der größeren Vernunft der Mehrheit" gerechtfertigt werden.[391] Ein Entscheidungsverfahren, das im Zweifel ohne eine Entscheidung endete, erwiese sich „bei der erfahrungsmäßigen Gegensätzlichkeit der Interessen"[392] als schlicht untauglich.[393] Einstimmigkeit forderte für gewöhnliche Abstimmungen daher nicht einmal der wohl radikalste Demokrat *Jean-Jacques Rousseau*. Darüber hinaus führte das generelle Erfordernis der Einstimmigkeit zu einem überproportionalen Einfluss kleinerer Minderheiten, denen dann ein Vetorecht zukäme – auch eine Nichtentscheidung ist eine Entscheidung.[394] Die Geltung des Mehrheitsprinzips sichert demgegenüber die formale Gleichheit im Hinblick auf die

[387] Siehe erneut *W. Heun*, Das Mehrheitsprinzip in der Demokratie, S. 97: „Doch wäre, so gesehen, nicht erst die Einstimmigkeit die Vollendung dieser Werte? Wird das Selbstbestimmungsrecht der Minderheit nicht von der Mehrheit übergangen, ja unterdrückt, wenn die unterlegene Minderheit sich dem Diktat der Mehrheit beugen muss?"

[388] Siehe *K. Ipsen*, Völkerrecht, § 5, Rn. 254.

[389] Siehe auch *U. Volkmann*, Die zwei Begriffe der Demokratie – Von der Übertragbarkeit staatsbezogener Demokratievorstellungen in überstaatliche Räume, in: K. Naumann, Europäische Demokratie in guter Verfassung?, S. 14 (18) sowie *E. Towfigh*, Das Parteien-Paradox, S. 35. Zur Situation in Deutschland umfassend jetzt *N. Magsaam*, Mehrheit entscheidet. Ausgestaltung und Anwendung des Majoritätsprinzips im Verfassungsrecht des Bundes und der Länder, 2014.

[390] *P. Mastronardi*, Verfassungslehre, Rn. 780.

[391] Siehe auch *H. Dreier*, Idee und Gestalt des freiheitlichen Verfassungsstaates, S. 139 f.

[392] *H. Kelsen*, Vom Wesen und Wert der Demokratie, S. 7.

[393] *W. Heun*, Das Mehrheitsprinzip in der Demokratie, S. 101.

[394] Siehe auch *J. Krüper*, Das Glück der größten Zahl – Zum Mehrheitsprinzip als Funktionsregel im Verfassungsstaat, ZJS 2009, 477 (478) mit dem Beispiel des Vetorechts der ständigen Mitglieder im UN-Sicherheitsrat.

Wertigkeit der Stimme, ohne andererseits das Treffen von Entscheidungen generell zu verhindern, mit denen sich zumindest die meisten Mitglieder des Gemeinwesens arrangieren können.[395] Und während des Entscheidungsprozesses besteht für alle Mitglieder des Gemeinwesens die gleiche Chance, die Abstimmung durch gute Argumente in ihre Richtung zu lenken. Für alltägliche Entscheidungen ist die Geltung des Mehrheitsprinzips in einer Demokratie damit „alternativlos". Allenfalls für besondere Entscheidungen, die die Grundlagen des politischen Lebens betreffen, gewissermaßen den Ursprungsvertrag im Rousseau'schen Sinne ändern und bei denen eine „Nichtentscheidung" nicht notwendig mit politischem Stillstand gleichgesetzt werden kann,[396] käme die Geltung des Einstimmigkeitsprinzips in Betracht.[397] Regelmäßig sehen die Verfassungen aber auch hier Mehrheitsentscheidungen vor, die indes in unterschiedlicher Form qualifiziert sind,[398] was allerdings – wie dargelegt – nicht unproblematisch ist.[399]

Die Errichtung einer Demokratie und die Etablierung des Mehrheitsprinzips ist voraussetzungvoll und nicht in jedem Gemeinwesen zu jedem Zeitpunkt ohne Weiteres denkbar.[400] Das dürfte – neben der generellen Schwierigkeit der Anerkennung der politischen Gleichheit aller – der Grund sein, warum die Errichtung von Demokratien so häufig gescheitert ist. Schon deshalb bleibt die wissenschaftliche Beleuchtung dieser Voraussetzungen eine zentrale Aufgabe der Allgemeinen Staatslehre. Ohne an dieser Stelle ins Detail gehen zu können, setzt die Etablierung des Mehrheitsprinzips mit *Werner Heun* neben einer gewissen, nicht überzogenen Homogenität der Mitglieder des Gemeinwesens im Hinblick auf einen politischen Grundkonsens[401] und

---

[395] *J. Krüper*, Das Glück der größten Zahl – Zum Mehrheitsprinzip als Funktionsregel im Verfassungsstaat, ZJS 2009, 477 (478). Siehe auch *G. Sartori*, Demokratietheorie, S. 146: „Die eindeutige Antwort ist, dass das Mehrheitsprinzip Blockierungen vermeidet und trotzdem große Kollektive beteiligt werden können."

[396] Ein Beispiel wären Verfassungsänderungen.

[397] So wohl auch *E.-W. Böckenförde*, Demokratie als Verfassungsprinzip, in: ders. (Hrsg.), Staat, Verfassung, Demokratie, S. 289 (339).

[398] Zu den unterschiedlichen Mehrheiten siehe *W. Heun*, Das Mehrheitsprinzip in der Demokratie, S. 106 ff.

[399] *D. Pardo-Alvarez*, Das Rechtfertigungsdefizit des qualifizierten Mehrheitserfordernisses, 2020.

[400] Vgl. auch *H. Dreier*, Integration durch Verfassung? Rudolf Smend und die Grundrechtsdemokratie, in: F. Hufen (Hrsg.), Verfassungen. Zwischen Recht und Politik, S. 70 (94 ff.).

[401] Siehe auch *H. Dreier*, Integration durch Verfassung? Rudolf Smend und die Grundrechtsdemokratie, in: F. Hufen (Hrsg.), Verfassungen. Zwischen Recht und Politik, S. 70 (95): „Mindestmaß an sozialer, kultureller und zivilisatorischer Homogenität" sowie *E.-W. Böckenförde*, Demokratie als Verfassungsprinzip, in: ders., Staat, Verfassung, Demokratie, S. 289 (348 ff.).

der grundsätzlichen Chance eines Mehrheitswechsels,[402] verbunden mit der Reversibilität getroffener Entscheidungen[403] – denn nur dann ist gesichert, „dass die Minderheit gegen die getroffenen Entscheidungen nicht jedes Mal aufbegehrt“[404] –, vor allem die Sicherung der Meinungsfreiheit als Grundlage eines öffentlichen und transparenten Diskurses voraus,[405] in dem „konfligierende individuelle Positionen zueinander finden.“[406]

Dieser letzte Aspekt hat zunächst eine normative Komponente. Die Meinungsfreiheit muss *rechtlich* gesichert sein und von den zuständigen Stellen auch geachtet werden.[407] Erst dadurch wird die Möglichkeit freier Willensbildung geschaffen, die Grundvoraussetzung jeder demokratischen Mehrheitsentscheidung ist.[408] Wie das britische Beispiel zeigt, ist es nicht zwingend notwendig, die Meinungsfreiheit in einer geschriebenen und höherrangigen Verfassung zu garantieren. Ein solches Vorgehen kann sich jedoch als vorteilhaft erweisen, da die Ausgestaltung der Meinungsfreiheit in diesen Fällen dem Zugriff der jeweiligen Mehrheit entzogen ist. Modifikationen sind dann zwar denkbar, jedoch – wie in Deutschland oder den USA – an besondere Voraussetzungen geknüpft. Neben diese normative tritt eine *faktische* Komponente. Die rechtliche Sicherung der Meinungsfreiheit kann für sich genommen noch nicht garantieren, dass ein öffentlicher Diskurs mit einer ausreichenden Beteiligung tatsächlich stattfindet. Diese öffentliche Auseinandersetzung, die gerade in repräsentativen Demokratien wesentlich zur Legitimität der demokratischen Mehrheitsentscheidung beiträgt,[409] indem sie

[402] Mehrheit und Minderheit dürfen in ihrer Struktur nicht starr bzw. unveränderlich sein, vgl. *H. Dreier*, Integration durch Verfassung? Rudolf Smend und die Grundrechtsdemokratie, in: F. Hufen (Hrsg.), Verfassungen. Zwischen Recht und Politik, S. 70 (94): „Der Majoritätsbeschluss darf also nicht das ‚Diktat‘ einer von vornherein feststehenden und letztlich unumkehrbaren Mehrheit sein.“

[403] *J. Krüper*, Das Glück der größten Zahl – Zum Mehrheitsprinzip als Funktionsregel im Verfassungsstaat, ZJS 2009, 477 (485).

[404] *U. Volkmann*, Die zwei Begriffe der Demokratie – Von der Übertragbarkeit staatsbezogener Demokratievorstellungen in überstaatliche Räume, in: K. Naumann, Europäische Demokratie in guter Verfassung?, S. 14 (22). Siehe auch *H. Dreier*, Integration durch Verfassung? Rudolf Smend und die Grundrechtsdemokratie, in: F. Hufen (Hrsg.), Verfassungen. Zwischen Recht und Politik, S. 70 (94).

[405] *W. Heun*, Das Mehrheitsprinzip in der Demokratie, S. 175 ff.; *J. Krüper*, Das Glück der größten Zahl – Zum Mehrheitsprinzip als Funktionsregel im Verfassungsstaat, ZJS 2009, 477 (479 f.). Siehe dazu auch *A. Ingold*, Das Recht der Oppositionen, S. 306 ff.

[406] *C. Möllers*, Die drei Gewalten, S. 81.

[407] Siehe auch *C. Hillgruber*, Die Meinungsfreiheit als Grundrecht der Demokratie, JZ 2016, 495 ff.

[408] *H. Dreier*, Idee und Gestalt des freiheitlichen Verfassungsstaates. S. 181. Siehe auch *J.-W. Müller*, Furcht und Freiheit, S. 125 und S. 133: „Knapp gesagt: keine Demokratie ohne politische Grundrechte und intakten Medienpluralismus sowie effektiven juristischen Schutz dieser Infrastruktur der kollektiven Willensbildung.“

[409] Siehe erneut *W. Heun*, Das Mehrheitsprinzip in der Demokratie, S. 193: „Die Mehr-

„für Wahlen und Abstimmungen erst die Alternativen sichtbar (macht)",[410] kann demokratisch nicht erzwungen werden. Sie setzt die Bereitschaft der Mitglieder des Gemeinwesens voraus, sich an den politischen Debatten in einer ansprechenden Form zu beteiligen. Wo diese besondere Entscheidungs- und Beteiligungsbereitschaft nicht oder nicht ausreichend vorhanden ist, leidet die Funktionsfähigkeit des Mehrheitsprinzips und damit der Demokratie, auch weil die getroffenen Entscheidungen dann unter Umständen nicht mehr von einer wirklichen Mehrheit getragen werden: „Im Grunde kann infolge solchen Verhaltens das Mehrheitsprinzip in Minderheitsherrschaft pervertiert werden."[411]

Es bedarf damit zugleich einer politischen Streitkultur innerhalb des Gemeinwesens, die den politischen Streit um die richtige Entscheidung nicht aufgrund eines verfehlten Harmoniebedürfnisses verachtet, sondern als notwendige Voraussetzung jedes demokratischen Lebens anerkennt, wertschätzt und bewahrt, „damit die politische Willensbildung des Volkes über die für alle Bürger zur Mitwirkung geöffneten Parteien und im öffentlichen Informationsraum beständig präsent und wirksam bleibt."[412] „Konflikte können und sollen in liberalen, demokratischen Gesellschaften nicht eliminiert werden, da die Akzeptanz und Legitimierung von Konflikten ja gerade das ist, was eine pluralistische Demokratie auszeichnet"[413] oder, mit *Christoph Möllers*: „Wenn alle einer Meinung sind, bedarf es keiner demokratischen Verfahren mehr."[414] Wird öffentlicher Streit vermieden oder findet dieser nur noch verkürzt oder verzerrt statt und sinkt dadurch in repräsentativen Demokratien die Wahlbeteiligung unter eine kritische Schwelle, wird das demokratische Leben unabhängig von der Frage beeinträchtigt, ob sich das auf anderem Wege gefundene Ergebnis als gut oder schlecht für die weitere Entwicklung des Gemeinwesens erweist. Oder anders: Gute Entscheidungen – so wichtig sie sind – werden die Demokratie allein nicht am Leben erhalten können, wenn ihnen kein angemessener offener Diskurs vorangeht: „Eine

---

heitsentscheidung erhält ihre Legitimation nicht zuletzt auch im Hinblick auf die unterlegene Minderheit zwar einerseits von der demokratischen Beteiligung, andererseits jedoch von ihrer inhaltlichen Qualität, die wesentlich durch die offene Austragung der Meinungsgegensätze, die der Minderheit argumentative Einflussnahme erlaubt, bestimmt wird."

[410] BVerfGE 123, 267 (358).

[411] *W. Heun*, Das Mehrheitsprinzip in der Demokratie, S. 205. Siehe auch *H. J. Varain*, Die Bedeutung des Mehrheitsprinzips im Rahmen unserer politischen Ordnung, ZfP 11 (1964), 239 (250): „Kein politisches Recht vermag zu bestehen, wo der Wille fehlt, es auszuüben."

[412] BVerfGE 123, 267 (358).

[413] *C. Mouffe*, Agonistik, S. 28.

[414] *C. Möllers*, Die drei Gewalten, S. 85. Siehe auch *J.-W. Müller*, Furcht und Freiheit, S. 60: Es gehe bei Demokratie „um Konflikte und nicht um Konsens."

gut funktionierende Demokratie erfordert den Widerstreit demokratischer politischer Positionen."[415] Es kommt also nicht nur darauf an, *dass* gute Mehrheitsentscheidungen getroffen werden, sondern auch, *wie* es zu diesen kommt, da andernfalls die umfassende Akzeptanz der Entscheidungen und damit langfristig des politischen Systems nicht gewährleistet werden kann. Dass dazu selbstverständlich auch eine prinzipielle Redlichkeit der Beteiligten gehört, es also nicht zulässig ist, sich für die eigene Argumentation auf (bewusste) Falschbehauptungen zu stützen, ist an sich eine Selbstverständlichkeit.[416] Angesichts der Entwicklungen der letzten Jahre – man denke an Begriffe wie „fake news" oder „alternative facts" –, sei das an dieser Stelle aber noch einmal besonders betont.[417]

Eine solche gesamtgesellschaftliche politische Streitkultur bei der der politisch Andersdenkende zwar als Gegner, nicht aber als unter allen Umständen zu besiegender Feind angesehen wird, kann nicht erzwungen werden, sie hängt von vielen auch historischen und außerrechtlichen Faktoren ab – auch hier greift das berühmte Böckenförd'sche Diktum.[418] Es ist aber möglich, (normative) Voraussetzungen zu schaffen, in denen eine solche politische Streitkultur gedeihen kann – und auch insoweit ist die Allgemeine Staatslehre gefragt. Dazu gehört an erster Stelle ein ausreichendes Bildungsniveau der Mitglieder des Gemeinwesens. Denn eine Beteiligung am politischen Diskurs ist nur möglich, soweit man der Diskussion überhaupt folgen kann, diese nicht am Individuum vorbei läuft. Die Bedeutung eines funktionsfähigen Bildungssystems für eine Demokratie, in dem auch die grundlegenden Streitkompetenzen erworben werden, dürfte kaum zu überschätzen sein.[419] Daneben bedarf es in repräsentativen Demokratien nicht nur eines Vorlebens dieser Streitkultur durch die politischen Entscheidungsträger, sondern auch einer angemessenen Berichterstattung über ausgetragene Dispute in den relevanten Medien, damit die Bevölkerung umfassend an diesen mitwirken und sie jedenfalls für ihre kommende Wahlentscheidung nutzen kann. Das meint zum einen die unparteiische und nicht unzulässig verkürzte oder verzerrte (beziehungsweise gar bewusst unwahre) Darstellung der vorgetragenen Positionen und Argumente. Zum anderen darf in dieser Berichterstat-

---

[415] *C. Mouffe*, Agonistik, S. 29.

[416] Allerdings ist die Abgrenztung hier nicht immer ganz leicht, da es so etwas wie „objektive Fakten" nur bedingt geben kann. Gleichwohl ist die Grenze eindeutig dort überschritten, wo dauerhaft bewusste Lügen verbreitet werden.

[417] Erhellend zu den Hintergründen dieser Entwicklungen, die danach in der Postmoderne wurzeln und keine gänzlich neue Erscheinung darstellen, *M. Kakutani*, The Death of Truth, 2018.

[418] „Der freiheitliche, säkularisierte Staat lebt von Voraussetzungen, die er selbst nicht garantieren kann."

[419] Siehe auch *R. A. Dahl*, On Democracy, S. 185.

tung aber auch der inhaltliche Disput selbst nicht als negativ dargestellt werden. Geschieht dies jedoch, wird eine funktionsfähige Demokratie medial also mit möglichst wenig Streit verknüpft wird, wird dies der politischen Streitkultur erheblichen Schaden zufügen.

c) Repräsentation und Formen unmittelbarer Teilhabe

Die unmittelbare Willensbildung durch das Volk ist in modernen demokratischen Ordnungen mit mehreren Millionen BürgerInnen „aus „sozialtechnischen Gründen“[420] offenkundig unmöglich.[421] Hier liegt der Grund, warum die Demokratie in der Antike allenfalls für kleinere Staatswesen als geeignet angesehen wurde. Und auch *Jean-Jacques Rousseau* ging in seinen „Betrachtungen über die Regierung in Polen“ noch davon aus, dass die Ausdehnung der Staaten „die erste und hauptsächliche Ursache für das Unglück der Menschheit“[422] sei – große Staaten würden früher oder später immer despotische Gestalt annehmen.[423] Es ist das Verdienst *Alexander Hamiltons* mit der Idee einer „repräsentativen Demokratie“ diese Staatsform auch für größere Gemeinwesen praktikabel gemacht zu haben[424] – und zwar keineswegs als zweitbeste Lösung gegenüber einer direkten, sondern als vollwertige eigene Demokratie,[425] die Bedingung jeder Form der Gewaltenteilung darstellt.[426] In direkt-demokratischen Ordnungen ist eine Gewaltenteilung praktisch nicht umsetzbar. Heute, das dürfte nicht ernsthaft bestritten werden, führt an Repräsentation (durch Wahlen) kein Weg mehr vorbei. Der Blick in die modernen demokratischen Verfassungsstaaten bestätigt diesen Befund: Die unmittelbaren freien und „auf der ungeheuerlichen Idee der Gleichheit“[427] beruhenden Wahlen der zentralen Körperschaften sowie – abhängig vom Regierungssystem – der Exekutivspitze bilden eine bedeutende Säule des politischen Prozesses und Diskurses. Der Wahlakt selbst gilt (zu Recht) als das „demokratische Urgrundrecht“.[428] In funktionierenden Demokratien gerät diese Bedeutung bisweilen allerdings ein wenig in Vergessenheit,[429] von der

---

[420] *H. Kelsen*, Vom Wesen und Wert der Demokratie, S. 38.

[421] *R. Zippelius*, Allgemeine Staatslehre, S. 158.

[422] *J.-J. Rousseau*, Betrachtungen über die Regierung in Polen, S. 452.

[423] Dazu auch *D. Jörke*, Die Größe der Demokratie, S. 41 ff.

[424] Und zwar durch Wahlen, vgl. *H. Richter*, Moderne Wahlen, S. 20 f.

[425] Vgl. auch *H. Krüger*, Allgemeine Staatslehre, S. 235 sowie *R. Steinberg*, Die Repräsentation des Volkes, S. 272.

[426] *R. Zippelius*, Allgemeinen Staatslehre, S. 159.

[427] *H. Richter*, Moderne Wahlen, S. 13.

[428] Zur Entwicklung siehe unter anderem *H. Richter*, Moderne Wahlen. Eine Geschichte der Demokratie in Preußen und den USA im 19. Jahrhundert, 2017.

[429] Ablesbar nicht zuletzt in der stetig sinkenden Wahlbeteiligung, vgl. *A. Thiele*, Verlustdemokratie, S. 243 ff.

Opposition in autoritären Regimen hingegen wird sie immer deutlich artikuliert: Die Sehnsucht nach Demokratie äußert sich nach außen vor allem in der Sehnsucht nach freien und gleichen Wahlen. Angesichts dieser immensen Bedeutung der Wahl und der Repräsentation erscheint es überraschend, dass bis heute nicht abschließend geklärt ist, was Repräsentation in diesem demokratischen Sinne bedeutet, wer also wen in welcher Form mit welcher Aufgabe (und welchen Grenzen) vertritt.[430] Das gilt im internationalen Vergleich der „Repräsentationskonzepte",[431] offenbart sich aber auch innerhalb etablierter Verfassungssysteme. In Deutschland hat zuletzt die Debatte um das brandenburgische Parité-Gesetz diese theoretische Lücke offenbart,[432] die für die Praxis alsbald vom Bundesverfassungsgericht geklärt werden dürfte. Einig ist man sich zwar, dass es bei Repräsentation um eine Form der Vertretung des Volkes im Prozess der politischen Willensbildung geht. Die Details sind jedoch mehr oder weniger ungeklärt, jedenfalls aber nicht konsentiert. Zwar wird man sagen können, dass auf Vorstellungen *Jean-Jacques Rousseaus* zurückgehende[433] idealistische Theorien (*Carl Schmitt, Gerhard Leibholz, Herbert Krüger*) in der modernen pluralistischen Gesellschaft nicht zu überzeugen vermögen (wenngleich sie selbst in Entscheidungen des Bundesverfassungsgerichts noch durchschimmern).[434] Repräsentiert wird kein als politische Einheit existierendes Volk, „das gegenüber dem natürlichen Dasein eine höhere und gesteigerte, intensivere Art Sein hat"[435] (*Schmitt*) oder eine überindividuelle Gesellschaft, die über die Summe der die Gemeinschaft bildenden Individuen hinausgeht und ihnen gegenüber ein „höheres Sein"[436] darstellt (*Leibholz*). Abgesehen davon, dass solche Vorstellungen parlamen-

---

[430] Siehe schon *G. Jellinek*, System der subjektiven öffentlichen Rechte, S. 153: „Der staatsrechtlich so wichtige Begriff der Repräsentation ist in vollem Umfang bisher noch nichts erkannt worden."

[431] Vgl. dazu etwa *A. Weber*, Europäische Verfassungsvergleichung, 7. Kapitel, Rn. 24 ff.

[432] Dementsprechend begann umgehend eine intensive Debatte über die verfassungsrechtliche Zulässigkeit einer solchen Quotenregelung. Siehe nur *M. Morlok/A. Hobusch*, Ade Parité? Zur Verfassungswidrigkeit verpflichtender Quoten bei Landeslisten, DÖV 2019, 14 ff. (verfassungswidrig) sowie *H. Meyer*, Verbietet das Grundgesetz eine paritätische Frauenquote bei Listenwahlen zu Parlamenten?, NVwZ 2019, 1245 ff. (verfassungsgemäß). Siehe auch *S. Fontana*, Parität und Wahlrechtsgleichheit, DJbZ 2019, 128 ff.; *dies.*, Parität als verfassungsrechtlicher Diskurs, DVBl. 2019, 1153 ff. sowie *M. M. Mateo*, Füreinander Sprechen. Zu einer feministsichen Theorie der Repräsentation, Leviathan 47 (2019), 331 ff. Auch in den Feuilletons der großen Tageszeitungen wurde das Thema behandelt, vgl. etwa *C. Möllers*, Die Krise der Repräsentation, FAZ v. 13.2.2019, S. 9.

[433] Vgl. *R. Steinberg*, Die Repräsentation des Volkes, S. 11.

[434] Dazu auch *R. Steinberg*, Die Repräsentation des Volkes, S. 9 ff., zum Bundesverfassungsgericht S. 16.

[435] *C. Schmitt*, Verfassungslehre, S. 210.

[436] *G. Leibholz*, Das Wesen der Repräsentation, S. 44.

tarischen Prozessen oftmals skeptisch gegenüber stehen und – wie bei *Schmitt* – schnell ins Autoritäre abrutschen können,[437] verkennen sie die Verwurzelung des demokratischen Verfassungsstaates in den BürgerInnen selbst,[438] die mit *Ulrich Scheuner* mit einem spezifischen Menschenbild zusammengeht: Dem selbstbestimmten Menschen, der nicht für etwas diffus Überindividuelles in Anspruch genommen werden kann.[439] Aus diesem freien Zusammenschluss ein höheres Sein zu konstruieren, dass in Form eines „wahren" Gemeinwohls in der Konsequenz gegen die realen BürgerInnen ausgespielt werden könnte, ist damit nicht vereinbar,[440] auch weil unklar bleibt, wer über den Inhalt eines solchen Gemeinwohls bestimmen sollte.[441] Deutlich hat das *Hermann Heller* (gerichtet gegen *Rousseau*) formuliert: „Das Volk wird damit zu einer apriorischen Willensgemeinschaft und vorgegebenen politischen Einheit metaphysiert, die es nirgends ist noch war."[442] Repräsentiert werden kann in einer demokratischen Ordnung nur etwas Existentes, etwas Reales, nicht aber etwas Nebulöses oder Unsichtbares. Repräsentation sollte mit *Ulrich Scheuner* daher verstanden werden als die „Vergegenwärtigung einer Person, Gruppe oder Idee durch eine Person (Personenmehrheit) oder ein Symbol."[443] Im demokratischen Parlament repräsentiert wird das konkrete Volk. Die Aufgabe der Repräsentation liegt mit *Sièyes* daher in der Bildung eines außerparlamentarisch nicht vorhandenen Volkswillens, also „statt seiner zu wollen"[444] – eine Aufgabe, die nur mit einem freien und nicht mit einem imperativen Mandat denkbar ist. Das parlamentarische Verfahren ist kein Volkswillenerkenntnis-, sondern ein Volkswillenbildungsverfahren.[445] Das Ausspielen eines vermeintlichen Volkswillens gegen den parlamentarisch ge-

---

[437] Sehr deutlich *C. Schmitt*, Die geistesgeschichtliche Lage des heutigen Parlamentarismus, S. 14: „Zur Demokratie gehört also notwendig erstens Homogenität und zweitens – nötigenfalls – die Ausscheidung oder Vernichtung des Heterogenen. [...] Die politische Kraft einer Demokratie zeigt sich darin, dass sie das Fremde und Ungleiche, die Homogenität Bedrohende zu beseitigen oder fernzuhalten weiß."

[438] Vgl. auch *E. Denninger*, Gemeinwohl. Was ist das?, KJ 52 (2019), 361 (369 f.).

[439] *U. Scheuner*, Das repräsentative Prinzip in der Demokratie, in: ders. (Hrsg.), Staatstheorie und Staatsrecht, Gesammelte Schriften, S. 235 ff.

[440] Siehe auch *H. Heller*, Staatslehre, S. 160 ff., der treffend festhält, dass es über den Mitgliedern und außerhalb ihrer kein Volk gibt.

[441] Nicht zuletzt *Carl Schmitt* hielt einen einzelnen „Führer" für sehr viel besser geeignet, dieses Gemeinwohl zu „erkennen". Im parlamentarischen Prozess würde es hingegen zwangsläufig „zerredet".

[442] *H. Heller*, Staatslehre, S. 162.

[443] *U. Scheuner*, Das repräsentative Prinzip der modernen Demokratie, in: ders. (Hrsg.), Staatstheorie und Staatsrecht, S. 245 (250).

[444] *R. Zippelius*, Allgemeine Staatslehre, S. 157.

[445] Siehe auch *H. Krüger*, Allgemeine Staatslehre, S. 369: „In Wahrheit ist ein Volkswille immer wieder erst hervorzubringen, der ursprünglich und an sich nicht vorhanden ist."

äußerten ist daher theoretisch ausgeschlossen:[446] Außerhalb konkreter und die Freiheit und Gleichheit achtender Verfahren hat das Volk keinen Willen.

Wenn das Gesamtparlament das konkrete Volk (und keine dahinter stehende politische Einheit) repräsentiert, beantwortet das noch nicht die Frage, wen der oder die einzelne Abgeordnete vertritt. Repräsentiert auch er oder sie stets das ganze Volk oder (zumindest auch) die Interessen bestimmter Volksgruppen oder Regionen? Hier zeigen sich auch in parlamentarischen Regierungssystemen unterschiedliche Vorstellungen. So werden die Abgeordneten im britischen Parlament vornehmlich als RepräsentantInnen ihrer jeweiligen Wahlbezirke angesehen und im Parlament sogar in dieser Funktion angesprochen. Die Wahlkreisangehörigen spielen schon aufgrund des relativen Mehrheitswahlrechts für die Abgeordneten eine gesteigerte Rolle. Die Abgeordneten scheinen sich indes zugleich als Vertreter des gesamten britischen Volkes anzusehen, was in den prominenten Debatten zum Brexit erkennbar wurde. Mangels geschriebener Verfassung besteht hier erheblicher Interpretationsspielraum; auch die staatstheoretische Konstruktion der „Parlamentssouveränität" dürfte relevant sein. Auch das Grundgesetz beantwortet diese Frage in Art. 38 Abs. 1 GG jedoch nur scheinbar, wie ein Blick in das geltende (und verfassungskonforme) Wahlrecht zeigt. Dieses kennt mit den DirektkandidatInnen durchaus eine Art regionale Vertretung und damit regionale Teilrepräsentation. Die Antwort auf die Repräsentationsfrage hängt insofern davon ab, ob man eine „echte" Repräsentation nur annehmen will, soweit das repräsentierende Organ (Parlament) in personeller Hinsicht eine Art verkleinertes Abbild der repräsentierten Personengruppe (Volk) mit all seinen unterschiedlichen Interessen und Identitäten darstellt.[447] Ein solches Verständnis führt die Idee der Repräsentation in Gesellschaften mit Millionen von BürgerInnen freilich ad absurdum.[448] Wie sollte das angesichts der zahlreichen identitätsstiftenden Merkmale (Religion, Abstammung, Wohnort, sexuelle Orientierung, sozialer Status) gelingen, ohne das Parlament immer weiter zu vergrößern? Welche gesellschaftlichen Gruppen sollten berücksichtigt werden und welche nicht? Es geht darüber hinaus von der unzutreffenden Vorstellung einer Interessenidentität von sich in bestimmten Merkmalen gleichenden Personen aus, die unmittelbare Auswirkungen auf die politische Entscheidungsfindung hat.[449] Solche „natürlichen"

[446] Dazu auch *A. Thiele*, Verlustdemokratie, S. 63 ff.

[447] Vgl. *S. Fontana*, Parität als verfassungsrechtlicher Diskurs, DVBl. 2019, 1153 (1154). Siehe auch *S. Pernice-Warnke*, Parlamente als Spiegel der Bevölkerung?, DVBl. 2020, 81 ff.

[448] Siehe auch *M. M. Mateo*, Füreinander sprechen. Zu einer feministischen Theorie der Repräsentation, Leviathan 47 (2019), 331 (339): „Allerdings darf Abbildung nicht mit Ähnlichkeit verwechselt werden."

[449] Vgl. auch *M. M. Mateo*, Füreinander sprechen. Zu einer feministischen Theorie der Repräsentation, Leviathan 47 (2019), 331 (333 ff.).

Interessen bestimmter Gruppen lassen sich jedoch nicht belegen,[450] zudem kann ein bestimmtes Gruppeninteresse auch von einer Person vertreten werden, die nicht zu der betroffenen Gruppe gehört. Gerade im parlamentarischen Prozess ist eine solche „Fremdvertretung" angesichts der Vielzahl zu behandelnder Themen die Regel. Dieser Befund spricht damit zwar gegen den Versuch, das demokratische Parlament zu einer Art Ständevertretung aller gesellschaftlichen Gruppierungen umzufunktionieren und entsprechende Quotenregelungen zu etablieren. Das heißt jedoch nicht, dass der Versuch einzelne gesellschaftliche Strukturen im Parlament abzubilden von vornherein als verfehlt angesehen werden müsste. Er bedürfte aber einer „bereichsspezifischen Begründung", die beispielhaft in einer verfassungsrechtlichen Fundierung gesehen werden kann (etwa Gleichberechtigung von Mann und Frau).[451] Zu berücksichtigen wären bei der Ausgestaltung aber die beachtlichen Eingriffe in das aktive und passive Wahlrecht, die mit einer solchen Vorgabe einhergehen können. Für die Allgemeine Staatslehre bleibt hier – gerade unter Berücksichtigung der internationalen Entwicklungen – viel zu tun.

Auch wenn an Repräsentation (und Wahlen) damit kein Weg vorbei führt, bedeutet das nicht, Formen unmittelbarer Demokratie per se abzulehnen.[452] In welchem Umfang darauf zurückgegriffen werden sollte, hängt nicht zuletzt vom Regierungssystem ab. In größerem Umfang sind sie nur im schweizerischen Direktorialsystem sinnvoll (beziehungsweise sogar notwendig). Auch bei einem nur punktuellen Einsatz gilt es aber, sich die Vor- und Nachteile direktdemokratischer Teilhabe vor Augen zu führen. Direkte Demokratie ist nicht die im Vergleich zur repräsentativen Demokratie stets „bessere" Demokratieform;[453] repräsentative Demokratie ist – schon wegen des Erfordernisses der Gewaltenteilung – keine Notlösung. Beide Verfahren kön-

---

[450] Anders gewendet: Ein Mann kann sich von einem anderen Mann sehr viel schlechter vertreten sehen als von einer Frau. Das kommt eben darauf an, wie sich die jeweilige Person im Parlament verhält und wofür sie steht. Ebensowenig wie ein Mann etwa per se frauenfeindlich agiert, agiert eine Frau immer frauenfreundlich.

[451] In diesem Sinne etwa *H. Meyer*, Verbietet das Grundgesetz eine paritätische Frauenquote bei Listenwahlen zu Parlamenten?, NVwZ 2019, 1245 ff. Siehe auch *S. Fontana*, Parität als verfassungsrechtlicher Diskurs, DVBl. 2019, 1153 (1154 ff.). Anders hingegen *M. Morlok/A. Hobusch*, Sinnvoll heißt nicht verfassungsgemäß – zu Meyers Kritik an der Paritätskritik, NVwZ 2019, 1734 ff.; *S. Pernice-Warnke*, Parlamente als Spiegel der Bevölkerung?, DVBl. 2020, 81 ff.

[452] Siehe auch *R. Steinberg*, Die Repräsentation des Volkes, S. 202 ff. Zu neuartigen Beteiligungsformen *D. Oppold/P. Nanz*, Mehr Demokratie durch dialogorientierte Bürgerbeteiligung, in: A. Thiele (Hrsg.), Legitimität in unsicheren Zeiten, S. 175 ff.; *T. Drinóczi/A. Bień-Kacała*, Illiberal Constitutionalism: The Case of Hungary and Poland, German Law Journal 20 (2019), 1140 (1145).

[453] *A. Thiele*, Verlustdemokratie, S. 64 ff.

nen und sollten nicht gegeneinander ausgespielt werden, vielmehr jeweils da zum Einsatz kommen, wo ihre Vorteile die Nachteile überwiegen. Der Pluspunkt direkt-demokratischer Verfahren liegt in der unmittelbaren Beteiligung des Volkes an einer konkreten Sachentscheidung. Wo sonst nur über Personen entschieden wird, kann hier ein konkretes Problem nach den Vorstellungen der Mehrheit des Volkes unmittelbar gelöst werden. Das kann im Vergleich zu repräsentativen Verfahren zu einer gesteigerten Legitimität der Entscheidung führen. Andererseits kann in größeren Gemeinwesen eine umfassende Sachdebatte nicht geführt werden. Die BürgerInnen können nicht wie die wenigen Abgeordneten im Parlament miteinander streiten, das Gesamtvolk ist dafür zu groß. Damit steht fest, dass eine Volksabstimmung erstens nur Fragen betreffen sollte, die einer Ja-/Nein-Antwort zugänglich sind. Wo auch ein „Ja, aber" oder ein „Nein, aber" denkbar sind, aber nicht zur Auswahl stehen, wird dies zu Frustrationen führen – die Brexit-Abstimmung, bei der es sich nur scheinbar um eine Ja-/Nein-Frage handelte, bestätigt diesen Befund. Zweitens sollte die zugrunde liegende Thematik jeden Abstimmungsberechtigten individuell und vorhersehbar in möglichst einheitlicher Form betreffen[454] und alle – aber auch nur diejenigen –, die in dieser Form betroffen sind, sollten an der Abstimmung teilnehmen dürfen. Nur dann besteht auf Seiten der Wahlberechtigten ein gesteigertes individuelles Interesse daran, sich an der Abstimmung zu beteiligen und auf diesem Wege die eigenen Lebensumstände mitzugestalten. Zudem wird es für die tatsächlich Betroffenen schwerer das Ergebnis einer Volksabstimmung zu akzeptieren, je größer der Anteil der Abstimmungsberechtigten ist, die von der Angelegenheit in keiner oder allenfalls marginaler Weise betroffen sind. Volksabstimmungen dürften sich zu Themen, die den Gesamtstaat betreffen daher nur selten anbieten und erweisen sich vor allem bei regionalen oder kommunalen Fragestellungen als sinnvoll.[455] Schließlich und drittens sollte die

[454] Siehe auch *B. C. Sack*, Gewinnen, Verlieren und lokale Betroffenheit bei Volksabstimmungen, PVS 2017, 75 (79 f.).

[455] Positiver hingegen *J. Kersten*, Schwarmdemokratie, S. 189. Zumindest diese Voraussetzung dürfte im Übrigen bei der Brexit-Abstimmung gewahrt worden sein – die Beteiligung auch der Bürgerinnen und Bürger der anderen europäischen Länder war insoweit nicht erforderlich. Diese waren zwar mittelbar, nicht jedoch unmittelbar von der Entscheidung betroffen. Das Unionsrecht unterscheidet insoweit weiterhin zwischen den einzelnen Völkern der Mitgliedstaaten. Problematisch war hingegen die Abstimmung zur Unabhängigkeit Kataloniens, die nur in Katalonien stattfand. Wenn überhaupt hätte eine solche Abstimmung in ganz Spanien stattfinden müssen, da eine solche Abspaltung letztlich die Zusammensetzung des gesamten spanischen Volkes und die Gestaltung des spanischen Staates betroffen hätte. Durch die regional begrenzte Abstimmung wurden also wesentliche Teile der direkt betroffenen Bevölkerung von der Abstimmung ferngehalten. Siehe dazu auch *H. L. Bofill*, Hubris, constitutionalism, and „the indissoluble unity of the Spanish nation": The repression of Catalan secessionist referenda in Spanish constitutional law, ICON 17 (2019), 943 ff.

Umsetzung des Ergebnisses der Volksabstimmung zügig und für den Einzelnen sichtbar erfolgen können. Sofern die Umsetzung einer Volksabstimmung hingegen von zahlreichen weiteren politischen Entscheidungen und damit unsicheren Vollzugsakten abhängt, könnte sich die Politikverdrossenheit noch einmal steigern, wenn die Umsetzung des Ergebnisses der Volksabstimmung scheitert oder allzu lange verzögert wird.[456] Abschließend sei noch auf ein weiteres Problem von Volksabstimmungen verwiesen, das sich ebenfalls zuletzt in Großbritannien zeigte: Die Verortung der Entscheidung im vermeintlichen „Souverän" erschwert die Revisibilität, die gerade für demokratische Entscheidungen essentiell ist. Während eine Parlamentsmehrheit für ihre Entscheidungen per Abwahl verantwortlich gemacht werden kann, kommt eine solche Verantwortlichkeit bei Volksentscheidungen nicht in Betracht. Wen sollte man abwählen? Selbst wenn sich Mehrheiten im Volk geändert haben sollten, fällt es dadurch schwer, Volksentscheidungen nachträglich zu korrigieren, weil dies stets wie ein Eingriff in das Recht des „Souveräns" wirkt. Das gilt erst recht, wenn eine solche Korrektur nicht durch eine zweite Volksabstimmung, sondern durch das Parlament erfolgen soll. Auch das spricht dafür, repräsentative und unmittelbare Demokratie nicht zu stark zu vermischen und Verantwortlichkeiten zu verwässern. Inwieweit (unverbindliche) alternative Beteiligungsformen – etwa (unverbindliche) Bürgerräte sinnvoll sind, ist damit noch nicht beantwortet.[457]

d) Öffentlichkeit und Pluralismus

Der Öffentlichkeit kommt im demokratischen Verfassungsstaat eine doppelte Bedeutung zu: Zum einen setzt die Meinungsbildung der BürgerInnen eine Öffentlichkeit der politischen Debatte voraus. Die Meinungsfreiheit, die das Bundesverfassungsgericht zutreffend als „schlechthin konstituierend" für die freiheitlich demokratische Ordnung bezeichnet hat, wäre ohne die Möglichkeit der öffentlichen Debatte wertlos. Wenn es in einer Demokratie darum geht, im Diskurs der Freien und Gleichen zu mehrheitsfähigen Lösungen zu kommen, muss der Großteil des politischen Prozesses auch öffentlich ablaufen. Im Lissabon-Urteil hat das Bundesverfassungsgericht dies folgendermaßen formuliert: „Demokratie lebt zuerst von und in einer funktions-

---

[456] Auch hier zeigt sich das Problem der Brexit-Abstimmung: Die Umsetzung der Austrittsentscheidung setzt zahlreiche Zwischenschritte einschließlich langwieriger Vertragsverhandlungen voraus. Wie der Brexit letztlich ausgestaltet ist, wird also nicht von den Abstimmenden selbst, sondern von anderen entschieden. Erneut ist die Frustration der Abstimmungsteilnehmer mehr als verständlich.

[457] Siehe etwa *D. Oppold/P. Nanz*, Mehr Demokratie durch dialogorientierte Bürgerbeteiligung, in: A. Thiele (Hrsg.), Legitimität in unsicheren Zeiten, S. 175 ff.; *P. Nanz/C. Leggewie*, Die Konsultative, 2016. Eher skeptisch *A. Thiele*, Verlustdemokratie, S. 337 ff.

fähigen öffentlichen Meinung, die sich auf zentrale politische Richtungsbestimmungen und die periodische Vergabe von politischen Spitzenämtern im Wettbewerb von Regierung und Opposition konzentriert."[458] Insbesondere dient die Öffentlichkeit der parlamentarischen Debatte der Ermöglichung und der Sichtbarmachung der für die Legitimität eines Gemeinwesens erforderlichen Responsivität. Für die Anerkennung der Mehrheitsentscheidung des Parlaments durch die BürgerInnen kommt es – wie erwähnt – nicht nur auf das Ergebnis, sondern auch darauf an, wie, das heißt in welchem Verfahren, dieses zustande gekommen ist. Die in der Öffentlichkeit vertretenen Ansichten und Meinungen müssen sich im parlamentarischen Streit spiegeln, selbst wenn sie sich am Ende nicht durchsetzen. Andernfalls auftretende „Repräsentativitätsdefizite"[459] können zu erheblichen Frustrationen bis hin zum schleichenden „Verlust des Demos"[460] führen. Ursache solcher Defizite können sowohl struktureller Art sein und im nicht (mehr) angemessenen Wahlrecht begründet liegen, das nicht mehr in der Lage ist, den Pluralismus der öffentlichen Meinungen aufzunehmen und ins Parlament zu tragen. Das britische relative Mehrheitswahlrecht muss sich diesem Vorwurf zuletzt häufiger stellen. Sie können aber auch in einer nicht hinreichenden Bereitschaft der Parlamentarier liegen, das gesamte Meinungsspektrum im Rahmen ihrer täglichen Arbeit zur Kenntnis zu nehmen. Den Parlamentariern fehlt dann die notwendige „Streitkompetenz", wenn „Streit vermieden wird oder den politischen Primärstreitraum verlässt und in Hinterzimmern stattfindet, Ergebnisse nur präsentiert aber nicht mehr offen diskutiert werden, die notwendige Responsivität zwischen politischem Raum und Gesellschaft damit nicht mehr sichtbar wird."[461] Schließlich ist es denkbar, dass die Medien ihrer Aufgabe als „Diskursmittler" nicht mehr hinreichend nachkommen. Auch insoweit lassen sich gewisse Defizite aufzeigen.[462] Aufgabe der Allgemeinen Staatslehre ist es auf die Bedeutung der parlamentarischen Öffentlichkeit hinzuweisen, Probleme zu ermitteln und Verbesserungen anzumahnen. Für das deutsche Parlament als Arbeitsparlament habe ich an anderer Stelle vorgeschlagen, die grundsätzliche Nichtöffentlichkeit der Ausschusssitzungen zu überdenken[463] und gewisse strukturelle Mängel der Medienlandschaft kritisiert.[464] Solche Forderungen müssen allerdings stets berücksichtigen, dass es

[458] BVerfGE 123, 267 (358).

[459] *P. Cancik*, Wahlrecht und Parlamentsrecht als Gelingensbedingung repräsentativer Demokratie, VVDStRL 72 (2012), 268 (280).

[460] Vgl. dazu *A. Thiele*, Verlustdemokratie, S. 243 ff.

[461] *A. Thiele*, Verlustdemokratie, S. 124.

[462] Siehe dazu ausführlich *A. Thiele*, Verlustdemokratie, S. 196 ff. Zur Rolle und Funktion der Medien auch unten bei Frage VII.

[463] *A. Thiele*, Verlustdemokratie, S. 81 f.

[464] *A. Thiele*, Verlustdemokratie, S. 200 ff.

auch in einer demokratischen Ordnung Gründe für Intransparenz oder besser: für Vertraulichkeit geben kann. Das gilt erst recht in der aufgeregten Medienwelt der heutigen Zeit. Öffentlichkeit und Transparenz sind keine absolut einzufordernden Prinzipien. Orte anzubieten, in denen vertraulich gesprochen werden kann, ist eine Aufgabe einer demokratischen Verfassungsordnung, da sie andernfalls ohnehin gesucht (und gefunden) werden würden. Schon zur Abwendung möglicher Verschwörungstheorien erweist es sich als besser, solche vertraulichen Räume „öffentlich" einzurichten. Auch Ausschusssitzungen des Bundestages sollten daher vertraulich abgehalten werden können. Bei dem oben genannten Vorschlag ginge es also um die Umkehrung der bisherigen Regel – generell öffentlich, ausnahmsweise und mit entsprechender Begründung nicht-öffentlich.

Der öffentliche (parlamentarische) Diskurs wird in der Postmoderne von einer zunehmenden Pluralisierung begleitet. Diese anwachsende „soziale Diversität" als Ergebnis „wachsender Heterogenität hinsichtlich ethnischer, kultureller, religiöser und anderer soziodemographischer Merkmale"[465], aber auch eines sich seit den 70er Jahren des letzten Jahrhunderts entwickelnden Bewusstseins im Hinblick auf die seit jeher gegebene Existenz entsprechender Gruppen im sozialen Raum prägt den politischen Diskurs in praktisch allen demokratischen Verfassungsstaaten.[466] Die Öffentlichkeit ist vielfältiger, diverser, bunter geworden und hat begonnen strukturgebende aber diskriminierende Rollenverständnisse, Zuordnungen und Pauschalierungen zu überwinden. Diese Entwicklung ist für den demokratischen Verfassungsstaat zwar nicht bedrohlich, aber auch nicht folgenlos, weshalb es sich um ein zentrales von der Allgemeinen Staatslehre zu bestellendes Feld handelt. Entscheidend ist, dass die neue (oder neu erkannte) Vielfalt vor dem Hintergrund der fundamentalen politischen Gleichheit der BürgerInnen gesehen und interpretiert werden muss. Diese politische Gleichheit wird durch Diversität nicht aufgehoben, schon weil Vielfalt allein in der Beziehung zu anderen und damit nicht ohne gleichheitsrechtlichen Bezug möglich ist: „Denn den Sinn seiner Existenz in der Unterscheidung von anderen zu finden, setzt offenkundig voraus, dass man mit ihnen zusammenlebt."[467] Hinter der Vielfalt muss diese grundlegende politische Gleichheit daher zu jeder Zeit und für jedermann erkennbar bleiben.[468] Das ist dort nicht der Fall, wo es zu einer

[465] *R. Steinberg*, Die Repräsentation des Volkes, S. 168.

[466] Siehe dazu auch *A. Thiele*, Gleichheit angesichts von Vielfalt als Gegenstand des philosophischen und juristischen Diskurses, DVBl. 2018, 1112 ff., dem Teile der folgenden Passage entnommen sind.

[467] *P. Rosanvallon*, Die Gesellschaft der Gleichen, S. 307. Siehe auch *A. Honneth*, Der Kampf um Anerkennung, S. 11 ff.

[468] Skeptisch, ob das in Zeiten der „Hyperkultur" noch der Fall ist wohl auch *A. Reckwitz*, Das Ende der Illusionen, S. 29 ff. *Reckwitz* spricht von der Überbetonung des Sin-

Überbetonung der Vielfalt kommt, bei der die Abgrenzung, die Andersheit und das Trennende, das „Singuläre“[469] zu sehr in den Vordergrund gerückt werden.[470] Es geht dann – und insofern betrifft das gerade nicht die Identitätspolitik an sich – nicht mehr um Vielfalt in Gleichheit, um gegenseitige (gleiche) Anerkennung der jeweiligen Vielfalt, sondern um die Bildung mehr oder weniger abgeschlossener Identitätsgemeinschaften, die zur Konstruktion sozialer Gegnerschaften führt oder führen kann (Mann gegen Frau, Weiß gegen Schwarz, Christ gegen Muslim).[471] Ähnlich kann es auch zu einer Überbetonung der Vielfalt im politischen Diskurs selbst kommen, wenn jede Nichtberücksichtigung eigener Interessen, Wünsche und Befindlichkeiten umgehend als eine Diskriminierung und Nichtbeachtung der eigenen „authentischen“ Vielfalt interpretiert wird. Gerade im öffentlichen Raum bedingt die Anerkennung des anderen als gleich vielfältig zugleich, gewisse Belästigungen der eigenen Befindlichkeiten auszuhalten und nicht stets den Vorwurf der Diskriminierung in den Raum zu stellen. Der öffentliche Diskurs, der im Sinne *Chantal Mouffes* agonistische Streit,[472] verlangt eine gewisse individuelle und kollektive Standfestigkeit und verkümmerte, müsste er auf jedwede Befindlichkeit in vollem Umfang und zu jeder Zeit Rücksicht nehmen.[473] Tatsächlich zeigen sich entsprechende Tendenzen dort, wo eine ausgeprägte Form der „Political Correctness“ dazu führt, dass der diskursprägende und -anregende inhaltliche Widerspruch durch die schlichte und letztlich diskursbeendigende Behauptung emotionaler oder sonstiger Verletztheit ersetzt wird.[474] Und das gilt erst recht dort, wo diese behauptete Verletztheit umgehend mit der nicht näher begründungsbedürftigen Exklu-

gulären und dem Verlust des Allgemeinen. Das (fehlende) Allgemeine lässt sich wohl als fundamentale Gleichheit im hier verstandenen Sinne interpretieren.

[469] *A. Reckwitz*, Das Ende der Illusionen, S. 55.

[470] Zutreffend insoweit *R. Misik*, Die falschen Freunde der einfachen Leute, S. 115, der darauf hinweist, dass daher weder Identitätspolitik an sich, noch das Einfordern gleicher Rechte durch diskriminierte Minderheiten das Problem sei: „Das Problem sind vielmehr bestimmte Strategien, die nicht immer, aber gelegentlich damit einhergehen: eine Rhetorik, die spaltet; eine Sprache, die sich demonstrativ von der Sprache der einfachen Leute absetzt und damit nicht nur die kommunikativen Fäden zu weiten Teilen der Bevölkerung kappt, sondern den Menschen auch noch mit Hochmut und Arroganz kommt.“

[471] *A. Thiele*, Gleichheit angesichts von Vielfalt als Gegenstand des philosophischen und juristischen Diskurses, DVBl. 2018, 1112 (1117). *P. Rosanvallon*, Die Gesellschaft der Gleichen, S. 310 spricht hier von „Separatismus“. Siehe dazu auch *K. W. Appiah*, Indentitäten. Die Fiktionen der Zugehörigkeit, 2019.

[472] *C. Mouffe*, Agonistik. Die Welt politisch denken, 2016.

[473] Siehe auch *J.-W. Müller*, Furcht und Freiheit, S. 60: „Natürlich müssen diese Konflikte friedlich – und so irgend möglich zivilisiert – ausgetragen werden. Aber das lässt immer noch einigen Spielraum für gekonntes Runtermachen.“

[474] Vgl. *F. Furedi*, What's Happened to the University, S. 15. Bezugnehmend auf Furedi auch *R. Pfaller*, Erwachsenensprache, S. 55.

sion des (vermeintlichen) Verletzers aus dem politischen Diskurs einhergeht, wie sie *Robert Pfaller* zuletzt beschrieben hat.[475] Der notwendige politische Streit[476] ist dann unmöglich. Die in angelsächsischen Universitäten teilweise errichteten „safe spaces", also Räume, in denen versucht wird, sicherzustellen, dass die Studierenden von sämtlichen Belästigungen befreit werden, indem ein „behagliches Umfeld", eine Art „Wohlfühlatmosphäre"[477] konstruiert wird, erweisen sich vor diesem Hintergrund als völlig verfehlt.[478] Sie stellen nachgerade das Gegenteil von Vielfalt dar: „Rhetorisch predigt sie[479] Diversität, in der Praxis weigert sie sich, Diversität von Meinungen zu tolerieren."[480] Und ähnlich hält *Horst Dreier* fest: „Niemand hat in einem pluralistischen freiheitlichen Gemeinwesen einen Anspruch darauf, bestimmte ihm lästige oder widerwärtige Dinge nicht zur Kenntnis nehmen zu müssen oder nicht mit abwegigen und das Grundgesetz in Frage stellenden Meinungen konfrontiert zu werden."[481] Der Erfolg einer vielfältigen, pluralistischen Gesellschaft und eines „gesunden" öffentlichen Diskurses und damit des modernen demokratischen Verfassungsstaates hängt davon ab, dass es gelingt, die Belange der eigenen Persönlichkeit (natürlich nicht umfassend aber doch partiell) aus dem öffentlichen Raum herauszuhalten, eine gewisse Selbstdistanz zu etablieren. Dann können öffentliche Diskurse wieder unter Rückgriff auf sachliche Argumente und nicht vornehmlich auf „Empfindungen, Befindlichkeiten und Verweisen auf die eigene Identität"[482] geführt wer-

---

475 *R. Pfaller*, Erwachsenensprache, S. 54: „Die zartfühlenden und stets auf Inklusion bedachten Politiken der Moralisierung des öffentlichen Raumes erweisen sich hier als rücksichtslos exkludierend und gewissenlos brutal im Umgang mit denjenigen, denen sie Verletzung von Empfindlichkeit vorwerfen: Sie machen sie ohne Umstände, sozusagen standrechtlich, zu Unpersonen."

476 Vgl. *F. Schorkopf*, Staat und Diversität, S. 46; *A. Thiele*, Verlustdemokratie, S. 56.

477 *J. Froese*, Der Universitätscampus als „Safe Space": Verlangt die Rechtsordnung die Gewährleistung einer Wohlfühlatmosphäre?, JZ 2018, 480 (480).

478 Kritisch bereits *A. Thiele*, Verlustdemokratie, S. 134 f., 263 sowie *R. Pfaller*, Erwachsenensprache, S. 48 ff.

479 Gemeint ist die Universität.

480 *F. Furedi*, What's Happened to the University, S. 9. Als symptomatisch für ein solch problematisches Verhalten steht die Blockade von Vorlesungen von DozentInnen, deren Ansichten dem vermeintlich überlegenen Weltbild der protestierenden Studierenden nicht entsprechen. Solche Vorgänge hat es in den USA und Großbritannien, zuletzt aber auch in Deutschland mehrfach gegeben. Insofern gilt es klarzustellen: Solange die DozentInnen auf dem Boden der jeweiligen Verfassung agieren, müssen ihre Aussagen von jedermann (auch Studierenden) ausgehalten werden. Das schließt Diskurs nicht aus, verlangt ihn sogar. Dieser Diskurs muss aber auf der Basis der Gleichheit und gegenseitigen Anerkennung geführt werden. Wo die betroffenen DozentInnen nicht zu Wort kommen oder praktisch des Saales verwiesen werden, ist das offenkundig nicht der Fall.

481 *H. Dreier*, Religionsverfassung in 70 Jahren Grundgesetz – Rückblick und Ausblick, JZ 2019, 1005 (1014).

482 *R. Pfaller*, Erwachsenensprache, S. 60. Siehe auch *A. Thiele*, Verlustdemokratie, S. 136.

den – unbedingte Authentizität stets und überall ist kein erstrebenswertes Ideal, jedenfalls nicht im öffentlichen Diskurs.[483] Der öffentliche Raum braucht das schiller'sche Spiel, das eine vielfältige, in Gleichheit ruhende Gesellschaft erst ermöglicht, denn: „Zivilisiertheit herrscht dort, wo man nicht das eigene Selbst zu einer Last für andere macht."[484]

Gesellschaftliche Vielfalt kann sich auch im Hinblick auf die Akzeptanz demokratischer Mehrheitsentscheidungen als Problem erweisen. Vor allem strukturelle Minderheiten sind nicht bereit, Mehrheitsentscheidungen in bestimmten Bereichen als für sich verbindlich anzuerkennen. Eine Anpassung des Wahlrechts, die für eine Mindestrepräsentation der betroffenen Gruppe im Parlament sorgt, kann hier Abhilfe leisten, stößt aber angesichts des Konzepts der Gesamtrepräsentation (siehe oben) an Grenzen und kann zudem eine strukturelle Minderheitenposition allenfalls partiell abfedern – die Minderheit wird in Abstimmungen in den betreffenden Bereichen ja weiterhin unterlegen sein. Hier kann es erforderlich sein, solchen nachvollziehbaren Vorbehalten struktureller Minderheiten durch die Einräumung kollektiver Gruppenrechte zu begegnen. Bestimmte Belange werden dann der jeweiligen Gruppe zur eigenständigen Wahrnehmung zugewiesen und der allgemeinen Mehrheitsentscheidung entzogen. Eine solche Rechtezuweisung an einzelne strukturelle Minderheiten verstößt (entgegen anderen Stimmen)[485] nicht gegen die allgemeine Gleichheit[486] sofern sie auf der Verfassungsebene erfolgt und wird in der Praxis (auch in Deutschland) etwa Religionsgemeinschaften häufig gewährt. Welchen weiteren Gruppen in welchen Bereichen eine solche Stellung eingeräumt werden sollte, lässt sich abstrakt nicht vorgeben, hängt von der Struktur der Gesellschaft ab und bedarf der stetigen Debatte (aktuelle Beispiel: Kurden in der Türkei und im Irak, Katalanen in Spanien, Schotten in Großbritannien, Hongkong-Chinesen in China, indigene Stämme in Südafrika). Soll der demokratische Verfassungsstaat von einer solchen Rechtezuweisung keinen Schaden nehmen, gilt es zu beachten, dass sie stets nur bestimmte Bereiche und nie die Ganzheit des öffentlichen Lebens betreffen darf. Es geht um partielle Selbstbestimmungsrechte, während das sich in der Geltung des Mehrheitsprinzips manifestierende einigende Band

[483] Siehe auch *T. Bauer*, Die Vereindeutigung der Welt, S. 67 ff. Zu den Ambivalenzen der Identitätspolitik auch *R. Misik*, Die falschen Freunde der einfachen Leute, S. 101 ff.

[484] Vgl. auch *R. Sennett*, Verfall und Ende des öffentlichen Lebens. Die Tyrannei der Intimität, S. 341. Auch die Personalisierung der Politik und der Medien erweist sich vor diesem Hintergrund als nicht unproblematisch, vgl. auch *A. Thiele*, Verlustdemokratie, S. 234 ff.

[485] So etwa *F. Schorkopf*, Staat und Diversität, S. 17; *C. Taylor*, Die Politik der Anerkennung, in: ders. (Hrsg.), Multikulturalismus und die Politik der Anerkennung, S. 13 ff.

[486] Vgl. *A. Thiele*, Gleichheit angesichts von Vielfalt als Gegenstand des philosophischen und juristischen Diskurses, DVBl. 2018, 1112 (1115).

der Gleichheit im Übrigen bestehen bleibt. Würde es gänzlich zerschnitten, ginge es nicht mehr um Vielfalt, sondern um Autonomie (aktuell etwa: Katalonien). Darüber hinaus muss die Rechtezuweisung an identitätsbildenden Lebenszusammenhängen (und nicht an bloßen Interessen) anknüpfen. Es kann nur um Merkmale gehen, die innerhalb der übrigen Mehrheitsgesellschaft die Zugehörigkeit zu einer strukturellen, das heißt politisch nicht gestaltbaren Minderheit begründen (Ethnie, Herkunft, Religion). Soziale oder ökonomische Minoritätspositionen sind hingegen niemals strukturell fundiert, einer arbeitsteiligen Gesellschaft vielmehr ebenso immanent, wie politisch gestaltbar.[487]

e) Exkurs: Ersetzung der Wahlen durch das Los?

Zur Abmilderung der skizzierten Repräsentationsprobleme wird bisweilen eine vollständige oder partielle Ersetzung der Wahl der Abgeordneten durch ein Losverfahren angedacht, in dem die politische Gleichheit der BürgerInnen umfassend zum Ausdruck komme. Unter Berufung auf die antike athenische Demokratie hat etwa *David Van Reybrouck* einen solchen Vorschlag unterbreitet.[488] Seiner Auffassung nach werde das »Demokratiemüdigkeitssyndrom« nicht von der repräsentativen Demokratie als solcher verursacht, „sondern von einer spezifischen Variante: der *elektoral*-repräsentativen Demokratie, der Demokratie, bei der die Volksvertretung durch Wahlen zustande kommt.“[489] Anzuerkennen sei aber, dass zwischen Demokratie und Wahlen kein Junktim bestehe. Wahlen seien lediglich eine Methode zur Ausübung von Demokratie. Erst mit der amerikanischen und französischen Revolution sei dieser Zusammenhang absolut gesetzt worden und habe die BürgerInnen westlicher Demokratien zu „Wahlfundamentalisten“[490] gemacht. Demokratie werde seitdem pauschal mit freien Wahlen gleichgesetzt. In Vergessenheit sei geraten, dass sowohl in der Antike als auch in der Renaissance in vielen demokratischen Gemeinwesen Ämter durch das Los zugewiesen wurden. Für *Reybrouck* liegt die Lösung der heutigen Repräsentations- und Legitimitätsprobleme in einem „Revival des Losverfahrens“, des „demokratischsten aller politischen Instrumente“.[491] Während Wahlen dazu gedacht gewesen seien, „eine neue, nicht-erbliche Aristokratie an die Macht zu bringen“,[492] würden die Chancen bei einem Losverfahren wahrhaft demo-

[487] Vgl. *W. Heun*, Das Mehrheitsprinzip in der Demokratie, S. 233 f. Besonderer Reichtum begründet daher unter keinen Umständen einen Grund für die Einräumung von Sonderrechten (ebensowenig wie besondere Armut).

[488] *D. v. Reybrouck*, Gegen Wahlen, 2016.

[489] *D. v. Reybrouck*, Gegen Wahlen, S. 45 f.

[490] *D. v. Reybrouck*, Gegen Wahlen, S. 46.

[491] *D. v. Reybrouck*, Gegen Wahlen, S. 109.

[492] *D. v. Reybrouck*, Gegen Wahlen, S. 109.

kratisch verteilt. Um eine gewisse Gewaltenteilung sicherzustellen, schlägt *Reybrouck* für die Gesetzgebung ein „Multi-body-sortition-System" vor, bestehend aus insgesamt sechs Organen: Ein „Agenda-Council", verschiedene „Interest-Panel", den „Review-Panels", der „Policy Jury", dem „Rules Council" und dem „Oversight Council". Bis auf die Policy Jury, dem Hauptorgan, würden alle anderen Organe aus Freiwilligen ausgelost. Die Policy Jury bestünde hingegen aus 400 nur im Plenum tagenden Mitgliedern, die aus allen Erwachsenen BürgerInnen ausgelost würden, die Teilnahme wäre obligatorisch. Die Policy Jury beschlösse die Gesetze, die von den Review Panels vorbereitet worden wären.

Reybroucks Vorschlag ist weder sonderlich innovativ, noch in der Sache überzeugend, könnte das Legitimitätsproblem westlicher Demokratien sogar erheblich verschärfen. Zentral sind zwei Einwände. So ist es erstens zwar richtig, dass viele Ämter der Athener Demokratie ausgelost wurden. Das zentrale Entscheidungsorgan blieb jedoch die Ekklesia, die Volksversammlung.[493] Gerade die Gesetzgebung wurde nicht in die Hand des ausgelosten „Rates der 500" gelegt. Dieser war zwar über die Vorbereitung der Beschlüsse der Ekklesia an beinahe allen öffentlichen Beschlüssen beteiligt, dabei ging es aber stets „um die Entlastung der Volksversammlung von administrativen Details, nicht um die Beschneidung ihrer (der Ekklesia, A.T.) Entscheidungskompetenz".[494] Als so demokratisch wie von *Reybrouck* beschrieben sahen die Athener das Losverfahren also nicht an, jedenfalls nicht in dem Sinne, dass sie bereit gewesen wären, einem ausgelosten Organ signifikante Entscheidungskompetenzen zu übertragen. Das zeigt sich auch bei den anderen Organen. So wurden zahlreiche Verwaltungsämter nicht ausgelost, sondern gewählt, um eine ausreichende Qualifikation sicherzustellen.[495] Gleiches galt für führende Positionen im Militär. Und die Justiz lag zwar in der Hand der gelosten Richter, die Verhängung bestimmter Strafen (insbesondere der Todesstrafe) war jedoch erneut der Ekklesia vorbehalten. Bei *Reybrouck* soll aber gerade die Besetzung des zentralen Gesetzgebungsorgans unter allen Erwachsenen ausgelost werden. Darauf hätten sich die Athener kaum eingelassen.

Das hängt mit dem zweiten Einwand zusammen. In Athen war die Volksversammlung überaus homogen zusammengesetzt. Mitglied waren nur die männlichen Bürger über 18 Jahre (möglicherweise wurde noch ein zweijähriger Grundwehrdienst gefordert, die Altersgrenze läge dann bei 20)[496] und

[493] *C. Meier*, Entstehung und Besonderheit der griechischen Demokratie, in: K. H. Kinzl (Hrsg.), Demokratia, S. 248 (289).

[494] *W. Nippel*, Antike oder moderne Freiheit, S. 50.

[495] *C. Meier*, Entstehung und Besonderheit der griechischen Demokratie, in: K. H. Kinzl (Hrsg.), Demokratia, S. 248 (290).

[496] *W. Nippel*, Antike oder moderne Freiheit, S. 44.

politisch bestand in grundlegenden Fragen ein Grundkonsens, ein Phänomen, das *Herodot* und *Aristoteles* als besonderes Merkmal der Demokratie hervorhoben.[497] Diese Homogenität, verbunden mit der Tatsache, dass die im Vergleich zu heutigen Staaten kleine Zahl an Bürgern dazu führte, dass – wie *Reybrouck* selbst schreibt – ein großer Teil der männlichen Bevölkerung damit rechnen konnte, in seinem Leben einmal Ratsmitglied zu sein, dürfte der Grund sein, warum sich die Athener mit dem Losverfahren einverstanden erklärten. In einer solchen Ausgangslage kann es für eine breite Streuung der politischen Beteiligung sorgen und verhindern, dass sich eine „Wahlaristokratie" bildet. Aber gelten diese Voraussetzungen auch im modernen Verfassungsstaat? Die moderne pluralistische Gesellschaft ist alles andere als homogen, selbstverständlich wären heute auch Frauen im Lostopf, in politischen Fragen herrscht große Diversität. Ein reines Losverfahren könnte aber theoretisch dazu führen, dass 400 weiße, heterosexuelle Männer im mittleren Alter in die Policy Jury gelost werden. Würde man das Gesetz eines solchen Organs als „gerecht" anerkennen? Zumal man angesichts der Größe der Bevölkerung vermutlich nie selbst zum Mitglied in der Policy Jury gelost werden würde? Und wie groß wäre die Frustration bei den Mitgliedern der vorbereitenden Gremien, wenn die Verwirklichung ihrer Ideen davon abhinge, dass Personen gelost werden, die die gleichen Präferenzen haben, genau das dann aber nicht eintritt? Anders gewendet: In einer pluralistischen Gesellschaft wird man Entscheidungen nur dann anerkennen, wenn man entweder an ihnen direkt beteiligt ist (daher auch die Ekklesia in Athen), oder wenn im Falle der (mittelbaren) Repräsentation das Repräsentationsorgan die Pluralität der Gesellschaft angemessen wiederspiegelt, man sich dort also wiederfindet. Soll das Losverfahren nun also vorab manipuliert werden, um sicherzustellen, dass die „Frauenquote" stimmt? Und wie wäre es mit anderen Ansichten oder religiösen Minderheiten? Müssten die nicht ebenfalls berücksichtigt und in das „Losverfahren" eingespeist werden? Wer sollte darüber entscheiden? Und ließe sich dann noch von einem Losverfahren sprechen? Die freie und gleiche Wahl ist insofern alles andere als der Versuch eine neue Wahlaristokratie zu etablieren. Sie ist in einer pluralistischen Gesellschaft, bei der eine Volksversammlung aufgrund ihrer Größe nicht in Betracht kommt, der einzige Weg, um Organe zu installieren, deren Entscheidungen von allen Mitgliedern des Gemeinwesens theoretisch als legitim anerkannt werden können.[498] Die bestehende Ausgestaltung mag Defizite aufweisen, etwa im Hinblick auf die Repräsentation sämtlicher vertretener Meinungen. Daran muss gearbeitet werden. Der Sache nach ist die gleiche und freie Wahl in einer Demokratie aber „alternativlos".

---

[497] *C. Meier*, Entstehung und Besonderheit der griechischen Demokratie, in: K. H. Kinzl (Hrsg.), Demokratia, S. 248 (295) mwN.

[498] Dass *Reybrouck* aaO vereinzelte Beispiele für erfolgreiche Losverfahren bzgl. einzelner Entscheidungen anführt, ändert an diesem grundsätzlichen Befund nichts.

3. Elemente der Herrschaftsbegrenzung (Rechtsstaatsprinzip)

Legitime demokratische Herrschaft ist begrenzt, durchdringt nicht jeden Bereich des (privaten) Lebens. Eine solche Begrenzung ist notwendig, insbesondere zur Sicherung der Akzeptanz der den politischen Raum kennzeichnenden Mehrheitsentscheidungen durch die Minderheit. Eine Demokratie wird nur friedlich gedeihen können, wenn die Minderheit nicht gegen die getroffenen Entscheidungen aktiv rebelliert, sie auch für sich als verbindlich akzeptiert und allein diskursiv in den vorgesehenen Verfahren für Änderungen eintritt. Das ist keine Selbstverständlichkeit, präsentiert sich vielleicht gar als die voraussetzungsvollste aber zugleich bedeutendste demokratische „Zumutung“,[499] an der zahlreiche Demokratisierungsversuche – man denke an Afghanistan aber auch Ägypten – gescheitert sind. Erforderlich sind dazu die Sicherung der Meinungsfreiheit und die Gewährleistung partizipativer Minderheitenrechte im demokratischen Entscheidungsverfahren, also ausreichende Teilhabe. Das allein wird jedoch nicht genügen. Selbst wo entsprechende Rechte bestehen, findet die Akzeptanzfähigkeit der Minderheit Grenzen dort, wo die demokratische Mehrheitsentscheidung zu sehr in den persönlichen Bereich, in das Innerste des Menschen einzugreifen versucht.[500] Jedes demokratische Gemeinwesen muss einen „Raum der Dunkelheit“ gewährleisten, der den ausleuchtenden Blicken des Staates (genauer: der Mehrheitsentscheidung) entzogen ist[501] und in dem sich das Individuum nach seiner Vorstellung frei entfalten kann. Es ist dieser Raum, in dem in einer pluralistischen Gesellschaft auch Vielfalt effektiv gedeihen kann.

Um diese Grenze der Staatsgewalt zu sichern, verlässt sich der demokratische Verfassungsstaat nicht auf die Tugendhaftigkeit und Weisheit der Herrschenden – ein Weg, der sich historisch immer wieder als Sackgasse erwiesen hat. Stattdessen formuliert er auf der Ebene der Verfassung subjektive Rechte in Form von verbindlichen Menschenrechten, die die Beachtung dieser Grenzen im politischen Prozess effektiv sicherstellen (b) und gewährt zudem Rechtsschutzmöglichkeiten dort, wo der Einzelne einen ungerechtfertigten Eingriff in seine Rechte durch den Staat vermutet (c). Diese fundamentalen Elemente der Herrschaftsbegrenzung entfalten ihre volle Wirkung freilich erst, weil sie in der Verfassung gewährleistet werden, die Vorrang vor dem übrigen Recht genießt und dem politischen Prozess auf diese Weise wirksam Grenzen setzt (a). Damit wird deutlich, dass dieses Rechtsstaatsprinzip, unter das diese Elemente gemeinhin gefasst werden, in einem Spannungsverhältnis zum Demokratieprinzip steht, weil es dem Parlament

---

[499] In Anlehnung an *C. Möllers*, Demokratie – Zumutungen und Versprechen, 2008.

[500] Siehe bereits *A. Thiele*, Verlustdemokratie, S. 73 ff.

[501] Vgl. *K. Herb*, Jean-Jacques Rousseau, Vom Gesellschaftsvertrag, in: M. Brocker (Hrsg.), Geschichte des politischen Denkens, S. 303 (310).

einzelne Gegenstände zur Entscheidung entzieht.[502] Der Macht der Herrschaft stellt sich die Macht des Verfassungsrechts entgegen und gewährleistet die individuelle und der Mehrheitsentscheidung entzogene Freiheitssphäre. Als vollwertigen demokratischen Verfassungsstaat wird man die USA daher erst mit dem Erlass der Bill of Rights („ten amendments") im Jahr 1791 ansehen können.[503]

a) Vorrang der Verfassung

Soll der demokratische Verfassungsstaat seine Funktion als Bändiger der Mehrheitsherrschaft wahrnehmen können, ist es zwingend, dass der politische Prozess in einem für die Beteiligten normativ verbindlichen Rahmen gekleidet wird. Dieser Rahmen wird durch die Verfassung gebildet: Verfassungen „bestimmen die Regeln politischer Entscheidungsfindung" und „die grundlegenden Prinzipien, nach denen sich eine Gesellschaft sinnvollerweise ordnen, das heißt verfassen will."[504] *Ernst Wolfgang Böckenförde* hat das Grundgesetz ausdrücklich als „Rahmenordnung" bezeichnet.[505] Die Verfassung konstituiert nicht nur den demokratischen Verfassungsstaat als solchen und verbannt die Frage nach der Souveränität aus dem politischen Prozess, sondern bestimmt zugleich die relevanten politischen Akteure (Organe) und legt die Spielregeln für deren Zusammenwirken fest.[506] Die Begrenzung der Staatsgewalt ruht damit nicht mehr auf einem moralischen Appell an den souveränen Herrscher und dessen Gewährung von jederzeit widerruflichen Toleranzen, sondern auf (einklagbaren) normierten Rechten.[507] Das wiederum setzt den Vorrang der Verfassung voraus, die in der Normenhierarchie[508] an höchster Stelle steht.[509] Das gesamte (politische) Handeln der Staatsgewalt muss sich an der Verfassung messen lassen und ist – sollte es mit diesen Vorgaben nicht vereinbar sein – als nichtig, zumindest aber als unverbindlich anzusehen. Der Vorwurf der Verfassungswidrigkeit ist denn auch der gravierendste, der einem Akteur im Rahmen des politischen Prozesses gemacht werden kann. Er sollte nicht leichtfertig erhoben werden.[510]

---

[502] Es handelt sich also um eine Beeinträchtigung der „gegenständlichen Omnipotenz", vgl. *A. Thiele*, Verlustdemokratie, S. 73 ff.

[503] Zur vorherigen Entwicklung knapp *T. Kingreen/R. Poscher*, Staatsrecht II, Rn. 20 ff.

[504] *H. Vorländer*, Die Verfassung. Idee und Geschichte, S. 9 f.

[505] *E.-W. Böckenförde*, Die Methoden der Verfassungsinterpretation, in: ders. (Hrsg.), Staat, Verfassung, Demokratie, S. 58.

[506] Vgl. knapp auch *H. P. Bull*, Was soll, was kann Demokratie?, S. 32.

[507] *M. Kriele*, Einführung in die Staatslehre, S. 106 ff.

[508] Generell dazu *O. Lepsius*, Normenhierarchie und Stufenbau der Rechtsordnung, JuS 2018, 950 ff.

[509] Das Grundgesetz ordnet diesen Stufenbau (anders als viele andere Verfassungen) in Art. 1 Abs. 3 und 20 Abs. 3 GG ausdrücklich an, vgl. *O. Lepsius*, Normenhierarchie und Stufenbau der Rechtsordnung, JuS 2018, 950 (951).

Der Vorranganspruch einer jeden Verfassung als demokratische Grundordnung – prinzipiell auch einer ungeschriebenen[511] – ist durch den amerikanischen Verfassungsrichter *John Marshall* frühzeitig formuliert worden. In der Entscheidung Marbury vs. Madison aus dem Jahre 1803 entwickelte der Supreme Court unter seiner Leitung erstmals das richterliche Prüfungsrecht:[512] „Certainly all those who have framed written constitutions contemplate them as forming the fundamental and paramount law of the nation, and consequently the theory of every such government must be that an act of the legislative repugnant to the constitution must be void." Gleiches gilt zwar auch für verfassungswidrige Akte der Exekutive oder der Judikative, ist aber vor allem für demokratisch direkt legitimierte Legislativakte folgenreich und immer wieder schwer zu akzeptieren. Denn, wie *Rainer Wahl* formuliert hat, bedeutet der Vorrang der Verfassung zugleich den Nachrang des Gesetzes:[513] „Dies wiederum heißt zugleich Nachrang des Gesetzgebers, und zwar nicht nur gegenüber der historischen verfassungsgebenden Institution oder dem verfassungsändernden Gesetzgeber, sondern jeweils aktuell gegenüber der Instanz, die die Verfassung verbindlich auslegt."[514] Nicht in allen Verfassungsstaaten muss es eine solche den Gesetzgeber kontrollierende Instanz in Form einer (selbstständigen oder unselbstständigen) Verfassungsgerichtsbarkeit geben,[515] wie dies in den USA,[516] Indien, Österreich, Deutschland, Südafrika und vielen weiteren Staaten der Fall ist.[517] Die Verwirklichung der Verfassung und ihres Vorranganspruchs gegenüber dem Gesetzgeber kann auch stärker in den politischen Prozess integriert werden. So kennen etwa Finnland, Neuseeland, Großbritannien, Schweden, Luxemburg, die Schweiz

---

[510] Das geschieht in Deutschland gegenwärtig etwa allzu schnell im Hinblick auf die rechtspopulistische AfD. Der Großteil ihres Programms ist insofern verfassungsrechtlich unbedenklich, was nicht heißt, dass man diese Inhalte teilt und nicht aktiv bekämpfen dürfte. Siehe auch *J.-W. Müller*, Furcht und Freiheit, S. 104.

[511] In Staaten mit ungeschriebener Verfassung – es handelt sich allein um Großbritannien, Neuseeland und Israel – genießt diese zwar keinen formalen aber doch einen politischen Vorrang, vgl. *A. Lijphart*, Patterns of Democracy, S. 206.

[512] Zu dieser Entscheidung *W. Heun*, Die Geburt der Verfassungsgerichtsbarkeit – 200 Jahre Marbury v. Madison, in: ders., Verfassung und Verfassungsgerichtsbarkeit im Vergleich, S. 38 ff. Knapp auch *A. Lijphart*, Patterns of Democracy, S. 212 sowie *H. Wasser*, Die Vereinigten Staaten von Amerika, S. 200 ff.

[513] *R. Wahl*, Der Vorrang der Verfassung, Der Staat 20 (1981), 485 (487) und ausführlich zur verbleibenden Rolle des einfachen Gesetzesrechts *ders.*, Der Vorrang der Verfassung und die Selbstständigkeit des Gesetzesrechts, NVwZ 1984, 401 ff.

[514] *R. Wahl*, Der Vorrang der Verfassung, Der Staat 20 (1981), 485 (487).

[515] Siehe auch *C. Möllers*, Legalität, Legitimität und Legitimation des Bundesverfassungsgerichts, in: M. Jestaedt u.a., Das entgrenzte Gericht, S. 281 (285).

[516] Zu den Debatten in den Federalist Papers vgl. *D. Howard*, Die Grundlegung der amerikanischen Demokratie, S. 286 ff.

[517] Siehe dazu auch die Liste bei *A. Lijphart*, Patterns of Democracy, S. 215.

oder die Niederlande keine oder nur eine schwächere verfassungsgerichtliche Kontrolle. Hier wird die Öffentlichkeit zur Instanz, die den Vorrang der in der Verfassung niedergelegten Grundsätze (allerdings außerhalb förmlicher Kontrollverfahren) überwacht und mögliche Verstöße durch Protest sanktioniert.[518] Ein solchermaßen eher politisch wirksames Vorrangverständnis kann Vorteile haben.[519] Gleichwohl ist die Gefahr einer möglichen Aushöhlung der Verfassung offenkundig, wenn dem politischen Prozess keine wirksamen externen, sondern allein interne Grenzen gesetzt werden. Mit der Etablierung einer Verfassungsgerichtsbarkeit besteht, wie unter anderem *Ran Hirschl* herausgearbeitet hat,[520] hingegen das Risiko einer allzu starken Verrechtlichung des politischen Prozesses, wenn der normative Rahmen der Verfassung kontinuierlich materiell aufgeladen wird[521] – eine keineswegs zwingende Entwicklung aber ein Vorwurf, der im Hinblick auf die deutsche Verfassungsordnung unter Überschriften wie „Konstitutionalisierung der Rechtsordnung" sowie „Verfassung als Werteordnung" immer wieder erhoben wird.[522] Das richtige Maß zwischen normativer Einhegung und politischer Freiheit zu finden, bleibt eine dauerhafte theoretische, wie praktische Herausforderung, der sich die Allgemeine Staatslehre stellen muss, ohne dabei das grundlegende und für den demokratischen Verfassungsstaat zwingende Konzept des Vorrangs der Verfassung in Frage zu stellen.[523]

---

[518] Zwar hat es auch in Großbritannien im Zusammenhang mit dem Brexit-Vorgängen einige gerichtliche Verfahren gegeben. Dies blieben aber punktuell, zudem war nicht immer klar, inwieweit diese eigentlich zulässig waren.

[519] *R. Wahl*, Der Vorrang der Verfassung, Der Staat 20 (1981), 485 (499).

[520] *R. Hirschl*, Towards Juristocracy. The Origins and Consequences of the New Constitutionalism, S. 169 ff. Siehe auch *M. Westphal*, Verfassungen in pluralistischen Demokratien, in: M. Hein u.a. (Hrsg.), Grenzen der Verfassung, S. 103 (112 f.). Zu pauschal hingegen *J. Sumption*, Trials of the State. Law and the Decline of Politics, S. 81 ff.

[521] *H. Kelsen*, Wesen und Entwicklung der Staatsgerichtsbarkeit, VVDStRL 5 (1929), 30 (68 ff.) plädierte daher auch für möglichst eindeutige Verfassungsbestimmungen ohne „Phraseologie". Als Rahmenordnung für den politischen Prozess lässt sich dieser Anspruch nur sehr bedingt durchhalten. *Kelsens* Forderung lässt sich allerdings als Anspruch an die Verfassungsgerichtsbarkeit interpretieren, sich bei der Auslegung allgemeiner Prinzipien (wie Demokratie, Rechtsstaat, Sozialstaat) zurückzuhalten und materielle Aufladungen möglichst zu vermeiden. Siehe auch *A. Thiele*, Finanzaufsicht, S. 248 ff.

[522] Siehe dazu auch *V. Frick*, The Justicization of Politics: Constitutionalism and Democracy in Germany after 1949, Redescriptions: Political Thought, Conceptual History and Feminist Theory 22 (2019), 18 ff.

[523] Siehe auch *W. Heun*, Die Verfassungsordnung der Bundesrepublik Deutschland, S. 47.

b) Grundrechte

Die Grundrechte sichern den BürgerInnen einen privaten Rückzugsraum und stellen sicher, dass staatliche Herrschaft nicht zu weit ausgreift. Ein demokratischer Verfassungsstaat ohne effektive Gewährleistung eines hinreichenden Grundrechtsschutzes ist nicht denkbar.[524] Die unterschiedlichen Grundrechte schützen einen konkreten Bereich vor einem zu weitgehenden Zugriff des Staates: Meinungsfreiheit, Versammlungsfreiheit, Religionsfreiheit, Berufsfreiheit usw. Welche Grundrechte konkret gewährleistet werden ist prinzipiell nicht vorgegeben, die Grundrechtskataloge der demokratischen Verfassungsstaaten unterscheiden sich abhängig von den gesellschaftlichen Vorstellungen. Angeben lässt sich ein gewisser Mindeststandard, ein „grundrechtlicher Kernbereich als rechtsstaatliche Notwendigkeit“,[525] wobei umstritten ist, ob sich zudem so etwas wie ein „Urgrundrecht“ ausmachen lässt.[526] Zu diesem Kernbereich gehört die Gewährleistung der körperlichen Integrität (Folterverbot, Recht auf Leben und körperliche Unversehrtheit, Schutz vor willkürlicher Verhaftung), die Religions- und Gewissensfreiheit, die Meinungs- und Versammlungsfreiheit sowie die Gewährleistung der Gleichheit.[527] Die meisten demokratischen Verfassungsstaaten gehen über diesen Mindeststandard hinaus und enthalten auch wirtschaftsrelevante Grundrechte (Berufsfreiheit, Eigentum) und teilweise historisch zu erklärende „Grundrechtsinnovationen“ – erwähnt sei das Recht zum Waffentragen der amerikanischen Bill of Rights. Tatsächlich wird die Gewährleistung des Mindeststandards der Grundrechte selten ausreichen, um den Legitimitätsvorstellungen der Gesellschaft zu genügen. Das Ausmaß des Grundrechtsschutzes muss daher auch im Laufe der Zeit unter Umständen modifiziert werden: Entweder weil sich durch neuere Entwicklungen Schutzlücken zeigen, die von der Gesellschaft nicht akzeptiert werden – aus diesem Grund hat das Bundesverfassungsgericht das Recht auf informationelle Selbstbestimmung sowie zuletzt das Recht auf „Integrität und Vertraulichkeit informationstechnischer Systeme“ entwickelt.[528] Oder weil sich die Erwartungen

---

[524] Siehe auch *H. H. Klein*, Die Grundrechte im demokratischen Staat, 1974 sowie *J.-W. Müller*, Furcht und Freiheit, S. 147.

[525] *B. Schöbener/M. Knauff*, Allgemeine Staatslehre, § 5, Rn. 170.

[526] *Georg Jellinek* (Die Erklärung der Menschen- und Bürgerrechte, 4. Auflage 1927) sah die Religionsfreiheit als ein solches Urgrundrecht an – eine These, die heute allerdings nicht mehr geteilt wird. Sofern man ein solches Grundrecht überhaupt ausmachen will, scheint die These *Martin Krieles* (Einführung in die Staatslehre, 6. Auflage 2003, S. 112) überzeugender. Danach war es letztlich das Recht vor willkürlicher Verhaftung, das notwendige Voraussetzung für die Entwicklung der weiteren Grundrechte war.

[527] Einige dieser Grundrechte sind zugleich Voraussetzung für eine demokratische Ordnung (insbesondere Meinungsfreiheit). Diesen kommt mithin eine Doppelfunktion zu: Sicherung der Demokratie und des Raumes der Dunkelheit.

[528] Dazu allgemein *G. Hornung*, Grundrechtsinnovationen, 2015.

in der Gesellschaft grundlegend ändern, der „Raum der Dunkelheit" also fundamental erweitert oder anders gestaltet werden muss.

Trotz des unterschiedlichen Entstehungshintergrunds werden die Grundrechte in praktisch allen demokratischen Verfassungsstaaten als verbindliche subjektive Rechte des Einzelnen interpretiert. In Europa hat vor allem die Europäische Menschenrechtskonvention des Europarats zu diesem Verständnis beigetragen und abweichende Vorstellungen – etwa in Frankreich[529] oder in Großbritannien[530] – mehr oder weniger verdrängt. In den USA zielte die Bill of Rights von Anfang an auf die Gewährleistung verbindlicher und gerichtlich durchsetzbarer Rechtssätze.[531] Beachtliche Unterschiede zeigen sich gleichwohl in der dogmatischen Prüfung einer möglichen Verletzung dieser Rechte durch den Staat. Vor allem das deutsche[532] und – über die Rechtsprechung des EuGH[533] und des EGMR – zunehmend auch das europäische Rechtssystem sind durch eine komplexe Dogmatik geprägt,[534] die ihren Höhepunkt im besonderen Fokus auf die „Verhältnismäßigkeit" findet.[535] Eingriffe in die Grundrechte bedürfen danach zu ihrer Rechtfertigung nicht nur – hier zeigen sich Ähnlichkeiten zum anglo-amerikanischen Rechtskreis – einer gesetzlichen Grundlage, sondern dürfen zur Erreichung des mit ihnen angestrebten Zwecks auch nicht über das notwendige Maß hinausgehen. Das gewählte Mittel muss sich in einem dreistufigen Test als zur Errei-

---

[529] Die in der französischen Erklärung der Menschen- und Bürgerrechte genannten Rechte wurden zunächst als reine Programmsätze, nicht aber als für den Gesetzgeber verbindliche Rechtssätze interpretiert.

[530] In Großbritannien stand die Gewährleistung höherrangiger subjektiver Rechte im Konflikt mit der Parlamentssouveränität. Erst im Jahr 1998 wurde dieser Konflikt zumindest für die Praxis mit dem Human Rights Act partiell gelöst. Siehe auch *H. Barnett*, Constitutional & Administrative Law, S. 497: „The Human Rights Act 1998 marks a significant constitutional change in relation to citizen's awareness about rights, and their protection by judges in the domestic courts."

[531] *B. Schöbener/M. Knauff*, Allgemeine Staatslehre, § 5, Rn. 142.

[532] Überblick zum deutschen System bei *W. Heun*, Die Verfassungsordnung der Bundesrepublik Deutschland, S. 223 ff.

[533] Zu aktuellen Entwicklungen siehe *C. D. Classen*, Zuviel des Guten? Unionsrechtliche Neuakzentuierungen beim Grundrechtsschutz, JZ 2019, 1057 ff. Siehe auch *T. v. Danwitz*, Unionsrechtlicher Grundrechtsschutz nach der Charta, in: J. Masing u.a. (Hrsg.), Strukturfragen des Grundrechtsschutzes in Europa, S. 67 ff.

[534] Dazu zuletzt *C. Bumke*, Die Entwicklung der Grundrechtsdogmatik in der deutschen Staatsrechtslehre unter dem Grundgesetz, AöR 144 (2019), 1 ff. Siehe auch *O. Lepsius*, Grundrechtspluralismus in Europa, in: J. Masing u.a. (Hrsg.), Strukturfragen des Grundrechtsschutzes in Europa, S. 45 ff. zu bestehenden Unterschieden und Abstimmungsfragen.

[535] Zur Entwicklung *C. Bumke*, Die Entwicklung der Grundrechtsdogmatik in der deutschen Staatsrechtslehre unter dem Grundgesetz, AöR 144 (2019), 1 (52 ff.). Siehe auch *W. Heun*, Die Verfassungsordnung der Bundesrepublik Deutschland, S. 228 ff.

chung des angestrebten Zwecks geeignet, erforderlich und angemessen erweisen. Gerade auf der Ebene der Angemessenheit hat sich eine komplexe Abwägungsdogmatik entwickelt, die auch in der deutschen Rechtswissenschaft nicht unumstritten ist. Kritisiert wird vor allem der Eingriff in das Gesetzgebungs- und Gestaltungsrecht des Parlaments, der mit einer entsprechend hohen und methodisch nur schwer zu begrenzenden Kontrolle[536] durch die Gerichte einhergeht und durch gerichtliche Entwicklungen wie „grundrechtliche Schutzpflichten" noch einmal verschärft wird.[537] Verbunden mit der richterrechtlichen Ausweitung des Grundrechtsschutzes lässt sich dadurch jeder gesellschaftliche Konflikt zu einem Grundrechtskonflikt umpolen, der anschließend einer gerichtlichen Kontrolle samt Abwägungsentscheidung zugänglich wird („Konstitutionalisierung der Rechtsordnung").[538] Sowohl der EuGH als auch der EGMR haben diese (deutsche) dogmatische Figur zwar modifiziert, im Grundsatz aber übernommen. Vor allem in den USA ist der Grundrechtsschutz hingegen punktueller und die Prüfung weniger dogmatisch verfestigt, wenngleich sich mit dem „substantial due process" und der „necessity and propriety" vergleichbare Elemente finden.[539] Aus der Perspektive eines deutschen (europäischen) Verfassungsrechtlers überrascht insbesondere die fehlende Prüfung der Verhältnismäßigkeit. Insbesondere dort, wo es nach europäischem Verständnis um den Konflikt zwischen zwei konfligierenden Grundrechten geht, weigert sich der amerikanische Supreme Court bisweilen bereits, einen Konflikt zu erkennen. Er bleibt damit gewissermaßen auf halber Strecke stehen. Das wird nirgends deutlicher als in seiner Rechtsprechung zum 2. Zusatzartikel der Verfassung – dem Recht, Waffen zu tragen. In zahlreichen Entscheidungen hat der Supreme Court Versuchen, dieses Recht durch gesetzliche Bestimmungen partiell einzuschränken, eine Absage erteilt und dabei ausschließlich auf den (historischen)[540] Zweck des 2. Zusatzartikels abgestellt.[541] Dieser werde durch entsprechende Regulierungen beeinträchtigt; sie müssten daher als verfassungswidrig angesehen werden. Nach deutscher Dogmatik – für deren Übernahme sich mit *Stephen Breyer* auch ein amtierender Supreme Court Richter

[536] Vgl. *T. Kingreen*/*R. Poscher*, Staatsrecht II, Rn. 344: „[...] entbehrt der rationalen und verbindlichen Maßstäbe."

[537] Kritisch insbesondere im Hinblick auf die letzte Stufe („Abwägung") *T. Kingreen*/*R. Poscher*, Staatsrecht II, Rn. 340 ff. Siehe bereits *B. Schlink*, Abwägung im Verfassungsrecht, S. 127 ff.

[538] Dazu *G. F. Schuppert*/*C. Bumke*, Die Konstitutionalisierung der Rechtsordnung, 2000.

[539] Vgl. *W. Heun*, Die Verfassungsordnung der Bundesrepublik Deutschland, S. 51.

[540] Kritisch *S. Breyer*, Making Our Democracy Work, S. 165 f.

[541] Siehe etwa District of Columbia v. Heller, 128 S. Ct. 2783 (2008). Dazu auch *S. Breyer*, Making Our Democracy Work, S. 164 ff.

ausgesprochen hat[542] – würde die zentrale Abwägung zwischen Zweck der Regulierungen und Eingriffsintensität hingegen nach dieser ersten Feststellung des Supreme Court erst beginnen. Der ebenfalls grundrechtlich fundierte Zweck – Lebensschutz (!) –, wäre mit dem Eingriff in den 2. Zusatzartikel in einen gerechten Ausgleich zu bringen. Wie das Ergebnis in Deutschland lauten würde, versteht sich von selbst und wird durch den Blick auf die restriktiven europäischen Waffenbesitzregelungen bestätigt.[543] Auch wenn die Kritik am Verhältnismäßigkeitsgrundsatz in ihrem Kern nicht unberechtigt ist, zeigt das amerikanische Beispiel, dass die Lösung nicht darin gesehen werden sollte, dieses Prinzip gänzlich aufzugeben. Ziel muss es vielmehr sein, durch Rechtsvergleich und empirische Analyse stetig zu seiner Verbesserung und Rationalisierung beizutragen.

c) Rechtsschutz

Die Durchsetzung des Primats des Verfassungs- und des einfachen Rechts und damit der Schutz subjektiver und für das Staatshandeln verbindlicher Grundrechte erfolgt im demokratischen Verfassungsstaat durch unabhängige Gerichte. Drei Konfliktsituationen können unterschieden werden:

- *Streitigkeiten zwischen Privatpersonen.* Hier geht es nicht um die Begrenzung staatlicher Macht gegenüber dem Einzelnen, sondern um eine Konsequenz des staatlichen Gewaltmonopols. Dieses ist nur gerechtfertigt, wenn der Staat seinen BürgerInnen Streitlösungsmechanismen durch unabhängige Gerichte zur Verfügung stellt. Ihre Einrichtung ist daher für die Legitimität staatlicher Herrschaft unabdingbar.
- *Durchsetzung des staatlichen Strafanspruchs.* Dieser erfolgt durch unabhängige Gerichte. Durch diesen wird zwar in subjektive Rechte eingegriffen, rechtsstaatliche Sicherungen (insbesondere die Unschuldsvermutung) schützen Angeklagte und andere aber vor willkürlichen Verfolgungen und unverhältnismäßigen Strafen. Eine unabhängige Strafjustiz hat dadurch eine machthemmende Wirkung.
- *Streitigkeiten im Staat-Bürger-Verhältnis.* Hier geht es um den Schutz vor Rechtsverletzungen durch den Staat, insbesondere durch die Exekutive. Die machtbegrenzende Wirkung unabhängiger Gerichte wird in dieser Konstellation deutlich und spielt in der Praxis eine erhebliche Rolle: Staat

---

[542] *S. Breyer*, Making Our Democracy Work, S. 166 ff.

[543] Auch die Meinungsfreiheit unterliegt in den USA dadurch praktisch kaum Schranken, auch im Hinblick auf die Persönlichkeitsrechte Dritter. Das wurde etwa in der deutschen Böhmermann-Affäre sichtbar, die in den USA bisweilen auf völliges Unverständnis stieß. Das „Erdogan-Gedicht" war nach dortiger Ansicht völlig eindeutig von der Meinungsfreiheit gedeckt. Im Ergebnis sehe ich das zwar auch so, allerdings stellen sich hier doch sehr komplexe Abwägungsfragen.

und BürgerIn begegnen sich vor einer unabhängigen Instanz auf Augenhöhe, die allein dem Recht unterworfen ist. Sofern dem Einzelnen durch das staatliche Handeln ein Schaden entsteht, bedarf es zudem eines angemessenen Haftungssystems, dessen Durchsetzung ebenfalls durch staatliche Gerichte garantiert werden muss.[544] Das System des Verwaltungsrechtsschutzes ist allerdings unterschiedlich ausgeprägt, weist in Deutschland und Frankreich eine beachtliche Komplexität auf, während es in England und Skandinavien nicht als besondere Gerichtsbarkeit ausgebaut, vielmehr in die ordentliche Gerichtsbarkeit integriert ist. Teilweise wird der Schutz subjektiver Rechte zusätzlich durch Verfassungsgerichte gewährleistet, etwa in den USA, dem deutschen Rechtskreis, Spanien, Italien, Indien oder Südafrika.

Um vor allem in der zweiten und dritten Konfliktsituation machthemmend wirken zu können bedarf es, abgesehen von der organisatorischen Trennung von den anderen Gewalten, der persönlichen und sachlichen Unabhängigkeit der RichterInnen vom politischen Raum – ein Erfordernis, das bereits von *Montesquieu* betont wurde. Die persönliche Unabhängigkeit manifestiert sich in der grundsätzlichen Unversetzbarkeit und Unabsetzbarkeit, der meist auf Lebenszeit erfolgenden Ernennung, und einer nur begrenzten Möglichkeit der vorzeitigen Abberufung.[545] Unschädlich ist hingegen die Wahl oder Ernennung durch VertreterInnen der Exekutive oder Legislative – wer anderes sollte außerhalb einer unmittelbaren Volkswahl eine personelle Auswahl vornehmen? Die sachliche Unabhängigkeit verlangt die Weisungsfreiheit bei der Entscheidung konkreter Rechtssachen, die ausschließliche Unterworfenheit unter das Recht sowie die Rechtskraft der Entscheidungen, die nur durch die Aufhebung oder Änderung höherer Gerichte im Instanzenzug durchbrochen werden kann. Wo Elemente der persönlichen oder sachlichen Unabhängigkeit der RichterInnen fehlen oder beeinträchtigt werden, verliert der Staat seinen Charakter als vollwertiger demokratischer Verfassungsstaat. Aufgabe der Allgemeinen Staatslehre ist es aufzuzeigen, unter welchen Voraussetzungen das der Fall ist und welche Formen der Überschneidungen mit der Exekutive, die sich gänzlich nicht vermeiden lassen, als vertretbar angesehen werden können. Die empirische Analyse wird dabei – das zeigen die Vorgänge in Polen[546] und Ungarn – dadurch erschwert, dass eine umfassende

[544] Dazu etwa *B. Hartmann*, Öffentliches Haftungsrecht, 2013.

[545] Zur unterschiedlichen Zahl an RichterInnen und Deutschland und England *R. Zimmermann*, England und Deutschland: Unterschiedliche Rechtskulturen?, S. 19 f.

[546] In Polen ist die Unabhängigkeit der RichterInnen durch mehrere gesetzliche Reformen seit 2017 zunehmend in Gefahr. Das haben mehrere Gutachten der Venedig-Kommission des Europarats mittlerweile ausführlich dargelegt.

Beurteilung stets auch die Berücksichtigung eingespielter nicht normativ fundierter Umgangskulturen der Gewalten miteinander verlangt.[547]

4. Elemente der Leistungsfähigkeit: Staatsaufgaben (Rechtsstaats- und Sozialstaatsprinzip)

Welche Aufgaben ein Staat in welcher Form wahrzunehmen hat, wird in seiner Verfassung nicht abschließend bestimmt, muss im politischen Prozess immer wieder neu verhandelt werden. Das ist schon deshalb essentiell, weil sich die Erwartungen der BürgerInnen in dieser Hinsicht mit der Zeit verändern können.[548] Will eine Verfassung nicht den Verlust ihrer Legitimität riskieren, wird sie dem politischen Prozess daher ausreichend Gestaltungsraum lassen, um auf solche Veränderungen reagieren zu können. Es gibt nicht „die" Staatsaufgaben, „die" Rolle des Staates in der Wirtschaft oder „die" Funktion des Staates im Hinblick auf soziale Gerechtigkeit: „Es gibt nicht ‚das Gemeinwohl' als ein statisches Ensemble einer Vielzahl politischer Programmpunkte, staatlicher Aufgabenstellungen oder gar sozialer Befindlichkeiten. Es ist nicht ein raumzeitlich (historisch) Vorgegebenes, das (nur) erkannt werden müsste; vielmehr ist es ein *Aufgegebenes*, das, ohne erkennbares Ende, der Dynamik des politischen Prozesses überantwortet, man könnte auch sagen: ausgeliefert ist."[549] Der „raumzeitliche" Blick bestätigt diesen Befund und zugleich die sich wellenartig wandelnde Vorstellung von den „richtigen" Staatsaufgaben:[550] Während im Mittelalter bei *Thomas von Aquin* die Verwirklichung irdischer Glückseligkeit oder, wie bei *Dante*, der „gerechte Friede" im Zentrum standen, ging es angesichts der in den Konfessionskriegen im 16. und 17. Jahrhundert erfahrenen Grausamkeiten bei der Errichtung des modernen Staates primär um die Gewährleistung von Frieden und Sicherheit für seine BürgerInnen.[551] Im 18. Jahrhundert war der

---

[547] So besteht in Deutschland etwa ein formelles Weisungsrecht des Justizministers gegenüber der Staatsanwaltschaft, von dem aber praktisch kein Gebrauch gemacht wird.

[548] Vgl. *G. Sydow/F. Wittreck*, Deutsches und Europäisches Verfassungsrecht I, § 8, Rn. 4.

[549] *E. Denninger*, Gemeinwohl. Was ist das?, KJ 52 (2019), 361 (371). Siehe auch *P. Mastronardi*, Verfassungslehre, Rn. 889 mit einer Gegenüberstellung des republikanischen und des (modernen) pluralistischen Gemeinwohlbegriffs.

[550] Siehe auch *Foundational Economy Collective*, Die Ökonomie des Alltagslebens, S. 98: „Was in Europa als politisches Allheilmittel gilt, unterlag in der jüngeren Vergangenheit Modezyklen mit einer Dauer von etwa dreißig Jahren. Seit 1945 wird zur Rechtfertigung politischer Neuausrichtungen folgender Syllogismus herangezogen: Wenn die Strategie A gescheitert ist, wird die entgegengesetzte Strategie B die erwünschten politischen Ergebnisse zeitigen."

[551] *E. Denninger*, Gemeinwohl. Was ist das?, KJ 52 (2019), 361 (363): „Die Beendigung des *bellum omnium contra omnes* und der dadurch ermöglichte Schutz des Lebens und des

Staat zunehmend für das – wie auch immer geartete – Gemeinwohl und die allgemeine Glückseligkeit zuständig,[552] was mit erheblichen Eingriffen in individuelle Freiheiten einhergehen konnte und auch deshalb durch den aufkommenden Liberalismus abgelehnt wurde.[553] Stellvertretend sei auf *Wilhelm von Humboldt* verwiesen, der vor diesem Hintergrund im 19. Jahrhundert für eine drastische Reduzierung der staatlichen Aufgaben auf rechtsstaatliche Elemente (Sicherheit) bei gleichzeitiger Beachtung der Individualautonomie und einer strikten Trennung von Staat und Gesellschaft eintrat („Nachtwächterstaat"). Mit dem Ende des 19. Jahrhunderts und der sich aufdrängenden sozialen Frage wurde die Ausgleichsfunktion des Staates wieder stärker betont; soziale Gerechtigkeit und Wohlfahrt (Sozialstaat) wurden zu zentralen Staatszielen, die nach dem Zweiten Weltkrieg im „Post-War-Consensus" von zahlreichen Staaten anerkannt wurden und dem gesamten politischen Spektrum von mitte-links bis mitte-rechts als „sozial-korporatistisches Paradigma"[554] zugrunde lagen. Staatliche Steuerungsdefizite, Überregulierungen und damit einhergehende ökonomische Rückschläge[555] verhalfen ab den späten 70er Jahren des letzten Jahrhunderts neoliberalen Vorstellungen Auftrieb,[556] die sich – personifiziert in *Margaret Thatcher* und *Ronald Reagan* – weltweit verbreiteten und mit dem Ende des Systemwettbewerbs im Jahr 1989 durch den „Washington Consensus"[557] den sozialdemokratischen Konsens der Nachkriegszeit ablösen sollten.[558] Seitdem dominieren „apertistisch-liberale"[559] Vorstellungen[560] die staatliche Tätigkeit,[561] die – dem „Washing-

---

Eigentums erwiesen sich als absolut vorrangig; dem entsprach die imposante Gedankenkonstruktion eines *Thomas Hobbes*." Siehe auch *B. Rüthers*, Das Ungerechte an der Gerechtigkeit, S. 47 ff. Zur damit einhergehenden „Säkularisierung bei Konfessionalisierung" *A. Thiele*, Der gefräßige Leviathan, S. 59 ff.

552 Vgl. *A. Thiele*, Der gefräßige Leviathan, S. 81 ff.

553 *P. Mastronardi*, Verfassungslehre, Rn. 16.

554 *A. Reckwitz*, Das Ende der Illusionen, S. 242.

555 Vgl. *A. Reckwitz*, Das Ende der Illusionen, S. 257: „Die Wirtschaft gerät nach dreißig Jahren mit hohen Wachstumsraten und kontinuierlich gestiegenem Wohlstand in einer grundsätzliche Stagnation, hohe Arbeitslosigkeit, hohe Inflation und hohe Verschuldung des Staates sind die Folge. Die Diagnose vom Staatsversagen, von einer ‚Krise des Krisenmanagements' (Claus Offe) beginnt sich durchzusetzen."

556 Umfassend zum neoliberalen Gedankengebäude *T. Biebricher*, Neoliberalismus, 3. Auflage 2018.

557 Abgedruckt bei *J. Reifenberger*, Neoliberalismus, Krise und die Zukunft des demokratischen Sozialstaats, S. 190 f.

558 *A. Reckwitz*, Die Gesellschaft der Singularitäten, S. 374 ff.

559 *A. Reckwitz*, Das Ende der Illusionen, S. 261 ff. Begriffskritisch *J.-W. Müller*, Furcht und Freiheit, S. 14 („überkuratierte Begriffsbildung").

560 Zur Ideengeschichte des Neoliberalismus siehe *Q. Slobodian*, Globalisten. Das Ende der Imperien und die Geburt des Neoliberalismus, 2019.

561 *P. Ther*, Das andere Ende der Geschichte, S. 20 spricht von der „globalen Hegemonie des Neoliberalismus."

toner Consensus" folgend – ökonomisch mit den Begriffen Liberalisierung, Deregulierung und Privatisierung gekennzeichnet werden können und gesellschaftspolitisch auf eine „Öffnung der Identitäten und auf eine Ermächtigung der Individuen sowie der kulturellen Gruppen gerichtet sind."[562] Anders gewendet: Wirtschaftlich ist der Staat für die Gewährleistung der Wettbewerbsfähigkeit, gesellschaftspolitisch für die normative Absicherung der Individualisierung zuständig. Die Finanz- und Eurokrise, die infolge der weltweiten Deregulierung zu erheblichen sozialen Verwerfungen[563] geführt hat sowie die mit einer „Überindividualisierung" einhergehenden „kulturellen Desintegrationen"[564] scheinen das Pendel in den letzten Jahren wieder in die Richtung stärkerer Regulierung und sozial-kultureller Absicherung ausschlagen zu lassen. Der Schutz vor globalistischen Auswüchsen – in sozialer, kultureller aber auch umweltbezogener Sicht – steht erneut im Fokus, lässt das neoliberale Wirtschaftssystem wanken und die Staaten stärker intervenieren. Die (nicht nur aber auch) globalisierungsbedingten Verwerfungen haben insofern zu ersten lauter artikulierten Widersprüchen geführt, die mahnen, diese neuen sozial-kulturellen Fragen und damit auch die Funktion des demokratischen Verfassungsstaates als „sozial-kultureller Schutzanker" in der globalisierten Welt zu überdenken.[565]

Auch wenn ein feststehender Kanon an Staatszielen damit nicht abschließend ermittelt werden kann, lässt sich anhand dieser historischen Wellenbewegungen eine Aufgabentrias aufzeigen,[566] die im Zentrum auch der heutigen demokratischen Verfassungsstaaten steht. Die Unterschiede zwischen den einzelnen Staaten liegen dann im konkreten „Mischungsverhältnis" dieser drei Aufgaben.

– *Sicherheit und Frieden*. Spätestens mit den Konfessionskriegen hatte sich das diffuse mittelalterliche System der Machtverteilung auf Landesherren, Ritter und die Kirche als unfähig erwiesen, dauerhaft für Frieden und

[562] *A. Reckwitz*, Das Ende der Illusionen, S. 263.

[563] Vgl. auch *J. Zielonka*, Counterrevolution, S. 54 ff.

[564] *A. Reckwitz*, Das Ende der Illusionen, S. 268 ff. Kritisch dazu *S. van Dyk*/*S. Graefe*, Wer ist schuld am Rechtspopulismus, Leviathan 47 (2019), 405 (411 ff.).

[565] Vgl. *Foundational Economy Collective*, Die Ökonomie des Alltagslebens, S. 98 f.: „Etwas mehr als drei Jahrzehnte später sind wir an einem Punkt im Zyklus angelangt, an dem Verstaatlichung sowie Kommunalisierung nicht nur in Großbritannien wieder in Mode gekommen sind und die ungehinderte Entfaltung privater Interessen im Bereich der öffentlichen Dienste auf wachsenden Widerstand stößt." Siehe auch *M. Ramesh*/*A. Eduardo*/*W. Xun*, Reasserting the Public in Public Services. New Public Management Reforms, 2010.

[566] *Martin Kriele* hat sein gesamtes Lehrbuch (Einführung in die Staatslehre, 6. Auflage 2003) nach diesen drei zentralen Aufgaben gegliedert: Frieden, Freiheit, Gerechtigkeit. Siehe auch *C. Starck*, Allgemeine Staatslehre in Zeiten der Europäischen Union, in: ders. (Hrsg.), Woher kommt das Recht, S. 353 (355 f.).

Sicherheit Sorge zu tragen.[567] Diese sind jedoch Voraussetzung für die Wahrnehmung aller anderen denkbaren Aufgaben. Zur Wiederherstellung der dauerhaft aufrecht zu erhaltenden Ordnung kam es zu einer Zentralisierung der Macht- und Herrschaftsverhältnisse, die im Absolutismus des 17. Jahrhunderts ihren Höhepunkt erreichte und eines der Wesensmerkmale des modernen Staates darstellte.[568] Die Sicherung von Sicherheit und Frieden gelten seither als zentrale Aufgabe jedes Staates. Sie besteht, anknüpfend an *Bodins* Souveränitätskonzeption, aus zwei Komponenten: Äußere Sicherheit,[569] verstanden als Verteidigungs- und Außenpolitik, und innere Sicherheit.[570] Die Gewährleistung der inneren Sicherheit setzt die Errichtung von Institutionen zur Konfliktschlichtung (Gerichte) und polizeiliche Aufgabenwahrnehmungen voraus, die dem Schutz der Rechtsordnung und der Institutionen des Staates dienen. Von staatlicher Seite gilt es sich stets an die aktuellen Bedrohungslagen anzupassen. Während es – nicht zuletzt im Kalten Krieg – bei der äußeren Sicherheit um die Verhinderung klassisch kriegerischer Auseinandersetzungen mit anderen Staaten ging, steht heute der Schutz vor terroristischen Anschlägen (IS, Al Qaida) und Cyber-Angriffen (etwa auf kritische Infrastruktur) stärker im Fokus, die meist nicht oder nur mittelbar von anderen Staaten ausgehen. Das setzt Veränderungen der Sicherheitsarchitekturen voraus, wobei auch die Frage aufkommt, wie der Staat auf die neuen Möglichkeiten der Digitalisierung angemessen reagieren sollte (darf), ohne den individuellen Freiheitsraum zu weit und zu pauschal zu beschneiden (Stichwort: Vorratsdatenspeicherung, Staatstrojaner, Kameraüberwachung etc.).[571]

- *Freiheit und Selbstbestimmung*. Bei dieser Aufgabe scheint zunächst die Begrenzung des Staates im Sinne einer negativen Freiheit vom Staat zur Ermöglichung individueller Entfaltung im Vordergrund zu stehen. Auch im Liberalismus herrschte verbreitet noch die Vorstellung, dass Freiheit und Selbstbestimmung aus sich heraus gedeihen, wenn der Staat sich nur möglichst zurückzieht und sich auf die Aufgabe der Friedenssicherung fokussiert. Tatsächlich bedarf aber auch Freiheit und Selbstbestimmung der positiven institutionellen Absicherung, sodass die vollständige Begrenzung auf den Nachtwächterstaat auch für den Liberalismus keine ernsthafte Option sein kann, weil er auf den Staat in vielfältiger Weise angewiesen ist.[572] Das beginnt bei der staatlichen Bereitstellung der

[567] Siehe auch *H. M. Heinig*, Prekäre Ordnungen, S. 4 f.
[568] *A. Thiele*, Der gefräßige Leviathan, S. 47 ff.
[569] Dazu *M. Kriele*, Einführung in die Staatslehre, S. 50 ff.
[570] Dazu *M. Kriele*, Einführung in die Staatslehre, S. 32 ff.
[571] Dazu auch *J.-W. Müller*, Furcht und Freiheit, S. 137 ff.
[572] Auf diesen Widerspruch hat nicht zuletzt *K. Polanyi*, The Great Transformation,

Rechtsordnung als Voraussetzung der Selbstentfaltung und Privatwirtschaft (Eigentums- und Vertragsordnung) und setzt sich in der Ordnung des Zusammenlebens (Bauleitplanung) und dem Schutz der natürlichen Lebensgrundlagen (Umwelt- und Klimaschutz) fort. Hinzu kommen fundamentalökonomische Leistungen wie Versorgungsnetze (Wasser, Elektrizität, Breitband und Internet) sowie Verkehrswege, ohne die ein freiheitlich selbstbestimmtes Leben unmöglich ist – das zeigt sich beim Blick in solche Staaten, in denen diese Leistungen keine Selbstverständlichkeit sind.[573] Auch Teile der Kulturpolitik gehören dazu (etwa Schul- und Hochschulwesen, Kulturpflege wie Theater, Musik, Film, Rundfunk und Fernsehen) sowie – vor allem aus der Perspektive religiöser Minderheiten – der Schutz der ungestörten Religionsausübung. Darüber hinaus setzt die Ausübung der Freiheitsrechte eine ausreichende soziale Absicherung voraus („Existenzminimum"), so dass sich dieses Staatsziel partiell mit dem Ziel der Wohlfahrt und sozialen Gerechtigkeit überschneidet. Der Sozialstaat steht insoweit, in den Worten *Hans Michael Heinigs*, „im Dienst der Freiheit."[574]

– *Wohlfahrt und soziale Gerechtigkeit*. Es waren vor allem die negativen Folgen der völlig liberalisierten Marktwirtschaft, die eine zunehmende Tätigkeit des Staates auf den Gebieten soziale Sicherung und soziale Gerechtigkeit erforderten und zu einer aktiveren Rolle des Staates im Bereich der Wirtschaft führten.[575] Dabei sollte nicht vergessen werden, dass die Wirtschaftsordnung stets staatlich determiniert war und lediglich Art und Ausmaß des Eingriffs sich unterschieden: Merkantilismus im Absolutismus, Liberalismus im 19. Jahrhundert und sozialer Wohlfahrtsstaat im 20. Jahrhundert. Heute verfolgt der demokratische Verfassungsstaat mit seinen wohlfahrtsstaatlichen und sozialen Interventionen vornehmlich drei Ziele: Sicherung der Existenzgrundlagen des Einzelnen (Garantie des Existenzminimums, Sozialversicherung[en], Unterstützung für besonders Bedürftige), Sicherung der Grundlagen der Gesamtwirtschaft (Konjunktursteuerung, Bereitstellung öffentlicher Güter, Währungswesen, Umwelt- und Klimaschutz) sowie Sicherung sozialer Gerechtigkeit (Steuerpolitik, Subventionen). Dabei enthält der letzte Punkt ein Demokratie sicherndes

---

S. 192 deutlich hingewiesen: „[F]reie Märkte wären niemals bloß dadurch entstanden, dass man den Dingen den freien Lauf ließ. […] [S]ogar der Grundsatz des Laissez-faire selbst wurde vom Staat durchgesetzt." Siehe auch *P. Ther*, Das andere Ende der Geschichte, S. 31.

[573] Es spricht daher auch Vieles dafür, den Wohlstand eines Staates nicht primär am Bruttoinlandsprodukt, sondern am Versorgungsgrad mit diesen fundamentalen Leistungen zu messen. Vgl. insoweit auch *A. Sen*, Ökonomie für den Menschen, 1999.

[574] *H. M. Heinig*, Der Sozialstaat im Dienst der Freiheit, 2008.

[575] Siehe auch *B. Schöbener/M. Knauff*, Allgemeine Staatslehre, § 4, Rn. 61 ff.

Element, da die notwendige – weil in der Menschenwürde wurzelnde[576] – gegenseitige Anerkennung als politisch gleich nur bis zu einem bestimmten Maß sozialer Ungleichheit möglich ist.[577] Entgegen streng liberalen Vorstellungen genügt Suffizienz (also die Bereitstellung des Existenzminimums) zumindest langfristig nicht – ein Staat, in dem viele gerade genug, wenige jedoch sehr viel mehr haben, sieht sich langfristig der Gefahr eines Legitimitätsverlustes ausgesetzt.[578] In Chile konnte man das im Jahr 2019 beobachten. Der Sozialstaat steht vor diesem Hintergrund im Dienst der Freiheit *und* der Gleichheit.[579]

Diese abstrakte und sich teilweise überschneidende Aufgabentrias prägt alle demokratischen Verfassungsstaaten, wobei das konkrete „Mischungsverhältnis" und die Ausgestaltung im Einzelnen den Erwartungen der jeweiligen Gesellschaft entsprechen müssen. Die Verfassungsordnungen werden dem Gesetzgeber mit den abstrakten Rechtsstaats- und Sozialstaatsgeboten einen großen Spielraum belassen, wie die grundlegenden Staatsziele im Einzelnen umgesetzt werden. Veränderungen der gesellschaftlichen Erwartungen führen daher nur selten zu zwingenden Verfassungsänderungen – das Grundgesetz liefert hierfür ein treffendes Beispiel. Gerade weil nicht nur moderne Gesellschaften von einem steten sozialen Wandel und sich verändernden Problemlagen geprägt sind, kann keine Vorstellung über die „richtigen staatlichen Aufgaben" dauerhaften Bestand haben. Das vorherrschende „politische

[576] Vgl. *C. Neuhäuser*, Reichtum als moralisches Problem, S. 36 ff.

[577] Vgl. zu diesem Punkt *A. Thiele*, Gleichheit angesichts von Vielfalt als Gegenstand des philosophischen und juristischen Diskurses, DVBl. 2018, 1112 (1117 f.). Siehe auch *K. Chatziathanasiou*, Soziale Ungleichheit als Verfassungsherausforderung – Das Sozialstaatsprinzip und die Begrenzung von Armut und Reichtum, in: P. B. Donath u.a. (Hrsg.), Verfassungen – ihre Rolle im Wandel der Zeit, S. 225 (227 ff.). Zu möglichen Veränderungen der bestehenden Systeme *D. Schweigler*, Neuordnung der sozialen Sicherungssysteme, in: A. Thiele (Hrsg.), Legitimität in unsicheren Zeiten, S. 145 ff. Vgl. auch *J.-W. Müller*, Furcht und Freiheit, S. 20.

[578] Siehe auch *K. Polanyi*, The Great Transformation, 1944, S. 212. Zur Situation in Deutschland generell *O. Nachtwey*, Die Abstiegsgesellschaft: Über das Aufbegehren in der regressiven Moderne, 2016.

[579] Insofern gilt es nachzuvollziehen, dass sozialer Zusammenhalt in einer demokratischen Ordnung einen Wert an sich hat, die Ablehnung sozialen Zusammenhalts fördernder Maßnahmen allein aus Effizienzgründen („zu teuer") also nicht überzeugt, gerade wenn es um die Versorgung mit fundamentalökomischen Gütern geht. Vgl. insoweit auch *W. Streeck*, Vorwort, in: Foundational Economy Collective (Hrsg.), Die Ökonomie des Alltags, S. 7 (26): „Aus fundamentalökonomischer Perspektive greift das zu kurz; Bürgerrechte – auf Anschluss und Einbeziehung – haben ihren eigenen Wert, abgesehen davon, dass ihre Einlösung helfen kann, zentrale Konflikte moderner Gegenwartsgesellschaften zu entschärfen, wie sie sich in der Wahl Trumps, dem Brexit, dem Aufstand der Gelbwesten in Frankreich und der Stärke der AfD in Ostdeutschland manifestieren."

Paradigma“[580] hat seine Leistungsfähigkeit irgendwann erschöpft, schafft möglicherweise selbst neue Problemlagen, zu deren Lösung es nicht mehr effektiv beitragen kann. Mit *Andreas Reckwitz* handelt es sich insoweit um einen partiell dialektischen Prozess: „Eine zunächst ‚zeitgemäße‘ Form des politischen Handelns wird auf die Spitze getrieben, verliert dann an diesem tipping point rapide an Überzeugungskraft und wird von einer in vielerlei Hinsicht konträr gedachten Form des politischen Handelns abgelöst, die nun auf der Höhe der Problemlage erscheint – wiederum nur für eine begrenzte Zeit.“[581] *Reckwitz* unterscheidet Regulierungsparadigmen einerseits und Dynamisierungsparadigmen andererseits, die sich mehr oder weniger regelmäßig ablösen und in der Zeit ihrer Geltung jeweils das gesamte nicht-radikale politische Spektrum prägen, allerdings im öffentlichen Raum in unterschiedlichen Versionen (links/rechts) sichtbar werden.[582] Ähnlich, allerdings stärker auf den ökonomischen Bereich fokussiert beschrieb schon *Karl Polanyi* im Jahr 1944[583] den Wandel der Staatsaufgaben anhand einer Dialektik zwischen dem Prinzip des freien Marktes einerseits und dem Schutzbedürfnis der Gesellschaft andererseits („double movement“).[584] Heute scheint, wie dargelegt, die Schutzfunktion des Staates, das Reckwitz’sche Regulierungsparadigma, stärker in den Fokus zu rücken. Wo das endet, bleibt abzuwarten.[585] Wahrscheinlich befinden wir uns aktuell inmitten eines neuerlichen Paradigmenwechsels im Hinblick auf die „richtigen Staatsaufgaben“. Dass ein solcher nicht völlig friedlich abläuft, ist, das sei mit *Andreas Reckwitz* angesichts einer bisweilen aufgeheizten Debatte gesagt, historisch ein normaler Vorgang.[586] Auch das Erstarken des Populismus lässt sich wenigstens partiell als Krisenphänomen dieses Übergangs interpretieren.

---

[580] Zum Begriff des politischen Paradigmas *A. Reckwitz*, Das Ende der Illusionen, S. 243 ff.

[581] *A. Reckwitz*, Das Ende der Illusionen, S. 247.

[582] Es gibt also jeweils eine „linke“ und eine „rechte“ Version des herrschenden Paradigmas, vgl. *A. Reckwitz*, Das Ende der Illusionen, S. 252: „Das Paradigma bleibt gewissermaßen ein unanschaulicher ‚Code‘, solange es nicht die Benutzeroberfläche der Links-rechts-Auseinandersetzung erreicht. Aber als Code wirkt es durch die Benutzeroberfläche hindurch.“

[583] *K. Polanyi*, The Great Transformation, 1944.

[584] Vgl. *P. Ther*, Das andere Ende der Geschichte, S. 19.

[585] *A. Reckwitz*, Das Ende der Illusionen, S. 285 ff. Zu erwähnen ist aber, dass *Polanyi* selbst davon ausging, dass eine stärkere Betonung der staatlichen Schutzfunktion prinzipiell zwei Konsequenzen haben kann: „Allerdings kann dieses polanyische Pendel, sobald es sich in Richtung Schutz bewegt, in zwei Richtungen ausschlagen: nach links mit dem Endpunkt des demokratischen Sozialismus oder nach rechts zum Faschismus.“ (*P. Ther*, Das andere Ende der Geschichte, S. 18. Siehe dazu auch *G. Dale*, Karl Polanyi: The Limits of the Market, S. 227).

[586] *A. Reckwitz*, Das Ende der Illusionen, S. 269.

Versuchte man gleichwohl gewisse „objektive" Kriterien für die Aufgaben des Staates in einer sozialen Marktwirtschaft anzugeben,[587] so sollten als allgemeiner Maßstab die Grenzen der Leistungsfähigkeit beider Ebenen (Markt und Staat) stärker berücksichtigt werden. In (sozialen) Marktwirtschaften, sind die staatlichen Aufgaben zunächst auf die Bereiche des Marktversagens fokussiert. Da, wo der Markt versagt – etwa bei der Bereitstellung öffentlicher und meritorischer Güter sowie von Kollektivgütern (der „Fundamentalökonomie"), aber zunehmend auch im Bereich des sozialen Ausgleichs[588] – ist der Staat gefragt, der sich dabei jedoch der Möglichkeit des eigenen Staatsversagens und dem Problem der begrenzten Steuerungsfähigkeit komplexer Marktprozesse bewusst sein muss. Zuletzt hat aber *Mariana Mazzucato* zu Recht darauf hingewiesen, dass dem Staat zusätzlich auch eine Rolle als Innovationsförderer zukommt; er ist historisch keineswegs nur „market-fixer", sondern oftmals auch „market-maker".[589] Beide Ebenen sollten insofern nicht gegeneinander ausgespielt werden, sondern unter Anerkennung der Möglichkeit des jeweils eigenen Versagens die Aufgaben übernehmen, für die sie am besten geeignet erscheinen.[590] Das ist entgegen neoliberalen Vorstellungen nicht immer und überall der (staatsfreie) Markt, weil Wettbewerb, Effizienz und die Maximierung von Eigenkapitalrenditen nicht für alle gesellschaftlichen Bereiche die einzig relevanten Maßstäbe sind beziehungsweise sein sollten[591] (das gilt unter anderem für Bildung, Kultur, sozialer Zusammenhalt, Gesundheit, Pflege sowie Leitungs- und Verkehrssysteme zur Versorgung mit Wasser, Strom, Heizung und Transportleistungen als sogenannte „fundamentalökonomische Infrastrukturen").[592] Wenn in

[587] Siehe dazu auch im Überblick *R. Stober/S. Korte*, Öffentliches Wirtschaftsrecht – Allgemeiner Teil, Rn. 93 ff.

[588] Siehe auch *C. Koppetsch*, Soziale Ungleichheiten, in: A. Thiele (Hrsg.), Legitimität in unsicheren Zeiten, S. 95 (111): „Sichtbar wird, dass der Kapitalismus eine Gesellschaftsordnung ist, die von sich aus kein Maß und keine normative Ordnung herausbildet."

[589] *M. Mazzucato*, Der unternehmerische Staat: Risiken und Gewinne vergesellschaften, Leviathan 47 (2019), 123 (127): „Und alle Technologien, die Apples i-Produkte (iPhone, iPad usw.) ‚intelligent' gemacht haben, wurden ursprünglich von öffentlichen Institutionen finanziert […]."

[590] Vgl. auch *R. Stober/S. Korte*, Öffentliches Wirtschaftsrecht – Allgemeiner Teil, Rn. 105 ff.

[591] Eine gleichwohl erfolgende rein effizienzbezogene Betrachtung dieser kann sich aus der Perspektive der Gesamtgesellschaft daher als sehr problematisch darstellen, vgl. *Foundational Economy Collective*, Die Ökonomie des Alltagslebens, S. 115 ff.

[592] Vgl. dazu *W. Streeck*, Vorwort, in: Foundational Economy Collective (Hrsg.), Die Ökonomie des Alltags, S. 7 (7 ff.). Wozu es führen kann, wenn in diesen Bereichen das Effizienzdenken dominiert zeigt sich nicht zuletzt in der zunehmenden Dichotomie städtischer und ländlicher Verhältnisse mit prosperierenden Megastädten auf der einen und verödenden Dörfern und Landschaften auf der anderen Seite, *W. Streeck*, aaO, S. 25 ff. Siehe auch *A. Reckwitz*, Das Ende der Illusionen, S. 296 ff.

den letzten Jahren immer mehr gesellschaftliche Bereiche einer rein ökonomischen Betrachtung unterworfen werden und sich die Markt*wirtschaft* zunehmend zu einer Markt*gesellschaft* transformiert, in der praktisch alles zur handelbaren Ware mutiert,[593] ist das eine bedenkliche, wenngleich dem Neoliberalismus immanente Entwicklung.[594] Welche Aufgaben der Staat im Einzelnen und in welchem Umfang übernehmen sollte, hängt (abgesehen von einigen unumstrittenen Zuweisungen) gleichwohl von beachtlichen Vorverständnissen ab und bleibt praktisch wie theoretisch umstritten. Es werden weitere Paradigmenwechsel folgen. Die Allgemeine Staatslehre kann und muss versuchen, Optionen, empirische Erfahrungen und den Zusammenhang zur Legitimität der politischen Ordnung aufzuzeigen. Das Finden des „richtigen" Aufgabenmix ist in demokratischen Verfassungsstaaten anschließend jedoch dem politischen Prozess zu überlassen. Eine apriorische und verbindliche Staatsaufgabenlehre kann es für den demokratischen Verfassungsstaat nicht geben.[595]

5. Exkurs: Die Finanzierung des demokratischen Verfassungsstaates

Für die Wahrnehmung der staatlichen Aufgaben bedarf der demokratische Verfassungsstaat der erforderlichen und im modernen Wohlfahrtsstaat erheblichen finanziellen Mittel. Die konkrete Organisation der Staatsfinanzen, die Zuweisung von Finanzierungskompetenzen und deren Grenzen, die Aufteilung der Mittel auf staatliche Untergliederungen (etwa die Gliedstaaten in Bundesstaaten, aber auch auf die regionalen Einheiten) sind nicht nur ein für die Funktionsfähigkeit des Staates zentraler Baustein, sondern haben immer eine machtpolitische Dimension. Welche finanziellen Mittel dem Staat in welcher Form zugewiesen werden, ist Abbild einer zugrunde liegenden Staats(aufgaben)theorie. Wer von staatlicher Tätigkeit wenig hält, kann den Staat durch Verweigerung der notwendigen finanziellen Mittel aushungern lassen. „Starving the beast" ist eine politische Strategie, die die amerikanischen Republikaner seit der Reagan-Zeit immer wieder offen propagieren.[596]

Angesichts dieser Bedeutung der Staatsfinanzen überrascht es, dass diesen in der Allgemeinen Staatslehre bislang nur wenig Beachtung geschenkt

---

[593] Vgl. dazu *C. Neuhäuser*, Wie reich darf man sein?, S. 15 f.

[594] Vgl. *J.-W. Müller*, Furcht und Freiheit, S. 40. Siehe auch *A. Gore*, Die Zukunft, S. 23 ff.

[595] Vgl. auch *B. Schöbener*/*M. Knauff*, Allgemeine Staatslehre, § 4, Rn. 76 sowie *H. Krüger*, Allgemeine Staatslehre, S. 759 f.

[596] Vgl. *P. Ther*, Das andere Ende der Geschichte, S. 60 sowie (allerdings eher demokratie- denn kapitalismuskritisch) *M. Prasad*, Starving the Beast. Ronald Reagan and the Tax Cut Revolution, 2018.

wird. Bei *Georg Jellinek* kommt die Finanzierung des Staates praktisch nicht vor, ebensowenig bei *Burkhard Schöbener* und *Matthias Knauff*, bei *Karl Doehring* oder *Martin Kriele*. Bei *Herbert Krüger* werden zumindest einige Aspekte der Besteuerung (allerdings nicht im Zusammenhang) erwähnt, gleiches gilt für *Roman Herzog*, der allerdings anschließend die allein „dienende Funktion" der Finanzverwaltung betont, die keinen „für unsere Zwecke interessanten Zweig staatlicher Tätigkeit"[597] darstelle.[598] Diese Aussage wird man nach den Erfahrungen der Finanzkrise, der Debatte um staatliche Verschuldung und der Herausforderung einer gerechten Besteuerung internationaler Großkonzerne nicht mehr aufrechterhalten können. Es findet sich kaum eine politische Debatte, die nicht umgehend die Frage nach den finanzpolitischen Konsequenzen und der Finanzierbarkeit thematisiert. Teilweise kreisen die Debatten fast ausschließlich um diesen Aspekt. Das zeigt sich bei den Diskussionen über die Finanzierung des notwendigen Klimaschutzes. Darüber hinaus bestätigen die Auseinandersetzungen um die Einführung einer (internationalen) Vermögensteuer[599] im Besonderen und um das Besteuerungssystem im Allgemeinen, dass es hier nicht allein um Fragen der „neutralen" Finanzierung, sondern auch um Verteilungspolitik und damit um divergierende Vorstellungen darüber geht, wie das gesellschaftliche Zusammenleben in sozialer Hinsicht organisiert werden soll. Hier findet sich damit ein blinder Fleck der Allgemeinen Staatslehre, nicht obwohl, sondern weil es dieser um die Erfassung sämtlicher staatlich-politischer Machtstrukturen geht. Zur zukünftigen Ausleuchtung dieses Gebietes sollte zwischen der Finanzverfassung auf der einen (a) und der Haushaltsverfassung (b) auf der anderen Seite unterschieden werden. Während erstere zwar unterschiedlich ausgestaltet ist, aber im Kern auf die gleichen Finanzierungsformen zurückgreift, weisen letztere interessanterweise bei allen demokratischen Verfassungsstaaten und unabhängig vom konkreten Regierungssystem erhebliche verfahrensmäßige Überschneidungen auf.[600]

---

[597] *R. Herzog*, Allgemeine Staatslehre, S. 114.

[598] Diese Aussage dürfte aber auch mit der in der Wirtschaftswissenschaft bis zuletzt vielfach angenommenen „Neutralität des Geldes" zusammenhängen, die nicht selten mit seiner „Unerheblichkeit" verwechselt wurde.

[599] Das ist keineswegs eine allein deutsche Debatte. Zuletzt hat in sehr prominenter Form etwa *Thomas Piketty* die Einführung einer weltweiten Vermögensteuer gefordert, vgl. *T. Piketty*, Das Kapital im 21. Jahrhundert, S. 697 ff.

[600] Vgl. *W. Heun/A. Thiele*, in: H. Dreier, GG-Kommentar, Band III, Vorb. zu Art. 104a–115, Rn. 20.

a) Finanzverfassung

Der Begriff der Finanzverfassung soll in einem weiteren Sinne erstens alle Kompetenzen erfassen, die einem demokratischen Verfassungsstaat zur Erlangung der für die Wahrnehmung seiner Aufgaben notwendigen finanziellen Mittel übertragen sind und zweitens wie diese Mittel auf möglicherweise bestehende staatliche Untergliederungen zu verteilen sind. Die (geschriebenen) Verfassungen sind nur selten so ausführlich wie das Grundgesetz,[601] etwas anderes gilt (im Hinblick auf Bundesstaaten) allein für die brasilianische und die schweizerische Verfassung. Weder in den USA noch in Österreich sind die föderativen Finanzbeziehungen sonderlich ausgeprägt geregelt und damit in größerem Maße dem politischen Prozess überantwortet. Tatsächlich nutzt die amerikanische Zentralregierung ihre finanziellen Mittel immer wieder als Instrument zur Durchsetzung ihrer politischen Vorstellungen gegenüber den Gliedstaaten – ein Vorgehen, dass der Bundesregierung unter dem Grundgesetz verfassungsrechtlich im Grundsatz untersagt ist.[602] Auch im Übrigen zeigen sich im Bereich der Finanzverfassung in den einzelnen Staaten deutliche Unterschiede. Immerhin lassen sich aber drei Finanzierungsformen aufzeigen, auf die alle demokratischen Verfassungsstaaten in der einen oder anderen Form zurückgreifen. Eine vierte, neuere Form gewinnt daneben zunehmend an Bedeutung.

aa) Steuern

Der moderne Staat ist Steuerstaat.[603] Im Gegensatz zum mittelalterlichen Herrschaftsverbund finanziert er sich nicht aus dem Privatbesitz des Staatsoberhaupts,[604] sondern partizipiert zu einem bestimmten Anteil an der privatwirtschaftlichen Prosperität seiner BürgerInnen.[605] Darin eine Form „legaler Kleptokratie“[606] zu sehen, ist allerdings verfehlt. Die Steuerfinanzierung beruht vielmehr auf einer gesamtgesellschaftlich vereinbarten Form der

[601] Dazu umfassend *H. Tappe/R. Wernsmann*, Öffentliches Finanzrecht, 2. Auflage 2019.

[602] Allerdings kommt es in den letzten Jahren vermehrt zu verfassungsrechtlich fundierten Durchbrechungen dieses Prinzips, was eine durchaus problematische Entwicklung darstellt.

[603] Zur historischen Entwicklung *A. Thiele*, Der gefräßige Leviathan, S. 98 ff. Siehe auch *H. Heller*, Staatslehre, S. 132: „Die Stetigkeit des modernen Staates macht es eben deshalb notwendig, dass ein fest geregeltes Steuersystem stetige Einnahmen zur Erhaltung des Heeres und der Bürokratie bereitstellt.“

[604] Vgl. *M v. Creveld*, Aufstieg und Untergang des Staates, S. 169.

[605] Bereits im Jahr 1762 präsentierte *Adam Smith* die im Kern bis heute gültigen vier Prinzipien moderner Besteuerung: Steuergleichheit, Bestimmtheit des Steueranspruchs, Bequemlichkeit sowie Effizienz der Steuererhebung.

[606] Ein Bild, das in Deutschland die liberale Partei FDP immer wieder bemüht.

Arbeitsteilung. Der Staat zieht sich danach prinzipiell aus dem Wirtschaftsleben zurück. Im Gegenzug partizipiert der Staat prozentual an den ökonomischen Gewinnen der BürgerInnen und nutzt diese Mittel zur Wahrnehmung der skizzierten Aufgabentrias, die der Markt zu übernehmen nicht in der Lage ist, aber die Grundlage bildet, dass eine friedliche und regelbasierte Marktwirtschaft funktionieren kann.[607] Wenn sich größere Unternehmen der territorialen Besteuerungsgewalt durch komplexe Steuervermeidungsstrategien entziehen aber weiterhin von den staatlichen Leistungen profitieren und diese in Anspruch nehmen,[608] liegt darin eine einseitige Kündigung dieser Vereinbarung. Sie würde den demokratischen Verfassungsstaat berechtigen, seinerseits wieder auf dem Markt tätig zu werden, um die fehlenden Einnahmen zu generieren.[609] Dieser Weg wird zwar bisher nicht eingeschlagen und wäre auch verfassungsrechtlich ohne Verfassungsänderung nur schwer umsetzbar. Zum Ausdruck gebracht werden sollte mit diesem Beispiel aber, dass entsprechende Steuervermeidungsstrategien an den Grundfesten demokratischer Verfassungsstaaten rütteln. Im Rückgang sozialer Leistungen und der Zunahme sozialer Ungleichheit sind die Erschütterungen bereits zu spüren. Die Steuern bleiben in allen Staaten allerdings weiterhin die größte Einnahmequelle. Für die Allgemeine Staatslehre besteht die zentrale Aufgabe darin, die überragende Bedeutung eines funktionierenden Steuersystems im demokratischen Verfassungsstaat und einem marktwirtschaftlichen System sichtbar zu machen. Wer den besteuernden Staat dauerhaft zum Gegner erklärt, darf nicht darauf hoffen, dass dieser Staat in der Lage bleibt, die notwendigen Aufgaben wahrzunehmen und den Schutz seiner BürgerInnen zu gewährleisten. Eine Demokratie ist so nicht zu machen. Eine Debatte über die konkrete Ausgestaltung des Steuersystems ist damit nicht ausgeschlossen, sondern notwendig. Nicht immer wird die grundlegende Bedeutung der Steuern allerdings in den sprachlichen Metaphern des politischen Diskurses in angemessener Form gespiegelt.[610]

Die machtpolitische Dimension der Finanzverfassung zeigt sich in Bundesstaaten, wo sichergestellt sein muss, dass zentral- und gliedstaatliche

[607] Es geht insoweit etwa um notwendige Infrastruktur bis hin zum Eigentumsschutz und Möglichkeiten der Konfliktschlichtung.

[608] Dazu *E. Saez/G. Zucman*, The Triumph of Injustice. How the Rich Dodge Taxes and How to Make Them Pay, 2019.

[609] Man denke an die Gründung eines eigenen Versandhandels, eigener Suchmaschinen etc., wobei auch eine Privilegierung des eigenen Unternehmens (etwa durch die normative Begründung eines Benutzungszwangs) denkbar wäre.

[610] Wer „Steuerflucht“ sagt, suggeriert, dass Besteuerung etwas Bedrohliches ist, dem zu entfliehen gerechtfertigt erscheint. Geflohen wird zudem meist in eine „Steueroase“ oder ein „Steuerparadies“ – wer wollte dort nicht wohnen? Zutreffend wäre hingegen von „Steuerentzug“ einerseits und „Steuerdumpingzone“ andererseits zu sprechen.

Ebene über ausreichend finanzielle Mittel verfügen und das Steueraufkommen angemessen verteilt wird. Die verschiedenen Bundesstaaten haben hier unterschiedliche Systeme geschaffen und regeln die Verteilung der Finanzmittel meist auf der einfach-rechtlichen Ebene. In den USA werden Zuweisungen der Zentralebene an die Bundesstaaten immer wieder als politisches Druckmittel eingesetzt. Detaillierte Verfassungsregeln kennen nur die Schweiz und Deutschland. Vor allem die deutsche Regelung der Art. 106 und 107 GG versucht zwar durch eine Kombination eines gebundenen Trennsystems und eines Verbundsystems das politische Element zu reduzieren und orientiert sich an der Sicherung der finanzwirtschaftlichen Autonomie der beiden Ebenen (Bund und Länder), um eine möglichst optimale Distribution bei Beachtung fiskalischer Gleichheit zu erreichen. Grundlegende Veränderungen dieser Finanzzuweisungen auf einfach-rechtlicher Ebene sind dadurch ausgeschlossen, dem Bund ist ein „Einwirken auf die Länder durch Geld“ prinzipiell untersagt. Die regelmäßigen verfassungsrechtlichen Anpassungen des Aufteilungssystems sind dadurch hoch umstritten und führen teilweise zu Regelungen, die dem Grundgedanken in ihrer Systematik widersprechen.[611] Hinzu kommt, dass die Länder ihre Autonomie zunehmend freiwillig einschränken und dem Bund auf der Verfassungsebene in ihrem Aufgabenbereich direkte Finanzierungsmöglichkeiten einräumen.[612] Damit einher geht eine problematische Unterhöhlung der deutschen Bundesstaatsidee, was aber weder den Bund noch die Länder zu stören scheint. Auf das Wesen des Bundesstaates aufmerksam zu machen und die Abhängigkeiten aufzuzeigen, die – wie in den USA – entstehen können, ist Aufgabe einer Allgemeinen Staatslehre.

Was die Steuerarten betrifft, finden sich direkte Steuern (Einkommen-[613] und Unternehmensteuern, Erbschaftsteuern, teilweise Vermögensteuern) aber auch indirekte Steuern (insbesondere Umsatzsteuer), die in ihren sozialen Umverteilungswirkungen schon deshalb divergieren, weil eine progressive Besteuerung nur bei direkten Steuern möglich ist. Der konkrete Mix dieser Steuern und ihre Ausgestaltung im Einzelnen sind in der öffentlichen Debatte nicht minder umstritten als die staatlichen Aufgaben, die mit diesen Einnahmen finanziert werden sollen. In anglo-amerikanischen Regierungssystemen ist die durch Besteuerung herbeigeführte Umverteilungsquote, also

---

[611] Überblick zur und Kritik an der letzten Reform aus dem Jahre 2018 bei *W. Heun/A. Thiele*, in: H. Dreier (Hrsg.), GG-Kommentar, Band III, Vorb. zu Art. 104a–115, Rn. 12 ff. Siehe auch *A. Thiele*, in: H. Dreier (Hrsg.), GG-Kommentar, Band III, Art. 104c, Rn. 5 ff. zu der besonders verfehlten Regelung des Art. 104c GG („Fremdkörper“).

[612] Vgl. auch *S. Korioth*, Die Kommunen und der neue Bund-Länder-Finanzausgleich ab 2020, in: J. Münch/A. Thiele (Hrsg.), Verfassungsrecht im Widerstreit, S. 215 (220 ff.).

[613] Erstmals im Jahr 1799 in England eingeführt, als dauerhafte Finanzierungsquelle dort allerdings erst ab 1842 genutzt.

der Unterschied zwischen Markt- und Nettoungleichheit, tendenziell geringer als in europäischen Systemen.[614] Für die Allgemeine Staatslehre ist interessant, inwieweit das konkrete Besteuerungssystem in einer Beziehung zum sozialen Zusammenhalt in einer Gesellschaft steht. Darüber hinaus ist von Interesse, ob sich das Instrument der Steuer auch für die Erreichung anderer als Finanzierungszwecke einsetzen lässt. Solche Lenkungssteuern finden sich bereits zahlreich (Alkoholsteuer, Tabaksteuer, Umweltsteuern), aktuell wird vor dem Hintergrund des Klimawandels weltweit über eine sinnvolle Bepreisung von CO2 nachgedacht (CO2-Steuer oder Emissionshandelssystem). Die Leistungsfähigkeit solcher Lenkungssteuern zur Erreichung des angestrebten nicht-fiskalischen Zwecks ist sowohl in der Rechtswissenschaft als auch in der Ökonomie umstritten.[615]

bb) Staatsverschuldung

Während sich moderne Staaten lange Zeit kaum über Kredite finanzierten, spielt die Schuldenaufnahme auch in demokratischen Verfassungsstaaten mittlerweile eine erhebliche Rolle. Das hat mehrere Gründe: Erstens, die allgemeine Zunahme staatlicher Aufgaben im 20. Jahrhundert (Wohlfahrtsstaat), zweitens, die keynesianische Revolution Mitte des 20. Jahrhunderts, die dazu geführt hat, dass die Kreditaufnahme nicht nur zur Deckung allgemeiner Finanzierungslücken, sondern auch zur gezielten (Global-)Steuerung gesamtwirtschaftlicher Größen eingesetzt wird.[616] Und drittens, die Professionalisierung der Finanzmärkte, die eine regelmäßige staatliche Kreditaufnahme erst möglich gemacht hat. Alle demokratischen Verfassungsstaaten sehen die Kreditaufnahme als ergänzende Finanzierungsoption vor, wobei die politische Bewertung – nicht zuletzt in europäischen Staaten – Schwankungen unterliegt. Während die Kreditaufnahme vor *Keynes* kaum eine Rolle spielte, wurde sie anschließend extensiv betrieben, bis sie mit dem neoliberalen Paradigmenwechsel erneut kritisch gesehen wurde. Das manifestierte sich auch wegen der Erfahrungen mit der Finanz- und Schuldenkrise in der Aufnahme sogenannter „Schuldenbremsen“ in einzelne europäische Verfassungen,[617] durch die nicht nur eine extensive Verschuldung ausgeschlossen,

---

[614] Vgl. dazu *N. Berthold/K. Gründler*, Ungleichheit, soziale Mobilität und Umverteilung, 2018, S. 35ff. Darüber hinaus ist die Nettoungleichheit in reicheren Staaten im Schnitt geringer als in ärmeren Staaten. So liegt die Nettoungleichheit in OECD-Staaten im Durchschnitt bei einem Gini-Koeffizienten von 30,8 (Deutschland 28,5) in anderen Staaten bei 40,0.

[615] Dazu auch *R. Wernsmann*, Verhaltenslenkung in einem rationalen Steuersystem, 2005.

[616] Vgl. dazu *H. Beck/A. Prinz*, Staatsverschuldung, S. 32ff. sowie *D. Brümmerhoff*, Finanzwissenschaft, S. 625.

[617] Zur deutschen Regelung, die unter anderem die schweizerische Regelung zum Vor-

sondern bereits eine moderate Kreditaufnahme erschwert wurde.[618] Auch die Eurorettungspolitik, die von den europäischen Krisenstaaten (Griechenland, Spanien, Portugal, Irland) nolens volens hingenommen wurde, war nicht von keynesianischer antizyklischer Nachfragepolitik, sondern von Austeritäts- und Sparmaßnahmen geprägt, um die Staatsverschuldungsquoten zu reduzieren.[619] Nachdem auch in Deutschland lange Zeit eine Politik der „schwarzen Null"[620] verfolgt wurde, wird angesichts konjunktureller Rückschläge seit Mitte 2019 wieder über eine Lockerung der Schuldenbremse nachgedacht. Auch der IWF scheint seine schuldenaverse Position zu überdenken. Richtigerweise entzieht sich staatliche Verschuldung ohnehin einer Einordnung als per se gut oder schlecht. Sie ist auch nicht aufgrund einer vermeintlichen Zukunftsbelastung kommender Generationen generell undemokratisch und kann sich (abhängig von den konkreten Umständen) sogar als „generationengerechter" als die Besteuerung erweisen.[621] Für die Allgemeine Staatslehre muss es darum gehen, den erstaunlich heterogenen ökonomischen Diskurs angemessen zu verarbeiten, der die machtpolitische Dimension nicht immer offenbart. Unumstritten ist zwar, dass Staatsverschuldung irgendwann zu einem Problem werden kann (nicht zuletzt wegen einer möglichen Abhängigkeit des Staates von den Finanzmärkten). Ab welcher Staatsverschuldungsquote und unter welchen weiteren Voraussetzungen[622] dies der Fall ist, ist aber weitgehend ungeklärt und dürfte sich einer einfachen Antwort entziehen.[623] Die großes (politisches) Aufsehen erregende Feststellung einer wachstumshemmenden Wirkung einer Staatsverschuldungsquote von 90% und mehr, die *Carmen Reinhart* und *Kenneth Rogoff* im

---

bild hat *W. Heun*, in: H. Dreier (Hrsg.), GG-Kommentar, Band III, Art. 115, Rn. 22 ff. sowie *G. Kirchhof*, Debt Limits in Constitutional Law: The ‚Debt Brake', in: W.-G. Ringe/P. M. Huber, Legal Challenges in the Global Financial Crisis, S. 52 ff. In den USA ist der Versuch die Verfassung um ein „balanced budget amendment" zu ergänzen hingegen mehrfach gescheitert und aktuell auch nicht auf der Tagesordnung.

[618] Dazu *J. Wieland*, Steuerung der Staatsverschuldung durch Verfassungsrecht im Widerstreit revisited, in: J. Münch/A. Thiele (Hrsg.), Verfassungsrecht im Widerstreit, S. 227 ff.

[619] Dazu allgemein *A. Thiele*, Geisterfahrer Tsipras?, 2. Auflage 2015. Sonderlich erfolgreich war das Vorgehen allerdings nicht.

[620] Dazu umfassend *L. Haffert*, Die schwarze Null. Über die Schattenseiten ausgeglichener Haushalte, 2016.

[621] Ausführlich dazu *A. Thiele*, Staatsverschuldung und Demokratie, Leviathan 46 (2018), 336 ff. Siehe auch *W. Heun*, Staatsverschuldung und Grundgesetz, Die Verwaltung 18 (1985), 1 ff.

[622] Hier spielt vor allem eine Rolle, ob es sich um Inlands- oder Auslandsverschuldung handelt.

[623] Dazu auch *W. Heun* (Hrsg.), Staatsschulden. Ursachen, Wirkungen und Gefahren, 2015.

Jahr 2010 medienwirksam präsentierten,[624] hat sich als unzutreffend erwiesen (sie war allerdings auch nie als starre Grenze formuliert worden). Gegen eine maßvolle Staatsverschuldung, die der Finanzierung langfristiger Investitionsprojekte dient, lassen sich letztlich nur begrenzt (wenn überhaupt) ökonomische Gründe anführen. Anders lautende Aussagen sind nicht selten eher interessengeleitet, in einem bestimmten Staatsverständnis fundiert und weniger wissenschaftlich denn „politisch" – in Deutschland wird die Ablehnung der Staatsverschuldung nicht selten mit der völlig verfehlten Metapher der „schwäbischen Hausfrau" begründet.[625] Die bisweilen geschickt geschürte Schuldenaversion der letzten Jahrzehnte hat eine sachliche Debatte über Sinn und Unsinn der Staatsverschuldung in Deutschland (und teilweise auch in anderen Staaten) außerordentlich erschwert und dazu geführt, dass eine maßvolle Schuldenaufnahme trotz eines Investitionsstaus[626] unterblieb, obwohl die Finanzmärkte im Jahr 2019 bereit waren, auf deutsche Staatsanleihen negative Zinsen zu zahlen.[627] Ökonomisch rational ist das kaum.

cc) Verkauf von Staatseigentum und -unternehmen sowie Rechten

Einmalige und teilweise auch größere finanzielle Einnahmen lassen sich von staatlicher Seite durch den Verkauf von Staatseigentum oder von Staatsunternehmen erzielen. Während der Verkauf eigenen Territoriums historisch zwar immer wieder vorkam, spielen entsprechende Geschäfte heute kaum noch eine Rolle. *Donald Trump* stieß im Jahr 2019 auf Unverständnis als er per Twitter (!) ein Kaufangebot für Grönland abgab. Bis zuletzt kam es unter Rekurs auf neoliberale Vorstellungen hingegen immer häufiger zur Veräußerung staatlichen Eigentums an Private: Durch Privatisierung von Unternehmen der Daseinsvorsorge, den Verkauf staatlicher Wohnungsbestände an private Unternehmen oder die Auslagerung von Bau und Betrieb von Autobahnen an private Konsortien. Die erzielten (meist einmaligen) Erlöse waren beachtlich, allerdings zeigten sich schnell die Schattenseiten eines solchen „Verscherbelns des Tafelsilbers", die im Verlust langfristiger Einnahme- aber auch sozialer Gestaltungsmöglichkeiten liegen. Letzteres gilt etwa im Bereich der Wohnungspolitik, wo ein Staat ohne eigene Wohnungen versuchen muss,

---

[624] *C. Reinhart/K. Rogoff*, Growth in a time of debt, AER 100 (2010), S. 573 ff.

[625] Den Staatshaushalt mit einem Privathaushalt zu vergleichen erweist sich schon deshalb als völlig verfehlt, weil der Staat nie „stirbt", seine Schulden also auch nicht bis zu einem bestimmten Datum zurückzahlen muss und er zudem durch Besteuerung über die Höhe seiner Einnahmen autark entscheiden kann.

[626] Vgl. auch *W. Streeck*, Vorwort, in: Foundational Economy Collective (Hrsg.), Die Ökonomie des Alltags, S. 7 (22 ff.).

[627] Mit anderen Worten: Die Schuldenaufnahme lohnt sich für den Staat finanziell sogar dann, wenn er es als Bargeld in seinen Tresoren aufbewahrt, weil er bei negativen Zinsen letztlich weniger zurückzahlen muss, als er als Kredit aufgenommen hat.

soziale, integrative und nicht gentrifizierende Wohnbedingungen unter Beachtung rechtsstaatlicher Grundsätze im privaten Wohnungsmarkt durchzusetzen. Das gelingt in Deutschland bisher nur sehr bedingt,[628] während beispielsweise Wien ein im Ausmaß vergleichbares Wohnungsproblem deshalb nicht kennt, weil die Stadt ihren öffentlichen Wohnungsbestand nicht aufgegeben hat.[629] Wie der Blick auf die britische Bahn belegt, lassen sich weitere Beispiele auch in der nationalen Verkehrspolitik finden. Die Allgemeine Staatslehre muss auf diese Unterschiede hinweisen und zugleich verdeutlichen, dass der Weg der Privatisierung im Bereich der Daseinsvorsorge empirisch nur selten derjenige sein wird, der für die Staatsfinanzen aber auch den sozialen Zusammenhalt in einer Gesellschaft der vorzugswürdige ist.[630]

Von solch einmaligen Einnahmemöglichkeiten ist der Verkauf staatlich monopolisierter Rechte zu unterscheiden. Hier kann eine beachtliche und wiederkehrende Einnahmequelle liegen. Beispiele sind die Versteigerungen der 5G-Lizenzen im Telekommunikationsmarkt. Der deutsche Fiskus nahm auf diesem Weg Mitte 2019 einen Betrag von 6,6 Milliarden Euro ein. Ähnliche Versteigerungen fanden aber auch in der Schweiz (380 Millionen Schweizer Franken) oder in Schweden (312 Millionen US-Dollar) statt. Auch Indien, Pakistan, die USA und Kanada halten regelmäßig solche Auktionen ab. Malta hat eine weitere und auf den ersten Blick überraschende Einnahmequelle aufgetan: Den Verkauf von Staatsangehörigkeiten. Weil mit dem Erwerb der maltesischen Staatsbürgerschaft auch die Unionsbürgerschaft und damit Freizügigkeit innerhalb der gesamten Europäischen Union einhergeht, war die Europäische Union von dieser im Jahr 2014 eingeführten Vergabepraxis nicht angetan. Zwar bestehen entsprechende Kaufoptionen auch in anderen EU-Staaten.[631] Allerdings war der Erwerb in Malta zu Beginn an keine weiteren Voraussetzungen, insbesondere keinen Mindestaufenthalt in Malta, geknüpft (was mittlerweile geändert worden ist). Für größere Staaten handelt es sich um eine zu vernachlässigende Einnahmequelle. Malta, mit rund 300.000 EinwohnerInnen, hat auf diesem Wege hingegen seinen Staatshaushalt saniert. Insgesamt stellen sich hier für die Allgemeine Staatslehre spannende Folgewirkungen.

---

[628] Vgl. auch *W. Streeck*, Vorwort, in: Foundational Economy Collective (Hrsg.), Die Ökonomie des Alltags, S. 7 (12).

[629] Siehe auch *Foundational Economy Collective*, Die Ökonomie des Alltagslebens, S. 74.

[630] Siehe auch *Foundational Economy Collective*, Die Ökonomie des Alltagslebens, S. 91 ff.

[631] Etwa in Spanien, Portugal, Großbritannien, Ungarn oder Griechenland.

dd) Staatsfonds

Eine vierte Einnahmequelle findet sich zwar nicht in allen demokratischen Verfassungsstaaten, gewinnt in den letzten Jahrzehnten aber an (politischer) Bedeutung: Staatsfonds.[632] Dabei handelt es sich um in staatlicher Hand befindliche Investmentfonds, die staatliches Kapital auf den internationalen Finanzmärkten zur Einnahmenerzielung anlegen. Staatsfonds gibt es bereits seit Mitte des 20. Jahrhunderts, als Kuwait den ersten modernen Staatsfonds dieser Art ins Leben rief, um seine Öleinnahmen gewinnbringend anzulegen. Auch die später gegründeten Fonds wurden vor allem von Rohstoffnationen gegründet, um Einnahmen für den Zeitpunkt zu sichern, ab dem der Rohstoff verbraucht ist. So ist der größte Staatsfonds die „Abu Dhabi Investment Authority" (ADIA) mit einem Portfoliowert von 500–700 Milliarden US-Dollar. Es folgt der norwegische Staatsfonds „Government Pension Fund Global" (GPFG) mit einem Anlagevolumen von rund 560 Milliarden US-Dollar[633] und die saudi-arabische „Sama Foreign Holdings" (440 Milliarden US-Dollar).[634] Angesichts des Ziels langfristiger Einnahmensicherung waren diese Staatsfonds lange durch eine eher defensive Anlagestrategie geprägt, die sich im Kauf sicherer Staatsanleihen manifestierte. Ausländische Gesellschaften wurden nicht oder nur zu sehr kleinen Anteilen erworben. Seit 2005 scheint sich das zu ändern. Die mittlerweile mehr als 50 Staatsfonds treten auf den Kapitalmärkten offensiver auf, erwerben (erhebliche) Anteile an (europäischen) Unternehmen. Die investierenden Staaten erzielen dadurch nicht mehr nur Einnahmen, sondern sichern sich auch erheblichen Einfluss auf europäische Schlüsselindustrien.[635] China gehört mittlerweile der viert- (350 Milliarden US-Dollar) und fünftgrößte (330 Milliarden US-Dollar) Staatsfonds. Staatsfonds wandeln sich so von neutralen Kapitalgebern zu aktiven Akteuren einer aggressiveren Außenwirtschaftspolitik. Sie werden in den USA und Europa zunehmend als politisches Problem wahrgenommen. Den westlichen Demokratien fällt es nicht ganz leicht, entsprechende Investitionen zu verhindern, ohne sich in Widerspruch zur ansonsten propagierten Kapitalverkehrsfreiheit zu setzen. Nicht zuletzt die Europäische Union hat eine sehr liberale Regelung in die Verträge aufgenommen und wird von Staaten wie China dadurch mit eigenen Waffen geschlagen. Erste regulatorische Schritte im Hinblick auf kritische Infrastrukturen sind dennoch angelaufen.[636] Angesichts der beachtlichen Entwicklung der Aktienkurse wird die

---

[632] Ausführlich zu diesen *M. M. Preisser*, Sovereign Wealth Funds, 2013.

[633] Siehe auch *W. Streeck*, Vorwort, in: Foundational Economy Collective (Hrsg.), Die Ökonomie des Alltags, S. 7 (25).

[634] Vgl. dazu die Auflistung bei *M. M. Preisser*, Sovereign Wealth Funds, S. 404 f.

[635] Ausführlich zur Investitionsstrategie der einzelnen Staatsfonds *M. M. Preisser*, Sovereign Wealth Funds, S. 37 ff.

[636] Siehe *C. Herrmann*, Europarechtliche Fragen der deutschen Investitionskontrolle,

Errichtung solcher Staatsfonds allerdings auch für viele westliche Staaten immer attraktiver und zur realen Option, um staatliche Aufgaben zu finanzieren. In Deutschland haben ÖkonomInnen einen durch Kredite finanzierten Staatsfonds vorgeschlagen, dessen Gewinne für Infrastrukturprojekte, Digitalisierungsmaßnahmen oder die Rentenfinanzierung genutzt werden könnten. Hintergrund bilden die negativen Zinsen auf deutsche Staatsanleihen, in den Worten von *Clemens Fuest*: „Unsere gute Bonität ist unser Öl." Dadurch könnte auch das Besteuerungsproblem bezüglich internationaler Konzerne abgemildert werden: Anstatt die Unternehmen selbst zu besteuern, beteiligt sich der Staat über seine Unternehmensanteile direkt an deren Gewinnen. Die Allgemeine Staatslehre sollte sich mit diesem Themenkomplex weiter beschäftigen, weil hier neue Akteure die internationale Bühne betreten haben, die unter dem Deckmantel neutralen Kapitals in der Lage sind Einfluss auf die innere Wirtschaftsordnung anderer Staaten oder Staatenverbünde zu nehmen und deren äußere Souveränität partiell zu durchbrechen.

b) Haushaltsverfassung

Die Haushaltsverfassung ist in allen demokratischen Verfassungsstaaten unabhängig vom Regierungssystem an einem sich wiederholenden Kreislauf orientiert, der von einer engen Kooperation der Legislative mit der Exekutive geprägt ist.[637] Das gilt selbst für das präsidentielle Regierungssystem, das ansonsten strikt zwischen Exekutive und Legislative differenziert und Überschneidungen vermeidet. Das Budgetrecht ist damit zwar „Hausrecht" der Legislative. Das bedeutet aber nicht, dass diese allein zuständig wäre. Unterscheiden lassen sich fünf Abschnitte, wobei in den Details Abweichungen bestehen:

– *Budgetinitiative der Regierung*. Diese hat nicht nur den größten Finanzbedarf, sondern auch Einblick in die konkrete Struktur der nachfolgenden Behörden. Eine Eigeninitiative des Parlaments ist zwar denkbar, müsste aber ebenfalls zuvor mit der Exekutive abgestimmt werden. In den USA liegt das Initiativrecht für das Haushaltsgesetz daher ebenfalls beim Präsidenten, obwohl dieser ansonsten keinerlei Gesetzgebungsmaßnahmen direkt initiieren kann. Aus dem Haushaltsentwurf lässt sich die politische

ZEuS 2019, 429 ff. Für den Finanzbereich siehe dazu etwa *C. Böhm*, Außenwirtschaftsrechtliche Investitionsprüfung – Anwendung der Erwerberkontrolle zum Schutz Kritischer Infrastrukturen im Finanzsektor, ZBB 2019, 115 ff. Im Jahr 2019 stellte sich in den USA und auch in Deutschland die Frage, ob mit Huawei ein chinesischer Konzern am Aufbau der 5G-Technik beteiligt werden sollte. Die USA haben sich dagegen, Deutschland dafür entschieden. Inwieweit das einen Einfluss der chinesischen Regierung auf diesen sensiblen Bereich der Telekommunikation bedeutet, bleibt abzuwarten.

[637] *W. Heun*, in: H. Dreier, GG-Kommentar, Band III, Art. 110, Rn. 5.

Agenda der Regierung konkret ablesen. Es handelt sich um die „Regierungspolitik in Zahlen“. Hinter diesen Zahlen kann sich keine Regierung verstecken. Haushaltsdebatten sind daher immer auch grundlegende Debatten über den politischen Kurs eines Staates.

- *Parlamentarische Bewilligung*. Es ist diese Bewilligung, die sich historisch aus der Zustimmung der Stände zum Hausrecht der Legislative entwickelt hat. Das Parlament hat das letzte Wort wenn es um die Bewilligung der geforderten Mittel geht. Probleme können entstehen, wenn das Parlament die Bewilligung verweigert.[638] In parlamentarischen Regierungssystemen geht damit in der Regel der Sturz der Regierung einher, die in ihrem Bestand vom Vertrauen des Parlaments abhängig ist. Die Verweigerung der finanziellen Mittel durch die eigene Mehrheit im Parlament wird keine Regierung unbeschadet überstehen. Bei kürzeren Verzögerungen ist das anders, hier sehen einzelne Verfassungen ein exekutivisches Nothaushaltsrecht vor (etwa Deutschland, Spanien, Griechenland). Auch das gemischt-parlamentarische Regierungssystem Frankreichs kennt gewisse Regeln für den etatlosen Zustand. Die USA haben sich hingegen für die radikale Lösung ohne jegliches Nothaushaltsrecht entschieden. Ohne Ausgabenbewilligung durch den Kongress darf kein Cent den öffentlichen Kassen entnommen werden. Hier bedarf es einer hohen Kompromissbereitschaft auf beiden Seiten (Präsident und Kongress). Es nimmt nicht wunder, dass es angesichts der politischen Konfrontation zwischen Republikanern und Demokraten in den letzten Jahren wiederholt zu sogenannten „Government Shutdowns“ gekommen ist. Diese dauern bisweilen mehrere Wochen an – Zeit, in der die Bundesbediensteten bis auf wenige Ausnahmen in den unbezahlten Zwangsurlaub geschickt werden.
- *Vollzug durch die Exekutive*. Der bewilligte Haushaltsplan wird anschließend durch die Exekutive im vorgesehenen Haushaltszeitraum vollzogen. Veränderungen im Volumen sind möglich, setzen aber eine erneute Bewilligung im Parlament („Nachtragshaushalt“) voraus, sofern für bestimmte unvorhergesehene Ausgaben keine Sonderregelung besteht.[639]
- *Nachträgliche Kontrolle*. Nach Ablauf des Haushaltsjahres erfolgt die Kontrolle des Vollzuges durch das Parlament und zuvor durch externe und unabhängige Prüfungsinstitutionen (Rechnungshöfe).[640] Die Zuordnung dieser Kontrollinstitutionen zu den einzelnen Gewalten ist unter-

---

[638] Hier lag etwa auch die Ursache des preußischen Verfassungskonflikts der Jahre 1862–1866, vgl. *D. Willoweit*, Deutsche Verfassungsgeschichte, § 32, Rn. 11 ff. Dazu auch *H.-C. Kraus*, Ursprung und Genese der ‚Lückentheorie‘ im preußischen Verfassungskonflikt, Der Staat 29 (1990), 209 ff.

[639] Vgl. etwa Art. 112 GG in Deutschland.

[640] Etwas veraltet, aber gleichwohl erhellend *Z. Konvicka*, Finanzkontrolle international gesehen. Versuch einer rechtsvergleichenden Darstellung, 1967.

schiedlich, sie gehören der Exekutive (Schweiz, Deutschland), der Legislative (USA) oder der Judikative (Frankreich, Taiwan) an. Auch der Umfang der Kontrollbefugnisse variiert.

- *Entlastung*. Nach Prüfung und Kontrolle erfolgt die Entlastung der Regierung durch das Parlament.

Der Haushaltskreislauf beginnt anschließend erneut, wobei sich die Stufen teilweise überschneiden. Für die Allgemeine Staatslehre sind nicht zuletzt die politischen Wirkmechanismen von Interesse, wie es in den unterschiedlichen Regierungssystemen gelingt (oder nicht gelingt), die notwendige Kooperation von Exekutive und Legislative sicherzustellen.

VI. Welches sind die staatlichen Herrschaftsträger im politischen Prozess?

Die Ausübung der Staatsgewalt ist im demokratischen Verfassungsstaat auf verschiedene Organe und Institutionen aufgeteilt. Als Ausgangspunkt der Staatsgewalt („Legitimitätsendsubjekt") bildet das Staatsvolk (als pouvoir constitué) das „Grundorgan" (1), dem die Wahl des Parlaments (2) und (unmittelbar oder mittelbar) auch der staatsleitenden Organe der Exekutive (3) obliegt. Die Bürokratie (4) untersteht diesen staatsleitenden Organen der Exekutive, entwickelt bisweilen allerdings ein beachtliches Eigenleben. Als unabhängige, dritte Gewalt fungiert die Justiz (5), wobei zwischen Verfassungs- und sonstigen Gerichten differenziert werden muss. Das Erstarken rechtspopulistischer Strömungen hat gezeigt, dass das politische Zusammenwirken dieser Organe und Institutionen von einer Kultur der Kooperation und Zurückhaltung geprägt sein muss, wenn der demokratische Verfassungsstaat mittelfristig keinen Schaden nehmen soll (6).

1. Das Staatsvolk

Im demokratischen Verfassungsstaat bildet das Volk den Ausgangspunkt der ausgeübten Staatsgewalt. In Art. 20 Abs. 2 GG ist dieser fundamentale Grundsatz ebenso schlicht wie treffend formuliert: „Alle Staatsgewalt geht vom Volke aus." Gleichwohl sollte nicht von Volks*souveränität* gesprochen werden, da der installierte demokratische Verfassungsstaat einen Souverän nicht kennt.[641] Als konstitutiertes Staatsorgan[642] ist das Volk mit konkreten

[641] Siehe aber *W. Heun*, Das Wahlrecht unter dem Grundgesetz zwischen Kontinuität und Wandel, in: P. Czarny/P. Tuleja/K. Wojtyczek (Hrsg.), Verfassung im Zeitalter der Europäisierung und Globalisierung, S. 249 (249): „Auch wenn im Verfassungsstaat das Volk mit dem Akt der Verfassungsgebung zur verfassungsrechtlich gebundenen und be-

Zuständigkeiten und Kompetenzen ausgestattet (b), die es nicht unter Rückgriff auf eine vermeintliche „Souveränität" durchbrechen kann, ohne die Verfassung zu verletzen und den Boden des demokratischen Verfassungsstaats zu verlassen. Bevor diese Zuständigkeiten ausgeübt werden können, muss geklärt werden, aus welchen Personen sich das Volk zusammensetzt (a).

a) Die Zugehörigkeit zum Volk (Staatsangehörigkeit)

Soll die Staatsgewalt auf das Volk zurückgeführt werden können, muss geklärt werden, wer zum Volk gehört. Eine demokratische Ordnung setzt Abgrenzung (nicht Ausgrenzung![643]) von anderen demokratischen Ordnungen voraus:[644] „'Das Volk' ist keine festgelegte Bevölkerung; es wird vielmehr durch die von uns implizit oder explizit gezogenen Grenzlinien konstituiert."[645] Demokratische Legitimation ist nur denkbar, wenn die Zugehörigkeit zum legitimierenden Staatsvolk als dem maßgeblichen Legitimationsendsubjekt anhand formaler Kriterien durch das Volk selbst demokratisch zugewiesen, verstetigt und der Willkür des Einzelnen oder einer Gruppe entzogen wird.[646] Prinzipiell kann eine solche Staatsangehörigkeit auf drei Wegen vom Staat verliehen werden:[647]

- *Abstammungsprinzip (jus sanguinis)*. Dieses weist die Staatsangehörigkeit mit der Geburt zu, sofern die Eltern (entweder ein Elternteil oder beide) die betreffende Staatsangehörigkeit besitzen. Auf welchem staatlichen Territorium die Geburt stattfindet ist unerheblich. Entsprechende Regelungen finden sich vor allem in Kontinentaleuropa.
- *Territorialprinzip (jus soli)*. Entscheidend ist der Ort der Geburt unabhängig von der Staatsangehörigkeit der Eltern; jedes auf dem Staatsgebiet geborene Kind erhält die Staatsangehörigkeit dieses Staates. Teilweise wird aber ein legales Aufenthaltsrecht der Eltern vorausgesetzt. Das jus soli ist insbesondere für klassische Einwanderungsländer typisch (etwa USA).

---

schränkten pouvoir constitué mutiert, bleibt die ursprüngliche Volkssouveränität gedanklicher Ausgangspunkt der legitimen Ausübung von Staatsgewalt."

[642] Zur deutschen Debatte *K. V. Franz*, Das Wahlrecht zum Deutschen Bundestag – Architektur eines organschaftlichen Rechts, S. 116 ff.

[643] Zur Politik der Ausgrenzung auch *M. Nussbaum*, Königreich der Angst, S. 122.

[644] Kritisch dazu *S. Lessenich*, Grenzen der Demokratie, S. 60 ff. sowie *M. Wildt*, Die Ambivalenz des Volkes, S. 7 ff.

[645] *J. Butler*, Anmerkungen zu einer performativen Theorie der Versammlung, S. 10. Siehe auch *J.-W. Müller*, Was ist Populismus?, S. 93 f.

[646] Siehe auch *F. Weber*, Staatsangehörigkeit und Status, S. 380, der zu Recht den Zusammenhang zwischen klarer Zuordnung und Stabilität der Herrschaft betont.

[647] Eine umfassende Analyse findet sich bei *F. Weber*, Staatsangehörigkeit und Status, 2018.

- *Einbürgerung*. Diese betrifft die Vergabe der Staatsangehörigkeit nicht aus Anlass der Geburt, sondern zu einem späteren Zeitpunkt. Dazu wird ein legaler Aufenthalt auf dem Territorium des Staates von einer bestimmten Dauer verlangt, hinzu kommen weitere Voraussetzungen (ausreichende finanzielle Mittel, Nachweis hinreichender Staatskenntnisse, Bestehen eines Einbürgerungstests etc.).

Das „Haben" einer Staatsangehörigkeit spielt in der modernen Welt der Nationalstaaten eine überragende Rolle. Die Rechtezuweisung und Schutzfunktion der Staaten baut auf der Staatsangehörigkeit auf. Staatenlos zu sein ist dadurch ein prekärer Zustand, der in mancherlei Hinsicht nachgerade einer Entpersonalisierung nahe kommt.[648] Die Situation der Rohingya in Bangladesch macht das deutlich: Als Staatenlose kommt ihnen in keinem Staat ein originäres Aufenthaltsrecht zu. Wo aber sollen sie hin? Wer ist für ihren Schutz zuständig? Ähnlich stellt sich die Situation auch für rund zwei Millionen meist muslimische Menschen aus der indischen Region Assam dar, die seit Einführung eines nationalen Bürgerregisters am 31.8.2019 formal nicht mehr zu den indischen Staatsangehörigen zählen. Hier ist das Völkerrecht gefragt, neuartige Schutzmechanismen zu etablieren und aufzuzeigen, wie ein interstaatlicher Mindestbestand an Rechten – eventuell gepaart mit den Vereinten Nationen unterstehenden territorialen Schutzzonen – effektiv gesichert werden kann.[649] Die Allgemeine Staatslehre kann hier Anstöße geben;[650] originär zuständig ist die Völkerrechtswissenschaft.

Demgegenüber ist die Entwicklung sinnvoller staatlicher Einbürgerungskriterien durchaus eine Aufgabe der Allgemeinen Staatslehre. Allzu viele Staaten gründen die Zugehörigkeit weiterhin auf in die Vergangenheit blickende nationale Narrative, die zudem häufig auf nicht-erlernbaren Kriterien beruhen (Religion, Ethnie, Herkunft). Gerade im Hinblick auf die Entstehung des demokratischen Verfassungsstaates hatten diese ihre Berechtigung,[651] sie können jedoch – wie die Geschichte immer wieder gezeigt hat – schnell in Ausgrenzung und Gewalttaten münden.[652] Zudem führen sie im Rahmen der Einbürgerung zur Etablierung einer Zwei-Klassen-Gesellschaft der BürgerInnen: Wie sollte man einer ethnisch definierten Nation jemals vollwertig beitreten können, wenn man dieser Ethnie nicht schon von Geburt an angehört? Ein möglicher Ausweg könnte eine „Denationalisierung der Staatenwelt" sein, der es weder um die Aufgabe der Nation, noch um die

[648] Siehe auch *D. Loick*, Wir Flüchtlinge, Leviathan 45 (2018), 574 (574).

[649] Vgl. dazu auch *A. Thiele*, Der gefräßige Leviathan, S. 317 ff.

[650] Siehe dazu noch unten in Frage X.

[651] Vgl. *A. Thiele*, Der gefräßige Leviathan, S. 219 f., 289.

[652] Auch das Konzept des Nationalstaates muss daher insgesamt als gescheitert angesehen werden, vgl. *A. Thiele*, Der gefräßige Leviathan, S. 225 ff.

Aufgabe der Staaten, sondern um deren Entkopplung geht. Als letztes sakrales Element würden Nation und Nationalismus also – wie zuvor schon die Religion – in die private Sphäre verbannt, während die notwendige Zusammengehörigkeit im Staat auf eine im Jetzt ruhende Legitimationsgrundlage gestellt würde. Darauf wird an späterer Stelle zurückzukommen sein.[653]

b) Zuständigkeiten

Dem Volk sind in demokratischen Verfassungsstaaten zwei zentrale Zuständigkeiten zugewiesen: Die Bestellung der obersten Verfassungsorgane durch Wahlen (aa) sowie die Abstimmung in bestimmten Sachfragen (bb).[654] Die Staatsangehörigkeit ist in der Regel zwar notwendige, aber noch keine hinreichende Voraussetzung für die Ausübung dieser Zuständigkeiten.[655] Das konkrete Mitwirkungsrecht hängt von weiteren Anforderungen wie Alter oder Wohnsitz ab. Bisweilen wird das Mitwirkungsrecht allerdings auch an Nicht-Staatsangehörige verliehen. Entsprechende Regelungen finden sich etwa in Art. 116 GG oder im britischen Wahlrecht, wo neben den britischen BürgerInnen auch solche eines anderen Commonwealth-Staates und der Republik Irland aktiv und passiv wahlberechtigt sind, sofern sie ihren Wohnsitz in Großbritannien haben.[656] Entsprechende Regelungen beruhen auf historischen oder – wie in der Russischen Verfassung aus dem Jahre 1918[657] – auf ideologischen Besonderheiten und lassen sich nur schwer systematisieren oder verallgemeinern. Meist wird die Einführung eines allgemeinen Ausländerwahlrechts allerdings an verfassungsrechtlichen Vorgaben scheitern – die Staatsgewalt muss prinzipiell vom Volk ausgehen.[658] Sowohl bei Wahlen als auch bei Abstimmungen stellt sich das Problem der Beteiligung (cc).

---

[653] Siehe Frage X zur Zukunft des modernen Staates.

[654] Siehe auch *C. Starck*, Konstitutionalismus, Demokratie und Verfassungsgerichtsbarkeit, in: J. Münch/A. Thiele (Hrsg.), Verfassungsrecht im Widerstreit, S. 77 (79).

[655] Die Staatsangehörigkeit allein begründet mithin zunächst einmal nur die Unterworfenheit der jeweiligen Person unter die betreffende Staatsgewalt, zugleich aber auch ein prinzipiell unbedingtes Aufenthaltsrecht in diesem Staat. In Deutschland schließt Art. 16 Abs. 2 GG sogar die Auslieferung deutscher StaatsbürgerInnen an das Ausland aus.

[656] Umgekehrt sind auch britische StaatsbürgerInnen mit Wohnsitz in der Republik Irland wahlberechtigt, wenn sie dort ihren Wohnsitz haben.

[657] Aktiv wahlberechtigt waren danach alle Mitglieder der Gesellschaft der Werktätigen in Russland.

[658] So hat etwa das Bundesverfassungsgericht die Einführung eines allgemeinen kommunalen Ausländerwahlrechts für verfassungswidrig erklärt, vgl. BVerfGE 83, 32 ff. Wenig überzeugend insofern das Plädoyer von *S. Lessenich*, Grenzen der Demokratie, S. 109 für die institutionelle Garantie eines Wahlrechts für alle unabhängig von der Staatsangehörigkeit. Demokratie ist so nicht zu machen. Das heißt nicht, dass man nicht über die Kriterien für die formale Zuordnung nachdenken kann oder sollte. Eine formale Zuordnung aber braucht es.

aa) Wahlen

Wahlobjekt ist in allen demokratischen Verfassungsstaaten das Parlament als unmittelbar vom Volk gewähltes Versammlungsorgan. In Zwei-Kammer-Systemen wird die Zweite Kammer hingegen nicht zwingend – wie in den USA (allerdings vom Teilvolk der einzelnen Staaten) – direkt gewählt. In Deutschland ist der Bundesrat[659] mit Vertretern der Landesexekutiven besetzt, in Großbritannien werden die Mitglieder des House of Lords im Wesentlichen durch das Unterhaus und die Regierung gewählt, hinzu kommen die geistlichen Lords kraft Amtes. In präsidentiellen und semi-präsidentiellen Regierungssystemen kommt als Wahlobjekt das Staatsoberhaupt hinzu, dem in präsidentiellen Regierungssystemen zugleich die Position des (alleinigen) Regierungschefs zukommt. Das gilt etwa in den USA, Brasilien, Kolumbien, Frankreich oder Portugal. In parlamentarischen Regierungssystemen ist die unmittelbare Wahl des Staatsoberhauptes die Ausnahme, findet sich aber beispielsweise in Österreich,[660] Irland oder Island. In Bundesstaaten ist das „Teilvolk" zudem dazu aufgerufen, die Landesparlamente zu wählen, in den „präsidentiellen Gliedstaaten" der USA wird auch der Gouverneur direkt gewählt. Teilweise finden sich in den USA noch weitere Wahlämter, die aus deutscher Perspektive überraschen (etwa RichterInnen, Staatsanwälte oder Polizeichefs). Verstörend ist hier bisweilen der im Vorfeld der Wahl stattfindende Wahlkampf der KandidatInnen.[661]

Unabhängig vom Wahlobjekt orientieren sich die Wahlen in demokratischen Verfassungsstaaten an fünf Wahlgrundsätzen, die sowohl die Wahlberechtigung als auch die Wahlmodalitäten näher ausgestalten:[662]

– *Allgemeinheit der Wahl.* Diese betrifft die Zuweisung der Wahlberechtigung. Grundsätzlich sind alle Staatsangehörigen wahlberechtigt, besondere Qualifikationen oder Merkmale wie Besitz, Konfession, Geschlecht,[663] Rasse oder Stand sind nicht ausschlaggebend. Gleichwohl sind

---

[659] Allerdings handelt es sich beim Bundesrat auch nicht um eine echte Zweite Kammer. Vgl. zu der Unterscheidung von symmetrischem und asymmetrischem Bikameralismus *A. Weber*, Europäische Verfassungsvergleichung, 9. Kapitel, Rn. 160.

[660] *A. Pelinka*, Das politische System Österreichs, in: W. Ismayr (Hrsg.), Die politischen Systeme Westeuropas, S. 607 (609). Zu einem Vergleich des österreichischen mit dem deutschen Bundespräsidenten siehe *L. Mehlhorn*, Der Bundespräsident der Bundesrepublik Deutschland und der Republik Österreich, 2010.

[661] KandidatInnen für Richterposten stellen dann bisweilen ein besonders hartes Vorgehen gegen Kriminelle in Aussicht und verbreiten diese Botschaften in zum Teil erschreckenden Werbespots.

[662] Siehe auch *A. Weber*, Europäische Verfassungsvergleichung, 7. Kapitel, Rn. 33 ff.; *W. Haller/A. Kölz/T. Gächter*, Allgemeines Staatsrecht, Rn. 242 ff. Speziell zum deutschen Verständnis der Wahl *K. V. Franz*, Das Wahlrecht zum Deutschen Bundestag – Architektur eines organschaftlichen Rechts, 2019.

[663] Das Frauenwahlrecht wurde erstmals 1897 in Neuseeland eingeführt und hat sich

gewisse Wahlausschließungsgründe mit der Allgemeinheit der Wahl vereinbar, die sich in der einen oder anderen Form auch in den meisten demokratischen Verfassungsstaaten finden: Wahlalter (zur Sicherung der geistigen Reife, meist zwischen 16 und 21 Jahren, für das passive Wahlrecht bisweilen höher), Wohnsitz und formale Registrierung, keine Entmündigung,[664] teilweise auch strafrechtliche Unbescholtenheit.[665] Alphabetisierung ist hingegen keine Voraussetzung.

- *Gleichheit der Wahl.* Diese betrifft das Stimmengewicht und schließt jede Form des Klassen- oder Pluralwahlrechts aus. Die konkreten Anforderungen sind vom Wahlsystem abhängig. Während das Erfordernis der Zählwertgleichheit sowohl für ein Verhältnis- wie für ein Mehrheitswahlrecht gilt, setzt nur das Verhältniswahlrecht – zumindest im Grundsatz – auch die Erfolgswertgleichheit voraus. Nicht zuletzt das Bundesverfassungsgericht hat in diesem Bereich eine Dogmatik entwickelt, die in ihrer Strenge und Komplexität wohl als einzigartig angesehen werden kann. Als problematisch erweist sich auch die (in letzter Zeit gerade in Deutschland immer stärker ausgeweitete) Möglichkeit der Briefwahl, da die Gleichheit der Wahl prinzipiell auch die Gleichzeitigkeit der Stimmabgabe verlangt.[666] In engem Rahmen ist sie zur Sicherung einer möglichst großen Wahlbeteiligung aber gerechtfertigt.
- *Unmittelbarkeit der Wahl.* Diese schließt jede Zwischeninstanz aus, die den durch das Volk artikulierten Wählerwillen in Bezug auf das Wahlobjekt verändern könnte. Noch im 19. Jahrhundert war eine unmittelbare Wahl durch Wahlmänner verbreitet und auch in den USA findet sich mit dem Electoral College eine formale Zwischeninstanz. Diese wird aber als zulässig angesehen, da die Wahlpräferenz der Wahlmänner und Wahlfrauen durch die Wahlen in den Bundesstaaten feststehen, auch wenn sie de jure bei ihrer Abstimmung im Electoral College daran nicht gebunden sind.[667]
- *Freiheit der Wahl.* Danach darf die Ausübung des Wahlrechts nicht durch Zwang oder sonstige unzulässige Maßnahmen beeinflusst werden. Die

dann – sehr langsam – im Laufe des 20. Jahrhunderts weltweit etabliert. In der Schweiz wurde es allerdings erst 1971, in Liechtenstein sogar erst 1984 eingeführt. Umfassend dazu *H. Richter/K. Wolff* (Hrsg.), Frauenwahlrecht. Demokratisierung der Demokratie in Deutschland und Europa, 2018.

[664] Aktuelles deutsches Beispiel BVerfG, Beschluss vom 29.1.2019, 2 BvL 62/14, NVwZ 2019, 1201.

[665] In den meisten Bundesstaaten der USA sind Inhaftierte generell von der Wahl ausgeschlossen, teilweise sogar nach Verbüßung der Haftstrafe.

[666] Zu diesem Erfordernis *W. Heun*, Das Mehrheitsprinzip in der Demokratie, S. 165 f.

[667] Im Zusammenhang mit der Wahl *Donald Trumps* wurde daher teilweise an diese Wahlmänner und -frauen appelliert, eine andere Person zu wählen. Aus demokratietheoretischer Sicht wäre ein solches Verhalten allerdings hoch problematisch gewesen.

Entscheidungsfreiheit muss sowohl bei den WählerInnen als auch bei den (potenziellen) BewerberInnen gewährleistet sein. Tatsächlich ist die Sicherung der passiven Wahlfreiheit sogar ein zentrales Element und äußert sich in freier Kandidaten- oder Parteienkonkurrenz. Besonders ausgeprägt ist das in den USA, wo sogar die Nominierung der Spitzenkandidaten der beiden großen Parteien in den Primaries offen ist, allerdings faktisch von erheblichen finanziellen Ressourcen abhängt. Prinzipiell kein Verstoß gegen die Freiheit der Wahl ist die Einführung einer Wahlpflicht, die sich aus demokratietheoretischen Gründen auch empfehlen kann.[668] Zahlreiche demokratische Verfassungsstaaten kennen eine unterschiedlich ausgestaltete und (meist sehr schwach) sanktionierte Wahlpflicht (Australien, Brasilien, Belgien, Griechenland, Italien, Luxemburg, einzelne Kantone in der Schweiz sowie einzelne Bundesstaaten in Österreich).
- *Geheimheit der Wahl.* Nachdem noch im 19. Jahrhundert nur die öffentliche Wahl als wahrhaft demokratische Wahl angesehen wurde, herrscht heute Einigkeit, dass eine freie Wahl nur durch eine geheime Wahl gewährleistet werden kann. Das schließt die freiwillige Kundgabe der Wahlentscheidung nicht aus, die Wahl selbst muss aber geheim erfolgen (Wahlkabine und Wahlumschlag); ein Verzicht auf Geheimheit wird als unzulässig angesehen. Die zeitlich begrenzte Briefwahl ist aber zulässig (s.o).

Die fünf Wahlgrundsätze werden nicht in allen demokratischen Verfassungsstaaten mit der gleichen Strenge interpretiert – ein Unterschied, auf den die Allgemeine Staatslehre aufmerksam machen kann. Nicht zuletzt das sehr formale und strikte Verständnis der Gleichheit der Wahl des deutschen Bundesverfassungsgerichts[669] wird in anderen demokratischen Verfassungsstaaten nur selten gespiegelt. Dessen Übertragung auf die Wahlen zum Europäischen Parlament ist vor diesem Hintergrund jedenfalls nicht selbsterklärend.

Von den Wahlgrundsätzen sind die Wahlsysteme zu unterscheiden. Diese betreffen die Frage auf welche Weise die Stimmen in konkrete Mandate umgesetzt werden. Es lassen sich zwei Grundtypen unterscheiden:

- *Mehrheitswahlsystem.* Die Mehrheitswahl bildet den ursprünglichen Typus der Wahl. Das Wahlgebiet wird dabei in so viele Wahlkreise eingeteilt, wie Mandate zu vergeben sind. Unterschieden werden kann zwischen relativen und absoluten Mehrheitswahlsystemen. Während in relativen Mehrheitswahlsystemen (Großbritannien, USA, Kanada, Neuseeland, Jamaika, Barbados, Bahamas, Deutschland in Bezug auf die Erststimme) derjenige gewählt ist, der im Wahlkreis die meisten Stimmen erlangt, ver-

[668] Dazu *A. Thiele*, Verlustdemokratie, S. 310 ff.

[669] Dazu im Überblick *M. Morlok*, in: H. Dreier (Hrsg.), GG-Kommentar, Band II, Art. 38, Rn. 99 ff.

langen absolute Mehrheitswahlsysteme für den Sieg eine absolute Mehrheit der abgegebenen Stimmen (also 50% + eine Stimme). Sofern diese Mehrheit im ersten Wahlgang von keinem Bewerber erreicht wird, ist ein zweiter Wahlgang erforderlich. Dieser findet dann entweder – wie in Frankreich, Österreich oder Portugal bei der Präsidentenwahl – als Stichwahl zwischen den beiden erfolgreichsten BewerberInnen des ersten Wahlgangs statt. Alternativ kann im zweiten Wahlgang auch die relative Mehrheit ausreichen (so etwa in Frankreich bei der Parlamentswahl, gegebenenfalls einhergehend mit einer Reduzierung der BewerberInnenzahl). In Australien wird das Erfordernis der Stichwahl durch eine vorgezogene Stichwahl vermieden.[670] Bisweilen finden sich auch Wahlkreise, in denen mehr als ein(e) KandidatIn zu wählen ist. Dann erfolgt die Zuweisung entweder in Form einer starren Mehrheitswahl, das heißt die KandiatInnen sind in der Reihenfolge der für sie abgegebenen Stimmen gewählt oder – wie aktuell noch in Irland oder Malta – nach dem Prinzip der übertragbaren Einzelstimmgebung (single transferable vote). MehrkandidatInnenkreise können die repräsentativen Schwächen der (relativen oder absoluten) Mehrheitswahl partiell verringern.

- *Verhältniswahlsystem.* Im reinen Verhältniswahlsystem bildet das gesamte Wahlgebiet einen Wahlkreis. Die KandidatInnen finden sich auf Listen, die zuvor von Parteien aufgestellt werden. Streng genommen werden damit diese Listen gewählt, wobei die Mandate dem Stimmanteil entsprechend der jeweiligen Liste zugewiesen werden. Sowohl in Bezug auf die Gestaltung der Listen (gebundene Liste, lose gebundene Liste oder freie Liste) als auch bei der konkreten Umrechnung der Stimmen in Mandate (unbeweglicher Wahlquotient, beweglicher Wahlquotient, Hare-Niemeyer-Verfahren, Höchstzahlverfahren nach d'Hondt) bestehen Variationsmöglichkeiten, die großen Einfluss auf die konkrete Zuweisung haben können. Im Gegensatz zum Mehrheitswahlsystem kann in einem Verhältniswahlsystem auch die Erfolgsgleichheit der Stimmen gewährleistet werden. Da hier allerdings stark zersplitterte Parlamente drohen, wird das Verhältniswahlsystem häufig mit einer Sperrklausel kombiniert (so etwa in Deutschland, Österreich, Schweiz, Polen, der Ukraine oder Zypern), die in die Erfolgsgleichheit eingreift. Es verbleibt dann nur eine „Erfolgschancengleichheit". Südafrika verzichtet trotz Verhältniswahlsystem ebenso wie Portugal, Finnland und Nordmazedonien auf eine Sperrklau-

[670] Die WählerInnen geben also bereits bei der ersten Wahl mehrere Wahlpräferenzen in einer Reihenfolge ab. Kommt es zu keiner absoluten Mehrheit im ersten Wahlgang wird der Kandidat mit den wenigsten Stimmen gestrichen und die Zweitstimmen derjenigen WählerInnen, die diesen ausgeschiedenen KandidatInnen als erste Präferenz gewählt hatten, den jeweils anderen KandiatInnen entsprechend der Zweitpräferenz zugerechnet (usw.).

sel. In Georgien sollte für die Wahl 2020 ein reines Verhältniswahlsystem eingeführt werden, Ende 2019 wurde dieses Versprechen der Regierung jedoch erst einmal wieder aufgehoben.

Die tatsächlichen Wahlsysteme sind in der Regel komplizierter, weil sie keines der Grundmodelle in Reinform verwirklichen oder beide miteinander zu kombinieren versuchen (Deutschland: „personalisierte Verhältniswahl").[671] Aus der Perspektive der Allgemeinen Staatslehre ist von Interesse, welche Auswirkungen die Wahl und die Ausgestaltung eines bestimmten Wahlsystems auf die Machtverhältnisse und die politische Kultur haben[672] und inwieweit dadurch zur Integration der Gesamtgesellschaft beigetragen wird. Es zeigt sich etwa, dass der Großteil der Wahlsysteme größere Parteien leicht bevorzugt. Das gilt für das relative Mehrheitswahlrecht ebenso wie für das Verhältniswahlrecht, schon wegen der meist bestehenden Sperrklausel. Dabei ist zu beachten, dass das Wahlsystem zu jeder Zeit eine den Erwartungen der Bevölkerung entsprechende Repräsentation sicherstellen muss (unabhängig davon, wie man Repräsentation prinzipiell verstehen will).[673] Wo das nicht mehr der Fall ist, riskiert das politische System mittelfristig Repräsentationsdefizite und langfristig seine Legitimität. Das britische relative Mehrheitswahlrecht neigt etwa zur Etablierung eines Zwei-Parteien-Systems, in dem die beiden großen Parteien alternierend den Premierminister stellen.[674] Wenn daraus keine Repräsentationsdefizite resultieren sollen, setzt das voraus, dass sich der Großteil der britischen Bevölkerung durch eine dieser beiden Parteien vertreten sieht. Ob das noch der Fall ist, scheint nach den Brexit-Erfahrungen fraglich. Auch die Tory- und Labour-Mitglieder sind im Hinblick auf ihre Interessen heterogener als das noch in den 50er Jahren der Fall war. Ein Wechsel zum Verhältniswahlrecht wäre allerdings mit erheblichen Veränderungen des politischen Systems verknüpft und damit nicht ohne Wei-

---

[671] *W. Heun*, Das Wahlrecht unter dem Grundgesetz zwischen Kontinuität und Wandel, in: P. Czarny/P. Tuleja/K. Wojtyczek (Hrsg.), Verfassung im Zeitalter der Europäisierung und Globalisierung, S. 249 (251).

[672] Dazu etwa *W. Heun*, Das Wahlrecht unter dem Grundgesetz zwischen Kontinuität und Wandel, in: P. Czarny/P. Tuleja/K. Wojtyczek (Hrsg.), Verfassung im Zeitalter der Europäisierung und Globalisierung, S. 249 (251 ff.) sowie *T. Baedermann*, Der Einfluss des Wahlrechts auf das Parteiensystem, 2007.

[673] Vgl. *C. Starck*, Konstitutionalismus, Demokratie und Verfassungsgerichtsbarkeit, in: J. Münch/A. Thiele (Hrsg.), Verfassungsrecht im Widerstreit, S. 77 (80): „Die in jeder Demokratie wichtige Frage lautet: Inwieweit fördert oder hemmt das Wahlsystem die *Integration* der Wählerschaft und die Bildung eines aktionsfähigen Gemeinwillens in Parlament und Regierung?"

[674] *W. Heun*, Das Wahlrecht unter dem Grundgesetz zwischen Kontinuität und Wandel, in: P. Czarny/P. Tuleja/K. Wojtyczek (Hrsg.), Verfassung im Zeitalter der Europäisierung und Globalisierung, S. 249 (253).

teres möglich. Im ersten Schritt kämen also allenfalls behutsame Veränderungen in Betracht, etwa durch die Errichtung von „MehrkandidatInnen-Wahlkreisen". Ohnehin zeigt sich, dass umfassende Reformen eines etablierten Wahlsystems nur schwer möglich sind, weil die Beteiligten über die eigene (politische und berufliche) Zukunft entscheiden: Nur wer gewählt wird, kann Macht ausüben und wer gewählt wird, wird durch das Wahlrecht bestimmt. Die Pfadabhängigkeiten wirken sich in diesem Bereich erheblich aus. Das zeigt sich aktuell in Deutschland, wo eine von außen (dem Bundesverfassungsgericht) erzwungene Änderung des Wahlrechts zu einer Aufblähung des Bundestags geführt hat.[675] Obwohl sich alle Parteien über eine Verkleinerung des Bundestags prinzipiell einig sind, ist eine Reform bis zuletzt nicht möglich gewesen.[676] Das sollte nicht vorschnell als verwerflich gebrandmarkt werden, entspricht vielmehr erwartbaren politischen Rationalitäten[677] und mahnt eher dazu, externe (verfassungsgerichtliche) Eingriffe in etablierte und prinzipiell funktionierende Wahlsysteme nur zurückhaltend in Erwägung zu ziehen.

bb) Abstimmungen

In Abstimmungen werden Sachentscheidungen unmittelbar durch das Volk getroffen. In modernen demokratischen Verfassungsstaaten mit mehreren Millionen BürgerInnen können solche Abstimmungen nur ergänzend zum repräsentativen System hinzu treten. Das gilt selbst in der Schweiz, wo das Direktorialsystem stärker auf Abstimmungen setzt als in anderen Regierungssystemen. Es lassen sich folgende Typen unterscheiden:

- *Volksbegehren (Volksinitiative)*. Hier initiiert das Volk ein Gesetz oder legt gegen ein beschlossenes Gesetz sein Veto ein. Meist ist dazu ein bestimmtes Unterschriftenquorum Voraussetzung. Es kommt dann zu einem Volksentscheid sofern das Parlament das Gesetz nicht in der vorgeschlagenen Form erlässt beziehungsweise wieder aufhebt.
- *Volksentscheid (bei Gesetzen: Referendum)*. Hier trifft das Volk eine verbindliche Entscheidung über eine Sachfrage oder ein Gesetz. Der Volks-

[675] Das Bundesverfassungsgericht entschied im Jahr 2012 (BVerfGE 131, 316), dass die bisher als zulässig angesehenen Überhangmandate ohne einen Ausgleich als unzulässig anzusehen seien, sofern sie die Zahl von 15 überschritten. Der Bundestag beschloss daraufhin, Überhangmandate vollständig auszugleichen auch weil eine Begrenzung Ausgleichs auf die 15 Mandate überschreitenden Überhangmandate der politischen Rationalität folgend nicht möglich war.

[676] Dazu auch *H. Boehl*, Zu viele Abgeordnete?, ZRP 2017, 197 ff. Ob ein Bundestag mit rund 800 Abgeordneten allerdings tatsächlich in seiner Funktionsfähigkeit beeinträchtigt wäre, ist empirisch bisher nicht untersucht worden.

[677] Dazu zuletzt erhellend *R. Sturm*, Wie funktioniert Politik? Die Beweggründe des Politischen in den Nationalstaaten und in der EU, 2018.

entscheid kann fakultativ oder obligatorisch sein. Oftmals geht diesem ein Volksbegehren voraus.
- *Volksbefragung*. Diese ist fakultativ und unverbindlich, entfaltet aber – wie das Brexit-Referendum zeigt – erhebliche faktische politische Bindungswirkung.

Im Hinblick auf die Gegenstände der Abstimmungen können unterschieden werden:

- *Verfassungsfragen*. Abgesehen von entsprechenden Abstimmungen bei der Verfassungsgebung betrifft dies Verfassungsänderungen. So ist ein Volksentscheid bei Verfassungsänderungen obligatorisch vorgesehen in der Schweiz, in Dänemark, Irland, Australien, Japan, Venezuela, den Einzelstaaten der USA sowie in Spanien und Österreich (im Falle einer Totalrevision). Fakultativ möglich ist ein Volksentscheid in Italien, Österreich, Spanien und Frankreich.
- *Gesetzgebung*. Hier kann dem Volk (wie in der Schweiz) eine Art Vetofunktion zugewiesen sein, die es aufgrund eigener Initiative oder einer solchen anderer Organe (Präsident, Opposition) wahrnimmt. Entsprechende Volksentscheide sind praktisch immer fakultativ (Ausnahme: Dänemark bezüglich des Wahlalters).
- *Sonstige Entscheidungen (Plebiszite)*. Hier geht es um konkrete Fragen (Olympiabewerbung), teilweise sind in den Verfassungen auch Territorialplebiszite vorgesehen (Art. 29 GG) oder der Beitritt zu internationalen Organisationen wird an ein solches Votum geknüpft (etwa in Dänemark, Irland, Norwegen oder der Schweiz).

Demokratietheoretisch sind Abstimmungen – das sei noch einmal betont – weder besser noch schlechter als Entscheidungen, die von Repräsentationsorganen getroffen werden. Entscheidend ist, dass ihre konkreten Vor- und Nachteile (siehe bei Frage V) im Einzelfall berücksichtigt werden. Ein Allheilmittel sind direktdemokratische Elemente vor diesem Hintergrund nicht. Auf regionaler Ebene können sie aber eine sinnvolle Ergänzung eines repräsentativen Systems darstellen und zur Verringerung einer allgemein konstatierten Politikverdrossenheit beitragen.[678]

cc) Das Problem der Beteiligung

Umfassend repräsentativ können Wahlen und Abstimmungen nur sein, wenn sich eine große Zahl der Wahl- oder Abstimmungsberechtigten beteiligt. Das setzt keine 100%-Beteiligung voraus. Mit einer gewissen „Nichtbeteiligungsquote" kann ein demokratischer Verfassungsstaat gut leben – alles andere wäre völlig unrealistisch. Wo die Beteiligungen aber deutlich unter 70%, teilweise sogar unter 50% liegen – in Deutschland ist das bei manchen Landtags-

[678] Dazu auch *A. Thiele*, Verlustdemokratie, S. 332 ff.

wahlen und den Europawahlen der Fall, in der Schweiz liegen die Abstimmungsbeteiligungen bisweilen noch darunter – kann es problematisch werden. Die Mehrheitsverhältnisse der Wahl oder der Abstimmung spiegeln die tatsächlichen Mehrheitsverhältnisse dann nicht angemessen wieder.[679] Dieses Problem wird verschärft, wenn die Nichtbeteiligung auch in sozialer Hinsicht ungleich verteilt ist.[680] Für Deutschland ist das zuletzt von *Armin Schäfer,*[681] *Lea Elsässer*[682] sowie *Michael Kaeding*[683] aufgezeigt worden.[684] Speziell für die kommunale Ebene (Wahlen und Abstimmungen) haben *Angelika Vetter* und *Jan Velimsky* im Jahr 2019 entsprechende Daten vorgelegt.[685] Die umfassende Responsivität des Parlaments verkommt dann zu einer partiellen Responsivität, weil die Abgeordneten vor allem die Interessen ihrer WählerInnen in den Blick nehmen. Das wiederum hat Auswirkungen auf die Legitimität des politischen Systems aus der Perspektive der NichtwählerInnen. Diese haben die defizitäre Repräsentation zwar durch ihre Nichtwahl mitverschuldet, werfen dem „System" anschließend aber mangelnde Wahrnehmung vor und gehen bei der nächsten Wahl daher vermutlich erneut nicht wählen.[686] Die Verstetigung der Unterrepräsentation und die Nichtberücksichtigung ihrer Interessen perpetuiert so die Unzufriedenheit der prekären Schichten – ein Teufelskreis. Für die Allgemeine Staatslehre muss es darum gehen, Wege aufzuzeigen, entsprechende Repräsentationskrisen und die einhergehende Perversion des Mehrheitsprinzips in eine Minderheitsherrschaft zu verhindern. Dazu kann die Einführung einer Wahlpflicht ebenso beitragen, wie eine stärkere gesellschaftliche Anerkennung des Wahlakts selbst – etwa durch einen besonderen Wahlfeiertag.[687] Auch die Einführung einer allgemeinen Dienst-

[679] Siehe auch *H. Kelsen*, Allgemeine Staatslehre, S. 357. Siehe auch *J. Krüper*, Wahlrechtsgeschichte(n) unter dem Grundgesetz, in: H. M. Heinig/F. Schorkopf (Hrsg.), 70 Jahre Grundgesetz, S. 149 (155 ff.).

[680] Dazu auch *H. Tingsten*, Political Behavior. Studies in Election Statistics, S. 230.

[681] *A. Schäfer*, Der Verlust politischer Gleichheit: Warum die sinkende Wahlbeteiligung der Demokratie schadet, 2015.

[682] *L. Elsässer*, Wessen Stimme zählt? Soziale und politische Ungleichheit in Deutschland, 2018.

[683] *M. Kaeding*, Legitimitätsverlust durch soziale Schieflage der Wahlbeteiligung, in: A. Thiele (Hrsg.), Legitimität in unsicheren Zeiten, S. 87 ff.

[684] Speziell für die Bundestagswahl 2017, wo die soziale Selektivität etwas abgenommen aber weiterhin hoch war *R. Verkamp/K. Wegschaider*, Populäre Wahlen. Mobilisierung und Gegenmobilisierung der sozialen Milieus bei der Bundestagswahl 2017, 2017.

[685] *A. Vetter/J. Velimsky*, Soziale Selektivität bei Wahlen und direktdemokratischen Abstimmungen auf kommunaler Ebene in Deutschland, PVS 60 (2019), 487 ff.

[686] Dazu *A. Schäfer/H. Schwander*, ‚Don't play if you can't win': does economic inequality undermine political equality?, Political Science Review 11 (2019), 395 ff.

[687] Dazu und zu anderen Vorschlägen *A. Thiele*, Verlustdemokratie, S. 302 ff.

pflicht könnte zu einem veränderten Bewusstsein für die Erfordernisse des Gemeinwesens eventuell beitragen. Kontraproduktiv sind hingegen die immer wieder zu hörenden Aufrufe zur Nichtwahl (etwa aus Protest), insbesondere wenn sie von vermeintlichen Eliten erfolgen. In einer demokratischen Ordnung kann es einen intellektuell tragfähigen Grund zur Nichtwahl nicht geben, da Herrschaft für die Zukunft anders nicht legitimierbar ist.[688] Wahlverzicht bedeutet konsequent zu Ende gedacht nichts anderes als die Herbeisehnung der Anarchie – das folgt bereits aus dem kategorischen Imperativ. Dieses Ziel mag man verfolgen. Nur die wenigsten NichtwählerInnen dürften aber einen solchen herrschaftsfreien Zustand ernsthaft anstreben.

2. Das Parlament

Das Parlament bildet in allen demokratischen Verfassungsstaaten ein bedeutendes Organ, da es nicht nur unmittelbar legitimiert ist, sondern im Rahmen der konkreten Verfassungsordnung in der Regel auch für alle wesentlichen Grundentscheidungen des Gemeinwesens wenigstens formal verantwortlich zeichnet (Parlamentsvorbehalt). Der moderne Staat ist Gesetzgebungsstaat[689] und die Gesetzgebung liegt zentral in den Händen des Parlaments, das daher als „Herzkammer der Demokratie“ bezeichnet werden kann. Indem es auch über die Besetzung anderer Verfassungsorgane (mit)entscheidet und die Regierung kontrolliert, steht es meist im Zentrum des politischen Diskurses, ohne dass sich daraus allerdings eine „Allmacht des Parlaments“ ableiten ließe. Das Parlament ist vielmehr in das institutionelle Zuständigkeitsgefüge der Verfassung eingepasst und – wie jedes Organ – in seinen Kompetenzen begrenzt. Die konkrete Rolle des Parlaments ist abhängig vom jeweiligen Regierungssystem, wobei sich in den letzten Jahren als allgemeine Tendenz eine gewisse Verschiebung der Machtverhältnisse zur Regierung konstatieren lässt.

a) Struktur der Parlamente

aa) Mono- und bikamerale Systeme

In demokratischen Verfassungsstaaten lassen sich Parlamente danach unterscheiden, ob sie mono- oder bikameral organisiert sind.[690] Monokamerale Systeme (Bulgarien, Dänemark, Schweden, Griechenland, Portugal, Ungarn) legen den Fokus auf die Gleichheit der BürgerInnen,[691] während in

[688] Nichtwahl kann also auch nicht in Zufriedenheit mit dem Bestehenden bzw. der vergangenen Herrschaft umgedeutet werden. Wahlen legitimieren immer nur für die Zukunft, nie für die Vergangenheit.

[689] Vgl. *A. Thiele*, Der gefräßige Leviathan, S. 81 ff.

[690] Siehe auch *W. Haller/A. Kölz/T. Gächter*, Allgemeines Staatsrecht, Rn. 834 ff.

[691] Vgl. *H. Kelsen*, Allgemeine Staatslehre, S. 352: „Dem demokratischen Gedanken entspricht, dass das Organ der Gesetzgebung nur aus einer einzigen Kammer besteht.“

bikameralen Systemen[692] (USA, Belgien, Deutschland, Österreich, Spanien, Italien) eine Beeinträchtigung dieser Gleichheit in Kauf genommen wird, um bestimmte Interessen zusätzlich vertreten zu wissen. Meist wird es um die Sicherstellung einer angemessenen föderal-regionalen Vertretung gehen (Belgien, Deutschland, USA, Österreich),[693] bisweilen spiegelt die Zusammensetzung der Zweiten Kammer aber auch berufsständische Interessen (so der irische Senat oder der bayerische Senat bis zu seiner Abschaffung am 31.12.1999). Eine Sonderrolle im Hinblick auf seine Zusammensetzung nimmt das House of Lords ein, die sich demokratietheoretisch nur noch rechtfertigen lässt, weil es gegenüber dem House of Commons nachrangig agiert. Generell ist danach zu unterscheiden, ob der Zweiten Kammer annähernd die gleichen Kompetenzen wie der Ersten Kammer zukommen (so in der Schweiz, Belgien, Italien und den USA) oder – wie im Regelfall – die Erste Kammer im Gesetzgebungsverfahren dominiert (Deutschland, Spanien, Österreich, Niederlande, Großbritannien). Der Allgemeinen Staatslehre muss es neben einer Systematisierung der verschiedenen Systeme darum gehen, die Vor- und Nachteile aufzuzeigen, die mit der Organisation des Parlaments für den politischen Entscheidungsprozess einhergehen. So bringt ein bikamerales System meist auch ein zusätzliches Element der Gewaltenteilung in das System hinein, indem die Zweite Kammer – je nach Zusammensetzung und Zuständigkeiten – ein Gegengewicht zur Ersten Kammer darstellen kann. Andererseits geht damit eine Beeinträchtigung der Effizienz des politischen Systems einher, wenn politische Entscheidungsprozesse verzögert oder sogar gänzlich verhindert werden – man denke an die Option eines „Filibuster"[694] im amerikanischen Senat. In parlamentarischen Regierungssystemen mit starker Parteipräsenz kann mit dem durch eine Zweite Kammer begründeten Abstimmungsbedarf zudem die Entstehung einer Art „Parteiendemokratie" befördert werden – Deutschland und Österreich sind zwei Beispiele. Insofern hängt die „richtige" Organisation erneut mit den entsprechenden Legitimitätserwartungen der Bevölkerung zusammen.

---

[692] Ausführlich *G. Tsebelis/J. Money*, Bicameralism, 1997.

[693] Vgl. *H. Kelsen*, Allgemeine Staatslehre, S. 352; *A. Weber*, Europäische Verfassungsvergleichung, 9. Kapitel, Rn. 153. Siehe auch B. Banaszak/L. Zukowski, Deutsches Modell des Zweikammersystems, in: P. Czarny/P. Tuleja/K. Wojtyczek (Hrsg.), Verfassung im Zeitalter der Europäisierung und Globalisierung, S. 199 (199).

[694] Der Beschluss zur Beendigung der Debatte bedarf im amerikanischen Senat einer qualifizierten Mehrheit von 60 Stimmen. Eine Sperrminorität von 41 Stimmen kann damit eine Abstimmung verhindern. Während das früher durch Dauerreden begleitet wurde, wird heute bei einer entsprechenden Sperrminorität schlicht die Abstimmung abgesagt. Sofern heute bisweilen gleichwohl entsprechende Dauerreden (mit einer Länge von 15 Stunden und mehr) stattfinden ist das also vornehmlich der erwarteten medialen Aufmerksamkeit geschuldet.

bb) Innere Struktur der Parlamente

Die innere Struktur der Parlamente ist meist von ihrer Autonomie geprägt. Sie entscheiden selbstständig über ihre interne Organisation und besitzen Geschäftsordnungsautonomie.[695] Allerdings zeigen sich in den Details Unterschiede, denen in der Allgemeinen Staatslehre bisher nicht ausreichend Aufmerksamkeit gewidmet worden ist. So ist das vermeintlich „souveräne" britische Parlament im Tagesgeschäft historisch bedingt erheblich von der Regierung abhängig, die „Royale Prärogativen" anstelle des Monarchen ausübt. Das betrifft nicht nur die Bestimmung der parlamentarischen Tagesordnung, vielmehr hat die Regierung die Befugnis vergleichsweise frei über Beginn und Ende der Sitzungsperiode und damit die Suspendierung („prorogation") des Parlaments zu bestimmen. Unter normalen Bedingungen wird sich das in einem parlamentarischen Regierungssystem kaum auswirken. Wo die Regierung aber faktisch nicht mehr von einer Parlamentsmehrheit getragen wird, können solche Kompetenzen plötzlich erhebliche machtpolitische Bedeutung erlangen. In Deutschland besteht keine solche Abhängigkeit des Parlaments von der Regierung. Allerdings kann die Parlamentsautonomie im Hinblick auf die Tagesordnung auch dort genutzt werden, um Gesetzesvorhaben zu behindern, wenn etwa Gesetzesinitiativen des Bundesrates nicht oder erst sehr spät behandelt werden. Auf entsprechende Verhaltensweisen wird beim Erfordernis kooperativer Zusammenarbeit noch zurückzukommen sein. Jedenfalls sollte parlamentsinternen Organisationsregelungen aus der Perspektive der Allgemeinen Staatslehre mehr Aufmerksamkeit gewidmet werden, indem sie auch auf ihre machtpolitische Relevanz (nicht nur in Krisenzeiten) untersucht werden.[696]

Im Übrigen finden sich in praktisch allen Parlamenten die folgenden drei internen „Organtypen",[697] denen abhängig vom Regierungs- und Parteiensystem und der parlamentarischen Tradition eine unterschiedliche Bedeutung zukommt. Die Variationsbreite reicht vom mehr oder weniger zentralisierten Redeparlament – einem Parlament also, das in inhaltlichen Fragen relativ wenig Einfluss nimmt, vielmehr stark von der Regierung abhängig ist[698] – bis zum amerikanischen Kongress als dezentralisiertem Arbeitsparlament.

---

[695] *H. Kelsen*, Allgemeine Staatslehre, S. 353.

[696] Zuletzt in diesem Sinne etwa *A. Ostendorf*, Politische Führung in Parlamenten: Das britische House of Commons und das finnische Eduskunta im Vergleich, 2019. Siehe auch *J. Krüper*, Regeln politischer Kultur als Legitimitätsreserve. Überlegungen zu einem Forschungsgegenstand einer Organisationsrechtswissenschaft, in: ders./A. Pilniok (Hrsg.), Organisationsverfassungsrecht, S. 159 ff.

[697] Vgl. auch *A. Weber*, Europäische Verfassungsvergleichung, 9. Kapitel, Rn. 167 ff.

[698] Bis zuletzt wurde vor allem das britische Parlament als Prototyp eines solchen Redeparlaments angesehen. Wie *Meg Russell* und *Daniel Gover* in einer breiten Studie nun aber gezeigt haben, kann davon mittlerweile keine Rede mehr sein (Legislation at West-

- *Vorstand.* Der Parlamentsvorstand wird meist vom Parlament selbst gewählt. In angelsächsischen Ländern handelt es sich um eine einzelne Person („Speaker"), dessen Stellung und Funktion allerdings variiert: Während sie in Großbritannien unparteiisch agiert,[699] hat der Speaker des Repräsentantenhauses in den USA neben den organisatorischen Aufgaben auch eine politische Rolle und agiert als Mehrheitsführer abhängig von seiner Parteizugehörigkeit als eine Art Gegenspieler des Präsidenten.[700] In den meisten Staaten ist der Vorstand hingegen kollegial mit einem Parlamentspräsidenten an der Spitze[701] und einer bestimmten Anzahl an Vizepräsidenten besetzt. Für deren Wahl bestehen meist informelle interfraktionelle Vereinbarungen, die oftmals nicht verbindlich, jedenfalls gerichtlich nicht durchsetzbar sind. Das zeigt sich in Deutschland, wo seit der letzten Wahl im Jahr 2017 kein Mitglied der AfD-Fraktion zum Vizepräsidenten gewählt worden ist. Dem Vorstand obliegt neben der Leitung der Plenarsitzungen, die Wahrnehmung des Haus- und Ordnungsrechts und die Leitung der parlamentarischen Verwaltung. Die Tagesordnung des Parlaments wird in der Regel vom Vorstand festgelegt (in Deutschland: Ältestenrat). In Commonwealth-Ländern (Großbritannien, Australien, Malta), fällt dies hingegen, wie dargelegt, in die Zuständigkeit der Regierung. In Kanada und Sri Lanka wird die Tagesordnung von der Regierung mittelbar über den Führer der Mehrheitsfraktion bestimmt.
- *Fraktionen.* Hierbei handelt es sich um politische Zusammenschlüsse der Abgeordneten auf partei-politischer Basis. Sie sind in den meisten Geschäftsordnungen der Parlamente als parlamentarische Untergliederungen anerkannt und in der Regel mit besonderen Rechten im Hinblick auf ihre Beteiligung an Ausschüssen und am Parlamentsvorstand ausgestattet und können bisweilen auch Einfluss auf die Tagesordnung nehmen. Lediglich in der Schweiz und in Japan finden sich keinerlei Sonderrechte für Fraktionen. Geleitet werden sie von einem Fraktionsvorstand und verschiedenen Untergruppen. Ihre Bedeutung variiert abhängig vom jeweiligen Regierungssystem. Ein formaler Fraktionszwang besteht nicht, vor

minster. Parliamentary Actors and Influence in the Making of the British Law, 2017). Das Parlament nimmt heute also auf verschiedenen Wegen (auch informellen) Einfluss und hat dementsprechend auch seine Ausschusskultur verändert.

[699] Der Speaker nimmt daher auch nicht an parlamentarischen Abstimmungen teil, zudem verzichtet die Opposition meist darauf im Wahlkreis des amtierenden Speakers einen Gegenkandidaten aufzustellen, vgl. *F. Meinel*, Vertrauensfrage, S. 60 f.

[700] Ausführlich dazu *J. Semmler*, Das Amt des Speaker of the House of Representatives im amerikanischen Regierungssystem, 2002.

[701] Zu den Parlamentspräsidenten der deutschen Bundesländer *M. Köhler*, Die Rechtsstellung der Parlamentspräsidenten in den Ländern der Bundesrepublik Deutschland und ihre Aufgaben im parlamentarischen Geschäftsgang, 2000.

allem in parlamentarischen Regierungssystemen ist eine prinzipielle Fraktionsdisziplin allerdings eine Funktionsbedingung des politischen Systems. Zur Sicherung der parlamentarischen Mehrheit der Regierung kommt den Fraktionsführern in Zweiparteiensystemen daher die größte Bedeutung zu – in Großbritannien werden diese Personen als „whip" bezeichnet. Wo diese Disziplin in grundlegenden Fragen nicht (mehr) besteht, ist dies jedenfalls in parlamentarischen Regierungssystemen meist Ausdruck einer grundlegenden politischen Krise – erneut seien die Vorgänge im britischen Parlament im Zusammenhang mit der Brexit-Entscheidung in Erinnerung gerufen. In angelsächsischen Ländern ist auch der „Leader of the Opposition" als Gegenspieler der Regierung verfassungsrechtlich anerkannt und erhält in Großbritannien, Australien und Kanada eine vom Staat finanzierte zusätzliche Entlohnung.

– *Ausschüsse.* Diese geben meist nur Empfehlungen für das Plenum ab (anders teilweise in Deutschland und in Italien), denen aber eine erhebliche präjudizielle Wirkung zukommt. Eine besondere Rolle haben die Ausschüsse vor allem in Arbeitsparlamenten (US-Kongress, Bundestag), während sie in Redeparlamenten von geringerer Relevanz sind. Im britischen Unterhaus bestanden lange Zeit keine ständigen Ausschüsse (abgesehen vom „Committee of the Whole"), mittlerweile finden sich auch hier einzelne ständige Ausschüsse, deren Zusammensetzung allerdings weniger formalisiert ist als das in Deutschland oder den USA der Fall ist.[702] Von den ständigen Ausschüssen sind die Sonderausschüsse zu unterscheiden, die zu bestimmten Anlässen ad hoc eingesetzt werden (Untersuchungsausschüsse). Sie spielen in Dänemark, Frankreich aber auch den USA eine erhebliche Rolle.

cc) Strukturelle Eigenarten des Parlaments

Das Parlament weist aufgrund seiner Wahl, Zusammensetzung und Funktionsweise strukturelle Eigenarten auf, die es von anderen Organen unterscheiden. Ihnen sollte die Allgemeine Staatslehre besondere Aufmerksamkeit widmen, weil diese Eigenarten nach dem Konzept der Organadäquanz zugleich den Rahmen für eine sinnvolle Funktionszuweisung an das Parlament setzen. Das Parlament präsentiert sich in allen demokratischen Verfassungsstaaten als großes (bisweilen auch zu großes) pluralistisch besetztes Kollegium. Die Mitglieder sind durch die Direktwahl sämtlich unmittelbar demokratisch legitimiert. Die Abgeordneten genießen einen gemeinsamen Status der Freiheit, Gleichheit und Unabhängigkeit. Durch die Öffentlichkeit

---

[702] Sowohl in den USA als auch in Deutschland folgt nicht zuletzt die Besetzung der Vorsitze in den Ausschüssen gewissen informellen Regeln.

ihrer Zusammenkünfte (zumindest im Plenum) und ihrer Abhängigkeit von regelmäßigen Wahlen sind sie in der Lage (und willens) parlamentsexterne Ansichten und Auffassungen aufzunehmen und in ihren Debatten zu verarbeiten (hohe Responsivität). Entgegen der Vorstellung *Joseph Schumpeters* endet der Einfluss der BürgerInnen auf die parlamentarischen Entscheidungsprozesse damit nicht mit ihrer Wahlentscheidung.[703] Möglich wird dadurch ein komplexer Willensbildungsprozess (Information, Diskussion, Koordination, Integration und Alternativenreduzierung), der durch das öffentliche Zusammenspiel von Mehrheit und Opposition besonders geeignet ist, für die Gesamtbevölkerung akzeptanzfähige Entscheidungen in grundlegenden gesellschaftlichen Fragen zu treffen. Die einzelnen Parlamente entwickeln dabei im Laufe der Zeit voneinander abweichende Diskurskulturen, -rituale und -praktiken, die auch durch personelle Wechsel nur begrenzt modifiziert werden (können). Nicht zuletzt das britische Parlamentsverfahren ist angesichts seiner langen Geschichte von zahlreichen Ritualen geprägt,[704] die für externe Beobachter durchaus Unterhaltungswert haben – die schier endlosen Brexit-Debatten wurden auch deshalb europaweit mit einer gewissen Faszination verfolgt. Debatten im deutschen Bundestag sind zur Sicherstellung der Abgeordnetengleichheit stark formalisiert, in ihrem Unterhaltungswert deshalb weniger ausgeprägt, schon weil es sich um ein Arbeitsparlament handelt, in dem die eigentliche Auseinandersetzung in den Ausschüssen stattfindet. Die Plenardebatte hat Relevanz vornehmlich für die Sichtbarmachung der notwendigen Responsivität zwischen Parlament und Öffentlichkeit, dient aber nur selten der konkreten Entscheidungsfindung. Auch wenn die Entscheidung meist schon vorher feststeht, sind die öffentlichen „Debatten“ im Bundestag zur Sicherung der Legitimität der Entscheidungen damit alles andere als entbehrlich.[705]

Das Parlament weist aufgrund dieser Zusammensetzung und Entscheidungsstruktur auch gewisse Dysfunktionalitäten auf. So wird ein Parlament

---

[703] *J. Schumpeter*, Kapitalismus, Sozialismus und Demokratie, S. 468. Siehe auch *H. Pünder*, Wahlrecht und Parlamentsrecht als Gelingensbedingungen repräsentativer Demokratie, VVDStRL 72 (2012), 190 (203). Eine Abschottung der politischen Elite von den öffentlichen Willensbildungsprozessen ist insofern dauerhaft nicht möglich, so aber *P. Nanz/C. Leggewie*, Die Konsultative, S. 32.

[704] Besonders offenkundig ist das beim britischen Parlament. Dessen „Geschäftsordnung“ beruht auf dem Werk „A Treatise upon the Law, Privileges, Proceedings and Usage of Parliament“, das im Jahr 1844 von *Thomas Erskine May* verfasst wurde. Im Jahr 2019 wurde es erstmals online zugänglich gemacht. Das deutsche Parlament erlässt formal zwar zu Beginn jeder Legislaturperiode eine neue Geschäftsordnung. Dabei wird aber regelmäßig die zuvor bestehende vollständig übernommen. Davon zu unterscheiden sind informelle Praktiken, die nicht kodifiziert sind, von den Parlamentariern aber gleichwohl beachtet werden.

[705] Vgl. auch *A. Thiele*, Verlustdemokratie, S. 68 ff.

nur selten zu schnellen Entscheidungen fähig sein. Der Willensbildungsprozess ist angesichts der Gleichheit der Abgeordneten umfassend, gründlich und formal, dadurch aber auch unflexibel und in der Regel langwierig und zäh. Das ist nicht kritikwürdig, mahnt unter Beachtung des oben skizzierten Konzepts der Organadäquanz aber dazu, dem Parlament möglichst keine politischen Zuständigkeiten zu übertragen, bei denen Schnelligkeit in diesem Sinne gefordert ist. Während die Gesetzgebung beim Parlament gut aufgehoben ist, wird es mittelfristig scheitern, wo ihm konkrete Einzelentscheidungen übertragen werden. Das Treffen solcher Entscheidungen – denen für ein Gemeinwesen beachtliche Relevanz zukommen kann – sollte vielmehr im Kern in die Hand der Exekutive liegen, die anschließend und ohne Zeitdruck durch das Parlament kontrolliert werden kann. Als problematisch kann sich auch die fiktive Allzuständigkeit der einzelnen Abgeordneten als VertreterInnen des gesamten Volkes darstellen. Kein(e) Abgeordnete(r) kann in jedem Gebiet umfassend informiert sein. Im internen Entscheidungsprozess ist daher eine gewisse Spezialisierung der einzelnen Abgeordneten auf bestimmte Gebiete nicht zu vermeiden. In den anderen Gebieten verlassen sie sich auf die spezialisierten FraktionskollegInnen – und umgekehrt. Diese faktisch-notwendige Einschränkung des internen Willensbildungsprozesses geht mit dem Parlamentarismus zwingend einher, erweist sich im Regelfall freilich als unproblematisch.

dd) Architektonische Struktur

Die architektonische Parlamentsstruktur und die Anordnung der Sitzreihen haben Einfluss auf die interne Debattenkultur. Das wurde zuletzt von den Architekten *Max Cohen de Lara* und *David Mulder van der Vegt* in einer groß angelegten Studie aus dem Jahre 2016 herausgearbeitet: „Whether members of parliament are positioned ‚at sowrd's length' across from each other as in the British House of Commons, in successive rows such as in the Brazilian Camara dos Deputados, or in comfortable revolving chairs such as in the Dutch House of Representatives, the debate will unfold in a totally different atmosphere. Architecture affects the political culture that is shaped in these settings."[706] Die Autoren identifizieren in ihrer Studie fünf Anordnungen, denen sich die Parlamente der 193 untersuchten UN-Staaten zuordnen lassen (es wurden nicht nur demokratische Verfassungsstaaten analysiert):

- *Gegenüberliegende Bankreihen.* Das entspricht der Anordnung des Britischen House of Commons und spiegelt die agonistische Struktur britischer demokratischer Politik, auch wenn die ursprüngliche Anordnung keinen demokratischen Hintergrund hatte.[707] Heute findet sich eine solche

[706] *XML*, Parliament, S. 6.
[707] Als das House of Commons nach dem Zweiten Weltkrieg neu errichtet werden

Anordnung auf den Bahamas, in Barbados, in Belize, in Botswana, in Kanada, in Simbabwe, in der Tschechischen Republik, in Uganda oder in Singapur, von denen einige ehemalige britische Kolonien sind. Dass sich diese Anordnung besonders für Redeparlamente mit einer klaren Aufteilung in Regierung und Opposition eignet, erscheint einleuchtend.

- *Halbkreis*. Diese Anordnung hat sich mittlerweile in den meisten Staaten der Welt durchgesetzt und findet sich in 55 Staaten von Algerien über Argentinien und Finnland bis hin zur Türkei, den USA und Uruguay. Auch der Deutsche Bundestag ist entsprechend angeordnet. Die Abgeordneten werden dadurch – im Gegensatz zum britischen Modell – zu einer gewissen Einheit zusammengefügt. Eine unmittelbare und direkte Konfrontation der Abgeordneten miteinander findet nicht statt, der oder die RendnerIn spricht zur Gesamtheit der Abgeordneten. Diese Anordnung eignet sich für Arbeitsparlamente, in denen im Rahmen der Plenardebatte die Entscheidungsfindung selbst nicht (mehr) im Vordergrund steht.
- *Hufeisen*. Dabei handelt es sich gewissermaßen um eine hybride Form zusammengesetzt aus den beiden zuvor genannten Anordnungen. Es findet sich häufig in ehemaligen britischen Kolonien wie Australien, Südafrika, Indien, Irland und Bangladesch und bringt damit auch die Mischung zweier unterschiedlicher Systeme zum Ausdruck. Daneben haben sich aber auch Luxemburg, die Mongolei, Ungarn oder Dänemark für dieses Modell entschieden.
- *Kreis*. Hierbei handelt es sich um die jüngste Anordnung, die auf die Idee des deutschen Architekten *Günther Behnisch* zurückgeht und in besonderer Form die Gleichheit der Abgeordneten zum Ausdruck bringen soll. Weltweit findet es sich immerhin in elf Staaten, wie Liechtenstein, Jordanien oder dem Senegal. Auch das nordrhein-westfälische Landesparlament ist entsprechend arrangiert.
- *Klassenzimmer*. Hier sind die Abgeordneten in langen Reihen hintereinander und gegenüber dem jeweiligen Sprecher angeordnet. Dieses Arrangement findet sich häufig in nicht-demokratischen Staaten wie China, Kuba, Vietnam, Nordkorea und Russland. Dass auch Brasilien diesem Modell folgt, dürfte hingegen eher an den kommunistischen Vorlieben des Architekten des Parlaments liegen (*Oscar Niemeyer*).

Aus der Perspektive der Allgemeinen Staatslehre sind nicht nur die Auswirkungen dieser Arrangements auf die politische Debattenkultur und damit auch auf den Demokratisierungsgrad interessant. Es zeigt sich auch, dass sich die größten Parlamente ausgerechnet in den undemokratischsten

musste, bestand *Winston Churchill* darauf, die ursprüngliche Anordnung beizubehalten. Für die heutigen 650 Abgeordneten ist das House of Commons daher zweifellos zu klein.

Staaten finden: „Ironically, the scale of the assembly halls seems to be inversely proportional to the country's rank on the Democracy Index. Parliaments in the least democratic countries convene in the largest halls."[708] Dass sich das deutsche Parlament der faktischen Abgeordnetenzahl nach auf dieser Liste mittlerweile zwischen China und Nordkorea auf Platz zwei geschoben hat, erweist sich vor diesem Hintergrund als wenig glücklich – zumindest symbolisch.

b) Funktionen

Die dem Parlament zugewiesenen Funktionen ergeben sich aus seinen strukturellen Eigenheiten, insbesondere seiner Zusammensetzung und Form der Entscheidungsfindung. Daraus folgt, dass die wesentlichen Grundentscheidungen einer Gesellschaft durch das Parlament (meist in Form der Gesetzgebung) getroffen werden sollten. Dogmatisch findet diese Idee Ausdruck im Vorrang des Gesetzes, wonach alle weiteren Staatsorgane in ihrem Handeln an das parlamentarisch beschlossene Gesetz gebunden sind. Wo Regierungschefs diese Bindung anzweifeln,[709] rütteln sie mithin an einem der Grundpfeiler demokratischer Verfassungsstaaten. Darüber hinaus können dem Parlament auch weitere Entscheidungen entweder unmittelbar zugewiesen sein oder das Parlament hat die Möglichkeit, diese Entscheidungen an sich zu ziehen (Parlamentsvorbehalt). Allerdings folgen daraus keine Allmacht des Parlaments und kein Gewaltmonismus. Auch das Parlament ist an die verfassungsrechtliche Zuständigkeitsordnung gebunden. Das gilt, wie erneut die Brexit-Vorgänge offenbart haben, auch für das britische Parlament und trotz der dort weiterhin gültigen parlamentarischen Souveränitätsdoktrin. Klassischerweise lassen sich fünf Funktionen unterscheiden, die dem Parlament zugewiesen sind: Gesetzgebung (aa), Budgetrecht (bb), Kontrolle der Exekutive (cc), Kreationsbefugnisse (dd) und sonstige, teilweise auf historischen Besonderheiten beruhende Zuständigkeiten (ee).

aa) Gesetzgebung

Die Gesetzgebung bildet den Schwerpunkt parlamentarischer Tätigkeit. In den erlassenen Gesetzen spiegeln sich zugleich die gesellschaftlichen Grundentscheidungen. Es handelt sich um die „Politik in Buchstaben". Inwieweit politische Programme und Versprechungen umgesetzt werden, lässt sich in den Gesetzen damit tatsächlich „nachlesen". Mit *Ulrich Scheuner* kommt Gesetzen damit eine doppelte Rolle zu: Sie sind einerseits „Aufzeichnung,

---

[708] *XML*, Parliament, S. 20.

[709] Zuletzt etwa immer wieder durch *Donald Trump* in den USA. Aber auch *Boris Johnson* hat im Zusammenhang mit der Brexit-Entscheidung die Gesetzesbindung zumindest in Frage gestellt.

Fortbildung und Gestaltung des Rechts" und andererseits „Mittel staatsleitender Gestaltung und Führung des Staates."[710] Auch wenn das Gesetz damit (auch) der politischen Welt angehört, variiert die politische Bedeutung der einzelnen Gesetze gerade aus der Perspektive der BürgerInnen erheblich. Während etwa Anpassungen im Erb- oder Kaufrecht trotz ihrer Relevanz für das tägliche Leben selten für größeres Aufsehen sorgen, werden hochumstrittene Gesetzesvorhaben, in denen unterschiedliche Gesellschaftsauffassungen zum Ausdruck kommen (Ehe für alle, Klimagesetze, Vermögensteuer, Mietpreisbremse etc.) aufmerksam (medial) verfolgt, diskutiert und bisweilen bekämpft (man denke in Deutschland und anderen Staaten an die Regelungen zum Schwangerschaftsabbruch). Gesetzgebung ist insofern durch ihren abstrakt-generellen Charakter geprägt, darf aber nicht mit einer gewissen Verstaubtheit verwechselt werden. Zu beachten ist zudem, dass das Parlament aufgrund seiner Art der Entscheidungsfindung für alles andere als abstrakt-generelle Entscheidungen ungeeignet erscheint und sich funktionell überforderte, wo es allzu kleinteilig im Einzelfall entscheiden wollte. Die „Allgemeinheit des Gesetzes"[711] dient nicht nur der Mäßigung des parlamentarischen Zugriffs, sondern ist zugleich eine funktionelle Notwendigkeit, die mittlerweile nicht mehr überall die Beachtung zu erfahren scheint, die erforderlich wäre. Wo Gesetze der Konkretisierung bedürfen, sehen Verfassungen bisweilen vor, dass das Parlament Rechtsetzungsbefugnisse auf die Exekutive delegieren kann (vgl. etwa Art. 80 GG). Angesichts der andersartigen Zusammensetzung und der veränderten Art der Entscheidungsfindung innerhalb der Regierung sollten diese Befugnisse aber auf für das Gemeinwesen unwesentliche Entscheidungen begrenzt bleiben. Auch insoweit sind die verfassungsrechtlichen Traditionen unterschiedlich. Gerade im anglo-amerikanischen Rechtskreis werden unabhängige Regulierungsbehörden mit sehr weitreichenden Rechtsetzungskompetenzen ausgestattet, ohne dass dem allerdings immer eine ausreichende verfassungstheoretische Fundierung zugrundeliegen würde. Zuletzt hat das *Paul Tucker* aufgezeigt.[712] Das hängt auch mit unterschiedlichen Gesetzesbegriffen zusammen. Der sich im 19. Jahrhundert in Deutschland entwickelnde doppelte Gesetzesbegriff mit seiner Unterscheidung von formellen und materiellen Gesetzen[713] hat für das

[710] *U. Scheuner*, Ausländische Erfahrungen zum Problem der Übertragung rechtsetzender Gewalt, in: Institut zur Förderung Öffentlicher Angelegenheiten (Hrsg.), Die Übertragung rechtsetzender Gewalt, S. 118 (138).

[711] *G. Kirchhof*, Die Allgemeinheit des Gesetzes. Über einen notwendigen Garanten der Freiheit, der Gleichheit und der Demokratie, 2009. Siehe auch *R. Grote*, Die Allgemeinheit und Bestimmtheit der Gesetze, in: W. Heun/C. Starck (Hrsg.), Das Gesetz, S. 137 ff.

[712] *P. Tucker*, Unelected Power. The Quest for Legitimacy in Central Banking and the Regulatory State, 2018.

[713] Dazu *C. Starck*, Der Gesetzesbegriff des Grundgesetzes, 1970. Siehe allgemein auch *W. Heun/C. Starck* (Hrsg.), Das Gesetz, 2012.

kontinentaleuropäische Verfassungsrecht zwar weiterhin Relevanz, findet im anglo-amerikanischen Raum aber keine Entsprechung.[714]

Die Bedeutung der Gesetzgebung im demokratischen Verfassungsstaat wird im komplexen Gesetzgebungsprozess gespiegelt, der in allen demokratischen Verfassungsstaaten nicht allein vom Parlament bestimmt wird. Abhängig vom Regierungssystem nimmt auch die Exekutive unterschiedlich großen Einfluss; in manchen Fällen wirkt das Parlament lediglich wie eine Art Durchführungsorgan der Regierung. Das hat mit der zunehmenden Internationalisierung und Europäisierung vormals rein innerstaatlicher Bereiche zu tun, die zu einer Machtverschiebung zur Regierung geführt haben, die in ihrem Ausmaß allerdings vom artikulierten Machtanspruch des Parlaments abhängt – einzelne Parlamente verkaufen sich hier „unter Wert". Im Wesentlichen lassen sich folgende Stadien der Gesetzgebung unterscheiden:[715]

- *Gesetzesinitiative.* Diese kann vom Parlament selbst ausgehen (einzelne Abgeordnete, Fraktionen), in parlamentarischen Regierungssystemen sind aber Initiativen der Regierung nicht nur der Zahl nach am häufigsten, ihnen kommt auch die größte Erfolgschance zu. Präsidentielle Regierungssysteme kennen außerhalb des Haushaltsverfahrens kein Initiativrecht der Regierung. Teilweise besteht ein Initiativrecht des Volkes (etwa in Italien, Österreich und in Spanien) oder der Gebietskörperschaften (Italien, Schweiz, in Deutschland über den Bundesrat).
- *Beratung.* In vielen Staaten West- und Nordeuropas findet die Beratung in nur einer Lesung statt, vor allem in Commonwealth-Ländern sind drei Lesungen üblich (formale Kenntnisnahme, allgemeine Aussprache und Überweisung an Ausschuss, Bericht aus dem Ausschuss und abschließende Verabschiedung). Deutschland, die USA, Österreich, Dänemark, Irland und Israel kennen ebenfalls drei Lesungen, wobei sich als entscheidend hier die Ausschuss- und nicht die abschließende Generaldebatte erweist. In der Gesetzesberatung mit ihrer Beachtung der Gleichheit aller Abgeordneten, der Öffentlichkeit und Gründlichkeit zeigen sich die Besonderheiten gerade des parlamentarischen Verfahrens, die es in besonderer Weise für das Treffen grundlegender Entscheidungen qualifiziert. Die Erfahrungen der letzten Jahre bestätigen, dass die Akzeptanz der parlamentarisch getroffenen Entscheidungen nicht allein von ihrer Qualität (gut/schlecht), sondern auch davon abhängt, dass das Beratungsverfahren die Erwartungen der Bevölkerung an die parlamentarische Responsivität hinreichend erfüllt. Entscheidend ist im demokratischen Verfassungsstaat

---

[714] *A. Weber*, Europäische Verfassungsvergleichung, 9. Kapitel, Rn. 19.

[715] Zu Taiwan siehe *T.-h. Yang*, Gesetzgebungsverfahren in Taiwan, in: W. Heun/C. Starck (Hrsg.), Das Gesetz, S. 65 ff.

mithin nicht allein *dass* (gute) Entscheidungen getroffen werden, sondern auch *wie* diese zustande kommen.

- *Gesetzesbeschluss.* Dieser wird in der Regel mit einfacher Mehrheit der abgegebenen Stimmen gefasst. Abhängig von der Bedeutung der zu treffenden Entscheidung kann auch die absolute Mitgliedermehrheit oder eine qualifizierte Mehrheit (etwa 2/3-Mehrheit der Mitglieder) notwendig sein. Letzteres gilt insbesondere für Verfassungsänderungen, wobei das Erfordernis einer qualifizierten Mehrheit in diesen Fällen, wie dargelegt, an einem Rechtfertigungsdefizit leidet.[716]
- *Mitwirkung der Zweiten Kammer.* Abhängig davon, ob es sich um ein echtes oder unechtes bikamerales System handelt, kommt der Zweiten Kammer entweder ein suspensives Veto zu, das von der Ersten Kammer überstimmt werden kann (Bundesrat bei Einspruchsgesetzen) oder es bedarf wie in Belgien, den Niederlanden, der Schweiz, Italien, der USA oder Kanada der Zustimmung der Zweiten Kammer. Da im ersten Fall eine Überstimmung allerdings an qualifizierte Mehrheiten geknüpft ist, kann das suspensive Veto (abhängig von den Mehrheitsverhältnissen) einem absoluten Veto nahe kommen. Das zieht zwangsläufig – wie in Deutschland – enge informelle Kooperationen der Ersten und Zweiten Kammer nach sich.[717] Bei Meinungsverschiedenheiten zwischen den Kammern bestehen zudem formelle oder informelle Streitschlichtungsmechanismen (Navette, gemeinsame Sitzung beider Kammern, Vermittlungsausschuss). Größere Beachtung sollte von Seiten der Allgemeinen Staatslehre internen Verfahrensregelungen geschenkt werden, die bisweilen erheblichen machtpolitischen Einfluss haben, von außen aber nicht immer unmittelbar ersichtlich sind. So bedarf im amerikanischen Senat zwar der abschließende Beschluss einer einfachen Mehrheit. Der vorherige Beschluss, die Debatte zu beenden, muss jedoch mit einer Mehrheit von 60 der 100 Senatoren getroffen werden. Für die Opposition eröffnet das die Möglichkeit, ein Gesetzesvorhaben durch einen „Filibuster" – endlose Reden – zu verhindern.[718] Während solche Reden früher tatsächlich gehalten wurden, wird heute eine Abstimmung bereits dann nicht angesetzt, wenn die Opposition

[716] Ausführlich *D. Pardo-Alvarez*, Das Rechtfertigungsdefizit des qualifizierten Mehrheitserfordernisses, 2020.

[717] In Deutschland bedeutete das dann meist, dass die beiden großen Parteien auch dann eng miteinander kooperieren müssen, wenn die Regierung selbst nicht von einer großen Koalition getragen wird. Wie sich die Fragmentierung der Parteienlandschaft hier auswirken wird, bleibt abzuwarten.

[718] Dazu *G. J. Wawro/E. Schickler*, Filibuster. Obstruction and Lawmaking in the US Senate, 2006 sowie historisch *G. Koger*, Filibustering. A Political History of Obstruction in the House and the Senate, 2010. Siehe auch *P. Manow*, Das Parlament, der Filibuster und die politische Romantik, Merkur 2016, 95 ff.

auf ihre qualifizierte Minderheit von mindestens 41 Senatoren verweist. Durch dieses Instrument können Gesetzesverfahren praktisch vollständig blockiert werden, was gerade in Zeiten einer tiefen Spaltung der amerikanischen Gesellschaft als politisches Mittel attraktiv erscheint. Auch wenn das „Filibustern" mittlerweile eingeschränkt worden ist, steht es in einem Konflikt mit dem Erfordernis der interinstitutionellen Kooperation und Zurückhaltung, auf die sogleich einzugehen ist. Auch im deutschen Bundesrat bestehen Abstimmungsmodalitäten, die eine ähnliche Wirkung entfalten können. So ist die Möglichkeit einer Enthaltung im Bundesrat nicht vorgesehen, Enthaltungen wirken dadurch stets wie Nein-Stimmen. Landesregierungen sind aber politisch gehalten, sich zu enthalten, sofern dies einer der Koalitionspartner fordert (meist bestehen auf Landesebene Koalitionsregierungen). Dadurch kann auch kleineren Parteien eine erhebliche Blockademacht zuwachsen, die den interparteilichen Abstimmungsbedarf noch einmal erhöht: Die Mehrheit im Bundestag sicher zu haben, nützt der Bundesregierung dann nur wenig.
- *Ausfertigung und Verkündung.* Bei der Ausfertigung geht es um die Beurkundung der textlichen Übereinstimmung des Gesetzestextes mit dem vom Parlament verabschiedeten Text. Diese obliegt gemeinsam mit der anschließenden Verkündung meist dem Staatsoberhaupt (in Großbritannien: Royal Assent), oftmals nach Gegenzeichnung durch ein Regierungsmitglied. Die Verkündung wird häufig von einer anderen Exekutivbehörde wahrgenommen (etwa Justizministerium). In präsidentiellen Regierungssystemen steht dem Präsidenten in der Regel ein formelles (politisches und suspensives) Vetorecht zu, das mit einer qualifizierten Mehrheit in beiden Kammern überstimmt werden kann. In parlamentarischen Regierungssystemen besteht kein solches Vetorecht, inwieweit ein rechtliches Prüfungsrecht des Staatsoberhauptes besteht, ist unterschiedlich.[719]

bb) Budgetrecht

Die parlamentarische Budgetbewilligung, die sich ursprünglich aus dem Steuerbewilligungsrecht der Stände entwickelte und im Laufe des 19. Jahrhunderts um das Ausgabenbewilligungsrecht erweitert wurde,[720] bildet auf-

---

[719] In Deutschland handelt es sich beim Prüfungsrecht des Bundespräsidenten um ein klassisches Problem, das immer wieder Gegenstand von Examensklausuren ist. Siehe dazu zuletzt etwa *J. Hauk*, Das Prüfungsrecht des Bundespräsidenten im Hinblick auf die Verfassungs-, Europarechts- und Völkerrechtsfreundlichkeit eines Gesetzes, JA 2017, 93 ff.; *H. Mayer*, Das Prüfungsrecht des Bundespräsidenten – Staatsrechtliche Argumentation auf dem Prüfstand, JZ 2011, 602; *F. Schoch*, Prüfungsrecht und Prüfungspflicht des Bundespräsidenten bei Gesetzesausfertigungen, ZG 2008, 209 ff.

[720] Allgemein zur Entstehung des Budgets *W. Heun*, Staatshaushalt und Staatsleitung, S. 33 ff.

grund ihrer legitimatorischen und kontrollierenden Funktion den wichtigsten Teil des Budgetkreislaufs.[721] In der Sache ist diese Bewilligung auch „Gemeingut aller Verfassungsstaaten".[722] Bilden die einzelnen Gesetze die Politik in Worten ab, geht es beim Budget um die Politik in Zahlen. Die Parlamentsdebatten werden stets mit großem Interesse verfolgt, in Deutschland fungiert die Debatte über den Haushalt des Bundeskanzleramts als Generaldebatte über die Politik der Bundesregierung.[723] In Norwegen und Island erfolgt die Verabschiedung des Haushalts in einer gemeinsamen Sitzung beider Häuser, wodurch die besondere Bedeutung dieses Gesetzes sichtbar wird.

cc) Kontrolle der Exekutive

Das Ausmaß dieser Kontrolle hängt vom Regierungssystem ab. In parlamentarischen Regierungssystemen findet sich meist nicht nur das Recht, der Regierung Fragen zu stellen, sondern auch die Möglichkeit der Interpellation, bei der eine Frage im Plenum mit einer anschließenden Parlamentsdebatte kombiniert wird. Auch hier haben sich unterschiedliche Befragungsrituale entwickelt: Von der hochpolitischen und wöchentlichen „Question-Hour" des Premierministers im britischen Parlament bis zur eher sterilen und vorgelesenen Befragung der Bundesregierung (meist vertreten durch StaatssekretäreInnen) im Deutschen Bundestag.[724] Der amerikanische Kongress hat keine eigenen Befragungsrechte, kompensiert dieses Defizit aber durch die Befragungsrechte seiner Ausschüsse. Generell besteht die Möglichkeit, Sonderausschüsse (etwa Untersuchungsausschüsse) einzusetzen, wobei dieses Recht in Deutschland sogar der Parlamentsminderheit eingeräumt wird. Die Staatsanklage ist heute in parlamentarischen Systemen obsolet, spielt aber in präsidentiellen Regierungssystemen eine Rolle, wenngleich nicht als tagespolitisches Instrument; sie ist ohnehin kein rein politisches Verfahren (Impeachment). Insofern ist der Regierungssturz nur in parlamentarischen Regierungssystemen eine ernsthafte politische Option. Bei „normalen" Abstimmungsniederlagen im Parlament gibt es in parlamentarischen Regierungssystemen keine feste Regel, wann eine Regierung zurücktreten muss – *Boris Johnson* verlor als neu eingesetzter Premierminister im Jahr 2019 die ersten sechs seiner parlamentarischen Abstimmungen ohne zurückzutreten. Anders ist das im Fall formaler Vertrauensabstimmungen, die entweder vom

[721] Zu Budgetkreislauf bereits oben in Frage V.

[722] *W. Heun*, in: H. Dreier (Hrsg.), GG-Kommentar, Band III, Art. 110, Rn. 5. Siehe bereits oben bei Frage V.

[723] Zum Budgetkreislauf siehe oben bei Frage V.

[724] Immerhin stellt sich der Bundeskanzler mittlerweile drei Mal im Jahr einer direkten Befragung durch den Bundestag. Siehe auch *F. Meinel*, Vertrauensfrage, S. 164 ff. zur deutschen Praxis.

Parlament oder von der Regierung initiiert werden können. In Großbritannien hat es in der Geschichte zahlreiche formale Misstrauensvoten des Parlaments gegeben,[725] in Deutschland ist dazu die Wahl eines neuen Bundeskanzlers mit absoluter Mitgliedermehrheit erforderlich (konstruktives Misstrauensvotum). Auch das ist bereits vorgekommen.

dd) Kreationsbefugnisse

Als in der Regel einziges unmittelbar legitimiertes Organ ist das Parlament an der Kreation anderer mittelbar-legitimierter Staatsorgane und Institutionen beteiligt. Wer sollte das auch sonst tun? In präsidentiellen Regierungssystemen kommt noch der Präsident in Betracht, der dementsprechend in den USA über beachtliche Ernennungsrechte verfügt, die aber größtenteils durch den Senat (die Zweite Kammer) bestätigt werden müssen.[726] Generell geht es (abhängig vom Regierungssystem) um die folgenden fünf Ämtergruppen: Spitzen der Exekutive, Richter oberster Gerichtshöfe, Spitzen der Finanzkontrolle, Ombudsmänner, sonstige Verwaltungsbeamte (Diplomaten etc.). Die Bestellungsmodi und -kulturen können erheblich voneinander abweichen. Während beispielsweise in Deutschland eine öffentliche Debatte über vorgeschlagene KandidatInnen für das Bundesverfassungsgericht oder andere höchste Richterposten jedenfalls im Parlament nicht stattfindet, werden diese im amerikanischen Senat öffentlich angehört und bisweilen über mehrere Stunden ausgiebig auch zu privaten Angelegenheiten befragt.

ee) Sonstige

Parlamente müssen internationale Verträge ratifizieren, damit sie innerstaatliche Verbindlichkeit entfalten, meist hängt davon auch die völkerrechtliche Verbindlichkeit ab. Angesichts seiner besonderen Stellung im Verfassungsgefüge sind dem Parlament noch weitere Zuständigkeiten zugewiesen, die sich partiell aus einer Art „Wesentlichkeitstheorie" ableiten lassen, die allerdings je nach historischer Entwicklung und sonstigen Besonderheiten unterschiedlich zu interpretieren ist. So konnte die britische Regierung nach Ansicht des britischen Supreme Court kein Austrittsgesuch nach Art. 50 EUV beim Europäischen Rat einreichen, bevor das House of Commons dies nicht ausdrücklich gestattet hatte.[727] In Deutschland hat das Bundesverfassungsgericht entschieden, dass Auslandseinsätze der Bundeswehr der Zustimmung

---

[725] Durch den Fixed-Term-Parliaments-Act aus dem Jahre 2011 ist es hier zu einigen Verfahrensänderungen gekommen.

[726] Die Möglichkeit zum Filibuster sind hier in letzter Zeit eingeschränkt worden.

[727] Siehe Supreme Court, R (on the application of Miller and others) v Secretary of State for Exiting the European Union, (2017) UKSC 5. Dazu *T. Voland*, Demystifying the English Supreme Court's Brexit Decision, EuZW 2017, 176 ff.

durch das Parlament bedürfen.[728] Funktional ist das Parlament für solche Entscheidungen allerdings nur bedingt geeignet. Gerade militärische Geheimoperationen oder schnelle Gegenreaktionen der Bundeswehr können nicht im öffentlichen Parlament besprochen und entschieden werden. Dementsprechend sah sich das Bundesverfassungsgericht genötigt, Ausnahmen zuzulassen, in denen die Regierung zunächst ohne Parlament entscheiden kann, aber verpflichtet ist, anschließend für eine parlamentarische Bestätigung zu sorgen. Die genaue Abgrenzung der Reichweite dieser Kompetenz bereitet zwangsläufig immer wieder Schwierigkeiten. In den USA liegt zwar die Befehls- und Kommandogewalt beim Präsidenten. Der Kongress ist aber zuständig, über Krieg und Frieden zu befinden. Angesichts einer völkerrechtlich immer geringeren Bedeutung formaler Kriegserklärungen – nicht einmal der „Vietnamkrieg" kannte eine formale Kriegserklärung – sowie neuartiger Bedrohungslagen wird diskutiert, ob und wann Einsätze der Armee außerhalb formaler Kriege als „Kriegsentscheidung" in diesem Sinne angesehen werden sollten. Aus Sicht der Allgemeinen Staatslehre gilt es stets die funktionalen Besonderheiten der parlamentarischen Debatte im Blick zu behalten. Zumindest für kurzfristige und geheime Einsätze ergibt eine vorherige parlamentarische Beteiligung keinen Sinn. Das Parlament ist für eine ex-post Kontrolle funktional jedenfalls besser geeignet. Anders mag das bei größeren und öffentlich diskutierten Einsätzen sein, wenngleich sich auch da eine vollständig öffentliche Debatte aller Einzelheiten nicht als zweckmäßig erweisen wird. Entsprechende Verfahrensregelungen hat die amerikanische „War Powers Resolution" aus dem Jahre 1973[729] zu formulieren versucht, die die US-Präsidenten formal nicht anerkannt haben. Informell halten sie sich weitgehend an deren Vorgaben, was ein punktuelles Unterlaufen wie im Falle der „Iran-Contra-Affäre" durch *Ronald Reagan* nicht ausschließt.[730]

3. Staatsleitende Organe der Exekutive

In der klassischen Gewaltenteilungslehre wird der Exekutive die Funktion „Vollziehung der Gesetze" zugewiesen. Im modernen demokratischen Verfassungs- und Wohlfahrtsstaat geht die Funktion der Exekutive jedoch weit darüber hinaus. Notwendig ist daher eine funktionelle Unterteilung der Exe-

[728] BVerfGE 90, 286. Im Überblick dazu *D. Kugelmann*, Das Grundgesetz und der Einsatz der Streitkräfte im In- und Ausland, in: P. Czarny/P. Tuleja/K. Wojtyczek (Hrsg.), Verfassung im Zeitalter der Europäisierung und Globalisierung, S. 281 (286 ff.).

[729] 87 Stat. 555 (1973). Siehe auch *L. Fisher*, Constitutional Conflicts between the Congress and the President, S. 307 ff.

[730] *W. Heun*, Gewaltenteilung im präsidentiellen System, in: A. Scherzberg/O. Can/I. Dogan (Hrsg.), Regierungssysteme im Lichte von „Checks and Balances", S. 127 (138).

kutive in die Regierung (die Staatsleitung) auf der einen und die Verwaltung (die Bürokratie) auf der anderen Seite. Erstere zeichnet vor allem für die zentralen politischen Weichenstellungen einer Gesellschaft zuständig, benötigt für deren Umsetzung allerdings häufig die Zustimmung des Parlaments oder anderer Institutionen. Die Struktur der Staatsleitung/Regierung ist in den einzelnen Regierungssystemen unterschiedlich (a). Bei den ausgeübten Funktionen zeigt sich demgegenüber eine grundsätzliche Übereinstimmung (b). In allen Systemen lässt sich in den letzten Jahrzehnten eine Machtverschiebung vom Parlament zur Regierung beobachten, die sich in der Größe der Regierungsämter spiegelt (c). Aufgabe der Allgemeinen Staatslehre ist es nicht nur die Unterschiede zu beschreiben, sondern auch Vor- und Nachteile der Systeme und deren Abhängigkeit von bestimmten politischen Kulturen aufzuzeigen.

a) Struktur der Staatsleitung

Die Struktur der Staatsleitung kann nach der Zahl der Herrschaftsträger (monistisch/dualistisch) und nach der inneren Ordnung (monokratisch/kollegial) differenziert werden.

aa) Präsidentielles Regierungssystem

Hier ist eine einzelne Person Träger der exekutiven Staatsleitungsgewalt, die damit monistisch und monokratisch organisiert ist. Der Präsident wird unmittelbar und in der Regel für eine vergleichsweise kurze Amtszeit gewählt. Teilweise ist die Wiederwahl eingeschränkt (USA nur eine Wiederwahl,[731] ebenso in Kolumbien). In Bolivien wurde die Beschränkung von Präsident *Evo Morales* im Jahr 2019 mit Unterstützung des Verfassungsgerichts ignoriert, was wenige Wochen später zu seiner Absetzung und Flucht führte. Das Kabinett ist entweder dem Präsidenten vollständig untergeordnet (USA), kann aber auch etwas selbstständiger agieren, wenn das Letztentscheidungsrecht des Präsidenten wie in den Lateinamerikanischen Staaten auf bestimmte Fragen beschränkt ist. Im Verhältnis zum Parlament besteht eine strikte Trennung.

bb) Parlamentarisches Regierungssystem

Das parlamentarische Regierungssystem ist durch eine dualistische Staatsleitung geprägt und unterscheidet das Staatsoberhaupt von der Regierung. Das monokratische Staatsoberhaupt hat in Monarchien meist nur repräsentative Aufgaben und gilt als „unpolitisch". Das gilt insbesondere für den britischen Monarchen, der sich traditionsgemäß aus allen politischen Fragen

---

[731] Das gilt in den USA erst seit Inkrafttreten des 22. Amendments im Jahr 1951.

heraushält (daher auch nicht wahlberechtigt ist) und auch von den anderen Staatsorganen bei der Ausübung seiner formalen Zuständigkeiten politisch nicht instrumentalisiert wird. Im Jahr 2019 hat *Boris Johnson* dieses Prinzip im Zusammenhang mit dem Brexit mehrfach erheblich strapaziert. In Republiken kommen gewählten StaatspräsidentInnen seit jeher nicht nur rein repräsentative und integrative Funktionen zu. Vielmehr übernimmt er oder sie meist auch politische und rechtliche Reservefunktionen und kann und soll in politischen Krisenzeiten als „Problemlöser" agieren. Der deutsche Bundespräsident *Frank-Walter Steinmeier* spielte bei der Bildung der Großen Koalition im Jahr 2018 eine vermittelnde Rolle, nachdem ein „Jamaika-Bündnis" zuvor gescheitert war. Insgesamt hängen die konkreten Funktionen und die Wirkung des Staatsoberhaupts auch vom Wahlsystem (direkte oder indirekte Wahl), der politischen Kultur sowie der Persönlichkeit der AmtsinhaberInnen ab. Mit ihrer rhetorischen Kraft können sie eine beachtliche (integrative) Wirkung erzielen und zur Stabilität der demokratischen Verfassungsordnung beitragen. Vorschläge das Amt abzuschaffen, die vor allem in politisch ruhigen Zeiten immer wieder vorgebracht werden, scheinen vor diesem Hintergrund verfehlt.

Die kollegial besetzte Regierung besteht aus der Gesamtheit der Inhaber von Spitzenämtern der Exekutive, die unter Führung des Regierungschefs an der Staatsleitung mitwirken und dem Parlament gegenüber verantwortlich sind. An der Spitze steht der Regierungschef, der die Tätigkeit der Regierung leitet und koordiniert und daneben teilweise auch ein Fachressort leitet. Meist wird der Regierungschef dem Parlament angehören, zwingend ist das aber nicht überall (so aber in Großbritannien). Den MinisterInnen kommt eine Doppelrolle zu. Sie leiten den Verwaltungszweig eines Fachressorts, gestalten als Kabinettsmitglied aber auch die Staatsleitung mit. Die Bestimmung der MinisterInnen und der Zuschnitt der Ressorts – eine politisch hoch brisante Aufgabe – obliegt formal meist dem Regierungschef. Wirkliche Freiheit besteht hier aber nur selten: In Koalitionsregierungen werden Personal und Struktur der Regierung in den Koalitionsverträgen bestimmt und auch ansonsten bestehen informelle „Berücksichtigungspflichten" (Geschlechterverhältnis, regionaler Proporz etc.). In manchen Staaten (etwa Österreich und Italien) bedarf es eines speziellen Organisationsgesetzes, für bestimmte Ressortzuschnitte kennen auch einzelne deutsche Bundesländer einen Gesetzesvorbehalt. In jedem Fall hat das Parlament aber über das Budgetrecht indirekte Einwirkungsmöglichkeiten. Auch die MinisterInnen sind in der Regel Mitglieder des Parlaments, lediglich in den Niederlanden und in Luxemburg bestehen Inkompatibilitäten. Unterhalb der MinisterInnen übernehmen StaatssekretärInnen nicht nur die Vertretung des Ministers oder der Ministerin, sondern meist auch die Leitung eines Teilbereichs des Ressorts. In Großbritannien und Deutschland finden sich zudem parlamentarische Staatssekretäre, die die besondere Verzahnung mit dem Parlament sicherstellen.

Regierungschef und MinisterInnen bilden zusammen das Kabinett. Für die Entscheidungsfindung innerhalb dieses Kollegialorgans finden sich in allen Regierungssystemen mit dem Kanzlerprinzip, dem Ressortprinzip und dem Kollegialprinzip drei Prinzipien, die in einem gewissen Spannungsverhältnis zueinander stehen, dessen Auflösung meist aber dem politischen Prozess überlassen als durch eindeutige normative Vorgaben geregelt wird.[732] Das gilt auch in Deutschland, wo Art. 65 GG zwar eine solche Normierung anstrebt, die formalen Zuständigkeiten aber schon aufgrund der Koalitionsvereinbarungen politisch überstrahlt werden. Im Übrigen wird man Österreich eine stärkere Betonung des Ressort- und Großbritannien des Kanzlerprinzips[733] attestieren können. In den Niederlanden spielt das Kollegialprinzip eine größere Rolle. Auch hier ist aber vieles im „politischen Fluss".

Die Sicherstellung des Vertrauens des Parlaments in die Regierung, die das parlamentarische Regierungssystem prägt, kann auf drei unterschiedlichen Wegen gewährleistet werden: Direkte parlamentarische Wahl (Deutschland, Japan, Irland, Schweden); parlamentarische Investitur nach Ernennung durch den Staatspräsidenten (Italien, Belgien, Spanien) oder Ernennung durch Staatspräsident mit jederzeitige Möglichkeit des Regierungssturzes (so vor allem in angelsächsischen Ländern (außer Irland) und Nordeuropa (außer Schweden) sowie Niederlande, Luxemburg und Österreich). Entscheidend ist, dass in allen Fällen für das Parlament die Möglichkeit besteht, dieses Vertrauen wieder zu entziehen und die Regierung zu stürzen.

cc) Semi-präsidentielles Regierungssystem

Hier findet sich eine dualistische Exekutive, die in ihrer Unterscheidung von monokratischem Präsident und kollegialer Regierung dem parlamentarischen Regierungssystem entspricht. Der zentrale Systemunterschied liegt insofern nicht in der äußeren Struktur, sondern in den materiellen Zuständigkeiten dieser Teilorgane, die zu einer stärkeren Stellung des Präsidenten führen. Dieser wird nicht nur unmittelbar gewählt, sondern ernennt auch den Regierungschef, der allerdings gleichzeitig das Vertrauen des Parlaments genießen muss. Das kann in Zeiten der Cohabitation zu Blockaden und Instabilitäten führen. Wo die politische Macht liegt, hängt stark von den Persönlichkeiten und der politischen Kultur ab – in Frankreich ist es der Präsident, in Portugal eher die Regierung.

---

[732] Für Großbritannien siehe *R. Sturm*, Das politische System Großbritanniens, in: W. Ismayr (Hrsg.), Die politischen Systeme Westeuropas, S. 265 (274).

[733] Vgl. *R. Sturm*, Das politische System Großbritanniens, S. 115.

dd) Direktorialsystem

Die Staatsleitung im Direktorialsystem ist monistisch und kollegial strukturiert. Der Schweizer Bundesrat besteht aus sieben Mitgliedern, die für eine Amtszeit von vier Jahren von der Bundesversammlung nach der Zauberformel gewählt werden.[734] Die sieben Mitglieder sind vollständig gleichberechtigt,[735] der Vorsitz, der zugleich die Funktion des Staatsoberhaupts wahrnimmt, wechselt jährlich. Eine parlamentarische Verantwortlichkeit besteht nicht, weshalb die Funktion einer Opposition partiell vom Volk durch Abstimmungen wahrgenommen wird. Die Geschäftsführung obliegt dem Bundeskanzler, der ebenfalls von der Bundesversammlung gewählt und vom Bundesrat beaufsichtigt wird.

b) Funktionen der Staatsleitung

Trotz der unterschiedlichen institutionellen Struktur obliegt der Regierung stets die „Staatsleitung", die sich – bei allen Schwierigkeiten einer allgemeinen Definition – als Inbegriff aller politischen Grundentscheidungen verstehen lässt, die nicht zwingend ausschließlich in Form eines Gesetzes oder einer Gerichtsentscheidung ergehen. Entscheidungsgegenstand sind also fundamentale Grundentscheidungen einer Gesellschaft: Umgang mit Flüchtlingen, Energiewende, Klimapolitik, Gleichberechtigung der Geschlechter, Eurorettung usw., während der Entscheidungsprozess die Planung, die Entscheidung, die Durchführung und die Kontrolle dieser Weichenstellungen umfasst. Der Entscheidungsmodus lässt sich als schöpferisch gestaltend beschreiben. Was in welcher Form auf die staatsleitende (politische) Agenda kommt, wird von den staatsleitenden Akteuren autonom bestimmt, die allerdings auf Entwicklungen in der Gesellschaft und in den Medien reagieren – sichtbar bei der Flüchtlingskrise aber auch beim Klimaschutz, wo die Aktivistin *Greta Thunberg* und die „Fridays for Future"-Bewegung die staatsleitende Agenda maßgeblich beeinflusst haben. Auch hier spielt Responsivität mithin eine große Rolle. Entscheidend ist aber: Es geht nicht um den Vollzug getroffener, sondern um das Treffen eigener politisch bedeutsamer Entscheidungen, die inhaltlich in keiner Weise von anderen Stellen vorgegeben sind, für die die Regierung aber auch die Verantwortung trägt. Die Zuweisung dieser staatsleitenden Aufgabe an die Regierung hängt mit ihrer spezifischen Organstruktur zusammen: Es handelt sich um ein relativ kleines, flexibles und schnell handlungsfähiges Aktionszentrum, das mit der Ministerialbürokratie (und zunehmend auch der Regie-

---

[734] Sofern Parlamentarier zu Bundesräten gewählt werden, was die Regel darstellt, müssen diese ihren Parlamentssitz aufgeben.

[735] *W. Haller/A. Kölz/T. Gächter*, Allgemeines Staatsrecht, Rn. 738.

rungszentrale) über die notwendigen Ressourcen für entsprechende Aufgaben verfügt. Hinzu kommen die im Vergleich zum Parlament ausgeprägte Homogenität und das nicht-öffentliche Entscheidungsverfahren, das grundlegende Entscheidungen ermöglicht, wobei das Gremium gleichwohl über eine hinreichende demokratische Legitimation verfügt. Die Regierung ist aus diesem Grund auch in auswärtigen Angelegenheiten das zentrale Entscheidungsorgan. Im Übrigen findet aber in allen Regierungssystemen ein konstanter kooperativer Austausch mit dem Parlament statt, schon weil die Regierung zur Umsetzung ihrer Vorstellungen auf den Erlass entsprechender Gesetze angewiesen ist. Die Regierung wird daher zumindest informell an der Gesetzgebung beteiligt sein und verfügt teilweise über eigenständige Rechte zum Erlass von (unterhalb des Gesetzes stehenden) Rechtsverordnungen. Das gilt in die USA, wo die Präsidenten in den letzten Jahren vermehrt auf „Executive Orders" zurückgegriffen haben, um dadurch das Verhältnis zum Parlament in ihrem Sinne zu beeinflussen. Die genaue Reichweite dieser Kompetenz ist umstritten und wird dem politischen Prozess und den jeweiligen Akteuren überlassen. Ähnliche Rechte finden sich auch im angelsächsischen Bereich als Restbestand der ehemaligen „königlichen Prärogative", aber auch in Portugal oder Frankreich. Davon zu unterscheiden sind parlamentarische Ermächtigungen zum Verordnungserlass (vgl. Art. 80 GG), die außer in Österreich praktisch in allen demokratischen Verfassungsstaaten existieren und letztlich einen funktionellen Hintergrund haben: Die Regierung ist mit der personalstarken und fachlich geschulten Ministerialbürokratie besser in der Lage, technische und andere komplexe Durchführungsvorschriften zu formulieren. Außer im Präsidial- und im Direktorialsystem hat die Regierung bisweilen auch die Kompetenz, das Parlament aufzulösen und damit Neuwahlen herbeizuführen. Die Zuständigkeit liegt entweder beim Regierungschef allein (Japan, bis 2011 Großbritannien), dem gesamten Kabinett (Dänemark, Schweden, Island, Österreich), dem Staatsoberhaupt (vor allem in semi-präsidentiellen Systemen) oder ist diffus auf mehrere Organe unter Beteiligung der Regierung aufgeteilt (Deutschland, Italien, Spanien). In einem Zusammenhang zur Kompetenz zur Parlamentsauflösung stehen gewisse Notstandsrechte, die der Regierung im Krisenfall zukommen.

c) Die Relevanz der Regierungsämter

In praktisch allen Regierungssystemen lässt sich in den letzten Jahren eine Machtverschiebung vom Parlament zur Regierung feststellen, die sich in der gestiegenen Bedeutung der Regierungsämter („Kanzleramt", „Executive Office", „Downing Street", „Élysée-Palast") ablesen lässt. Dieser Entwicklung, die vor allem mit der Zunahme internationaler und supranationaler Kooperation in der globalisierten Welt zusammenhängt, wird in der Allgemeinen Staatslehre vermutlich auch deshalb nicht die notwendige Aufmerksamkeit geschenkt, weil die Regierungsämter in den meisten Verfassungen explizit nicht erwähnt werden und auch im Übrigen eher im Hintergrund agieren. Dass sie sich gleichwohl (oder gerade deshalb) zu maßgeblichen Machtzentren entwickelt haben, zeigt sich im personellen Zuwachs, den diese Ämter im Laufe der Jahre erfahren haben. In diesen Regierungsschaltstellen laufen alle Regierungsfäden zusammen. Es werden nicht nur die Tätigkeiten der Ministerien koordiniert und miteinander abgestimmt, hier wird auch die eigentliche Regierungspolitik formuliert, an politischen Strategien und nicht zuletzt deren medialer Präsentation und Verbreitung gearbeitet. Der engste Beraterkreis, der meist vom Regierungschef unmittelbar und frei von koalitionären Bindungen ausgewählt wird, hat dadurch erheblichen Einfluss auf die Regierungspolitik, der der Öffentlichkeit (und bisweilen auch der Allgemeinen Staatslehre) verborgen bleibt. Namentlich sind nur wenige dieser Berater außerhalb der Regierungsämter bekannt. Ausnahmen wie *Steve Bannon* (USA),[736] *Dominic Cummings* (GBR)[737] oder – in der EU – *Martin Selmayr* bestätigen diese Regel.

- *Executive Office of the President.* Der erste Präsident der Vereinigten Staaten, *George Washington*, kannte außer einem persönlichen Assistenten noch kein ihm zur strategischen Planung und Beratung fest zugewiesenes Personal. Die Exekutive bestand allein aus dem Präsidenten. Gleichwohl fanden sich zu jeder Zeit BeraterInnen, für die aber keine festen Strukturen bestanden. Erste Institutionalisierungen erfolgten Anfang des 20. Jahrhunderts, das „Executive Office of the President" (EOP) wie es heute besteht, wurde erst im Jahr 1939 unter *Franklin D. Roosevelt* gegründet und ist seitdem stetig gewachsen (die Abteilungen wurden allerdings unter *Jimmy Carter* und *Ronald Reagan* und *William Clinton* verringert). Mittlerweile beschäftigt das EOP mehr als 1800 Personen, von denen der Großteil direkt vom Präsidenten ernannt wird und keiner Bestätigung durch den Senat bedarf. Das betrifft insbesondere den engsten Beraterkreis des Präsidenten, der einen erheblichen Einfluss auf dessen Politik nehmen kann und eigene Büros im Weißen Haus hat. Für besonderes Aufsehen sorgten hier zuletzt Personen wie *Steve Bannon*, *Kellyanne Conway* oder *John Bolton*, die eigene politische Agenden verfolgten. Geleitet wird das EOP vom „White House Chief of Staff". Nach der Wahl eines neuen Präsidenten wird ein Großteil des Personals ausgewechselt; meist kommt es auch zu organisatorischen Veränderungen.
- *Das Bundeskanzleramt.* Als Koordinierungs-, Beratungs- und Informationsstelle fungiert für die deutsche Bundesregierung das Bundeskanzler-

[736] Erster und später in Ungnade gefallener Berater *Donald Trumps*.

[737] Enger Berater von *Boris Johnson* und Strippenzieher der vorherigen Leave-Kampagne.

amt, das direkt dem Bundeskanzler untersteht und vom Kanzleramtsminister geleitet wird (der damit zugleich formelles Mitglied der Regierung ist). Es besteht aus sieben Abteilungen, beschäftigt heute knapp 600 Personen und hat sich damit seit seiner Gründung im Jahr 1949 (120 MitarbeiterInnen) ständig vergrößert. Hinzu kommen allerdings noch die rund 480 MitarbeiterInnen des Presse- und Informationsamtes der Bundesregierung, das ebenfalls dem Bundeskanzler untersteht und für die Pressearbeit und den medialen Auftritt der Bundesregierung verantwortlich zeichnet. Der Einfluss des Bundeskanzleramts auf die Regierungstätigkeit ist erheblich, *Florian Meinel* spricht von der „Superinstitution des deutschen Regierungssystems".[738] Mit Blick auf das in der Verfassung normierte Ressortprinzip erweist sich der Einfluss auf die einzelnen Ministerien als nicht unproblematisch.[739] Zumindest aber spielt dieser informelle Einfluss eine viel größere Rolle als die Richtlinienkompetenz des Bundeskanzlers, von der formal praktisch kein Gebrauch gemacht wird. Ohne Abstimmung mit dem Kanzleramt wird in der Regel kein Gesetzentwurf das Kabinett erreichen.

– *Downing Street 10.* Das „Prime Minister's Office" (PMO) mit Sitz in der Downing Street 10 koordiniert und strukturiert die Tätigkeit des britischen Premierministers. Es besteht nach einer Reform aus dem Jahre 2001 aus drei Abteilungen, die jeweils mit persönlichen BeraterInnen und Mitgliedern des legendären britischen Civil Service[740] besetzt sind. Hinzu kommt das „Cabinet Office" (CO). Ob PMO und CO gemeinsam ein funktionales Äquivalent zum deutschen Bundeskanzleramt darstellen, ist umstritten, letztlich allerdings auch wenig relevant. Ein gewichtiger Unterschied besteht zumindest darin, dass die britische Regierungszentrale erheblichen Einfluss auch auf die Ministerialbürokratie nimmt und etwa sogenannte „special adviser" in die einzelnen Ministerien entsendet.[741] Hier zeigt sich erneut die geringere Bedeutung des Ressortprinzips im britischen Regierungssystem.

---

[738] *F. Meinel*, Vertrauensfrage, S. 159.

[739] Ebenso *F. Meinel*, Vertrauensfrage, S. 159: „Denn zu den Grundsätzen der Organisation einer parlamentarisch verantwortlichen Regierung gehört die Ressortfreiheit des Bundeskanzleramts. Es muss sich auf die Rolle einer Regierungszentrale mit ihren Aufgaben der Planung, Koordinierung, Kommunikation und Gesamtleistung beschränken, darf aber selbst keine sogenannten Fachaufgaben wahrnehmen." Das ist im Prinzip zutreffend, eine scharfe Trennung ist allerdings angesichts der besonderen Verantwortung des Bundeskanzlers nicht immer möglich. Auch kann der Bundeskanzler selbst ein Ressort übernehmen.

[740] Der Einfluss dieses Civil Service auf die Tätigkeit des Premierministers und die jeweiligen MinisterInnen wird in der TV-Serie „Yes, Prime Minister" beziehungsweise „Yes, Minister" humorvoll aufbereitet. Zum Civil Service auch *R. Sturm*, Das politische System Großbritanniens, S. 144 ff.

[741] *R. Sturm*, Das politische System Großbritanniens, S. 119 ff.

- *Élysée-Palast.* Der französische Präsident wird an seinem offiziellen Amtssitz aktuell von etwa 150 festen MitarbeiterInnen untersützt. Hinzu kommen rund 850 weitere Angestellte, die aus den Etats der einzelnen Ministerien bezahlt werden. Geleitet wird die Behörde vom Generalsekretär.

4. Die Bürokratie

Insoweit ist die Ministerialbürokratie (a) von der sonstigen Verwaltung (b) zu unterscheiden.

a) Ministerialbürokratie

Diese unterscheidet sich von der sonstigen Verwaltung durch die besonderen Aufgaben, die von ihr wahrgenommen werden und die sich im Wesentlichen dem Bereich der Staatsleitung zuordnen lassen. Die Ministerialbürokratie übernimmt eine Hilfsfunktion für die Regierung, indem es diese bei der Ausarbeitung der beschlossenen Konzepte unterstützt, Gesetzes- und Verordnungstexte formuliert und sonstige strategische Entscheidungen in konkrete Maßnahmen umsetzt.[742] Dazu kann – gerade in der heutigen Zeit – auch die Entwicklung einer medialen Vermarktungsstrategie, die Planung öffentlicher Events aber auch die Abstimmung mit anderen Ressorts in alltäglichen politischen Prozessen gehören (sogenannte „Arbeitsebene“). Das Schwergewicht des konkreten Entscheidungsprozesses der Regierung liegt auf dieser dezentralisierten Ebene der Abteilungen und Referate. Abhängig vom jeweiligen Minister kann der Einfluss auch hierarchisch untergeordneter Ministerialbeamter erheblich sein. Während die Spitzen der Ministerialbürokratie meist mit dem Wechsel des Ministers ausgetauscht werden, gilt das für den Großteil der Ministerialbürokratie nicht.[743] Sie sind in ihrer Tätigkeit dennoch den politischen Vorstellungen des jeweiligen Ministers verpflichtet. Durch die formellen Weisungsrechte der Ministeriumsspitze wird die notwendige demokratische Rückkopplung an den legitimierten Minister sichergestellt, der für die gesamte Tätigkeit innerhalb des Ministeriums die politische Verantwortung trägt. Da es hier kaum um wirklichen Gesetzesvollzug geht, eine Kontrolle durch Gesetzesbindung damit im Wesentlichen ausscheidet, erfolgt die Kontrolle meist indirekt durch das Parlament im Rahmen der Kontrolle der Regierung sowie durch die Finanzkontrolle der Rechnungshöfe. Missstände in Ministerien – etwa organisatorischer oder finan-

---

[742] Die Qualität der Gesetze und Verordnungen hängt ganz maßgeblich von dieser Unterstützung ab.

[743] Und wäre auch gar nicht möglich, vgl. *R. Herzog*, Allgemeine Staatslehre, S. 261 f.

zieller Art – sind denn auch immer wieder Gegenstand parlamentarischer Untersuchungsausschüsse und können zu Rücktritten von Ministern führen.

b) Die (reguläre) Verwaltung

Diese ist für den Gesetzesvollzug zuständig. Eine simple Definition dessen, was Verwaltung im Kern ausmacht, fällt allerdings schwer.[744] Auch deshalb wird bisweilen nach dem Subtraktionsverfahren alles das als Verwaltung angesehen, was nicht Rechtsprechung und Gesetzgebung ist.[745] Wirklich überzeugend ist das kaum, schon weil sich der Erlass von Rechtsverordnungen und Satzungen einer klaren Zuordnung entzieht. Zudem läuft auch der Gesetzesvollzug nicht schematisch ab, eröffnet erhebliche Ermessens- und Beurteilungsspielräume. Die Gesetze sind häufig nicht mehr konditional, sondern zweckprogrammatisch formuliert. Verwaltungsbeamte sind keine reinen „Subsumtionsmaschinen", sondern haben durchaus Gestaltungsmöglichkeiten. Ohnehin wäre es ein Fehler, Verwaltung auf den bloßen Gesetzesvollzug zu reduzieren, da sich Aufgaben finden, die eigenverantwortlich wahrzunehmen sind. Stets aber stehen die getroffenen Entscheidungen in einem Zusammenhang zu den von der Regierung und dem Parlament getroffenen grundlegenden Entscheidungen, dürfen diesen aber jedenfalls nicht zuwiderlaufen (Vorrang des Gesetzes). Eine allumfassende Definition dessen, was Verwaltung im modernen demokratischen Verfassungsstaat umfasst, ist damit wahrscheinlich nicht möglich. Gleichwohl ist die Verwaltung der Bereich der Staatsgewalt, mit dem die BürgerInnen am unmittelbarsten und häufigsten in Kontakt kommen. Oder mit *Max Weber*: „Der Alltag von Herrschaft ist Verwaltung." Diese Verwaltung ist im modernen demokratischen Verfassungsstaat so professionalisiert, dass ihre Funktionsfähigkeit von aktuellen politischen Entwicklungen nur bedingt beeinflusst wird, weshalb der Alltag des Einzelnen auch von längeren Regierungsbildungen kaum tangiert wird. Ohne Regierung lässt es sich für eine gewisse Zeit gut leben.[746] Ohne funktionierende Verwaltung hingegen nicht, was stets sichtbar wird, wenn zentrale Verwaltungsleistungen punktuell ausfallen (etwa Müllentsorgung).[747] Den Funktionsvoraussetzungen einer modernen Verwaltung im di-

---

[744] *H. Krüger*, Allgemeine Staatslehre, S. 732: „Angesichts dieser Bedeutung der Verwaltung für den Staat überrascht es, dass man nicht dazu gelangt ist, sie positiv zu definieren und ihr Verhältnis zu den anderen Gebieten der Staatstätigkeit zu bestimmen, ja dass es auch hier nicht an Äußerungen fehlt, die die Verwaltung für undefinierbar erklären."

[745] Vgl. etwa *G. Jellinek*, Allgemeine Staatslehre, S. 612. Kritisch *H. Krüger*, Allgemeine Staatslehre, S. 732.

[746] Beispiele dafür sind in letzter Zeit Belgien, Israel, Spanien, Italien und partiell auch Deutschland. Stets ist allerdings zu betonen: Eine geschäftsführende Regierung ist hier zu jeder Zeit im Amt.

[747] Siehe auch *H. Krüger*, Allgemeine Staatslehre, S. 730: „Die Wirksamkeit einer um-

gitalen Zeitalter, ihren Herausforderungen und möglichen Schwachstellen sollte in der Allgemeinen Staatslehre daher eine größere Aufmerksamkeit geschenkt werden, als das bisher der Fall ist.

aa) Verwaltungstypen, -aufgaben, -gliederung

Es lassen sich verschiedene Verwaltungstypen unterscheiden,[748] wobei die Differenzierung im deutschen Recht außerordentlich fein ausfällt. In anderen Staaten lassen sich diese Typen zwar ebenfalls nachweisen, dogmatisch werden sie aber nicht immer in dieser Stringenz voneinander unterschieden. Generell differieren die Typen insbesondere in der Stellung des Einzelnen zur Verwaltung.

- *Ordnungsverwaltung*. Das betrifft die Gefahrenabwehr (Polizeirecht) als zentrale Aufgabe des modernen Staates. Der Einzelne befindet sich in einem Subordinationsverhältnis zu den staatlichen Behörden. Typisch ist die einseitige Regelungsbefugnis der Verwaltung („Verwaltungsakt"), während vertragliche Kooperationen mit den BürgerInnen eher selten anzufinden sind.
- *Leistungsverwaltung*. Hier geht es um Daseinsvorsorge, Sozial-, Wirtschafts- und Kulturpolitik. Ihr Umfang variiert in den einzelnen Staaten in Abhängigkeit von den Erwartungen der Gesellschaft. Das Subordinationsverhältnis ist hier zumindest weniger stark ausgeprägt, auch vertragliche Vereinbarungen sind häufiger.
- *Planungs- und Lenkungsverwaltung*. Etwa Raumordnung und Städteplanung. Die Bedeutung dieses Bereichs dürfte vor dem Hintergrund der Klimakrise einerseits und der zunehmenden Urbanisierung andererseits in der Zukunft steigen. Der Einzelne ist hier meist nicht unmittelbarer Adressat der Verwaltungsentscheidungen – man denke an Bauleitpläne.
- *Gewährleistungsverwaltung*. Hier geht es meist um Privatisierungsfolgenverantwortung. Der Staat sichert mit seiner Verwaltung die ordnungsgemäße und gesellschaftliche Ziele verwirklichende Aufgabenwahrnehmung durch private Akteure (etwa im Telekommunikations-, Verkehrs- oder Energiebereich). Unmittelbarer Adressat vielfältiger einseitiger und kooperativer Verwaltungsmaßnahmen sind die betreffenden Unternehmen.
- *Organisationsverwaltung*. Diese betrifft die Personal- und Bedarfsplanung einschließlich der Finanzverwaltung. Hier sind die BürgerInnen nur sehr mittelbar betroffen. Ihr kann wirtschaftlich gleichwohl eine große Bedeutung zukommen (etwa bei der Vergabe großer Projektaufträge).

---

fassenden und leistungsfähigen Verwaltung erweist sich somit als das sicherste Kennzeichen dafür, dass man es mit einem Modernen Staat zu tun hat."

[748] Siehe auch *S. Detterbeck*, Allgemeines Verwaltungsrecht, Rn. 10.

Im Hinblick auf die Gliederung kann die Verwaltung horizontal (fachlich) oder vertikal nach fachlichen und territorialen Gesichtspunkten (Dekonzentration oder Dezentralisation) gegliedert sein. Dahinter steht neben der Idee der Gewaltenteilung auch die Idee der Bürgernähe und Subsidiarität. Die Allgemeine Staatslehre hat die Aufgabe die unterschiedlichen Funktionsvoraussetzungen dieser Verwaltungstypen und -gliederungen zu analysieren. Darüber hinaus erscheint auch eine Untersuchung bezüglich der Effektivität der Verwaltungstypen und -gliederungen bei der Erreichung der angestrebten Ziele von Interesse. Wann lohnt sich die Errichtung einer Gewährleistungsverwaltung, wann sollte der Staat die Aufgabe besser selbst in Form klassischer Ordnungs- oder Leistungsverwaltung organisieren? Sollte die Verwaltung in einem bestimmten Bereich zentral oder dezentral oder dekonzentriert organisiert werden?

bb) Strukturelemente der Verwaltung

Aus der Perspektive der Allgemeinen Staatslehre sind die allgemeinen Strukturelemente der Verwaltung von besonderem Interesse. Hier zeigen sich beachtliche Ähnlichkeiten in den Grundstrukturen. Das beginnt bei der festen Kompetenzordnung nach der die Verwaltung in der Regel agiert (sachliche, örtliche und funktionelle Zuständigkeit), die mit starr definierten Rechten und Pflichten der Organisationsmitglieder einhergeht. Verwaltungsbeamte können Ansprüche dadurch auch dann nicht erfüllen, wenn die materiellen Anspruchsvoraussetzungen vorliegen sollten, soweit sie für eine solche Entscheidung formal nicht zuständig sind. Dahinter steht keine Schikane als vielmehr das Ziel einer rechtsstaatlich geordneten Verwaltungstätigkeit, die zugleich der Gewaltenteilung dient. Darüber hinaus führt diese Organisation zu einer besonderen Spezialisierung der in den jeweiligen Bereichen tätigen Verwaltungsbeamten. Die Verwaltung ist darüber hinaus hierarchisch gegliedert, Weisungen ergehen vertikal von oben nach unten, wodurch widerspruchsfreie und der politischen Kontrolle zugängliche Entscheidungen gesichert werden. Diesem Ziel dient auch das formalisierte Entscheidungsverfahren, das von Aktenmäßigkeit, Regelhaftigkeit und Schriftlichkeit geprägt ist. Auch das stößt bei den BürgerInnen bisweilen auf Unverständnis, dient aber nicht nur der Gleichförmigkeit der Verwaltungspraxis und der Beschleunigung der Verwaltung in Wiederholungsfällen, sondern auch der erleichterten Nachprüfbarkeit in späteren Gerichtsverfahren. Die Personalstruktur ist allein an fachlicher Qualifikation ausgerichtet und – wie dargelegt – von Kontinuität und permanenter Präsenz geprägt. Bisweilen bestehen aus diesem Grund weitreichende Streikverbote, die durch eine normative Fürsorgepflicht des Staates für seine BeamtInnen aufgefangen werden soll.[749]

[749] In Deutschland ist die Verfassungsmäßigkeit des bestehenden Streikverbotes zuletzt

cc) Fähigkeiten und Dysfunktionalitäten

Die beschriebene Struktur der Verwaltung führt zu einer hohen Kapazität der Problemfindung, Problemverarbeitung und Problemlösung und sichert eine außerordentlich hohe Entscheidungsqualität bei großer Kontinuität, Stabilität, Gleichmäßigkeit und Kontrollierbarkeit. Andererseits dürfen die darin begründeten Dysfunktionalitäten – auf die nicht zuletzt die anarchistische Kritik immer wieder hinweist – aus der Perspektive der Allgemeinen Staatslehre nicht aus dem Blick geraten. So zeigt sich nicht selten eine gewisse Überformalisierung und Starrheit der Entscheidungsprozesse, die zu einer Inflexibilität und bisweilen fragwürdigen Ergebnissen führt – *David Graeber* hat diese Kritik sehr eingängig formuliert.[750] Die Verwaltungstätigkeit, so scheint es dann, erschöpft sich in Formalien und Regularien und dient mehr der eigenen Erhaltung, während das angestrebte Ziel – nämlich der effektive Vollzug der Gesetze und die Orientierung an den Bedürfnissen der BürgerInnen – aus dem Blick gerät. Die Spezialisierung bewirkt zudem eine gewisse Verengung des Problembewusstseins, die Orientierung am Traditionellen („so haben wir das schon immer gemacht") gepaart mit einer aus der hierarchischen Ordnung resultierenden Verantwortungsscheu unterbindet die Entwicklung neuartiger innovativer Lösungsoptionen. Dazu trägt auch die Fragmentierung des Entscheidungsprozesses bei, die zwar der Gründlichkeit und Unparteilichkeit der Entscheidung dienlich, dem Finden für den Einzelfall sinnvoller und zügiger Entscheidungen aber abträglich ist. Hier gilt es neue Verwaltungsprozesse und -techniken zu entwickeln, die diese Dysfunktionalitäten reduzieren, ohne jedoch die besonderen Fähigkeiten der bisherigen Verwaltungsorganisation zu stark zu beeinträchtigen. Ein gewisser „Trade-Off" dürfte unvermeidlich sein. Ein Weg dazu können größere Ermessenspielräume der Verwaltung, der Verzicht auf „Wenn-Dann"-Konditionierungen sowie eine stärkere Fokussierung auf die Vorgabe bestimmter Zielparameter sein („Neue Steuerungswissenschaft"). Auch hier zeigen sich freilich (andere) Dysfunktionalitäten, etwa ein zu ausgeprägtes Effizienzdenken und eine nicht immer zielführende Ökonomisierung der Verwaltung, die sich in neuartigen Begrifflichkeiten spiegeln (BürgerInnen als „Kunden", der Staat als „Dienstleister"). Hier bleibt noch viel zu tun, wobei federführend die Verwaltungs(rechts)wissenschaft gefordert ist, die die neuen Möglichkeiten der Digitalisierung zu berücksichtigen hat. Auch der Einsatz des sogenannten „Nudging" wird in diesem Zusammenhang kontrovers diskutiert.[751]

---

erneut vom Bundesverfassungsgericht bestätigt worden, während der Europäische Gerichtshof für Menschenrechte zuvor eine türkische Regelung für unvereinbar mit der EMRK erklärt hatte.

[750] *D. Graeber*, Bürokratie: Die Utopie der Regeln, 2015.

[751] Dazu auch *N. Kronenberger*, Nudging als Steuerungsinstrument des Rechts, 2019.

Die Allgemeine Staatslehre kann mit ihrem interdisziplinären Ansatz, dem Aufzeigen von „best practices“ und der Beschreibung unterschiedlicher Modelle dazu beitragen, auf diesem Gebiet voranzukommen.

dd) Verwaltungskontrolle

Diese erfolgt zunächst durch die BürgerInnen selbst, die gegen sie betreffende Entscheidungen gerichtlich vorgehen können. Teilweise besteht dazu eine besondere Verwaltungsgerichtsbarkeit. Hinzu kommt die Kontrolle durch unmittelbare Bürgerbeteiligung im Entscheidungsprozess (Anhörungen, Bürgerstunden), die Rechnungskontrolle sowie die Kontrolle des Parlaments über das Budget. Ein Vergleich dieser Kontrollinstrumente offenbart erhebliche Unterschiede der Kontrolldichte insbesondere im Hinblick auf die gerichtliche Kontrolle. In den USA sind etwa die Polizeibehörden fast keiner gerichtlichen Kontrolle unterworfen, weil die Polizeigewalt dort nicht als „Verwaltung“ eingeordnet wird. Daraus ergeben sich beachtliche Kontrolldefizite: „Bis etwa 1960 (!) war die Situation der Polizei durch praktisch völlige Rechtlosigkeit gekennzeichnet.“[752] Mittlerweile hat der Supreme Court gewisse Kontrollmöglichkeiten etabliert, gleichwohl bleibt die Kontrolldichte in diesem sensiblen Bereich weit hinter europäischen Standards zurück.

ee) In Sonderheit: Unabhängige Behörden und Zentralbanken

Die Zahl unabhängiger Behörden, also solcher, die aus dem hierarchischen Aufbau der übrigen Verwaltung herausgenommen werden und bestimmte, vermeintlich technische Aufgaben „unpolitisch“ wahrnehmen sollen, hat in den letzten Jahrzehnten weltweit zugenommen. Während unabhängige Behörden in diesem Sinne allerdings im anglo-amerikanischen Raum seit jeher eine gewisse Rolle spielen,[753] nimmt ihre Bedeutung in Europa seit den 80er Jahren des letzten Jahrhunderts im Zusammenhang mit der nicht zuletzt durch die Europäische Union angestoßenen Liberalisierung und Privatisie-

---

[752] *W. Heun*, Geschichte des Verwaltungsrechtsschutzes in den USA, in: K.-P. Sommermann/B. Schaffarzik (Hrsg.), Handbuch der Geschichte der Verwaltungsgerichtsbarkeit in Deutschland und Europa, § 46.

[753] So vor allem in den USA. Die Liste der „independent agencies“ umfasst hier mehr 60 Behörden u.a. das Federal Reserve System, die Federal Trade Commission, die Federal Deposit Insurance Corporation oder die US Commodity Futures Trading Commission. In Großbritannien sind neben der Bank of England etwa das Office of Rail and Road sowie die Financial Conduct Authority zu nennen. Siehe auch *J. Masing*, Die US-amerikanische Tradition der Regulated Industries und die Herausbildung eines europäischen Regulierungsverwaltungsrechts – Constructed Markets on Networks vor verschiedenen Rechtstraditionen, AöR 128 (2003), 558 ff.

rung zahlreicher, bisher in staatlicher Hand befindlicher Wirtschaftsbereiche wie der Telekommunikation, dem Postwesen und der Energieversorgung erheblich zu.[754] Juristisch wird die dazugehörige Rechtsmaterie meist unter dem Begriff „Regulierungsrecht" zusammengefasst.[755] Angesichts der besonderen gesellschaftlichen Bedeutung dieser Bereiche geht die Liberalisierung und Privatisierung nicht mit einem völligen Rückzug des Staates als vielmehr mit der Errichtung sogenannter „Regulierungsbehörden" einher, die die Funktionsfähigkeit der neuen Märkte und das Erreichen der angestrebten Gemeinwohlziele sicherstellen sollen. Der Staat agiert also als Organisator des neu etablierten Wettbewerbs bei gleichzeitiger Gewährleistung eines bestimmten Leistungsniveaus („Gewährleistungsstaat"). Diese spezifische „technische" Aufgabe, so die auf amerikanische Erfahrungen gestützte Überlegung,[756] kann die Regulierungsbehörde am Besten ausfüllen, wenn sie von politischen Einflussnahmen befreit ist, die Regulierungsbehörde mithin unabhängig ist. Gerade aus der Perspektive des demokratischen Verfassungsstaates erscheint eine solch unabhängige Verwaltung nicht unproblematisch. Denn mit der Entlassung in die Unabhängigkeit geht ein Verlust explizit demokratischer Steuerungsfähigkeit einher, wenn die gewählten Regierungsmitglieder und MinisterInnen auf die eingesetzte Behördenleitung keinen sachlichen Einfluss mehr auszuüben vermögen.[757] Aus der Unabhängigkeit folgt damit eine prinzipiell gewollte (partielle) politische Unverantwortlichkeit. Das erscheint auf den ersten Blick dort weniger dramatisch, wo es um hoch-technische und damit vermeintlich unpolitische Bereiche geht, die entsprechenden „ExpertInnen" überlassen werden können. Beim zweiten Blick stellt sich jedoch die Frage, inwieweit es solche Bereiche in einem demokratischen Verfassungsstaat überhaupt geben kann. Was ist schon gänzlich unpolitisch? Oder soll Politik hier lediglich unsichtbar gemacht werden?[758] Zudem sind auch ExpertInnen keineswegs interessenlos, gehören meist un-

---

[754] Vgl. *M. Bullinger*, Regulierung als modernes Instrument zur Ordnung liberalisierter Wirtschaftszweige, DVBl. 2003, 1255 (1356). Siehe auch *M. Ruffert*, Verselbstständigte Verwaltungseinheiten: Ein europäischer Megatrend, in: H. Trute/T. Groß/H. Röhl/C. Möllers (Hrsg.), Allgemeines Verwaltungsrecht – Zur Tragfähigkeit eines Konzepts, S. 431 ff. Zu Frankreich *J. Masing*, Organisationsdifferenzierung im Zentralstaat – unabhängige Verwaltungsbehörden in Frankreich, in: H. Trute/T. Groß/H. Röhl/C. Möllers (Hrsg.), Allgemeines Verwaltungsrecht – Zur Tragfähigkeit eines Konzepts, S. 399 ff.

[755] Zum Begriff der Regulierung bzw. Regulierungsverwaltung *A. Thiele*, Finanzaufsicht, S. 50 ff.

[756] Siehe auch *O. Lepsius*, Regulierung in den USA – Vorläufer und Modell, in: M. Fehling/M. Ruffert (Hrsg.), Regulierungsrecht, § 1.

[757] Dazu *A. Thiele*, Verlustdemokratie, S. 116 ff.

[758] Vgl. *J.-W. Müller*, Furcht und Freiheit, S. 39: „Der Neoliberalismus [...] hat scheinbar eine entpolitisierende Wirkung; es handelt sich um eine Form von Politik, die von ihren Vertretern nach Möglichkeit unsichtbar gemacht wird."

terschiedlichen Strömungen an, die in konkreten Situationen zu sehr unterschiedlichen Schlüssen kommen können. Warum aber sollte sich eine solche Strömung durchsetzen, obwohl die (neue) Regierung und das (neue) Parlament eine andere bevorzugt? Nicht zuletzt in ökonomischen Fragen – das hat die Eurokrise gezeigt – werden verschiedene ExpertInnen nur selten die gleiche Antwort geben. Unter welchen Umständen unabhängige Behörden im demokratischen Verfassungsstaat gleichwohl gerechtfertigt werden können, ist damit weiterhin nicht abschließend gelöst. Zu ergänzen ist freilich: Allein die besondere Expertise der BehördenmitarbeiterInnen kann zur Rechtfertigung nicht ausreichen – das wäre das Ende demokratischer Verantwortlichkeit[759] und der erste Schritt in eine „Expertokratie".[760] Was aber dann? Und in welchem Umfang? Hier ist die Verfassungstheorie mit Hilfe der Allgemeinen Staatslehre aufgerufen, entsprechende Konzepte zu entwickeln. Zuletzt hat *Paul Tucker* eine solche Theorie entworfen und im Rahmen seiner Analyse noch einmal aufgezeigt, dass der bisherigen Praxis gerade im anglo-amerikanischen Raum keine theoretische Fundierung unterliegt.[761] Ob eine neu errichtete Behörde den Status der Unabhängigkeit erhält oder nicht hängt sowohl in den USA als auch in Großbritannien eher von Zufälligkeiten denn von rational nachvollziehbaren Kriterien ab. Demokratietheoretisch ist das alles andere als befriedigend.

Die besondere auch demokratie- und legitimitätstheoretische Relevanz dieser Frage hat sich in den letzten Jahren in der öffentlichen Wahrnehmung von Zentralbanken gezeigt.[762] Diesen obliegt jedenfalls seit Ende des letzten Jahrhunderts in praktisch allen Jurisdiktionen die Gewährleistung der Preisstabilität[763] – einer zwingenden Voraussetzung für marktwirtschaftliche Ordnungen.[764] Vor dem Hintergrund bestehender Interessenkonflikte geht die überwiegende Ansicht in der Ökonomie davon aus, dass diese Aufgabe effektiv nur wahrgenommen werden kann, wenn die Zentralbank Unabhän-

[759] *A. Thiele*, Verlustdemokratie, S. 118. Problematisch daher *H. Willke*, Demokratie in Zeiten der Konfusion, 2014 sowie *ders.*, Demokratie im Umbruch, Der Staat 56 (2017), 357 ff.

[760] Dafür bzw. für die Errichtung einer „gemäßigten Epistokratie" tatsächlich *J. Brennan*, Gegen Demokratie, 2017.

[761] *P. Tucker*, Unelected Power. The Quest for Democracy in Central Banking and the Regulatory State, 2018.

[762] *J.-W. Müller*, Furcht und Freiheit, S. 62. Siehe auch *T. Groß*, Die Legitimation der polyzentralen EU-Verwaltung, S. 45 ff., 120 ff. und 184 ff.

[763] Die konkreten Mandate der einzelnen Zentralbanken unterscheiden sich allerdings vor allem darin, welche weiteren Aufgaben diesen noch übertragen werden. In der Ökonomie herrscht hier keine Einigkeit. Oftmals sollen Zentralbanken danach auch zur positiven Wirtschaftsentwicklung beitragen und übernehmen Aufgaben im Bereich der Finanzaufsicht.

[764] Vgl. *A. Thiele*, Die Europäische Zentralbank, 2019, S. 69 f.

gigkeit genießt.[765] Während Geldpolitik im diesem Sinne bis zuletzt als eher technische Materie interpretiert wurde (wirklich zutreffend war diese Vorstellung allerdings zu keinem Zeitpunkt) ist im Zusammenhang mit der Finanz- und Eurokrise auch einer größeren Öffentlichkeit bewusst geworden, dass es sich richtigerweise um Politik im klassischen Sinne handelt. „Es bestehen unterschiedliche geldpolitische Schulen, die gestützt auf unterschiedliche wirtschaftspolitische Vorstellungen zu unterschiedlichen Handlungsempfehlungen kommen, die wiederum gänzlich unterschiedliche (Verteilungs-) Wirkungen zur Folge haben.“[766] Zentralbanken haben damit eine beachtliche auch politische Machtfülle. Wie hier unter Wahrung der (wohl notwendigen) Unabhängigkeit die erforderliche „accountability“ und damit zugleich die erforderliche Legitimation und Legitimität gewährleistet werden kann – etwa über Anhörungs- und Berichtspflichten sowie gerichtliche Kontrolle[767] – ist eine hochaktuelle und weithin ungelöste Frage, die auch im Zentrum der Allgemeinen Staatslehre stehen sollte.

5. Rechtsprechung

Hier ist zwischen der Verfassungsgerichtsbarkeit (a) und der (einfachen) Gerichtsbarkeit (b) zu unterscheiden.

a) Verfassungsgerichtsbarkeit

Die Verfassungsgerichte sind – soweit sie bestehen – funktionell Teil der Justiz, gehören zur Dritten Gewalt und agieren als „normale“ Gerichte. Das ist besonders evident, wo anders als in Deutschland oder Österreich kein besonderes Verfassungsgericht besteht, sondern die Verfassungsgerichtsbarkeit von den (höchsten) ordentlichen Gerichten ausgeübt wird. Nicht zuletzt dem amerikanischen Supreme Court als dem wohl bekanntesten und bedeutendsten Verfassungsgericht (neben dem Bundesverfassungsgericht)[768] kommt eine solche Doppelrolle als Höchstinstanz und Verfassungsgericht zu. Ihre Heraushebung aus der übrigen Gerichtsbarkeit erfolgt daher nicht, weil sie keine

[765] Dazu nur *A. Thiele*, The Independence of the ECB: Justification, Limitations and Possible Threats, Journal of Self Governance and Management Economics 2018, 98 ff.

[766] *A. Thiele*, Die Europäische Zentralbank, S. 15.

[767] Diese ist bei Zentralbanken vor allem aufgrund ihrer besonderen Handlungsformen nicht leicht durchzuführen.

[768] *R. Wahl*, Das Bundesverfassungsgericht im europäischen und internationalen Umfeld, in: R. C. van Ooyen/M. W. Möllers (Hrsg.), Das Bundesverfassungsgericht im politischen System, S. 477 (478): „Neben dem Supreme Court zählt das BVerfG zu den Verfassungsgerichten mit der größten Ausstrahlung auf andere Gerichte.“ Ausführlich zu Stellung, Verfahren und Entscheidungen des Bundesverfassungsgerichts *K. Schlaich/S. Korioth*, Das Bundesverfassungsgericht, 11. Auflage 2018.

Gerichte wären, sondern wegen des besonderen Gegenstands, über den sie entscheiden. Die Verfassungsgerichtsbarkeit ist zwar nicht stets, aber zu einem großen Teil an grundlegenden und hochpolitischen Entscheidungen des Gemeinwesens beteiligt: „In den modernen westlichen politischen Systemen haben sich Höchstgerichte zu Organen entwickelt, die nicht nur Rechtsfälle entscheiden, sondern Einfluss auf das politische Leben und das Institutionengefüge insgesamt gewinnen."[769] Verfassungsgerichte werden in der nationalen Öffentlichkeit denn auch keineswegs als bloße Kontrollorgane, sondern als politische Institutionen oder gar als eigene Herrschaftsträger wahrgenommen. Für das Bundesverfassungsgericht ist das seit jeher der Fall, gleiches gilt für den amerikanischen Supreme Court. Zunehmend werden aber auch die Verfassungsgerichte anderer Staaten als relevante Akteure registriert, die im politischen Prozess eine wichtige Rolle spielen – man denke an zahlreiche afrikanische Verfassungsgerichte oder den indischen Supreme Court. Auch der britische, meist als „weak constitutional court"[770] bezeichnete Supreme Court hat im Zusammenhang mit der Brexit-Entscheidung mehrfach für Aufsehen gesorgt, scheint seine Rolle im sich wandelnden britischen Verfassungsgefüge noch nicht gefunden zu haben. Das hängt nicht nur mit der „ungeschriebenen Verfassung", sondern erheblichen Umbrüchen im britischen politischen System in den letzten Jahren zusammen. Entscheidungen der Verfassungsgerichte haben zunehmend auch Einfluss auf die internationale Politik, weil sie von anderen Verfassungsgerichten nicht nur registriert, sondern auch in den eigenen Urteilen zitiert und in den nationalen Diskurs eingeführt werden. Das hat sich bei der Frage der Verfassungsmäßigkeit der „Ehe für alle" gezeigt, wo afrikanische und asiatische Verfassungsgerichte eine zentrale Rolle gespielt haben. Daraus entwickelt sich ein weltweiter wissenschaftlicher und praktischer verfassungsgerichtlicher Dialog,[771] an dem die Allgemeine Staatslehre sich beteiligen und die Fokussierung auf das amerikanische Verfassungsgericht dementsprechend ablegen sollte. Diese Fokussierung war gerechtfertigt, weil in den USA die Grundlagen der modernen Verfassungsgerichtsbarkeit gelegt wurden. Diese ist nur möglich, wo die Verfassung Vorrang im politischen und rechtlichen Raum genießt und ein richterliches Prüfungsrecht des Verfassungsgerichts gegenüber dem Gesetzgeber besteht. Während ersteres meist gegeben ist, war vor allem letzteres lange Zeit umstritten, in der amerikanischen Verfassung explizit nicht vorgesehen und wurde schließlich in der berühmten Entscheidung

[769] *O. Lepsius*, Grundrechtspluralismus in Europa, in: J. Masing u.a. (Hrsg.), Strukturfragen des Grundrechtsschutzes in Europa, S. 45 (45).

[770] Vgl. dazu *R. Dixon*, The forms, functions, and varieties of weak(ened) judicial review, ICON 17 (2019), 904 ff.

[771] Verfassungsgerichtliche Entscheidungen werden zunehmend auch von anderen Verfassungsgerichten rezipiert und in die eigenen Entscheidungen integriert.

Marbury v. Madison vom 24. Februar 1803[772] richterrechtlich durch Chief Justice *John Marschall* erstmals – jedenfalls für den demokratischen Verfassungsstaat – begründet.[773] Die Verfassung wurde seitdem wie jeder andere rechtliche Text vom Wortlaut ausgehend interpretiert, in ein anwendbares Gesetz transformiert und Bestandteil der allgemeinen Rechtsordnung. Dadurch wurde zugleich – zumindest in der Theorie – der politische vom originär rechtlichen Bereich abgegrenzt.[774] Für den rechtlichen Bereich aber – so die zentrale Aussage *Marschalls* – zeichnet der Supreme Court zuständig, der dazu mit einem umfassenden Prüfungs- und Verwerfungsrecht ausgestattet ist. Das Urteil bildete dadurch sowohl Schlusspunkt einer bereits andauernden Debatte, die bis in das englische Verfassungsrecht des 17. und 18. Jahrhunderts zurückreicht, als auch Ausgangspunkt der weltweiten Ausbreitung der Verfassungsgerichtsbarkeit in den folgenden Jahrhunderten. In Gang kam diese Ausbreitung allerdings (sieht man von der Schweiz, Österreich und Irland ab) erst mit den staatlichen Umbrüchen nach dem Zweiten Weltkrieg in drei Wellen:[775] Unmittelbar nach Kriegsende (Deutschland, Italien), seit den siebziger Jahren in der westlichen Welt (Frankreich, Spanien, Portugal, Griechenland) und nach dem Fall des Eisernen Vorhangs in den 90er Jahren vornehmlich in Osteuropa.[776] Heute gehören Verfassungsgerichte selbst in ehemaligen Commonwealth-Ländern (Australien, Neuseeland, Kanada und Indien[777]) – zumindest in einer schwachen Form[778] – sowie in Südamerika,[779] Afrika und Ostasien zum verfassungsrechtlichen Standard; nur noch wenige Staaten verzichten wie die Niederlande gänzlich auf eine solche Institution. Zahlreiche osteuropäische Verfassungsgerichte sehen sich gegenwärtig allerdings einem beachtlichen politischen Druck ausgesetzt (Polen, Ungarn). Ob das Ausgangspunkt einer Phase der generellen Zurückdrängung ist, bleibt

[772] *Marbury v. Madison* 5. U.S. (1 Cranch) 137 (1803).

[773] Zu dieser Entscheidung *W. Heun*, Die Geburt der Verfassungsgerichtsbarkeit – 200 Jahre Marbury v. Madison, in: ders. (Hrsg.), Verfassung und Verfassungsgerichtsbarkeit im Vergleich, S. 38 ff.

[774] *W. Heun*, Die Geburt der Verfassungsgerichtsbarkeit – 200 Jahre Marbury v. Madison, in: ders. (Hrsg.), Verfassung und Verfassungsgerichtsbarkeit im Vergleich, S. 38 (51 f.).

[775] Vgl. *R. Wahl*, Das Bundesverfassungsgericht im europäischen und internationalen Umfeld, in: R. C. van Ooyen/M. W. Möllers (Hrsg.), Das Bundesverfassungsgericht im politischen System, 2006, S. 477 (477 f.).

[776] Dazu *J. Frowein/T. Marauhn* (Hrsg.), Grundfragen der Verfassungsgerichtsbarkeit in Mittel- und Osteuropa, 1998.

[777] Zur Entstehung siehe *G. H. Gadbois*, Supreme Court of India. The Beginnings, 2017.

[778] Vgl. *R. Dixon*, The forms, functions, and varieties of weak(ened) judicial review, ICON 17 (2019), 904 ff. sowie *S. Gardbaum*, Weak-form review in comparative perspective: A reply, ICON 17 (2019), 931 ff.

[779] Siehe *N. Lösing*, Die Verfassungsgerichtsbarkeit in Lateinamerika, 2001.

abzuwarten. Entsprechende Entwicklungen kritisch zu begleiten, ist Aufgabe der Allgemeinen Staatslehre.

aa) Strukturen der Verfassungsgerichtsbarkeit

Eine materielle Definition der Verfassungsgerichtsbarkeit fällt schwer. Der Sache nach geht es um die verbindliche Auslegung und Anwendung der förmlichen Verfassung im Einzelfall in einem gerichtsförmigen Verfahren. Drei Typen lassen sich unterscheiden:

- *Ordentliche Gerichte als Verfassungsgerichte (Einheitsmodell)*. Das Vorbild dieses Modells bildet der amerikanische Supreme Court, der sowohl als höchstes Instanzgericht als auch als (höchstes) Verfassungsgericht fungiert.[780] Es findet in allen Instanzen eine inzidente Überprüfung (im Zivil-, Straf- und jedem sonstigen Prozess) der Verfassungsmäßigkeit eines Gesetzes statt. Meist steht allen Gerichten auch ein Verwerfungsrecht zu (diffuse Normenkontrolle), bisweilen findet sich eine Konzentration bei den obersten Gerichten (konzentrierte Normenkontrolle). Beispiele für das Einheitsmodell sind neben den USA die Verfassungsgerichte Australiens, Dänemarks,[781] Kanadas, der Schweiz, Indiens, Japans, Maltas, Griechenlands, Irlands sowie der meisten lateinamerikanischen Länder.[782] Die RichterInnenbestellung folgt hier den allgemeinen Regeln der RichterInnenernennung. In den USA erfolgt eine Ernennung auf Lebenszeit durch das Staatoberhaupt mit einer anschließenden Bestätigung durch den Senat. In der Schweiz und den meisten Staaten Lateinamerikas erfolgt hingegen eine Wahl auf Zeit durch das Parlament.
- *Besondere Verfassungsgerichte (Trennungsmodell)*. Dieses geht auf einen Vorschlag *Hans Kelsens* zurück und wurde erstmals 1920 in Österreich eingeführt. Die Verfassungsgerichtsbarkeit wird danach einem besonderen Gericht übertragen, das zugleich eigenständiges Verfassungsorgan ist. Den Hintergrund bildet das differenzierte kontinentaleuropäische Rechtssystem, das im Gegensatz zum anglo-amerikanischen System zwischen verschiedenen Gerichtszweigen unterscheidet.[783] Deutschland kennt allein fünf Gerichtszweige mit je einem eigenen obersten Gericht (BGH, BSG, BAG, BFH und BVerwG). Sämtlichen Höchstgerichten die zusätz-

[780] Interessanter Einblick durch einen ehemaligen Chief Justice bei *W. H. Rehnquist*, The Supreme Court, 2002.

[781] Dazu *W.-M. Mors*, Verfassungsgerichtsbarkeit in Dänemark, 2002.

[782] Siehe *N. Lösing*, Die Verfassungsgerichtsbarkeit in Lateinamerika, 2001. Die südamerikanischen Länder wurden hinsichtlich ihres politischen und verfassungsrechtlichen Systems auch im Übrigen stark von den USA geprägt.

[783] Vgl. auch *R. Zimmermann*, England und Deutschland: Unterschiedliche Rechtskulturen?, S. 18 f.

liche Funktion eines Verfassungsgerichts zuzuweisen, hätte die Gefahr beachtlicher Divergenzen der Rechtsprechung hervorgerufen. Eines der Gerichte explizit zum Verfassungsgericht zu erklären, hätte hingegen zu einer nicht gewollten Hierarchisierung der gleichberechtigten Gerichtszweige geführt. Besondere Verfassungsgerichte finden sich daher vor allem im kontinentaleuropäischen Raum[784] (Deutschland, Italien,[785] Spanien, Polen, Ungarn,[786] Portugal aber auch in Südafrika, dessen Verfassungsgericht dem Bundesverfassungsgericht nachgebildet wurde).[787] Für die RichterInnenbestellung gelten besondere Regelungen. Meist ist das Parlament direkt beteiligt, teilweise auch die Exekutive. In Deutschland wird eine Hälfte der RichterInnen vom Bundestag, die andere vom Bundesrat gewählt.
- *Gerichtsähnliche Organe.* Vor allem in einigen romanischen Ländern gibt es nur eine eingeschränkte Verfassungsgerichtsbarkeit, was an der dogmatischen Betonung der Gewaltenteilung liegt. Das Parlamentsgesetz ist danach Ausdruck der Volkssouveränität, so dass eine Aufhebung desselben durch ein Gericht nicht in Betracht kommt. Typisch ist der französische Conseil Constitutionnel, der weniger als Gericht denn als politisches Organ fungiert und dem unter anderem sämtliche früheren StaatspräsidentInnen kraft Gesetzes angehören. Ähnlich war auch die portugiesische Verfassungskommission (bis 1982) einzuordnen.

Verfassungsgerichte weisen eine spezifische Organ- und Entscheidungsstruktur auf, die sich deutlich von derjenigen der Legislative und der Exekutive unterscheidet. Zentral ist der Umstand, dass Verfassungsgerichte (wie andere Gerichte auch) nicht auf eigene Initiative tätig werden können. Ihnen kommt kein originärer Gestaltungsauftrag zu, den sie angesichts ihrer geringen Ressourcen (8–16 RichterInnen) ohnehin nicht wahrnehmen könnten (obwohl hier natürlich noch weiteres wissenschaftliches Personal hinzukommt). An die Schlagkraft und Organisation moderner Ministerien oder der Regierungsämter reichen Verfassungsgerichte damit nicht heran, zumal die RichterInnen in der Regel ausgebildete JuristInnen sind (Ausnahme: Frankreich) und keine ausreichende fachliche Expertise aufweisen werden. Das Entscheidungsverfahren ist zudem gerichtsförmig und formal und am Recht (der

[784] Generell dazu *C. Starck*/*A. Weber* (Hrsg.), Verfassungsgerichtsbarkeit in Westeuropa, Teilband I: Berichte, 2. Auflage 2007.

[785] Dazu *J. Luther*, Die italienische Verfassungsgerichtsbarkeit, 1990.

[786] Dazu *L. Sólyom*/*G. Brunner*, Constitutional Judiciary in a New Democracy. The Hungarian Constitutional Court, 2000 sowie *G. Spuller*, Das Verfassungsgericht der Republik Ungarn, 1998.

[787] Vgl. *L. Holle*, Das Verfassungsgericht der Republik Südafrika, S. 19. Zur Entstehung aaO, S. 47 ff. Siehe auch *R. J. Goldstone*, The Birth of the South African Constitutional Court, in: C. M. Fombad (Hrsg.), Constitutional Adjudition in Africa, S. 323 ff.

Verfassung) ausgerichtet. Es geht nicht um das Suchen und Finden politischer Kompromisse, sondern um die dogmatische Auslegung von Verfassungsvorgaben. Verfassungsgerichte treffen daher streng genommen auch keine eigene Sachentscheidung, sondern überprüfen und kontrollieren die Sachentscheidungen anderer Verfassungsorgane auf ihre Verfassungsmäßigkeit, was strukturell anders gelagert ist. Die RichterInnen genießen in ihrer Kontrolltätigkeit Unabhängigkeit, sind aber im Hinblick auf die Befolgung ihrer Urteile auf den Befolgungswillen der anderen Organe angewiesen. Eigenständige Durchsetzungsinstrumente fehlen, was in der Praxis zu Problemen führen kann. Auch in vermeintlich gefestigten demokratischen Verfassungsstaaten, werden Urteile der Verfassungsgerichte keineswegs umfassend befolgt. Verfassungsgerichte leben von der Anerkennung ihrer Autorität durch die Rechtsunterworfenen, die allerdings durch übergriffige Urteile auch von Seiten der Verfassungsgerichte riskiert werden kann. Verfassungsgerichte versuchen daher auf verschiedenen Wegen sich (formal) aus politischen Fragen herauszuhalten, entweder indem sie, wie der amerikanische Supreme Court, diese ausdrücklich nicht zur Entscheidung annehmen („political question doctrine“) oder aber materielle Beurteilungs- und Entscheidungsspielräume des Gesetzgebers anerkennen und dadurch politische Handlungsfenster öffnen. Normativ ist das allerdings nur schwer regelbar, weshalb es hier immer wieder zu umstrittenen Entscheidungen kommt. Letztlich liegt die Frage des Zugriffs auf einen vorgelegten Fall – jedenfalls in einem gewissen Rahmen – in der Hand des jeweiligen Verfassungsgerichts, dem dadurch (politische) Steuerungsoptionen eingeräumt sind,[788] deren Einsatz im konkreten Fall zudem von internen Entscheidungsprozessen abhängt.[789] Hier besteht weiterhin ein beachtlicher empirischer und normativer Forschungsbedarf (auch aus Sicht der Allgemeinen Staatslehre). Für die Verfassungsbeschwerde in Deutschland hat zuletzt *Pia Lange* eine solche Untersuchung vorgelegt.[790]

[788] Vgl. für Deutschland *W. Heun*, Der Zugang zum Bundesverfassungsgericht – Zugangsfilter, Steuerungsmöglichkeiten des Gerichts, Mobilisierung, in: ders. (Hrsg.), Verfassung und Verfassungsgerichtsbarkeit im Vergleich, S. 119 ff.

[789] Das beginnt in Deutschland etwa bei der Frage, welchem Senat eine bestimmte Sache zugewiesen wird. Insoweit bestehen meist keine völlig eindeutigen Kriterien, so dass hier Raum für einzelne RichterInnen bleibt, sich um einen Fall zu „bemühen“. Im Zweifel entscheidet der sogenannte 6er-Ausschuss per Mehrheitsbeschluss; dabei ist es durchaus üblich, dass einzelne RichterInnen im Vorfeld versuchen, entsprechende Mehrheiten zu organisieren. Auch hier fehlt allerdings empirische Forschung praktisch vollständig.

[790] *P. Lange*, Darlegungs- und Substantiierungspflichten im Verfassungsbeschwerdeverfahren, 2012.

bb) Funktionen

Verfassungsgerichte erfüllen ihre Funktionen in formalisierten prozessualen Verfahrensarten. Der Frage, wer entsprechende Verfahren unter welchen Voraussetzungen einzuleiten vermag, kommt daher eine erhebliche Relevanz zu. Wo in einer bestimmten verfassungsrechtlichen Frage kein Zugang zum Verfassungsgericht besteht, kann dieses auch nicht entscheiden. Im Hinblick auf die Beteiligtenfähigkeit („Wer") sind die informellen Steuerungsfähigkeiten des Verfassungsgerichts weniger stark ausgeprägt – an gesetzlichen Vorgaben in diesem Bereich führt meist kein Weg vorbei. Im Hinblick auf die Klagebefugnis („Wann") ist das hingegen anders und nicht zuletzt beim Bundesverfassungsgericht zeigt sich immer wieder ein flexibler Umgang mit den meist in der eigenen Rechtsprechung näher ausformulierten konkreten Voraussetzungen. Anders gewendet: Wo das Bundesverfassungsgericht einen Fall entscheiden will, wird sich die Hürde der Zulässigkeit als überwindbar präsentieren. Insgesamt können sechs Verfahrensarten unterschieden werden,[791] denen in den einzelnen Rechtsordnungen eine unterschiedliche Bedeutung zukommt:

- *Normenkontrolle.* Kontrollgegenstand ist hier meist jede Rechtsnorm, den Kontrollmaßstab bildet die Verfassung. Das gilt auch im Falle ungeschriebener Verfassungsordnungen, wenngleich die Maßstabsbildung hier zwangsläufig schwer fällt und das Institut der Normenkontrolle in besonderer Weise gerechtfertigt werden muss.[792] Die Rechtsfolge einer erfolgreichen Normenkontrolle ist die Unwirksamkeit der untersuchten Norm ex tunc und erga omnes, worin sich die besondere Problematik dieser Verfahrensart im demokratischen Verfassungsstaat offenbart. Sie ist auch deshalb nicht in allen Systemen vorhanden (insbesondere nicht in den meisten Commonwealth-Staaten). In der Ausgestaltung lassen sich die präventive, die konkrete (oder inzidente) und die abstrakte Normenkontrolle unterscheiden. Letztere spielt vor allem in Deutschland, Österreich, Italien und Portugal eine große Rolle. Der Kreis der Antragsteller ist hier begrenzt, umfasst bisweilen aber auch Teile der Opposition. Als ein typisches oder notwendiges Oppositionsinstrument kann die abstrakte Normenkontrolle gleichwohl nicht angesehen werden.[793]
- *Organstreitigkeiten.* In diesen Verfahren wird der Kern des Politischen dem Zugriff des Verfassungsgerichts geöffnet: Streitigkeiten zwischen Ver-

[791] Zu den rechtlichen Wirkungen siehe *W. Heun*, Die rechtlichen Wirkungen verfassungsgerichtlicher Entscheidungen, in: ders. (Hrsg.), Verfassung und Verfassungsgerichtsbarkeit im Vergleich, S. 286 ff.

[792] Vgl. für Großbritannien dazu *M. S. Baer*, Gerichtliche Normenkontrolle im Vereinigten Königreich, 2005.

[793] Vgl. dazu *A. Thiele*, Verlustdemokratie, S. 162 ff.

fassungsorganen. Entsprechende Verfahren finden sich allerdings nur selten und können – wie das deutsche Beispiel zeigt – zu einer erheblichen (überzogenen?) Juridifizierung des politischen Prozesses führen, wo das Bundesverfassungsgericht auch von den politischen Akteuren als eine Art „Schiedsrichter" akzeptiert und genutzt wird.[794] Auch in Großbritannien finden sich aber entsprechende Verfahren, wenn etwa der Supreme Court die Reichweite der königlichen Prärogative im Verhältnis zum Parlament absteckt.
- *Grundrechtsschutz*. Sieht man von wenigen Ausnahmen ab, kennen praktisch alle Verfassungen explizite Grundrechtskataloge. Gleichwohl findet sich nur in vergleichsweise wenigen demokratischen Verfassungsstaaten die Möglichkeit, sich als Betroffener unmittelbar an das Verfassungsgericht mit dem Vorwurf zu wenden, dass die Staatsgewalt Grundrechte verletzt habe. Eine solche Verfassungsbeschwerde findet sich insbesondere in Deutschland, wo jährlich rund 6000 Verfahren anhängig gemacht werden (die Erfolgsquote liegt lediglich bei etwa 1%), in Österreich, der Schweiz (allerdings nicht gegen die Bundesgewalt) und in Spanien. In angelsächsischen Ländern wird der notwendige Individualrechtsschutz hingegen durch die ordentlichen Gerichte gewährt, teilweise findet sich wie in Indien oder Malta zusätzlich eine Grundrechtsbeschwerde.
- *Bundesstaatliche Streitigkeiten*. Diese kann es nur in föderal organisierten Staaten geben, bilden dort aber (Deutschland, Österreich, Schweiz, Indien, Italien) gewissermaßen die zweite Wurzel der Verfassungsgerichtsbarkeit.[795] Das Antragsrecht liegt meist bei den betreffenden Regierungen.
- *Wahlprüfung*. Während die abschließende Feststellung des Wahlergebnisses meist beim Parlament selbst liegt, kennen einige demokratische Verfassungsstaaten die Möglichkeit der Wahlanfechtung, die dann (möglicherweise nach einem vorrangehenden parlamentarischen Verfahren) vom Verfassungsgericht verhandelt wird.
- *Staatsanklage*. Diese spielt im präsidentiellen System als Impeachment eine gewisse Rolle (vor allem in Lateinamerika). In parlamentarischen Regierungssystemen besteht für das Parlament ohnehin jederzeit die Möglichkeit, die Regierung zu stürzen, die Anklage gegen das Staatsoberhaupt hat dort schon wegen der begrenzten Zuständigkeiten keine besondere Relevanz.

---

[794] Vgl. *W. Heun*, Die politischen Wirkungen verfassungsgerichtlicher Entscheidungen, in: ders. (Hrsg.), Verfassung und Verfassungsgerichtsbarkeit im Vergleich, S. 301 (307).

[795] Vgl. *C. Starck*, Konstitutionalismus, Demokratie und Verfassungsgerichtsbarkeit, in: J. Münch/A. Thiele (Hrsg.), Verfassungsrecht im Widerstreit, S. 77 (84).

cc) Herausforderung Legitimitätssicherung

Die größte Herausforderung der Verfassungsgerichte liegt in der Sicherstellung ihrer Legitimität: „Heute besitzen demokratische Institutionen wie das BVerfG nur so lange Autorität, wie wir an ihre Autorität glauben."[796] Legitimitätstheoretisch gesprochen: Sie werden nur so lange bestehen können, wie die BürgerInnen und der politische Betrieb die Urteile akzeptieren und im Anschluss umzusetzen bereit sind. Das Bundesverfassungsgericht genießt in dieser Hinsicht mittlerweile eine außerordentlich hohe Legitimität,[797] was allerdings in seiner Geschichte nicht durchgehend der Fall war und zudem verdeckt, dass seine Entscheidungen keineswegs stets und umfassend befolgt werden. Zuletzt hat das Vorgehen der Stadt Wetzlar für größeres Aufsehen gesorgt, dass im Jahr 2019 eine einstweilige Anordnung des Bundesverfassungsgerichts schlicht ignoriert hat.[798] Wie *Werner Heun* gezeigt hat, sind entsprechende Missachtungen keineswegs Einzelfälle, nicht zuletzt innerhalb des ordentlichen gerichtlichen Instanzenzuges: „Die Unbotmäßigkeit der Fachgerichte ist nicht neu, sondern Normalität."[799] Und das gilt auch in den USA: „Auch wenn für die Vereinigten Staaten wie für Deutschland die Akzeptanz der höchstgerichtlichen Entscheidungen deutlich überwiegt und die anderen Gerichte im Konfliktfall ein ‚Ausweichen statt Abweichen' vorziehen, dürften in den USA die Fälle offener Auflehnung und Abweichung häufiger und auch gravierender sein."[800] Gleichwohl sind die Zustände aus der Sicht des Supreme Court und auch des Bundesverfassungsgerichts besser als bei anderen Verfassungsgerichten,[801] die sich bisweilen offenen Anfein-

---

[796] *U. Haltern*, Mythos als Integration, in: R. C. van Ooyen/M. W. Möllers (Hrsg.), Das Bundesverfassungsgericht im politischen System, S. 47 (63).

[797] Siehe auch *K. Schlaich/S. Korioth*, Das Bundesverfassungsgericht, Rn. 548 ff.

[798] Dazu *W. Hecker*, Verweigerung der Stadthallennutzung gegenüber der NPD, NVwZ 2018, 787 ff. Zu möglichen Vollstreckungsoptionen *C. Waldhoff/M. Jahn*, Vollstreckung der Verfassung, ZRP 2018, 121 f.; *J. Kring*, Die Zwangsvollstreckung von Gerichtsurteilen gegenüber der öffentlichen Hand – Zwangshaft für Behördenleiter?, NVwZ 2019, 23 ff.

[799] *W. Heun*, Die politischen Wirkungen verfassungsgerichtlicher Entscheidungen, in: ders. (Hrsg.), Verfassung und Verfassungsgerichtsbarkeit im Vergleich, S. 301 (304). Klassisch ist insoweit etwa die Kontroverse um das Fortbestehen der Beamtenverhältnisse (siehe etwa BVerfGE 3, 58 (76) einerseits und BGHZ 13, 265 (271 ff.) andererseits) oder um den Eigentumsbegriff. Im Jahr 2001 machte ein Disput zwischen dem Bundesverfassungsgericht und dem OVG bzgl. der Möglichkeit einer Versammlungsauflösung Schlagzeilen, wo es mehrfach hin und her ging. Ähnliche Fälle finden sich aber auch im Straf- und Zivilrecht.

[800] *W. Heun*, Die politischen Wirkungen verfassungsgerichtlicher Entscheidungen, in: ders. (Hrsg.), Verfassung und Verfassungsgerichtsbarkeit im Vergleich, S. 301 (305). Man denke an die Urteile zur Rassenfrage und zur Abtreibung.

[801] Siehe das Fazit von *W. Heun*, Die politischen Wirkungen verfassungsgerichtlicher Entscheidungen, in: ders. (Hrsg.), Verfassung und Verfassungsgerichtsbarkeit im Ver-

dungen auch von höchster politischer Ebene gegenübersehen. Die Ursachen solch dramatischer Legitimitätsverluste sind im Einzelfall unterschiedlich gelagert. Im Kern dürfte man jedoch eine fremd- und eine selbstverschuldete Ursache unterscheiden können, die freilich ineinander übergehen und nicht immer leicht voneinander zu unterscheiden sind. Fremdverschuldet sind sie dort, wo sie Ausdruck einer generellen Ablehnung der Institution der Verfassungsgerichtsbarkeit sind. Diese sei, so heißt es häufig, „gegen den Mehrheitswillen" gerichtet. Entsprechende Entwicklungen, die meist in populistischen Strömungen ihren Ausgangspunkt haben und von der Bevölkerung aufgenommen werden, zeigen sich in Polen und Ungarn, wo zudem von Seiten der Regierung versucht wird, durch juristische Kniffe (Absenkung des Pensionsalters) Einfluss auf die personelle Besetzung des Verfassungsgerichts zu nehmen.[802] Die Erkenntnis, dass Verfassungsgerichte als Bestandteil des Rechtsstaatsprinzips einen Gegenpol zu parlamentarischen Mehrheiten bilden, ist durchaus zutreffend. Zu betonen ist freilich, dass das im demokratischen Verfassungsstaat gerade ihre fundamentale Aufgabe ist. Indem sie Minderheitenrechte schützen, die verfassungsrechtlichen Grenzen der Mehrheit ausbuchstabieren und so den „Raum der Dunkelheit" bewahren, haben sie einen erwünschten anti-demokratischen Effekt, der eine Tyrannei der Mehrheit unterbinden soll (Herrschaftsbegrenzung). Dass die politische Mehrheit mit entsprechenden Entscheidungen nicht immer einverstanden sein wird, ist folglich ebenso erwartbar, wie gewollt. Wer diese Wirkungen von vornherein und pauschal als „undemokratisch" ablehnt, trifft damit also punktuell einen wahren Kern, missversteht aber Konstruktion und Funktion des demokratischen Verfassungsstaates. Die Allgemeine Staatslehre als kritische Wissenschaft ist aufgerufen, diese Funktion nicht nur zu erklären, sondern entsprechende Aushöhlungstendenzen aufzuzeigen und deutlich zu kritisieren. Anderseits kann das Verfassungsgericht mit seinen Entscheidungen zu einer solchen Stimmung zumindest beitragen, wo es allzu sehr in den politischen Raum vordringt und parlamentarische Debatten normativ einengt, bisweilen unmöglich macht – ein Phänomen, das unter dem Begriff „Konstitutionalisierung der Rechtsordnung" diskutiert wird. Aufgabe der Verfassungsgerichte ist es, den Rahmen für den politischen Diskurs zu setzen, ohne diesen jedoch zu stark mit normativen Vorgaben eigenständig auszufüllen. Dieses Spannungsverhältnis angemessen aufzulösen ist nicht immer ganz leicht und hängt auch von den verfassungsgerichtlichen Traditionen und Erwartungen der jeweiligen Gesellschaften ab. Entscheidend ist, dass

---

gleich, S. 301 (317): „Der tatsächliche Einfluss der Verfassungsgerichte dürfte allerdings irgendwo in der Mitte zwischen juristischer Überschätzung und politikwissenschaftlich-soziologischer Unterschätzung liegen."

[802] Siehe auch *C. Möllers/L. Schneider*, Demokratiesicherung in der Europäischen Union, S. 58 f. (zu Ungarn) und S. 68 ff. (zu Polen).

sich die VerfassungsrichterInnen bei der Abfassung ihrer Urteile dieser Legitimitätsgrenzen ihrer eigenen Rechtsprechung und der mit Grenzübertritten verbundenen Gefahren bewusst sind. Die Chance politischer und gesellschaftlicher Akzeptanz tritt als Auslegungsmaxime dadurch (zumindest faktisch) zu den klassischen Auslegungsmethoden hinzu, ohne dass sich aufzeigen ließe was das im Einzelnen bedeutet und vermutlich auch, ohne dass es in den Entscheidungen offengelegt werden sollte. Wo ein Verfassungsgericht dauerhaft gegen die Vorstellungen der Politik und der Gesellschaft urteilt, wird es seine Legitimität mittel- bis langfristig nicht aufrechterhalten können,[803] was andererseits nicht heißt, dass sich das Verfassungsgericht bei der Auslegung der Verfassung pauschal an der (vermeintlichen) Mehrheitsansicht orientieren sollte. Gerade in hochpolitischen Fragen navigiert ein Verfassungsgericht insoweit immer zwischen Skylla und Charibdis.[804]

b) Einfache Gerichtsbarkeit

Die Errichtung einer einfachen Gerichtsbarkeit bildet im demokratischen Verfassungsstaat ein notwendiges Element der Herrschaftsbegrenzung. Rechtsprechung kann definiert werden als die durch einen unabhängigen Spruchkörper (Gericht) in einem gerichtsförmigen Verfahren bewirkte Herbeiführung eines verbindlichen Ausspruchs dessen, was in einem konkreten Streitfall als verbindlich (rechtens) anzusehen ist. Die drei wesentlichen Aufgaben (zivile Streitigkeiten, Durchsetzung des Strafanspruchs, Rechtsschutz gegenüber Staatsgewalt) sind oben skizziert worden.[805] In angelsächsischen Ländern wird die Gerichtsbarkeit formal nicht weiter unterteilt (Einheitsgerichtsbarkeit), während sie in anderen Staaten in unterschiedlichem Ausmaß entlang dieser Linien differenziert wird. Zentrale Strukturmerkmale der Gerichtsbarkeit sind die feste Kompetenzordnung und vor allem die richterliche Unabhängigkeit, deren Beeinträchtigung über ein bestimmtes Maß hinaus zum Verlust der Eigenschaft „demokratischer Verfassungsstaat" führen muss. Die RichterInnen sind unabhängig genau dann, wenn ihr alleiniger Maßstab für die Entscheidungsfindung das Recht darstellt und sie keinerlei exekutivischen Weisungsrechten oder andere Einflüssen ausgesetzt sind, auf die sie (faktisch) Rücksicht nehmen müssten. Vereinbar mit der Unabhängigkeit sind allein Überprüfungsrechte höherer Gerichte. Die persönliche Unabhängigkeit wird durch die Ernennung auf Lebenszeit gesichert, wobei

[803] Vgl. auch *K. Schlaich/S. Korioth*, Das Bundesverfassungsgericht, Rn. 549.

[804] Siehe auch *C. Starck*, Konstitutionalismus, Demokratie und Verfassungsgerichtsbarkeit, in: J. Münch/A. Thiele (Hrsg.), Verfassungsrecht im Widerstreit, S. 77 (87): „Deshalb ist Verfassungsinterpretation in einem Staat mit verfassungsgerichtlicher Normenkontrolle ein höchst delikates Geschäft."

[805] Siehe in Frage V.

die Bestellung selbst meist durch die Exekutive erfolgt, was bei Beförderungen ein Problem darstellen kann (denn diese setzen eine Beurteilung voraus). Bei den höchsten Gerichten ist häufig das Parlament beteiligt, eine unmittelbare Volkswahl findet nur sehr vereinzelt statt (so aber in manchen Bundesstaaten der USA). In Großbritannien wird sehr stark auf LaienrichterInnen zurückgegriffen, in den USA sind Geschworene nicht zuletzt im Strafprozess für die Schuldfrage zuständig, spielen aber auch im Zivilprozess eine große Rolle. Kontinentaleuropäische Gerichtsysteme setzen stärker auf BerufsrichterInnnen, auch hier finden sich aber in unterschiedlichem Ausmaß LaienrichterInnen („Schöffen"). Das Gerichtsverfahren ist stark formalisiert (insbesondere im Strafprozess), schon um die Rechte der Prozessbeteiligten (rechtliches Gehör) sicherzustellen.

Für die Allgemeine Staatslehre ist insbesondere die Verwaltungsgerichtsbarkeit von Interesse, die unmittelbar der Begrenzung staatlicher Herrschaftsmacht dient. Hier lassen sich drei unterschiedliche Typen unterscheiden:[806]

- *Angelsächsischer Rechtskreis.* Die Verwaltungsgerichtsbarkeit ist Aufgabe der ordentlichen Gerichte, das Common Law differenziert nicht scharf zwischen privatem und öffentlichem Recht. Allerdings finden sich in Großbritannien mittlerweile einige „administrative tribunals". In den USA existiert zudem seit 1946 eine einheitliche Regelung durch den Federal Administrative Act.
- *Deutscher Rechtskreis.* Hier besteht eine explizit eigenständige Verwaltungsgerichtsbarkeit neben einer eigenständigen Sozial- und Finanzgerichtsbarkeit. Ähnlich ist das System in Schweden und Finnland aufgebaut. Gewisse Vergleichbarkeiten zeigen sich auch in der Schweiz.
- *Französisches System.* Hier ist die Aufgabe der Verwaltungskontrolle der Verwaltung selbst übertragen und liegt in letzter Instanz beim Conseil d'Etat. Ähnliche Systeme finden sich in Italien, Portugal und Griechenland.

Teilweise beachtliche Unterschiede zeigen sich beim Zugang zur Verwaltungsgerichtsbarkeit und damit zusammenhängend bei der Kontrolldichte. Während das deutsche System stark auf das subjektive Recht ausgerichtet ist, den individuellen Zugang dadurch stark begrenzt, erlaubt das französische Recht einem größeren Personenkreis gerichtlichen Rechtsschutz zu erlangen. Demgegenüber ist die Kontrolldichte im französischen System schwach ausgeprägt, während deutsche Verwaltungsgerichte – sofern der Zugang einmal

---

[806] Umfassend zur Geschichte *Sommermann, Karl-Peter/Schaffarzik, Bert* (Hrsg.), Handbuch der Geschichte der Verwaltungsgerichtsbarkeit in Deutschland und Europa, 2018. Zur (neuen) Verwaltungsgerichtsbarkeit in Usbekistan *A. Egarberdiev*, Gerichtliche Verwaltungskontrolle in dr Republik Usbekistan, VerwArch 2019, 475 ff.

eröffnet ist – sehr genau hinschauen. Nicht zuletzt durch die Europäische Union ist in diese tradierten nationalen Systeme aber wieder sehr viel Bewegung gekommen, die auch und gerade aus Sicht der Allgemeinen Staatslehre von Interesse ist.

6. Kultur der Kooperation und Zurückhaltung

Im Hinblick auf die verfassungsrechtlich vorgesehenen staatlichen Herrschaftsträger (Organe und andere Institutionen) denkt der demokratische Verfassungsstaat in Zuständigkeiten und Kompetenzen. Dem Konzept der Organadäquanz entsprechend werden Aufgaben zur eigenständigen oder gemeinsamen Wahrnehmung zugewiesen, mit dem Ziel eine institutionell-politische Ordnung zu etablieren, die eine Legitimitätschance, verstanden als die Möglichkeit der Anerkennung der Herrschaftsunterworfenen, in sich trägt. Zu garantieren vermag eine solche Ausgestaltung die Legitimität der politischen Ordnung jedoch deshalb nicht, weil auch der konkrete Umgang mit diesen formalen Zuständigkeiten eine Rolle spielt. Das belegen Beispiele, die sich in allen demokratischen Regierungssystemen theoretisch konstruieren lassen und in einigen Fällen der Realität bereits erschreckend nahe kommen: Wo ein US-Präsident pauschal sämtliche ihm vom Kongress vorgelegten Gesetze mit einem Veto versieht, wird eine gesetzgeberische Gestaltung praktisch unmöglich. Im Haushaltsverfahren wird der „Government Shutdown" dann zur Regel. Anders herum ist regierende Gestaltung („Staatsleitung") ausgeschlossen, wenn der Senat keinen vom Präsidenten vorgeschlagenen Regierungsbeamten oder Bundesrichter bestätigt.[807] In parlamentarischen Regierungssystemen setzt schon die Regierungsbildung ein gehöriges Maß an Kompromissbereitschaft voraus – das gilt erst recht angesichts der zunehmenden partei-politischen Fragmentierung[808] –, zudem wäre die Gesetzgebung in Deutschland mehr oder weniger unmöglich, legte der Bundesrat pauschal gegen jedes vom Bundestag beschlossene Gesetz aufgrund anderer politischer Zusammensetzung Einspruch ein. Nun lassen sich entsprechende Verhaltensweisen zwar partiell mit normativen Instituten wie der Bundes- oder Organtreue auffangen. Vollständig aber wird auch das nicht gelingen: Wann ist die Einlegung eines Vetos durch einen US-Präsidenten treuwidrig? Formal hat er die Kompetenz, eine Begründung ist nicht

[807] Entsprechende Verhaltensweisen zeigen sich im Senat tatsächlich immer häufiger. Während es früher politische Praxis war, KandidatInnen des Präsidenten zwar hart zu befragen aber am Ende doch zu bestätigen, kommt es nun immer häufiger zu einer reinen Blockadehaltung.

[808] Denn diese erschwert ohnehin die Regierungsbildung. Man denke an Spanien, Italien, Israel, Belgien oder auch Deutschland (sowohl auf Bundes- wie auf Landesebene).

erforderlich. Gleiches gilt für den Senat oder den deutschen Bundesrat. In Großbritannien mag *Boris Johnson* im Zusammenhang mit der Suspendierung des Parlaments im Jahr 2019 normativ zu weit gegangen sein – der britische Supreme Court hat diese Ansicht in einem historischen Urteil im September 2019 bestätigt.[809] Aber gilt das auch in anderen Fällen, wo es sich doch um eine formale Zuständigkeit der Regierung handelt? Die Beispiele zeigen, dass die Ausübung der Kompetenzen im demokratischen Verfassungsstaat auf eine Kultur der Kooperation und Zurückhaltung angewiesen ist.[810] *Steven Levitsky* und *Daniel Ziblatt* haben das zuletzt für die USA prominent herausgearbeitet.[811] Wo formale Zuständigkeiten bis zur Grenze ausgereizt werden, um Initiativen der politisch anderen Seite bedingungslos zu verhindern, wird kein demokratischer Verfassungsstaat langfristig bestehen können. Das setzt voraus, politischen Gegnern nicht ihre grundsätzliche Legitimität im politischen Raum abzusprechen und anzuerkennen, dass diese gleichfalls das Gemeinwohl im Sinn haben, das sie lediglich auf andere Weise zu erreichen streben. Wo der politische Gegner zum Feind mutiert, den es unter allen Umständen zu besiegen gilt,[812] ist ein auf der politisch gleichen Freiheit seiner BürgerInnen beruhender demokratischer Verfassungsstaat mittelfristig nicht überlebensfähig. Entsprechende Tendenzen zeigen sich mittlerweile in vielen Staaten, beginnen mit einer immer schärferen, meist von populistischen Strömungen befeuerten Spaltung der Gesellschaft, die sich über die Parlaments- und sonstigen Wahlen in den staatlichen Institutionen fortsetzt und diese im Ergebnis mehr oder weniger funktionsunfähig werden lässt. Das wiederum hat Folgen für die Legitimität einer politischen Ordnung, die dadurch nicht mehr in der Lage sein wird, die Erwartungen der Bevölkerung im Hinblick auf ihre Leistungsfähigkeit zu erfüllen. Unzufriedenheit und Spaltung nehmen dann weiter zu. Wo sich einzelne Parteien und Akteure als die VertreterInnen des „wahren Volkes“ sehen, werden notwendige Kompromisse[813] faktisch unmöglich, weil sie als Pakt mit den „Volksverrätern“ angesehen werden. Stattdessen werden die politischen Feinde diffamiert und nicht selten kriminalisiert, um sie nach Möglichkeit aus dem

[809] Supreme Court, Judgment given on 24 September 2019, UKSC 41.

[810] Zum Begriff der politischen Kultur *J. Krüper*, Regeln politischer Kultur als Legitimitätsreserve. Überlegungen zu einem Forschungsgegenstand einer Organisationsrechtswissenschaft, in: ders./A. Pilniok (Hrsg.), Organisationsverfassungsrecht, S. 159 (166 ff.). Siehe auch *P. Mastronardi*, Verfassungslehre, Rn. 817 ff. sowie *M. Kloepfer*, Respekt im Gemeinwesen und im Recht, VerwArch 2019, 419 ff.

[811] *S. Levitsky/D. Ziblatt*, How Democracies Die, 2018.

[812] Zur Situation in den USA im Bezug auf die Debatte über den Klimawandel vgl. *A. Gore*, Die Zukunft, S. 422 ff.

[813] Vgl. *B. Rüthers*, Das Ungerechte an der Gerechtigkeit, S. 179: „Im freiheitlichen, darum pluralen Verfassungsstaat kann nur der vertretbare Kompromiss zwischen gegensätzlichen Gerechtigkeitsvorstellungen systemgerechte Lösungen bewirken.“

politischen Raum zu verbannen („Lock her up").[814] Wohin solche Entwicklungen führen können, ist mit der Wahl *Donald Trumps*[815] aber auch in Brasilien, Polen, Ungarn und in Großbritannien sichtbar geworden. Gerade von Seiten der Allgemeinen Staatslehre gilt es nicht nur auf das Erfordernis einer guten und auf anerkennender Gleichheit beruhenden agonistischen,[816] Streitkultur hinzuweisen,[817] sondern auch Wege aufzuzeigen, wie dieses Erfordernis im Volk und im politischen Raum wieder beachtet und gelebt werden kann.[818] Langfristig wird davon der Fortbestand der demokratischen Verfassungsstaaten abhängen.

VII. Welches sind die gesellschaftlichen Herrschaftsträger im politischen Prozess?

Versteht man Macht im Weber'schen Sinne als „jede Chance, innerhalb einer sozialen Beziehung den eigenen Willen auch gegen Widerstreben durchzusetzen, gleichviel worauf diese Chance beruht",[819] kommt im demokratischen Staat nicht nur staatlichen, sondern auch gesellschaftlichen Institutionen politische Macht zu. Gesellschaftliche Herrschaftsträger nehmen mittelbar auf staatliche Entscheidungsprozesse Einfluss – durch Lobbyarbeit, direkte Beteiligung an Entscheidungsverfahren oder in sonstiger Weise (Medienkampagnen). Anders als das Wahlrecht, das jedem Bürger und jeder Bürgerin in gleicher Weise gewährt wird, ist diese gesellschaftliche Macht unterschiedlich (ungleich) verteilt. Es zeigt sich ein Übergewicht wirtschaftsnaher und „reicher" Institutionen (Unternehmen, „Superreiche"), eine Entwicklung, die in der Allgemeinen Staatslehre noch zu wenig Beachtung findet (4). Gleiches gilt für die Rolle der Finanzmarktakteure (Geschäftsbanken, Investmentfonds), die schon deshalb Einfluss auszuüben vermögen, weil der Staat ein vitales Interesse an einer funktionsfähigen Finanzwirtschaft hat (5). Klassi-

---

[814] So der Ausspruch der Trump-Anhänger, bezogen auf die damalige Kandidatin der Demokraten (Hillary Clinton).

[815] Letztlich bildet seine Wahl den vorläufigen Schlusspunkt einer Entwicklung, die mit *Newt Gingrich* Mitte der 90er Jahre begann. Als Sprecher des Repräsentantenhauses setzte er einen Kurswechsel der Republikanischen Partei durch, die seitdem nicht mehr auf Kompromiss mit den Demokraten, sondern auf unbedingte Konfrontation abzielt.

[816] Vgl. *C. Mouffe*, Agonistik. Die Welt politisch denken, 2. Auflage 2016.

[817] Siehe zu Ausprägungen einer defizitären Streitkultur auch *A. Thiele*, Verlustdemokratie, S. 120 ff.

[818] Dazu *J. Krüper*, Regeln politischer Kultur als Legitimitätsreserve. Überlegungen zu einem Forschungsgegenstand einer Organisationsrechtswissenschaft, in: ders./A. Pilniok (Hrsg.), Organisationsverfassungsrecht, S. 159 ff.

[819] *M. Weber*, Wirtschaft und Gesellschaft, S. 28.

sche gesellschaftliche Herrschaftsträger haben demgegenüber an Relevanz eingebüßt. Ablesbar ist das bei Parteien (1) und Interessenverbänden (2) – insbesondere den Gewerkschaften – an den drastisch gesunkenen Mitgliederzahlen, was partiell auch für die Kirchen und Religionsgemeinschaften gilt (3). Die öffentliche Meinung und insbesondere Presse und Medien (6) spielen demgegenüber weiterhin eine signifikante Rolle, auch wenn strukturelle Veränderungen durch Digitalisierung im Allgemeinen und „social media" im Besonderen eingetreten sind. Als generell problematisch erweist sich der Einfluss des Geldes (7).

Diese unterschiedlichen gesellschaftlichen Herrschaftsträger haben eine solche Zahl und Relevanz erlangt, dass nach Ansicht einiger der demokratische Verfassungsstaat zu einem Herrschaftsträger unter vielen verkommen ist. Der Staat ist danach *eine* aber nicht *die einzige* oder zentrale organisierte Entscheidungs- und Wirkungseinheit im *Heller'schen* Sinne. Dass diese Ansicht die Veränderungen der letzten Jahre über- und die fortbestehende Relevanz des Staates unterschätzt, ist dargelegt worden. In welcher Form gesellschaftliche Herrschaftsträger sich entfalten können und welchen Einfluss sie haben, liegt weiterhin in der Entscheidungsmacht des demokratischen Verfassungsstaates. Dass er möglicherweise zu wenig gestaltet, ist also nicht mit der theoretischen Unfähigkeit zur Gestaltung gleichzusetzen.

1. Politische Parteien

a) Entstehung und Begriff

Politische Parteien bilden in repräsentativen Demokratien[820] die Schnittstelle zwischen Wahlvolk und staatlichen Institutionen, insbesondere dem Parlament. Sie nehmen damit eine Zwitterstellung zwischen der staatlichen und der gesellschaftlichen Ebene ein, sollten aufgrund ihrer privaten Organisationsform und ihrer gesellschaftlichen Fundierung aber zu den gesellschaftlichen Herrschaftsträgern gezählt werden.[821] Sie sind danach „die ersten Faktoren der Bildung des staatlichen Willens aus der Gesellschaft."[822] Ihre Bedeutung variiert abhängig von den institutionellen Rahmenbedingungen, der politischen Kultur und dem Regierungssystem. Sie ist im parlamentarischen Regierungssystem am größten,[823] während Parteien in präsidentiellen Regierungssystemen eine geringere Rolle spielen und dort auch im Hinblick auf ihre Organisationsstruktur weniger verfestigt sind. Das zeigt sich beim Blick

---

[820] Vgl. *H. Krüger*, Allgemeine Staatslehre, S. 368.

[821] *J. Krüper*, Krise als Lebensform, in: A. Thiele (Hrsg.), Legitimität in unsicheren Zeiten, S. 115 (123).

[822] *H. Krüger*, Allgemeine Staatslehre, S. 371.

[823] Vgl. *M. Morlok/H. Merten*, Parteienrecht, S. 1.

auf die amerikanischen Republikaner und Demokraten. Historisch entstanden Parteien aber generell als „Begleiterscheinungen des Parlamentarismus".[824] Sie bildeten sich in England bereits im 17. Jahrhundert heraus,[825] gehören heute – trotz aller Unterschiede – „zum Inventar einer modernen Demokratie" und sind unentbehrlich „für das Funktionieren parlamentarischer Demokratien."[826] Zur Umsetzung politischer Programme und Vorstellungen in konkrete Entscheidungen und zur Mobilisierung der erforderlichen Wählermassen erweist sich die Ausbildung von Parteien mit einem gewissen Organisationsgrad in demokratischen Ordnungen tatsächlich als zwingend – eine Abschaffung der Parteien dürfte unmöglich sein.[827]

Eine klassische Definition von *Edmund Burke* aus dem Jahre 1770[828] ergänzend sind moderne politische Parteien durch drei Merkmale geprägt:[829]

- *Zusammenschluss von Menschen*. Es handelt sich um eine personelle und organisatorische Substanz, die eine gewisse Dauerhaftigkeit aufweist.
- *Spezifische Zielsetzung*. Diese liegt in der Förderung des Gemeinwohls. Es geht nicht um die Verfolgung von Individualinteressen.
- *Spezifisches Mittel*. Dieses bei *Burke* noch nicht genannte Element unterscheidet Parteien von Interessen- und anderen Lobbygruppen. Parteien versuchen ihre Ziele durch die Beteiligung an Wahlen und die anschließende formale Partizipation an der Willensbildung der staatlichen Organe und Institutionen durchzusetzen.[830]

Zur Unterscheidung und Einteilung der Parteien haben sich Typologien entwickelt, die sich an Struktur und Organisation der Parteien orientieren. Entwicklungsgeschichtlich wurde vor allem die Honoratiorenpartei von der Massenpartei unterschieden. Andere Typologien unterscheiden Mitglieder-, Sympathisanten und Wählerparteien oder differenzieren nach der Struktur

---

[824] *M. Morlok/H. Merten*, Parteienrecht, S. 16. Siehe auch *R. Herzog*, Allgemeine Staatslehre, S. 290 ff.; *R. Zippelius*, Allgemeine Staatslehre, S. 353.

[825] Eine Besonderheit stellen die sozialdemokratischen Arbeiterparteien dar, deren Ursprung nicht im Parlament, sondern in den Arbeiterbewegungen und damit der Industrialisierung zu sehen ist, vgl. *M. Morlok/H. Merten*, Parteienrecht, S. 19 f. Damit lassen sich zumindest partiell auch die Probleme dieser Parteien erklären, denen sie sich in den letzten Jahren ausgesetzt sehen. Der Wandel zum (digitalisierten) Dienstleistungsstaat hat das klassische WählerInnenmilieu der Arbeiterparteien immer weiter schrumpfen lassen.

[826] *M. Morlok/H. Merten*, Parteienrecht, S. 15.

[827] *M. Morlok/H. Merten*, Parteienrecht, S. 1: „Ohne Parteien keine Demokratie; das belegt der internationale Vergleich ebenso wie ein Blick in die Geschichte." Kritisch aber *E. Towfigh*, Das Parteien-Paradox, 2015.

[828] „Party is a body of men united, for promoting by their joint endeavours the national interest, upon some particular principle in which they all agreed."

[829] Vgl. für Deutschland § 2 Abs. 1 PartG.

[830] Siehe auch *H. Krüger*, Allgemeine Staatslehre, S. 367.

zentralisierte (oftmals sozialistische und kommunistische) von dezentralisierten Parteien. Die interessanteste Differenzierung unterscheidet nach der Zielsetzung zwischen Gemeinwohlparteien auf der einen und Interessenparteien auf der anderen Seite. Erstere sind meist Weltanschauungsparteien, der politischen Zielsetzung liegt ein bestimmtes Weltbild zugrunde, das zur Lösung gesellschaftlicher Probleme als Leitmaxime herangezogen wird (Liberalismus, Konservatismus, Sozialismus, Kommunismus, Nationalismus, Faschismus).[831] Zumindest bei den großen Volksparteien zeigt sich seit dem Zweiten Weltkrieg eine Entideologisierung, die es ermöglicht hat, große Teile der Bevölkerung anzusprechen und für die eigenen Ziele zu gewinnen („Volksparteien"). Das gilt trotz einer großen ideologischen Homogenität auch in den USA. Seit den 90er Jahren zeigt sich allerdings auf beiden politischen Seiten[832] eine gewisse Re-Ideologisierung, die die Kompromissfindung erschwert oder unmöglich macht (Stichwort: Tea-Party). Interessenparteien sind demgegenüber Zusammenschlüsse, denen es um die Vertretung konkreter Interessen in einem bestimmten Bereich geht (Bauernpartei, Religiöse Parteien, Ein-Themen-Parteien, partiell auch die aus den Freiheitsbewegungen entstandenen Parteien auf dem afrikanischen Kontinent). Meist gründen sich solche Parteien aus konkreten Anlässen (AfD oder Piraten-Partei in Deutschland), was sich in einem unvollständigen Wahlprogramm spiegelt – im Gegensatz zu Gemeinwohlparteien ist dieses nicht auf sämtliche gesellschaftlichen Fragen ausgerichtet. Bei anhaltendem Erfolg können sich Interessenparteien zu Gemeinwohlparteien entwickeln. Das Finden eines gemeinsamen und tragfähigen Wertefundaments jenseits des Gründungsmythos kann sich allerdings als schwierig erweisen. Erneut kann hier auf die Erfahrungen mit der deutschen AfD verwiesen werden, die sich selbst als „bürgerlich" bezeichnet, tatsächlich aber eher als „nationalistisch" angesehen werden muss.[833] Die Formulierung der konkreten Parteiziele außerhalb der Eurofrage ging denn auch mit personellen und organisatorischen Wechseln einher – die AfD von 2020 hat mit der Gründungs-AfD nur noch wenig gemein.

---

[831] Ob auch der Populismus dazu gehört ist umstritten und hängt davon ab, ob man diesem – dann unterschieden nach Links- und Rechtspopulismus – eine inhaltliche Leitmaxime in diesem Sinne zuweisen will.

[832] Allerdings sehr viel stärker auf Seiten der Republikaner. Diese Ideologisierung geht maßgeblich auf *Newt Gingrich* zurück, der in den 90er Jahren eine führende Rolle bei den Republikanern einnahm.

[833] Zur AfD siehe auch *A. Thiele*, Verlustdemokratie, S. 186 ff.

b) Parteiensysteme

Als Parteiensystem lässt sich die Gesamtheit der in einem demokratischen Regierungssystem tätigen Parteien in ihrem Wirkungszusammenhang verstehen. Kriterien der Typenbildung sind Anzahl der Parteien, ihre Größe und ihre (politische) Macht. Während Einparteiensysteme (China) ebenso wie formelle Mehrparteiensysteme (DDR) in demokratischen Verfassungsstaaten ausscheiden,[834] weisen die demokratischen Parteiensysteme in ihrer Ausgestaltung im Übrigen eine große Bandbreite auf, die von historischen Pfadabhängigkeiten, der politischen Kultur, der staatlich-institutionellen Struktur und dem Wahlsystem abhängt. Für die Allgemeine Staatslehre bietet sich hier ein großes Forschungsfeld. In abstrakter Form können vier Parteiensysteme unterschieden werden:

- *Dualistische Parteiensysteme.* Hier dominieren zwei große mehrheitsfähige Parteiengruppen, wobei zwischen Zweiparteiensystemen und Zweikräftesystemen unterschieden werden kann.[835] Allerdings besteht zwischen diesen Untergruppen meist kein großer Unterschied, da auch große Parteien verschiedene Flügel kennen – in Großbritannien ist das im Zusammenhang mit dem Brexit erkennbar geworden. Bei den Zweiparteiensystemen, deren Hintergrund meist ein (relatives) Mehrheitswahlrecht bildet, können alternierende dualistische Systeme von hinkenden dualistischen Systemen unterschieden werden, bei denen die Opposition nur eine theoretische Chance auf die Übernahme der Regierung hat. Zudem kann das System gemäßigt, polarisiert oder extrem ausfallen. Beispiele sind die USA, Großbritannien, Australien, Malta und Costa Rica. In den USA aber auch in Großbritannien zeigen sich zunehmend die Grenzen dieser Systeme, die mit der Fragmentierung der Gesellschaft zu tun haben. Auch in die bisherigen Zweikräftesysteme (Japan, Irland, Griechenland, Schweden, Norwegen, Frankreich, Indien, Spanien, Portugal) ist in den letzten Jahren viel Bewegung gekommen.
- *Trialistische Parteiensysteme.* Diese kennen drei Parteien, von denen keine eine absolute Mehrheit hat. Meist findet sich neben zwei größeren eine kleinere Partei, die als Mehrheitsbeschaffer dient. Das deutsche Parteiensystem war bis etwa 1982 klassisch trialistisch, Österreich kann für die Zeit ab Ende der 90er Jahre bis etwa 2015 als trialistisch angesehen werden. Es dürfte nun aber – ebenso wie Deutschland – eher als zentristisch einzuordnen sein.

---

[834] *H. Krüger*, Allgemeine Staatslehre, S. 369 f.; *R. Zippelius*, Allgemeine Staatslehre, S. 162.

[835] Dazu auch *R. Herzog*, Allgemeine Staatslehre, S. 294 ff.

- *Zentristische Systeme*. Diese kennen mehr als drei Parteien, die Regierung bildet sich um sogenannte Mitteparteien, die bisweilen (noch) als Volksparteien[837] bezeichnet werden. Das trifft auf das aktuelle deutsche wie österreichische System zu, findet sich aber auch in Island, der Schweiz und Finnland. Erneut ist in diesen Staaten aber viel in Bewegung. Gerade auf Länderebene zeigen sich in Deutschland mit dem Erstarken der AfD erhebliche Verschiebungen.
- *Diffuse Systeme*. Hier finden sich viele Parteien, zudem werden ständig neue Parteien gegründet, die sich nur schwer in ein links-rechts-Schema pressen lassen. Das galt lange Zeit vor allem für Israel, mittlerweile scheint sich dort aber eher ein Zweikräftesystem herauszubilden.

Insgesamt weist die Parteienlandschaft in den letzten Jahren in fast allen demokratischen Verfassungsstaaten eine beachtliche Dynamik auf, was mit den gesellschaftlichen Umbrüchen (Postmoderne) und veränderten Rahmenbedingungen (Globalisierung) zusammenhängen dürfte. Es entstehen neue Parteien, während etablierte Parteien an Zuspruch verlieren oder sich in ihrem (inhaltlichen und strukturellen) Charakter verändern. Größere Veränderungen sind vor allem in klassischen Zweiparteiensystemen zu verzeichnen. Generell lassen sich dabei zwei Wertekonflikte ausmachen, zu denen sich (neue) Parteien in irgendeiner Form verhalten müssen und die ehemals bestehende Konfliktlinien (Kapital/Arbeit; Kirche/Staat; Stadt/Land) nicht gänzlich abgelöst aber doch überlagert haben: Marktfreiheit vs. soziale Gerechtigkeit einerseits und Liberalismus vs. Autoritarismus (oder Nationalismus) andererseits.[836] Der Großteil der bestehenden gesellschaftlichen Spannungen lässt sich auf einen dieser beiden Konflikte zurückführen.

c) Funktionen und Kritik

Parteien übernehmen in demokratischen Ordnungen eine bedeutende Vermittlerrolle zwischen staatlichen Organen und der Gesellschaft und wirken dadurch – in den Worten des Art. 21 Abs. 1 GG – an der politischen Willensbildung des Volkes mit. Diese diffuse Vermittlerrolle lässt sich konkretisieren, wobei die zugewiesenen Funktionen von der (wissenschaftlichen) Perspektive abhängen. Es gibt keinen umfassenden und abschließenden Funktionenkatalog für politische Parteien: „Wir finden vier, sieben oder gar 18 Funktionen, die den Parteien zugeschrieben werden."[838] Ein feststehender Katalog ist schon deshalb ausgeschlossen, weil die Funktionen und deren Bedeutung

[836] Vgl. *M. Morlok/H. Merten*, Parteienrecht, S. 23.

[837] Vgl. zum Niedergang der Volksparteien und speziell der deutschen SPD *H. Lynen von Berg*, Der Niedergang der SPD als Volkspartei und ihr hilfloser Antipopulismus, Leviathan 47 (2019), 7 ff.

[838] *M. Morlok/H. Merten*, Parteienrecht, S. 10.

auch von sich verändernden gesellschaftlichen Erwartungen abhängen. Die Funktionsbeschreibung bleibt damit auch für die Allgemeine Staatslehre eine Daueraufgabe. Immerhin wird man vier Kernfunktionen unterscheiden können:

- *Integrationsfunktion*. Durch die Formulierung eines Programms reduzieren Parteien die politischen Alternativen, indem sie aus der Vielzahl politischer Bestrebungen und Meinungen entscheidungsfähige Konzepte aufgreifen, erörtern, klären oder selbst hervorbringen. Sie führen einen Interessenausgleich und den notwendigen Kompromiss herbei, den es zur Durchsetzung dieser Konzepte bedarf. Diese Integrationsfunktion erweist sich damit als janusköpfig: Parteien vermitteln einerseits die Vorstellungen der Gesellschaft in die staatlichen Organe und Institutionen und vermitteln andererseits die getroffenen staatlichen Entscheidungen über ihre Mitglieder und Öffentlichkeitsarbeit zurück in die Bevölkerung.
- *Herrschaftsausübung*. Parteien setzen ihre politischen Programme in konkrete Politik um, wenn sie zur Herrschaft gelangen. Das wichtigste Instrument der Partei bildet – jedenfalls in parlamentarischen Regierungssystemen – die Fraktion im Parlament, die allerdings formal von der Partei als solcher zu unterscheiden ist. Die MandatsträgerInnen sind der Partei nicht untergeordnet, vielmehr ist das Verhältnis bisweilen schwierig (man denke an die Labour Party in Großbritannien im Zusammenhang mit dem Brexit) und insgesamt von einem komplexen Muster der gegenseitigen Beeinflussung geprägt. Dabei gilt es von Seiten des Wahlvolkes und der Parteimitglieder die unterschiedlichen Funktionalitäten gerade einer die Regierung tragenden Fraktion zur Kenntnis zu nehmen. Eine politische Partei kann außerhalb konkreter Regierungsverantwortlichkeiten und koalitionärer Bindungen freier formulieren und agieren.
- *Herrschaftskontrolle*. Diese wird durch oppositionelle Parteien bisweilen aber auch durch die Regierungsparteien wahrgenommen. Das Oppositionsverhalten kann kooperativ, kompetitiv oder als totale Opposition erfolgen. Während die Opposition in den USA bis Mitte der neunziger Jahre kooperativ agierte, befindet sie sich seitdem (zumindest in einigen Bereichen) auf dem Weg in eine totale Opposition.
- *Führungsauslese*. Die staatlichen Führungskräfte rekrutieren sich wesentlich aus den Parteien. Das ist zwar nur selten normativ vorgeschrieben (vgl. aber Finnland und Schweden), durch die KandidatInnenaufstellung ergibt sich aber meist ein faktisches Monopol der Parteien, wenn es um die Besetzung staatlicher Führungspositionen geht. Diese Führungsauslese lag lange Zeit nicht nur in den USA, sondern auch in den europäischen Parteien in der Hand der Parteieliten, wird aber zunehmend innerparteilich demokratisiert. In den USA ist der Einfluss der einfachen Parteimitglieder in den Primaries seitdem sehr ausgeprägt. Auch in Europa werden

die ParteiführerInnen immer häufiger von der gesamten Parteibasis bestimmt. Das erscheint demokratischer, kann aber einen radikalisierenden Effekt haben, wie die Wahl *Donald Trumps*, *Boris Johnsons* und *Jeremy Corbyns* zeigt – ein Effekt, der sich verschärft, wenn die Zahl der Parteimitglieder sinkt, weil dann in der Regel die Ideologisierung der Partei zunimmt.[839]

Während an der grundsätzlichen Notwendigkeit von Parteien im demokratischen Verfassungsstaat heute meist nicht gezweifelt wird,[840] wird seit jeher Kritik am Einfluss der Parteien,[841] an den Parteistrukturen und den Entscheidungsmechanismen geübt. Parteikritik hat eine lange Tradition,[842] war historisch allerdings nicht selten antidemokratisch motiviert: Parteien stünden gegen die notwendige Einheit des Volkes, bewirkten eine Fragmentierung, wo es darum gehen müsse, Homogenität zu wahren. In einer modernen demokratischen Ordnung, die von Pluralität und der Ablehnung eines feststehenden Gemeinwohls geprägt ist, ist eine solche Kritik nicht mehr angebracht. Das heißt nicht, dass Parteikritik im demokratischen Verfassungsstaat generell unzulässig wäre. Wie jede Organisation müssen sich auch Parteien öffentliche Kritik gefallen lassen und aushalten. Wo es zu Korruption und „Schwarzen Kassen" kommt, Ämter auf fragwürdige Weise vergeben werden oder in sonstiger Weise unzulässiger Einfluss auf politische Prozesse ausgeübt wird, ist eine solche Kritik mehr als notwendig. In Deutschland tritt vor allem *Hans Herbert von Arnim* als öffentlicher Kritiker und Mahner hervor.[843] Parteiinterne Entscheidungsprozesse – gerade da, wo es um sogenannte „Entscheidungen in eigener Sache" geht[844] – transparent, nachvollziehbar und kontrollierbar zu gestalten, ist für die Akzeptanzfähigkeit der Entscheidungen zentral. Auch jenseits solcher strafrechtlich relevanter Ver-

---

[839] Es verlassen nämlich meist die weniger ideologisch gefärbten Mitglieder die jeweilige Partei.

[840] Deshalb erweist sich auch die Möglichkeit eines Parteiverbots als so problematisch, vgl. dazu etwa *A. Thiele*, Verlustdemokratie, S. 188 ff.

[841] *Gerhard Leibholz* hat angesichts des erheblichen Einflusses der Parteien das Konzept des „Parteienstaats" entwickelt, vgl. *G. Leibholz*, Der Strukturwandel der modernen Demokratie, in: ders. (Hrsg.), Der Strukturwandel der modernen Demokratie, S. 78 ff. Die Parteien seien danach gewissermaßen an die Stelle des Volkes getreten und mediatisieren dieses. Dieses Konzept prägte vor allem die frühere Rechtsprechung des BVerfG (Leibholz war selbst Richter des BVerfG), wird heute aber kaum noch vertreten. Siehe auch *K. Doehring*, Allgemeine Staatslehre, Rn. 360 ff.

[842] Siehe auch *F. Decker*, Die Rolle politischer Parteien und ihre Regulierung, in: H. M. Heinig/F. Schorkopf (Hrsg.), 70 Jahre Grundgesetz, S. 131 (131) sowie *J. Krüper*, Krise als Lebensform, in: A. Thiele (Hrsg.), Legitimität in unsicheren Zeiten, S. 115 (115 f.).

[843] Siehe zuletzt *H. H. v. Arnim*, Die Hebel der Macht und wer sie bedient, 2017 sowie *ders.*, Politische Parteien: Populismus von oben?, DVBl. 2017, 1057 ff.

[844] Vgl. *M. Morlok*/*H. Merten*, Parteienrecht, S. 37 f.

stöße genießen Parteien allerdings in der Öffentlichkeit keine besonders vertrauenswürdige Stellung.[845] Angesichts ihrer großen Bedeutung für die Funktionsfähigkeit demokratischer Ordnungen überrascht das und dürfte damit zusammenhängen, dass es bei Parteipolitik um Macht und Machtstreben geht.[846] Parteien sollen zwar die Interessen ihrer WählerInnen und idealerweise zugleich das Gemeinwohl fördern. Sie wollen und sollen das aber tun, indem sie nach Macht in staatlichen Organisationen streben. Zuletzt hat *Sophie Schönberger* diese Funktionslogik treffend auf den Punkt gebracht: Die Handlungslogik der Parteien „ist in erster Linie auf die Erringung politischer Macht ausgerichtet. Sie ist sowohl für die Partei als kollektive Organisation als auch zunehmend für die einzelnen innerhalb der Partei agierenden Mitglieder zentral. Erreicht werden kann das verfolgte Ziel dabei in erster Linie durch die Besetzung staatlicher Ämter und Mandate mit loyalen Parteimitgliedern."[847] Die politische Rationalität der Parteien ist fokussiert auf den Ämtererwerb, da politischer Einfluss auf das Innehaben dieser Ämter angewiesen ist. In der Bevölkerung scheint das mit der idealisierten Idee der Gemeinwohlförderung nicht recht zusammenzupassen.[848] Wie kann es um das Gemeinwohl gehen, wenn es der Partei und der Parteielite nur auf die „Posten" ankommt? Müsste es nicht allein um Sachfragen gehen? Diese immer wieder auch von den Medien formulierte Kritik geht schon unzutreffend davon aus, dass Sach- von Personalfragen getrennt werden könnten: Wer Sachfragen entscheiden will, muss Inhaber der zuständigen Ämter sein. Das Problem der Parteien resultiert daher vor allem daraus, dass es ihnen nicht gelingt, diesen scheinbaren Widerspruch in der Öffentlichkeit aufzulösen. Kaum ein führender Parteipolitiker wird öffentlich zugeben, dass es ihm um seine Person und um Macht geht. Stattdessen versuchen Parteien, den (verfehlten) Erwartungen der WählerInnen und auch der Medien zu entsprechen und den Ämtererwerb als nachrangig erscheinen zu lassen, was sich dauerhaft aber nicht durchhalten lässt. Die Enttäuschung auf Seiten der WählerInnen ist dann umso größer, wenn die „wahren" Absichten ans Licht kommen. Auch von medialer Seite werden solche „unglaubwürdigen" Verhaltensweisen gern aufgenommen, während die eigene Rolle und das mangelnde Verständnis politischer Rationalitäten[849] nur selten reflektiert wird. Darüber

[845] *F. Decker*, Die Rolle politischer Parteien und ihre Regulierung, in: H. M. Heinig/F. Schorkopf (Hrsg.), 70 Jahre Grundgesetz, S. 131 (131).

[846] Siehe auch *H. Krüger*, Allgemeine Staatslehre, S. 368: Parteiaktivisten haben die Absicht, „zur Macht im Staate zu gelangen."

[847] *S. Schönberger*, Vom Suchen und Finden der Macht im Verfassungsrecht – Neujustierungen im Verständnis von Art. 21 GG, JZ 2017, 701 (705).

[848] *F. Decker*, Die Rolle politischer Parteien und ihre Regulierung, in: H. M. Heinig/F. Schorkopf (Hrsg.), 70 Jahre Grundgesetz, S. 131 (131).

[849] Dazu zuletzt erhellend *R. Sturm*, Wie funktioniert Politik? Die Beweggründe des Politischen in den Nationalstaaten und in der EU, 2018.

hinaus trägt nicht nur die ständige Selbstkritik der Parteien innerhalb der politischen Arena, sondern auch die (notwendige) strenge mediale Begleitung und die bisweilen überzogene moralische Bewertung der Parteien und ihrer Mitglieder zu ihrem schlechten Bild bei.[850] Für die Allgemeine Staatslehre besteht die Aufgabe daher darin, politische Rationalitäten zu erklären und das Verständnis in der Bevölkerung zu erhöhen. Natürlich geht es auch darum, auf Defizite hinzuweisen und Verbesserungen anzumahnen, wo der Einfluss der Parteien zu groß wird – in Deutschland erweisen sich die sogenannten „Koalitionsausschüsse" als nicht unproblematisch im Hinblick auf Transparenz und Legitimation. Wenn aber im September 2019 mehr als 100 StaatsrechtslehrerInnen die Abgeordneten des Bundestages in einem offenen Brief dazu ermahnen, eine Verkleinerung des Parlaments nicht länger deshalb zu verzögern, „weil ihnen das eigene Hemd wichtiger sei als der Gemeinwohlrock" bringt das das gesamte Unverständnis politischer Rationalitäten auf den Punkt und trägt zur Politikverdrossenheit der Bevölkerung bei.

d) Herausforderungen

Die größte Herausforderung politischer Parteien dürfte einerseits die Fragmentierung und andererseits die (postmoderne) Individualisierung der Gesellschaft sein. Während die Fragmentierung die Zahl der politischen Parteien erhöht und deren Bindungskraft reduziert,[851] führt die Individualisierung zu einem Rückgang des Interesses der Bevölkerung daran, sich dauerhaft für das Gemeinwohl zu engagieren, weil es zur ökonomischen Selbstverbesserung (scheinbar) wenig beiträgt. Es fehlt mit *Herbert Krüger* an der „sportlichen Freude am Wettstreit"[852] in Gemeinwohlbelangen. Ablesbar ist das in stetig sinkenden Mitgliederzahlen der Parteien.[853] Beide Entwicklungen erschweren die Aufgabenwahrnehmung der Parteien und verlangen nach Anpassungen des politischen Systems, um diese Funktionsbeeinträchtigungen aufzufangen. Die Parteien selbst reagieren mit dem Versuch einer stärkeren Einbindung der Parteimitglieder, um auf diesem Wege die Parteimitgliedschaft attraktiver zu gestalten. Das ist allerdings nur bis zu einem gewissen Punkt durchführbar, zudem zeigen Personen wie *Donald Trump*, *Boris Johnson* und *Jeremy Corbyn,* dass die Wahl des oder der Parteivorsitzenden durch die Parteimitglieder einen radikalisierenden Effekt haben kann. In den USA wäre ein *Donald Trump* jedenfalls verhindert worden, wenn die SpitzenkandiatInnen wie bis in die Mitte des letzten Jahrhunderts

---

[850] *M. Morlok/H. Merten*, Parteienrecht, S. 41 f.

[851] Ablesbar an der (steigenden) Zahl der WechselwählerInnen.

[852] *H. Krüger*, Allgemeine Staatslehre, S. 371.

[853] Siehe dazu auch *A. Thiele*, Verlustdemokratie, S. 254 ff. Siehe auch *J. Krüper*, Krise als Lebensform, in: A. Thiele (Hrsg.), Legitimität in unsicheren Zeiten, S. 115 (128 ff.).

üblich von der Parteiführung bestimmt worden wären. Ob die Ausweitung von Mitgliederbeschlüssen der richtige Schritt ist, wird sich zeigen. Eine gewisse Skepsis erscheint angebracht,[854] auch weil die Mitglieder nicht immer die notwendige Sensibilität für die funktionellen Unterschiede mitbringen, mit denen vor allem Regierungsparteien umgehen müssen. Unrealistische Parteitagsbeschlüsse können die Regierungstätigkeit lahmlegen. Insgesamt dürfte der Erfolg solcher und anderer innerparteilicher Reformprozesse zur Wiederbelebung der Parteien begrenzt sein und könnte mit erheblichen Nebenwirkungen einhergehen, die bisher nicht abzusehen sind. Wenngleich der Versuch der Parteien das Parteileben attraktiver zu gestalten zu begrüßen ist, dürfte es vornehmlich darauf ankommen, die Relevanz von Parteien und deren Bedeutung für die Demokratie in der Öffentlichkeit wieder zu schärfen, das „Standing" der Politik – auch und gerade der Kommunalpolitik – zu verbessern und die BürgerInnen wieder für Politik zu begeistern. Das Volk darf auch in einer repräsentativen Demokratie nicht zur „passiven Masse"[855] werden. Die Allgemeine Staatslehre muss dazu ihren Beitrag leisten.

2. *Interessenverbände*

Die soziale Rollendifferenzierung in der modernen Wirtschaftsgesellschaft bringt unterschiedliche Gruppeninteressen hervor, die sich im Laufe der Zeit organisiert haben (Pluralismus). Solche Interessenverbände wirken in unterschiedlicher Form auf den politischen Diskurs ein, wobei der Grad des Einflusses zentral von der Finanzkraft des Verbandes abhängt.[856] Daraus folgt, dass der Einfluss der Wirtschaftsverbände deutlich über denjenigen hinausgeht, den etwa soziale, kulturelle oder auch Umweltverbände[857] ausüben. Demokratietheoretisch erweist sich das vor dem Hintergrund der fundamentalen Idee der Gleichheit als nicht unproblematisch und muss schon deshalb von der Allgemeinen Staatslehre kritisch begleitet werden.

a) Begriff und Typologie

Auch bei den Interessenverbänden handelt es sich um organisatorisch verfestigte Zusammenschlüsse von Menschen, die sich jedoch im Hinblick auf

[854] Siehe auch *F. Decker*, Die Rolle politischer Parteien und ihre Regulierung, in: H. M. Heinig/F. Schorkopf (Hrsg.), 70 Jahre Grundgesetz, S. 131 (146).

[855] *H. Krüger*, Allgemeine Staatslehre, S. 371.

[856] Vgl. *H. Krüger*, Allgemeine Staatslehre, S. 384: „In diesem Zusammenhang ist an erster Stelle die Finanzkraft der Verbände zu nennen."

[857] Allerdings wird die schwächere Finanzkraft hier teilweise durch öffentliche Unterstützung kompensiert wie das Beispiel „Fridays for Future" zeigt.

ihre Zielsetzung und die eingesetzten Mittel von Parteien unterscheiden. Ihr Ziel liegt nicht in der Förderung des Gemeinwohls, sondern partikularer, in der geteilten sozialen Rolle wurzelnder Gruppeninteressen (was die Verbände nicht davon abhält, diese eigenen Interessen durch die Berufung auf das Gemeinwohl zu überhöhen).[858] Dieses Ziel wird nicht durch Beteiligung an Wahlen oder durch Besetzung staatlicher Positionen, sondern durch vielfältige Formen der indirekten Einflussnahme verfolgt, die von informellen Gesprächen, der Beteiligung an parlamentarischen Anhörungen, der Ausrichtung von Konferenzen bis hin zu komplexen Medienkampagnen reichen können.[859] Statt von einem Interessenverband wird teilweise auch von Lobbyverband oder „pressure group" gesprochen, während eine reine Interessen*gruppe* zwar die gleichen Ziele verfolgt, organisatorisch aber (noch) nicht so verfestigt ist (Beispiel: Fridays for Future). In einem solch weiten Sinne können auch Bürgerinitiativen den Interessengruppen zugeordnet werden, wenngleich diese eine sehr punktuelle und oftmals zeitlich begrenzte Interessenwahrnehmung praktizieren, in den letzten Jahren aber an Bedeutung zu gewinnen scheinen.

Die immense Zahl an Interessenverbänden macht eine Typologisierung unvermeidlich – allein in Deutschland finden sich mehr als 5000 Interessenverbände, deren Einfluss und Bekanntheitsgrad sehr unterschiedlich ist. Für eine solche Typologisierung bieten sich unterschiedliche Anknüpfungspunkte an (Mitgliedschaft, Zugänglichkeit, Organisationsstruktur), am sinnvollsten scheint eine Einteilung nach konkreten Handlungsfeldern, da damit auch die Unterschiede im Einfluss sichtbar werden. Es lassen sich folgende Handlungsfelder unterscheiden:

- *Wirtschafts- und Arbeitssystem*. Gewerkschaften bilden die ersten bedeutenden Interessenverbände überhaupt und entstanden in der zweiten Hälfte des 19. Jahrhunderts in Großbritannien, den USA und Deutschland. Während sich ihre Organisation teilweise erheblich voneinander unterscheidet, geht es ihnen generell um die Verbesserung der Lohn- und Arbeitsbedingungen der ArbeitnehmerInnen und eine sozial- und wirtschaftspolitische sowie um eine allgemeinpolitische Einflussnahme. Historisch besteht meist eine Verbindung zu sozialdemokratischen Parteien, die aber in den letzten Jahren aufgrund sich wandelnder wirtschaftlicher

[858] In Deutschland tritt etwa der „Bund der Steuerzahler" immer wieder als legitime Vertretung aller Steuerzahler auf und suggeriert schon durch die geschickte Namensgebung eine Orientierung am Gemeinwohl.

[859] In Deutschland tritt etwa die „Initiative neue soziale Marktwirtschaft" immer wieder in überregionalen Medien mit ihren Forderungen auf. Auch diese suggeriert dabei geschickt, dass es ihr um die Verfolgung von Gemeinwohlinteressen geht, während es ihr tatsächlich um die Förderung neoliberaler Vorstellungen geht.

Rahmenbedingungen abgenommen hat. Ihre Stärke hängt vom Organisationsgrad ab, der allerdings seit einiger Zeit tendenziell fällt.[860] Insgesamt scheinen Gewerkschaften ihre Rolle in diesem veränderten ökonomischen Umfeld noch nicht gefunden zu haben.
Ebenfalls diesem Handlungsfeld zuzuordnen sind die Wirtschaftsorganisationen der Unternehmen und Investoren, die historisch meist als Reaktion auf Gewerkschaften entstanden sind, wobei Unternehmensinteressen allerdings vielfältiger sind als die Interessen der ArbeitnehmerInnen. Den Unternehmensverbänden geht es entweder um die wirtschaftspolitischen Interessen der Unternehmen als Marktsubjekte, um arbeits- und sozialpolitische Interessen der ArbeitgeberInnen oder um die Sicherung der Selbstverwaltungsaufgaben der Wirtschaft. Der Einfluss solcher Verbände und Interessengruppen ist aufgrund der beachtlichen finanziellen Mittel erheblich, hinzu kommt die latente Drohung mit dem Wegzug und dem Verlust von Arbeitsplätzen. In Deutschland sind die Automobil-, die Pharma- und die Energiebranche zu nennen, in den USA etwa die Waffenlobby NRA, ebenso aber die Pharmaindustrie oder die Erdöllobby.
Verbraucherverbände haben meist einen geringeren Einfluss, was auch an den divergierenden Interessen der VerbraucherInnen liegt, die sich nur schwer organisieren lassen. Zudem fällt die finanzielle Schlagkraft im Vergleich zu den Wirtschaftsverbänden geringer aus.

- *Sozialsystem.* Entsprechende Verbände setzen sich generell für sozial schwächere Mitglieder der Gesellschaft ein oder vertreten die Interessen bestimmter benachteiligter sozialer Gruppen (ethnische Minderheiten, Geschädigtenverbände). Ihr Einfluss ist angesichts ihrer finanziellen Ausstattung geringer als derjenige der Wirtschaftsverbände. Teilweise handelt es sich eher um Interessengruppen, die loser organisiert sind.
- *Umwelt.* Auch hier lassen sich allgemeine von spezielleren Verbänden unterscheiden. Erneut hängt ihre Schlagkraft von der finanziellen Ausstattung ab. Da diese Verbände meist nur geringe Mitgliedsbeiträge erheben, sind sie in erheblichem Umfang von Spenden abhängig. Greenpeace und der WWF als den wohl größten Verbänden in diesem Bereich kommt dadurch ein beachtlicher Einfluss zu, der aber gleichwohl nicht an denjenigen der Wirtschaftsverbände heranreichen dürfte. Angesichts einer gestiegenen gesellschaftlichen Relevanz des Nachhaltigkeits- und Umweltthemas (Klimawandel) zeigen sich hier zuletzt gewisse Verschiebungen, so dass selbst eine relativ lose organisierte Gruppierung wie „Fridays for Future" auf der politischen Ebene (weltweit) wahrgenommen wird. Hinzu kommt der Umstand, dass in manchen Rechtsordnungen Umweltverbände mit besonderen Klagerechten ausgestattet worden sind („Verbandsklage").

---

[860] *C. Crouch*, Gig Economy, S. 56 ff.

- *Freizeit*. Hierbei handelt es sich vor allem Sportverbände. Abhängig von der gesellschaftlichen (und damit finanziellen) Bedeutung kann der Einfluss beachtlich sein. Allerdings ist in diesen Fällen der Übergang zum Wirtschaftsverband meist fließend (IOC, FIFA, UEFA, DFB). Kleinere sportliche Verbände dringen hingegen nur bedingt zur politischen Ebene durch.
- *Kultur*. Etwa Museums- oder Musikverbände. Ihr Einfluss ist meist gering, was am geringen finanziellen Budget liegt.

b) Funktionen und Methoden

Interessenverbände versuchen Einfluss auf politische Entscheidungsträger zu nehmen, indem sie Interessen artikulieren, in konkrete Forderungen umsetzen und gegenüber der politischen Ebene (offensiv) vertreten. Sie entwickeln eine hohe Professionalität, selektieren und priorisieren die Interessen und erhöhen ihre Schlagkraft durch vorherige Klärung von Interessenkonflikten innerhalb des Verbandes. Der Einfluss wird geltend gemacht durch informelle Gespräche – etwa auf selbstorganisierten Konferenzen oder direkt in den Ministerien –, formale Beteiligungen an parlamentarischen Anhörungen oder das Anbieten oder Finanzieren gutachterlicher Expertisen. Je nach finanzieller Schlagkraft des betroffenen Verbandes wird dieses Vorgehen durch öffentlich wirksame Medienkampagnen und Werbung unterfüttert.[861] Dem Ziel entsprechend ist in der Regel die staatliche Exekutive Hauptadressat der Verbände und zwar in einer möglichst frühen Phase der Entscheidungsfindung. Die Verbände bieten ihre Expertise daher bereits bei der Erstellung von Gesetzesentwürfen an und sind in manchen Fällen gar institutionell in den Ministerien verankert. Noch einmal gesteigert wird der Einfluss, wo Ministerposten direkt mit Verbandsmitgliedern besetzt werden, wenngleich das in der Regel nicht der primären Zielsetzung der Verbände entspricht. Neben der Regierung bildet das Parlament einen bedeutenden Adressaten der Lobbyarbeit – jeder Abgeordnete wird von Lobbygruppen besucht und erhält Einladungen zu entsprechenden Veranstaltungen. Besonders stark ist die Lobbyarbeit im Parlament zwangsläufig in präsidentiellen Regierungssystemen ausgeprägt, da dem Präsidenten kein Initiativrecht und dem Parlament damit eine besondere Machtposition zukommt. Die Justiz wird nur selten direkt adressiert, bisweilen wird aber versucht, sie zur (medial

[861] So ist der Präsident des deutschen „Bundes der Steuerzahler" regelmäßiger Gast in einer Unterhaltungsshow, in der die Verschwendung öffentlicher Gelder in erstaunlich naiver Form angeprangert wird. Der Bund der Steuerzahler erreicht dadurch ein Millionenpublikum zur Verbreitung seiner Botschaften. Auch die neoliberale „Initiative Neue Soziale Marktwirtschaft" fällt immer wieder mit großen Werbeanzeigen in überregionalen Zeitungen auf.

offensiv begleiteten) Durchsetzung eigener Interessen zu nutzen (etwa durch strategische Prozessführung im Bereich des Umwelt- oder Klimaschutzrechts).[862] Schließlich wenden sich Interessenverbände auch unmittelbar an die politischen Parteien und KandidatInnen, insbesondere durch finanzielle Unterstützung oder Mobilisierung der eigenen Mitglieder für eine bestimmte Partei. Eher selten ist es, dass Interessenverbände eigene Parteien gründen. Da sie bei allen politischen Parteien Gehör finden wollen, wäre das allerdings auch eher kontraproduktiv – gerade größere Verbände lassen daher auch allen Parteien Finanzspenden zukommen.

c) Probleme und Aufgabe der Allgemeinen Staatslehre

Lobbyarbeit und die Wahrnehmung von Partikularinteressen zur Beeinflussung des politischen Diskurses ist per se nicht verwerflich. Tatsächlich wäre rationale demokratische Gesetzgebung ohne die Expertise der verschiedenen Lobbygruppen in vielen Fällen gar nicht möglich. Die MinisterialbeamtInnen und Abgeordneten sind zur Abfassung der Gesetzentwürfe auf den Input durch die Interessengruppen angewiesen, können nicht selten erst dadurch nachvollziehen, wo die eigentlichen Probleme und für die Praxis sinnvolle Lösungen liegen. Lobbyismus verbieten zu wollen, erweist sich vor diesem Hintergrund als ebenso unrealistisch wie verfehlt. Gleichwohl ist Lobbyismus nicht immer unproblematisch. Vor dem Hintergrund der politischen Gleichheit ist entscheidend, dass die knappe Ressource „Zugang zu politischen EntscheidungsträgerInnen" für die verschiedenen Interessenverbände erstens einigermaßen gleich verteilt ist und zweitens in ausreichend transparenter Form erfolgt. In beiden Bereichen zeigen sich in praktisch allen demokratischen Verfassungsstaaten Defizite. So hängen Zugang und Einfluss signifikant von den finanziellen Ressourcen ab, wodurch wirtschaftliche Interessen tendenziell über- und andere gesellschaftliche Interessen untergewichtet werden. Entgegen theoretischen Erwartungen kommt es nicht zu einem Ausgleich durch die ausgewogene Artikulation von Gegeninteressen durch konkurrierende Interessenverbände. Dieser Umstand erklärt die politischen Schwierigkeiten bei der Umsetzung selbst gesteckter Umwelt- und Emissionsziele wie dem Pariser Abkommen. Nicht-wirtschaftliche Interessen setzen sich nur durch, wenn der öffentliche Druck („Fridays for Future") erheblich ist, während die Berücksichtigung wirtschaftlicher Interessen auf der politischen Tagesordnung steht. Typisch ist der Verweis auf die Beein-

[862] Bekannt wurden in Deutschland im Jahr 2019 etwa die zahlriechen Klagen von Umweltverbänden gegen die Nichteinhaltung der Luftreinheitsgrenzwerte. Anfang 2020 wurde beim Bundesverfassungsgericht zudem eine „Klimaschutzklage" (eine Verfassungsbeschwerde) erreicht. Letzere dürfte kaum Aussicht auf Erfolg haben, hat aber erhebliche mediale Aufmerksamkeit erfahren.

trächtigung der Wettbewerbsfähigkeit, der dem noch herrschenden „politischen Paradigma“[863] folgend zu einem generellen „Diskurs-Bias“ zugunsten ökonomischer Interessen geführt hat.[864] Auch hinsichtlich der Transparenz besteht in vielen demokratischen Verfassungsstaaten noch Verbesserungsbedarf. Zwar nimmt die Zahl der Lobbyregister stetig zu. Wer sich wann mit wem getroffen und was besprochen hat, ist aber weiterhin nur schwer für die Öffentlichkeit erkenn- und damit in der folgenden Wahlentscheidung sanktionierbar. Hier kann und muss die Allgemeine Staatslehre aufzeigen, wie Zugang und Transparenz verbessert werden können, da andernfalls auch die Legitimität der politischen Ordnung beeinträchtigt werden kann.

3. Kirchen und Religionsgemeinschaften

Der demokratische Verfassungsstaat hat sich in einem jahrhundertelangen Prozess den Primat über die Kirchen und die Religionsgemeinschaften gesichert (Säkularisierung).[865] Er hat dadurch aber das Religiöse nicht vollständig aus dem öffentlichen Leben verbannt. Vermittelt über die Kirchen und Religionsgemeinschaften spielt es im politischen Diskurs vielmehr weiterhin eine unterschiedlich große Rolle. Das gilt unabhängig von der Frage, wie das konkrete Verhältnis des Staates zur Religion sich in Folge der Säkularisierung entwickelt hat.[866] Während die Trennung der beiden Bereiche und die staatliche Vorrangstellung in keinem demokratischen Verfassungsstaat in Frage gestellt wird (oder werden darf),[867] ist ihr Ausmaß bis heute nicht einheitlich, vielmehr eine „Frage des Grades“[868] und reicht vom strengen Laizismus französischer Prägung bis zum Fortbestand einer formalen Staatskirche wie in England, Dänemark oder Griechenland. Die formale Ausgestaltung sagt über das Ausmaß des tatsächlichen Einflusses der Kirchen und Religionsgemeinschaften auf die Politik allerdings überraschend wenig aus. So ist die Bedeutung der griechisch-orthodoxen Kirche in Griechenland wohl tatsächlich vergleichsweise stark, wie man es angesichts ihres Status als

[863] Dazu *A. Reckwitz*, Das Ende der Illusionen, S. 239 ff.

[864] Dazu *A. Thiele*, Verlustdemokratie, S. 169 ff.

[865] Dazu *A. Thiele*, Der gefräßige Leviathan, S. 59 ff.

[866] Zur historischen Entwicklung in Deutschland *H. M. Heinig*, Prekäre Ordnungen, 2018.

[867] Knapp zur entgegenstehenden „Koordinationslehre“, die in der jungen Bundesrepublik noch sehr erfolgreich war und die von einer Gleichordnung von Staat und Kirche ausging *H. Dreier*, Religionsverfassung in 70 Jahren Grundgesetz – Rückblick und Ausblick, JZ 2019, 1005 (1008).

[868] *H. Krüger*, Allgemeine Staatslehre, S. 50 f. Zu Recht hält *Dreier* aaO u.a. fest, dass diese Lehre den „den Suprematieanspruch auch und gerade des freiheitlichen Verfassungsstaates“ verkannte.

Staatskirche erwarten würde. In England und Dänemark ist das hingegen nicht der Fall, obwohl auch dort eine Staatskirche besteht. In den USA, die keine Staatskirche kennen,[869] ist der Einfluss zumindest im mittleren Westen erheblich, in den Metropolen des Ostens und Westens kleiner. Auch in Polen hat die Katholische Kirche (keine Staatskirche) im Wahlkampf 2019 ihre besondere Stellung in der Gesellschaft offenbart und ist mit konservativen Ansichten prominent in der Öffentlichkeit aufgetreten. Deutschland reiht sich mit seinen komplexen verfassungsrechtlichen Bestimmungen, dem neuerdings als „Religionsverfassungsrecht"[870] bezeichneten Komplex in der Mitte ein. Jedenfalls die großen christlichen Kirchen werden in moralisch-ethischen Fragen durchaus gehört. Wie groß der Einfluss im Einzelnen ist, lässt sich allerdings nur schwer sagen. Formale Wahlaufrufe durch die Kirchen finden in Deutschland zumindest nicht mehr statt, allerdings wird in öffentlichen Auftritten – etwa den Kirchentagen – teilweise sehr deutlich Position zu einzelnen Fragestellungen bezogen. Von einer Säkularisierung auch der Gesellschaft kann keine Rede (mehr) sein, in manchen Staaten scheint der Einfluss des Religiösen vielmehr eher zu-, denn abzunehmen. Hier stellen sich auch für die Allgemeine Staatslehre bedeutende Fragen, nicht zuletzt im Hinblick auf die Verwirklichung der den „neutralen Staat" prägenden Religionsfreiheit.[871] Wo der Einfluss einzelner Religionen auf den Staat zu groß wird und Entscheidungen massiv von religiösen Ansichten geprägt werden, wird man von einem neutralen Staat nur schwer sprechen können. Das zeigt sich in Indien, wo sich die muslimische Minderheit zunehmend Repressalien durch die hinduistische Regierung unter *Narendra Modi* ausgesetzt sieht. Auch in Ungarn wird vor dem Hintergrund der erheblichen Migrations- und Fluchtbewegungen immer wieder die besondere christliche Tradition betont. Mit dem Konzept des demokratischen Verfassungsstaates ist das bisweilen nur schwer zu vereinbaren.

4. (Internationale) Unternehmen und Superreiche

Ab einer gewissen Finanzkraft, Größe und ökonomischen Bedeutung sind Unternehmen nicht mehr auf eine Interessenbündelung durch Verbände angewiesen und können ihre Interessen selbstständig in den politischen Raum tragen. Das gilt vor allem für multinationale Unternehmen, die unter Verweis

[869] Hier garantiert nach überwiegender Ansicht der erste Zusatzartikel eine strikte Trennung der staatlichen und religiösen Ebene.

[870] Umfassend *H. M. Heinig/C. Walter* (Hrsg.), Staatskirchenrecht oder Religionsverfassungsrecht?, 2007. Zur historischen Prägungen des deutschen Religionsrechts *H. M. Heinig*, Prekäre Ordnungen, 2018. Zur Entwicklung unter dem Grundgesetz *H. Dreier*, Religionsverfassung in 70 Jahren Grundgesetz – Rückblick und Ausblick, JZ 2019, 1005 ff.

[871] Vgl. dazu zuletzt für Deutschland *H. Dreier*, Staat ohne Gott, 2018.

auf eine mögliche Beeinträchtigung der (internationalen) Wettbewerbsfähigkeit staatliche Einflussnahmen (Steuererhöhungen oder sonstige Regulierungen) oft abzuwehren in der Lage sind, auch weil implizit mit drastischem Arbeitsplatzabbau oder schlimmstenfalls Wegzug gedroht wird.[872] Zum „Showdown" zwischen politischer Ebene und Unternehmen kommt es meist nicht, dass den Drohungen Taten folgen würden, ist bei näherer Betrachtung eher unwahrscheinlich, bleibt letztlich aber offen: „Wirtschaftspolitisch bedeutet dies, dass Markt- und Wettbewerbsstrukturen flächendeckend implementiert werden, und zwar mit dem alles überragenden Ziel der Herstellung und Sicherung von Wettbewerbsfähigkeit."[873] Multinationale Unternehmen können sich demokratischer (Steuer-) Gestaltung dadurch in vielen Bereichen wirksam entziehen („Postdemokratie")[874] und vermögen zugleich ihre Steuerlasten durch komplexe internationale Verflechtungsstrukturen auf ein Minimum zu reduzieren. Das hat Lücken im Staatshaushalt und eine defizitäre Infrastruktur zur Folge.[875] Aktuell betrifft das vor allem digitale Unternehmen wie Facebook, Microsoft, Apple, Amazon oder Google, die sich zudem gegen Datenschutzregulierungen erfolgreich zur Wehr setzen und ihren Einflussbereich durch den Ankauf weiterer Unternehmen und die Ausweitung und Vernetzung ihrer Geschäftsbereiche stetig ausdehnen. Auf absurde Weise zeigte sich diese politische Macht, als Amazon nordamerikanische Regionen offiziell dazu aufrief, sich als Standort einer neuen Amazon-Zentrale („HQ2") zu „bewerben".[876] 238 Städte aus Amerika, Kanada und Mexiko folgten dem Aufruf und boten neben teilweise abstrusen Vorteilen (u.a. Umbenennung) vor allem eines: Massive Steuererleichterungen und Subventionen, wie sie keinem anderen Unternehmen zukommen. Als Sieger wurden New York und Arlington in Virginia ausgewählt, die Amazon einen finanziellen „Anreiz" von deutlich mehr als drei Milliarden (!) Dollar boten. Wegen massiver Bürgerproteste zog New York seine Bewerbung letztlich wieder zurück, was immerhin zeigt, dass die Macht der Unternehmen weiterhin gewisse Grenzen kennt. Von den Republikanern wurde das allerdings umgehend als Beleg der Wirtschaftsunfreundlichkeit der Demokraten angesehen. Zuletzt hat die Europäische Kommission versucht, gegen das Steuerdumping in einigen Mitgliedstaaten (allen voran Irland) mit Hilfe des Bei-

---

[872] Vgl. *A. Thiele*, Verlustdemokratie, S. 106 ff. Umfassend auch *E. Saez*/*G. Zucman*, The Triumph of Injustice. How the Rich Dodge Taxes and How to Make Them Pay, 2019.

[873] *A. Reckwitz*, Die Gesellschaft der Singularitäten, S. 375.

[874] *C. Crouch*, Postdemokratie, 2008. Siehe auch *ders.*, Das befremdliche Überleben des Neoliberalismus, 2011 sowie *ders.*, Ist der Neoliberalismus noch zu retten?, 2018.

[875] Das gilt heute vor allem in den USA, vgl. *P. Ther*, Das andere Ende der Geschichte, S. 59 ff.

[876] Für ein anderes Beispiel Microsoft betreffend *P. Ther*, Das andere Ende der Geschichte, S. 70 f.

hilfenrechts vorzugehen. Das war partiell erfolgreich, bleibt allerdings im weltweiten Maßstab die Ausnahme.

Unterhalb der internationalen Ebene können auch kleinere Unternehmen erheblichen Einfluss auf regionale politische Entscheidungsträger nehmen. Die Mechanismen sind hier ähnlich gelagert. Insbesondere dort, wo Regionen in wirtschaftlicher Hinsicht auf ein bestimmtes Unternehmen ausgerichtet sind (man denke an Wolfsburg in Niedersachsen im Hinblick auf das Unternehmen VW, aber auch in früheren Zeiten Detroit in Michigan/USA), wird diese faktische Abhängigkeit teilweise offen zur Durchsetzung von Unternehmensinteressen genutzt. Typisch ist die Drohung mit Gewinnumstrukturierungen, die massive Auswirkungen auf die regionalen Steuererträge haben könnten – eine Option, die nicht zuletzt das deutsche Gewerbesteuerrecht eröffnet.

In ähnlicher Weise vermögen schließlich „superreiche" Privatpersonen ihren Interessen auf der politischen Ebene Geltung zu verschaffen. Der Begriff „Superreiche" ist zweifellos unpräzise. Man wird objektiv nur schwer angeben können ab welcher Reichtumsschwelle eine Person als „superreich" angesehen werden kann.[877] Dass es „Superreiche" gibt, zeigt aber der Blick auf die jährlich veröffentlichte Forbes-Liste.[878] Im Jahr 2019 wurde sie angeführt von *Jeff Bezos* mit einem privaten Vermögen von rund 100 Milliarden Euro. Es folgen *Bill Gates* (96 Milliarden Euro), *Bernard Arnault* (86 Milliarden Euro), *Warren Buffet* (75 Milliarden Euro) und *Amacio Ortega* (63 Milliarden Euro). Auf dem 100. Platz findet sich *Eric Schmidt* mit „nur" 13 Milliarden Euro. Solche gigantischen Vermögen eröffnen nicht nur Zugänge zu politischen EntscheidungsträgerInnen, häufig nutzen die betreffenden Personen Teile ihres Vermögens für soziale Zwecke. Am bekanntesten dürfte die „Bill and Melinda Gates Stiftung" sein, die mit einem Stiftungskapital von rund 37 Milliarden Dollar ausgestattet ist und sich für globale Entwicklung, globale Gesundheit und in den USA vor allem für Bildung einsetzt. Ein solches Engagement scheint zunächst nicht verwerflich. Zu beachten ist aber, dass solche Stiftungen auch das Verhalten staatlicher Institutionen in diesem Bereich beeinflussen, insbesondere dort, wo beide Seiten miteinander kooperieren. Welche Projekte von den privaten Stiftungen gefördert werden, unterliegt keiner demokratischen Kontrolle, wird von diesen eigenständig (willkürlich) bestimmt. Sie können dabei auch Kriterien aufstellen, von denen eine Kooperation mit staatlichen Institutionen abhängt. Demokratie-

---

[877] Siehe dazu auch *C. Neuhäuser*, Reichtum als moralisches Problem, S. 74 ff.

[878] Siehe auch *A. Reckwitz*, Das Ende der Illusionen, S. 271: „Die neoliberale Steuerpolitik, die zugunsten der privaten Konsumenten einer Steuersenkungspolitik im großen Stil war, hat zudem die Entstehung einer kleinen Gruppe von Superreichen begünstigt, deren Einkommen und Vermögen jedes Maß sprengen und somit der sozialen Ungleichheit neue Dimensionen geben."

theoretisch kann sich das als Problem darstellen. Jedenfalls sieht die grundsätzliche Arbeitsteilung des modernen Staates eine solchermaßen bestimmende Integration privater Akteure in die Erfüllung öffentlicher Aufgaben wie Entwicklungshilfe prinzipiell nicht vor.

5. *Finanzmarktakteure*

Während die Finanzmärkte lange Zeit lediglich als eine Art „Hilfswirtschaft für die Realwirtschaft“ angesehen wurden hat sich das seit Mitte des 20. Jahrhunderts kontinuierlich gewandelt.[879] Die Finanzwirtschaft avancierte seitdem zum gleichberechtigten Partner der Realwirtschaft und hatte auch als Arbeitgeber erheblichen Anteil am Sozialprodukt. Während zunächst noch die eigentliche Aufgabe der Finanzwirtschaft – die Versorgung der Realwirtschaft mit Finanzmitteln im Vordergrund stand –, koppeln sich die Finanzmärkte in den letzten Jahrzehnten stärker von der Realwirtschaft ab. Das beruht zum einen auf den sich rasant entwickelnden technologischen Möglichkeiten des Kapitaltransfers und den damit zusammenhängenden Finanzinnovationen,[880] zum anderen auf der seit Auflösung des Bretton-Wood-Systems Anfang der siebziger Jahre des letzten Jahrhunderts zunehmenden Liberalisierung der Finanzmärkte. Die Anlagemöglichkeiten für die Investoren haben sich erheblich gesteigert, sind nicht mehr national oder gar regional begrenzt.[881] Verbunden mit dem zunehmenden Reichtum der Erdöl exportierenden Länder einerseits („Petrodollars“)[882] und der durch die Ölkrisen gestiegenen Verschuldung vieler Industrienationen entstanden weltweit neue Handelsplätze („Globalisierung“). Gewinne lassen sich mehr und mehr unabhängig von der Entwicklung der (nationalen) Realwirtschaft erzielen[883] – die Entwicklung der Aktienkurse hat in manchen Fällen keinen

---

[879] Ausführlich dazu *A. Thiele*, Finanzaufsicht, S. 69 ff.

[880] *A. Steinherr*, Derivatives: The Wild Beast of Finance, S. 11 f. mit interessanten, wenngleich nicht mehr aktuellen Zahlenvergleichen im Hinblick auf die Kosten der Datenspeicherung und -verschickung in den letzten Jahrzehnten auf S. 12. Siehe auch *K. Pilbeam*, Finance and Financial Markets, S. 12 f.

[881] Vgl. *J. J. Norton*, NIFA-II or ‚Bretton Woods-II‘?: The G-20 (Leaders) summit process on managing global financial markets and the world economy – quo vadis?, Journal of Banking Regulation 11 (2010), 261 (264 f.). Zu dieser Entwicklung auch *S. Lütz*, Der Staat und die Globalisierung der Finanzmärkte, S. 152 ff.

[882] Dazu auch *C. Tietje*, Architektur der Weltfinanzordnung, Beiträge zum Transnationalen Wirtschaftsrecht, Heft 109, S. 15.

[883] Vgl. auch *C. Calliess*, Finanzkrisen als Herausforderung der internationalen, europäischen und nationalen Rechtsetzung, VVDStRL 71 (2012), 113 (120): „Im Zuge dessen schafft der Finanzmarkt immer neue Angebote, etwa in Form von Finanzderivaten, die mit der Finanzierung von Realgeschäften immer weniger zu tun haben.“ Vgl. auch *C. v. Braun*, Der Preis des Geldes, S. 259 ff.

konkreten realwirtschaftlichen Hintergrund. Die Finanzwirtschaft löst sich immer stärker von ihrer unmittelbaren Verknüpfung mit der (nationalen) Realwirtschaft und verdrängt diese in eine Nebenrolle. Wesentliche Entscheidungen werden über (nicht selten kurzfristige) Investitionsentscheidungen auf den Finanzmärkten getroffen, während die Realwirtschaft auf diese nur noch reagiert, anstatt sie – wie bisher – zu determinieren. „Das Geld steuert – nicht umgekehrt.“[884] Die Spekulation auf die Kursentwicklung neuartiger Finanzprodukte (Derivate) hat einen Zeithorizont von deutlich unter einem Jahr, bisweilen noch kürzer, während langfristige Finanzierungskonzepte aus dem Blick geraten.[885] Die in der Realwirtschaft tätigen und auf Finanzmittel angewiesenen Unternehmen müssen sich diesen Anlagestrategien der Investoren anpassen und vernachlässigen daher ihrerseits die langfristige Entwicklungsperspektive des Unternehmens zugunsten kurzfristiger Gewinnmöglichkeiten für die Investoren („shareholder value“). Gedacht wird von Bilanzquartal zu Bilanzquartal, das auch die Grundlage der Entscheidungen der Investoren darstellt. Trotz dieser in die Kritik geratenen Schwerpunktverschiebung erfüllt die Finanzwirtschaft darüber hinaus aber weiterhin Finanzierungsfunktionen für die Realwirtschaft und für den Staat und bleibt ein bedeutender Faktor für das nationale Sozialprodukt.[886]

Der Staat hat angesichts dieser enormen Bedeutung der Finanzwirtschaft und der Finanzmärkte ein erhebliches Interesse an der Gewährleistung ihrer Funktionsfähigkeit, um Funktionsstörungen der Realwirtschaft zu verhindern, Arbeitsplätze zu erhalten, die Finanzierung von Staatsaufgaben zu sichern (Staatsverschuldung) und – als vergleichsweise neue Entwicklung – auch die private Altersvorsorge zu ermöglichen. Mit dieser großen (zu großen?) Bedeutung geht eine besondere Stellung der unterschiedlichen Finanzmarktakteure einher, die erheblichen Einfluss auf politische Entscheidungsträger auszuüben vermögen. Sichtbar wurde das in der griechischen Staatsschuldenkrise, in der die finanzielle Rettungspolitik der Eurostaaten zu großen Teilen dadurch motiviert war, einen Zusammenbruch der Finanzmärkte und systemisch relevanter Großbanken (nicht zuletzt in Deutschland und Frankreich) zu verhindern. Die tatsächliche oder vermeintliche systemische Relevanz großer Finanzmarktakteure übt so Druck auf die politischen Entscheidungsträger aus, die sich faktisch nicht gegen eine finanzielle Rettung entscheiden können, wenn Zustände wie nach der Insolvenz der Investmentbank Lehman-Brothers vermieden werden sollen – ein Problem,

---

[884] *C. v. Braun*, Der Preis des Geldes, S. 261.

[885] *S. Lütz*, Der Staat und die Globalisierung von Finanzmärkten, S. 20 f. Instruktiv zur Entwicklung der „Finanzkultur“ in den USA *R. Chappe/E. Nell/W. Semmler*, On the History of U.S. Financial Culture, in: W. Abelshauser/D. A. Gilgen/A. Leutzsch (Hrsg.), Kulturen der Weltwirtschaft, S. 59 ff.

[886] Siehe auch *K. Pilbeam*, Finance and Financial Markets, S. 459.

das weiterhin nicht gelöst ist und zu dem sich auch die Allgemeine Staatslehre verhalten muss. Zu einem gewissen Grad vermögen die Finanzmarktakteure damit den politischen Takt vorzugeben, was sich nur ändern ließe, wenn man die Finanzmärkte wieder stärker in ihre Finanzierungsfunktion zurückdrängen würde. Entsprechende politische Initiativen sind allerdings nicht erkennbar. An dieser Stelle können nicht sämtliche Finanzmarktakteure behandelt werden. Eine Skizze der wichtigsten muss genügen:

- *Geschäftsbanken.* Diese betreiben das Einlagengeschäft, führen Kapitalgeber und Kapitalnehmer zusammen und sorgen für eine angemessene Finanzausstattung der Realwirtschaft. In den letzten Jahren zeigt sich allerdings eine erhebliche Veränderung der Kreditvergabepraxis. Kredite werden häufiger für Investitionen in bereits bestehende Vermögenswerte (Aktien, Immobilien) und seltener für innovative Projekte der Realwirtschaft vergeben. Hintergrund bilden die höheren Renditemöglichkeiten in diesem Bereich. Das ist aus ökonomischer Sicht verständlich, reduziert aber die Steuerungsmöglichkeiten der Zentralbanken und trägt dazu bei, dass nicht ausreichend realwirtschaftliche Investitionen erfolgen. Aufgrund des Geldschöpfungsmonopols der Geschäftsbanken[887] steigt die Geldmenge dadurch stetig an, ohne dass dies inflationäre Effekte (für die Verbraucherpreise) nach sich ziehen würde. Angesichts ihrer Bedeutung für die Gesellschaft – Inhaber eines Einlagenkontos zu sein ist heute Voraussetzung für die Teilnahme am Wirtschaftsverkehr – und ihrer Vernetzung mit anderen Finanzmarktakteuren genießen Geschäftsbanken ab einer bestimmten Größe und Vernetzung eine Art Bestandsschutz (systemisch relevante Institute). Das Financial Stability Board (FSB)[888] listet aktuell 29 solcher systemisch relevanter Großbanken auf.[889] Dass damit politischer Einfluss einhergeht, leuchtet ein. Wie dem effektiv begegnet werden kann, ist unklar. In Reaktion auf die Finanzkrise sind zwar einige politische Schritte eingeleitet worden, diese lösen das Problem aber allenfalls partiell.
- *Investmentbanken.* Diese sind überwiegend im Wertpapierhandel tätig (entweder für Dritte oder im Eigenhandel). Sie nehmen keine Einlagen entgegen und haben vor allem institutionelle Anleger und Staaten als Kunden. Auch wenn Investmentbanken keinen direkten Zugang zu Zen-

---

[887] Geschäftsbanken benötigen zur Kreditvergabe danach keine entsprechenden Einlagen, sondern können das nötige Giralgeld ohne weiteres per einfachem Knopfdruck selbst schaffen. Dazu knapp *A. Thiele*, Die Europäische Zentralbank, S. 86 ff. sowie *A. Sahr*, Ungleichheit auf Knopfdruck, S. 73 ff.

[888] Zum FSB im Überblick *A. Thiele*, Finanzaufsicht, S. 541 ff.

[889] Aus Deutschland ist nur die Deutsche Bank auf dieser Liste. Im Übrigen finden sich dort Banken wie JPMorgan Chase (USA), Citigroup (USA) und HSBC (Großbritannien).

tralbanken haben, sind sie über den Geldmarkt mit anderen Finanzmarktakteuren verknüpft. Auch ihnen kann daher eine systemische Relevanz zukommen, wie die Finanzkrise gezeigt hat – Lehman Brothers war eine Investmentbank.

- *Investmentfonds*. Investmentfonds oder Investmentunternehmen geben Aktien an Kapitalgeber aus und nutzen die akquirierten Finanzmittel zur Investition in ein diversifiziertes Portfolio an Finanzprodukten.[890] Unterscheiden lassen sie sich anhand ihrer Anlagestrategie, die defensiver oder offensiver (risikoreicher) ausgestaltet sein kann. Vor allem sogenannte Hedgefonds fallen durch eine besonders aggressive und flexible Anlagestrategie auf, die durch den Einsatz von Leerverkäufen, Leverage[891] und Derivaten als Investmenttechniken geprägt ist.[892] Aus der Sicht der Allgemeinen Staatslehre ist der mit dem Anlagevolumen einhergehende politische Einfluss von Interesse. So verwaltet der weltweit größte Investmentfonds Blackrock ein Anlagevermögen von mehr als sechs Billionen Dollar und machte im Jahr 2017 einen Gewinn von knapp fünf Milliarden Dollar. Wie sich das in politischen Einfluss umsetzten lässt, ist nicht immer ganz klar, bleibt diffus und wird selten publik. Im Kern werden auf diesem Wege informelle Zugangsoptionen (auch durch Unternehmensbeteiligungen) eröffnet.[893] Dass ein solcher Einfluss besteht, machte der Mitgründer des Fonds, *Stephen A. Schwarzman*, in seiner 2019 erschienenen Biographie indirekt sichtbar:[894] Seine 14-seitige Danksagung nennt fünf amerikanische, vier französische und einen chinesischen Präsidenten (*Xi Jinping*).

6. *Öffentliche Meinung*

Unabhängig davon, ob man eher der *Habermas'schen* deliberativen oder der *Mouff'schen* agonistischen Diskurstheorie anhängt,[895] wird die Bedeutung des offenen politischen Diskurses und der Gewährleistung der Meinungs-

[890] *K. Pilbeam*, Finance and Financial Markets, S. 53.

[891] Leverage („Hebeleffekt“) bezeichnet die durch Verschuldung angestrebte Erhöhung der Eigenkapitalrendite.

[892] *M. Preisser*, Sovereign Wealth Funds, 34; *S. Bednarz*, Die Regulierung von Hedge-Fonds, S. 6. Der erste Hedgefonds wurde von *Alfred Winslow Jones* im Jahr 1949 gegründet; auf ihn geht auch die Bezeichnung dieser Fonds zurück.

[893] So richtete die damalige Bundeskanzlerin *Angela Merkel* etwa im Jahr 2009 eine Geburtstagsparty für den damaligen Vorstandsvorsitzenden der Deutschen Bank, Josef Ackermann, im Bundeskanzleramt aus.

[894] *S. A. Schwarzman*, What it Takes: Lessons in the Pursuit of Excellence, 2019.

[895] Überblick zu diesen bei *M.-L. Frick*, Zivilisiert streiten, S. 23 ff. Speziell zum idealen Diskurs bei Habermas *P. Mastronardi*, Verfassungslehre, Rn. 370 ff.

freiheit für die Funktionsfähigkeit demokratischer Ordnungen von niemandem ernsthaft bestritten.[896] Das Bundesverfassungsgericht spricht davon, dass das Grundrecht der Meinungsfreiheit (Art. 5 Abs. 1 GG) für die freiheitlich-demokratische Grundordnung „schlechthin konstituierend" sei, da „erst die ständige geistige Auseinandersetzung, den Kampf der Meinungen, der ihr Lebenselement ist"[897] ermöglicht – eine Feststellung, die auf alle demokratischen Ordnungen übertragen werden kann.

Die öffentliche Meinung wird zunächst in den klassischen und neuen Medien gespiegelt (a). Daneben spielen auch die Meinungsforschung und -umfragen (b) sowie die spontane Meinungskundgabe (c) eine Rolle. Anders als bei den anderen gesellschaftlichen Herrschaftsträgern wird die öffentliche Meinung insofern nicht durch eine bestimmte Institution formal repräsentiert, sondern durch ein nicht leicht zu durchschauendes Geflecht an institutionellen und spontanen Meinungsmittlern repräsentiert. Insgesamt hat sich in den letzten Jahren gezeigt, dass der öffentliche Diskurs von einer demokratischen Debattenkultur getragen werden muss, die sich normativ nur bis zu einem gewissen Grad vorgeben und durchsetzen lässt. Anders gewendet: Streiten zu können ist eine demokratische Basiskompetenz, die bei allen BürgerInnen und sonstigen gesellschaftlich relevanten Akteuren (auch im politischen Raum) vorhanden sein muss.[898] Der öffentliche Diskurs muss stets auf dem Boden der gegenseitigen Achtung und Gleichheit erfolgen, darf den anderen nicht diffamieren oder beleidigen, muss vielmehr die Legitimität der vom politischen Gegner vertretenen Ansichten anerkennen und respektieren.[899] Schon das stellt sich als außerordentlich anspruchsvoll dar. Etwas anderes gilt allein für verfassungswidrige Auffassungen. Allerdings sollte die Verfassungswidrigkeit nicht zu früh behauptet werden. „Unerträglich" und „verfassungswidrig" sind keine Synonyme und der Ausschluss aus dem politischen Diskurs ist die härteste Sanktion, die sich in demokratischen Ordnungen formulieren lässt. Der Diskurs kann und muss hart in der Sache geführt werden können – mimosenhafte Empfindlichkeit ist in einer freiheitlichen, pluralen Gesellschaft, die stets eine „Gesellschaft der Zumutungen"[900] sein muss, nicht angezeigt.[901] Wo die Grenze der Beleidigung und Diffamierung überschritten wird, muss der rechtliche Rahmen natürlich klare Gren-

---

[896] Siehe auch *M.-L. Frick*, Zivilisiert streiten, S. 89: „Die Austragung von politischen Meinungsunterschieden gehört wesentlich zum demokratischen Prinzip."

[897] BVerfGE 7, 198 (208).

[898] Vgl. *A. Thiele*, Verlustdemokratie, S. 120 ff.

[899] Zu konkreten Folgerungen daraus für die Meinungsbildung und die Meinungsäußerung *M.-L. Frick*, Zivilisiert streiten, S. 48 ff.

[900] *H. Dreier*, Religionsverfassung in 70 Jahren Grundgesetz – Rückblick und Ausblick, JZ 2019, 1005 (1014).

[901] Siehe auch *A. Thiele*, Verlustdemokratie, S. 133 ff.

zen setzen. Die Abgrenzung der beiden Bereiche ist allerdings nicht leicht zu treffen. Im Zweifel sollte sich die Meinungsfreiheit durchsetzen und das Strafrecht zurückhalten.[902] In Zeiten sozialer Medien sei aber betont, dass das nicht bedeutet, dass der Staat gegen öffentlich gepostete Hasskommentare nicht vorgehen dürfte oder sollte.

a) Öffentliche Medien

Den Medien kommt in der pluralistischen Massendemokratie eine enorme Bedeutung zu. Sie müssen nicht nur als „Vierte Gewalt"[903] für eine effektive Kontrolle des gesamten politischen Raumes sorgen,[904] sondern den politischen Diskurs aufbereiten, in die Öffentlichkeit transportieren, bewerten, mit eigenen Meinungen bereichern[905] und ihn für jedermann erfahrbar machen.[906] Medien sind „Diskurs-Mittler"[907] zwischen der gesellschaftlichen und der politischen Sphäre. Ohne die Gewährleistung der Presse- und Informationsfreiheit wäre eine angemessene Mittlungstätigkeit der Medien als Grundlage rationaler Wahlentscheidungen[908] von vornherein undenkbar:[909] „Eine freie, nicht von der öffentlichen Gewalt gelenkte, keiner Zensur unterworfene Presse ist Wesenselement des freiheitlichen Staates" und „für die moderne Demokratie unentbehrlich."[910] Wer an dieser Aussage zweifeln wollte, muss

[902] Siehe auch BVerfGE 124, 300 (334): „Das Grundgesetz gewährt Meinungsfreiheit im Vertrauen auf die Kraft der freien öffentlichen Auseinandersetzung vielmehr grundsätzlich auch den Feinden der Freiheit."

[903] Ausführlich zur Funktion der Medien als „Vierte Gewalt" *A. Beater*, Medienrecht, Rn. 1706 ff. Kritisch zum Begriff der „Vierten Gewalt" aufgrund einer damit verbundenen Überhöhung der Bedeutung der Medien indes *M. G. Schmidt*, Das politische System Deutschlands, S. 128 ff.

[904] *F. Fechner*, Medienrecht, S. 9: „Unzulässige Machenschaften von Politikern aufzudecken ist eine der vornehmsten Aufgaben der Medien."

[905] Vgl. BVerfGE 90, 60 (87): „Freie Meinungsbildung als Voraussetzung sowohl der Persönlichkeitsentfaltung als auch der demokratischen Ordnung vollzieht sich in einem Prozess der Kommunikation, der ohne Medien, die Informationen verbreiten und selbst Meinungen äußern, nicht aufrechterhalten werden könnte."

[906] Siehe auch *F. Fechner*, Medienrecht, S. 8: „In der Massendemokratie sind die Medien der entscheidende Faktor für die politische Willensbildung der Bevölkerung."

[907] *F. Fechner*, Medienrecht, S. 8 spricht von den Medien als „intermediären Kräften".

[908] Grundlegend insoweit BVerfGE 44, 125 (147): „Eine verantwortliche Teilhabe der Bürger an der politischen Willensbildung des Volkes setzt voraus, dass der Einzelne von den entscheidenden Sachfragen, von den durch die verfassten Staatsorgane getroffenen Entscheidungen, Maßnahmen und Lösungsvorschlägen genügend weiß, um sie beurteilen, billigen oder verwerfen zu können." Siehe auch *F. Fechner*, Medienrecht, S. 14 f.: „Nur wer die Möglichkeit hat, sich aus unabhängigen und vielfältigen Meinungsquellen zu informieren, kann sinnvoll an der politischen Willensbildung durch Wahlen teilnehmen.

[909] Dementsprechend gehen Diktaturen typischerweise mit der Vereinnahmung der Massenmedien durch die Staatsgewalt einher, vgl. *A. Beater*, Medienrecht, Rn. 32 ff.

[910] BVerfGE 20, 162 (174); 52, 283 (296). Siehe auch *F. Fechner*, Medienrecht, S. 9: „Aus

sich fragen lassen, warum eine freie Presse in allen autoritären Regimen zu den ersten Opfern zählt (China, Russland, Nordkorea).

Aus dieser Bedeutung und Einflussmacht[911] ergibt sich eine große Verantwortung der Medien für die Funktionsfähigkeit einer Demokratie.[912] Ihre Unverzichtbarkeit führt dazu, dass es nicht beliebig ist, in welcher Form der politische Diskurs gemittelt, also medial präsentiert und aufbereitet wird,[913] denn: „Was wir über unsere Gesellschaft, ja über die Welt in der wir leben, wissen, wissen wir durch die Massenmedien."[914] Auf einer ersten Ebene weist die mediale Berichterstattung ein erhebliches Manipulationspotential auf, wenn politische Ansichten und Probleme überhaupt nicht, verkürzt, missverständlich oder unzutreffend wiedergegeben werden.[915] Das resultiert in (intendierten) Verzerrungen der Problem- und Streitwahrnehmung der Bevölkerung, die wiederum zu medial induziertem Entscheidungsdruck im politischen Raum führen und Wahlergebnisse beeinflussen können.[916] Die Medien regieren dann indirekt mit, ohne demokratisch legitimiert zu sein.[917] Auf

---

diesen Gründen ist die Sicherung freier Medien die wichtigste Aufgabe des Medienrechts im freiheitlichen Staatswesen." Vgl. dazu auch *H. Schulze-Fielitz*, in: H. Dreier (Hrsg.), Grundgesetz Band I, Art. 5, Rn. 43 ff.; *A. Beater*, Medienrecht, Rn. 34 sowie *L. J. Reinlein*, Medienfreiheit und Medienvielfalt, S. 1: „Medienfreiheit und Medienvielfalt [...] sind grundlegende Elemente einer demokratischen Medienordnung."

911 Siehe zur Bedeutung der Medien auch *H. Schatz*, Regieren in der Mediengesellschaft, in: W. Jann/K. König, Regieren zu Beginn des 21. Jahrhunderts, S. 127 (128 f.).

912 Vgl. *A. Beater*, Medienrecht, Rn. 35: „Die Medien werden auf diese Weise zu einem Sicherungsinstrument für Funktionsvoraussetzungen der Demokratie und letztlich zu einem Garanten für das demokratische Staatswesen schlechthin." Mit anderen Worten: Wo die mediale Mittlung nicht funktioniert, ist die Demokratie selbst in Gefahr.

913 Siehe auch *T. Meyer*, Die Unbelangbaren, S. 183: „Gleichzeitig ergibt sich aus ihren einzigartigen Privilegien aber auch eine gewisse Rechenschaftspflicht der Journalisten gegenüber der Demokratie."

914 *N. Luhmann*, Die Realität der Massenmedien, S. 9.

915 Wie hoch dieses Manipulationspotential der Medien tatsächlich ist, ist allerdings umstritten, siehe etwa *H. D. Jarass*, Die Freiheit der Massenmedien, S. 46 ff., *A. Beater*, Medienrecht, Rn. 1708 ff. (eher geringes Potenzial) und zuletzt *T. Meyer*, Die Unbelangbaren, S. 13 ff. (hohes Potenzial). Bis heute sind die genaue Wirkung der Massenmedien auf die öffentliche Meinung und insbesondere der Wirkprozess selbst überaus umstritten und Gegenstand zahlreicher Theorien. Siehe dazu etwa *G. Strohmeier*, Politik und Massenmedien, 2004 sowie *H. Bonfadelli/T. N. Friemel*, Medienwirkungsforschung, 5. Auflage 2015.

916 Siehe etwa die Studie von *H. M. Kepplinger/M. Maurer*, Abschied vom rationalen Wähler – Warum Wahlen im Fernsehen entschieden werden, 2005 sowie *E. Noelle-Neumann*, Die Schweigespirale, 6. Auflage 2001. Kritisch zu letzterem *H. Scherer*, Massenmedien, Meinungsklima und Einstellung. Eine Untersuchung zur Theorie der Schweigespirale, 1990.

917 Vgl. *T. Meyer*, Die Unbelangbaren, S. 105.

einer zweiten Ebene prägt die Art der medialen Streitmittlung unabhängig von inhaltlicher Verzerrung und Einflussnahme das Streitverständnis und die Streiterwartung der Bevölkerung. Auch diese wirkt auf den politischen Raum zurück. Wo Streit medial als etwas Negatives gebrandmarkt wird, klare Positionierungen nicht gewürdigt oder deren Fehlen nicht kritisiert, Abstimmungsniederlagen personalisiert und in ihrer Bedeutung überhöht werden, ist es erwartbar, dass die politische Streitkultur erlahmt oder verfehlte Gewohnheiten in Form von Streitvermeidungsstrategien entwickelt. Der politische Raum wird mittelfristig das liefern, was medial erwartet wird, um im Zeitalter der Massenmedien stattzufinden.[918] Die Medien genießen als „Gatekeeper"[919] das „Veröffentlichungsmonopol",[920] sie filtern was und wie berichtet wird, der politische Raum verhält sich möglichst filterkonform. Mit den sozialen Medien nimmt diese Rolle der klassischen Medien zwar partiell ab, sie büßen Teile dieses Monopols ein, spielen aber weiterhin eine zentrale Rolle für den öffentlichen Diskurs. Das zeigte sich bei der „Arabellion" im Jahre 2011, die zwar zu einem großen Teil durch soziale Medien wie Facebook möglich wurde, ihre weltweite Bekanntheit und Durchschlagskraft aber ihrer Verbreitung und Aufnahme in klassischen Medien (Zeitungen, Fernsehen, Radio) verdankte. Idealerweise sollte die mediale Berichterstattung daher diejenigen Streittugenden würdigen, derer es für eine funktionsfähige Demokratie bedarf. Inhaltliche Kritik an politischen Positionen wird dadurch ebenso wenig ausgeschlossen wie die Artikulation eigener Ansichten in den Kommentarspalten. Auch wenn die Begriffe „fake news" und „Lügenpresse" in Bezug auf die öffentlichen Medien völlig verfehlt erscheinen, bestehen in fast allen Verfassungsstaaten gewisse Defizite, denen sich die Allgemeine Staatslehre widmen sollte. Sie haben ihre Ursache in einer zunehmenden (meist ökonomisch fundierten) Pressekonzentration, einem Pluralismusverlust, einem verfehlten Streitverständnis und einer durch Personalisierung und Kurzatmigkeit hervorgerufenen mangelnden Streittiefe.[921]

Folgende sieben (öffentliche) klassische und neue Medienformen lassen sich unterscheiden:

– *Zeitungen*. In diesen werden die politischen und gesellschaftlichen Geschehnisse tagesaktuell dargestellt und kommentiert. Unterschieden werden können regionale und überregionale Zeitungen, wobei in beiden Fällen der ökonomische Konkurrenzdruck in den letzten Jahrzehnten enorm

---

[918] Vgl. etwa die Aussage von *U. Beck*, Europa braucht einen neuen Traum, in APuZ 64, 12/2014, 9: „[D]ie politische Macht hat, wer über die Zulassung von Themen zur Öffentlichkeit entscheidet." Siehe auch *D. v. Reybrouck*, Gegen Wahlen, S. 21 f.

[919] *T. Meyer*, Die Unbelangbaren, S. 23.

[920] *T. Meyer*, Die Unbelangbaren, S. 19.

[921] Dazu *A. Thiele*, Verlustdemokratie, S. 200 ff.

zu- und die (inhaltliche) Vielfalt daher abgenommen hat. Politische Bedeutung kommt praktisch ausschließlich den wenigen überregionalen Zeitungen zu; diese erweist sich aber weiterhin als beachtlich.[922] Die politische Ausrichtung der meisten dieser Zeitungen ist liberal-konservativ, insbesondere in ökonomischer Hinsicht. Die Leserdichte (bezogen auf die Gesamtbevölkerung) ist unterschiedlich und in praktisch allen Staaten rückläufig. In Deutschland ist die verkaufte Auflage an Tageszeitungen von 27,3 Millionen im Jahr 1991 auf 13,5 Millionen im Jahr 2019 gesunken, hat sich in diesem Zeitraum also mehr als halbiert. Zwar nimmt auf der anderen Seite der Konsum digitaler Angebote zu. Zu beachten ist aber, dass Tageszeitungen aufgrund der mit ihrer Lektüre einhergehenden „gefühlten Gleichzeitigkeit" (die gleiche Zeitung wird in der Vorstellung der LeserInnen an vielen anderen Orten mehr oder weniger zur gleichen Zeit gelesen) und der darin begründeten imaginierten Zusammengehörigkeit beim Aufbau demokratischer Ordnungen eine wichtige Rolle gespielt haben. Bei der selektiven Lektüre von Online-Angeboten fehlt es daran ebenso wie an einer umfassenden, unterschiedliche Ansichten zusammenbringenden Einordnung. Insofern dürfte die ZeitungsleserInnendichte weiterhin ein gewisser Indikator für die Stabilität einer Demokratie bleiben.[923]

– *Politische Wochenzeitschriften und Nachrichtenmagazine.* Diese liefern meist im Wochenrhythmus neben längeren Hintergrundberichten größere Kommentare und Einordnungen. Ihre Reichweite ist gegenüber den Tageszeitungen reduziert; sie werden eher von der gesellschaftlichen Elite wahrgenommen. Gleichwohl ist ihr Einfluss beachtlich, zumal größere Berichte auch in anderen (klassischen) Medien verbreitet werden. Eine weltweite Bekanntheit genießt der britische Economist, der bereits 1843 und damit zur Hochzeit der britischen Kolonialzeit gegründet wurde und der sich ausdrücklich als wirtschaftspolitisch liberal einordnet. Die sonstigen Zeitschriften und Magazine üben ihren Einfluss vor allem national aus.[924]

---

[922] *USA*: New York Times, Washington Post, Los Angeles Times; *GBR*: Times, Daily Telegraph, Guardian; *Schweiz*: Neue Züricher Zeitung; *Frankreich*: Le Monde, Le Figaro; *Deutschland*: Frankfurter Allgemeine Zeitung, Süddeutsche Zeitung, Die Welt, Tageszeitung; Bild; *Japan*: Yomiuri Shimbun, Asahi Shimbun; *Italien*: Corriere della Sera, La Stampa, La Repubblica; *Kanada*: Toronto Star, The Globe and Mail; *Südafrika*: The Sun, Daily Sun.

[923] Siehe auch *G. Zurstiege*, Taktiken der Entnetzung, S. 149 in Bezug auf die Funktionsfähigkeit der Mediensysteme.

[924] *Deutschland*: Spiegel, Die Zeit, Focus; *USA*: Time, Newsweek; *Frankreich*: L'Express; *Italien*: Panorama, L'Espresso.

- *Sonstige Zeitschriften.* Hierbei handelt es sich um Zeitschriften bestimmter Verbände und Interessengruppen, die vornehmlich eine bestimmte gesellschaftliche Gruppierung adressieren. Ihr politischer Einfluss ist unterschiedlich, teilweise aber erheblich, was dem beachtlichen Verbreitungsgrad geschuldet ist, den manche dieser Zeitschriften aufweisen. In Deutschland sind die ADAC-Motorwelt und die Apotheken-Umschau die mit Abstand auflagenstärksten Zeitschriften. In den meisten Staaten sind zudem Sportzeitschriften weit verbreitet.
- *Rundfunk.* Der im Radio geführte und verbreitere Diskurs spielt eine gewisse Rolle (etwa bei Autoreisen). Durch das Aufkommen von Streaming-Diensten („Spotify") reduziert sich der Einfluss allerdings kontinuierlich. Die Radio-Stationen reagieren darauf durch ein vermehrtes Angebot an jederzeit abrufbaren Podcasts. Zu unterscheiden sind öffentlich-rechtliche Organisationsformen von privaten Organisationsformen.
- *Fernsehen.* Sowohl öffentlich-rechtliche als auch private Fernsehsendungen haben durch das Angebot digitaler Streaming- und Downloaddienste (Netflix, Amazon Prime) an Einfluss verloren. Jüngere MediennutzerInnen verzichten teilweise auf den Erwerb eines Fernsehers und greifen allenfalls auf die verschiedenen Mediatheken zurück.[925] Nachrichtensendungen haben dadurch eine geringere Reichweite.
- *Podcasts, Blogs und YouTube.* Der Einfluss entsprechender Formate steigt stetig. Hier finden sich keineswegs nur reine „Konsumangebote", vielmehr werden auch politische und historische Themen mit bisweilen großer Reichweite verbreitet.[926] Auch politische Fernsehformate entfalten dann erst auf diesem digitalen Wege ihren eigentlichen Einfluss – das gilt beispielsweise für amerikanische Late-Night Shows, die die öffentliche Meinung zum Teil stark beeinflussen.[927] In Deutschland hat unter anderem der politische Podcast „Zur Lage der Nation" mehr als 70.000 reguläre Abonnenten. Für Fragen der Staats- und Verfassungslehre gewinnt das Verfassungsblog[928] international immer mehr an Bedeutung.
- *Soziale Medien.* Gemeint sind insbesondere Facebook, Twitter und Instagram. Sie ermöglichen eine unmittelbare Vermittlung politischer Ansichten mit einer extremen Reichweite. PolitikerInnen können dadurch

[925] Siehe *G. Zurstiege*, Taktiken der Entnetzung, S. 149: „Immer mehr junge Zuschauer wenden sich vom zeitbasierten Programmfernsehen ab. Das Medium droht zu vergreisen."

[926] Man denke an das „Rezo-Video" in Deutschland im Jahr 2019, das eine beachtliche Debatte in allen Medien anstieß und in dem sich sehr kritisch mit der Politik der großen Volksparteien auseinandergesetzt wurde. Das Video hatte innerhalb weniger Wochen mehrere Millionen Klicks.

[927] *Stephen Colbert*, *Trevor Noah*, *John Oliver*, *Seth Meyers*.

[928] Dieses Blog ist für Studierende der Rechts- und Politikwissenschaft sehr zu empfehlen.

unvermittelt in eine direkte Kommunikation mit den BürgerInnen treten, was dazu geführt hat, dass keine Regierung mehr auf einen eigenen Twitter-, Facebook- und Instagram-Account verzichtet. Legendär sind die Tweets des amerikanischen Präsidenten *Donald Trump*. Mit der Mittlung fehlen aber Einordnungen und die Darstellung anderer Ansichten. Das kann zu erheblichen Verzerrungen und verfehlten Wahrnehmungen führen („Echokammern").

Insgesamt zeigt sich in den letzten Jahren eine Bedeutungszunahme digitaler (sozialer) Medien. Das betrifft nicht nur Twitter und Facebook, sondern auch Youtube, Netflix, Instagram oder Amazon. Dieser Wandel hat Auswirkungen auch auf den gesellschaftspolitischen Diskurs. Das ist zunächst einmal unproblematisch, solange die politische Streitkultur nicht beeinträchtigt wird. Inwieweit das der Fall ist, ist bisher nicht abschließend geklärt und muss auch von der Allgemeinen Staatslehre aufmerksam verfolgt werden. Zu warnen ist sowohl vor verteufelnden wie vor glorifizierenden Schnellschüssen. Zwei miteinander zusammenhängende Fragen sollten im Fokus stehen:

- *Mediale Individualisierung*. Die digitalen und sozialen Medien haben das Informationsangebot erhöht, damit aber die Summe der von allen BürgerInnen miteinander geteilten Informationen reduziert. Dadurch verringert sich die Zahl der Themen, über die man mit allen BürgerInnen sprechen kann. Während in früheren Zeiten bestimmte Fernsehsendungen („Straßenfeger") und die Nachrichtensendungen von allen gesehen und gehört wurden, ist das heute nicht mehr der Fall. Es kommt zu einer medialen Individualisierung. Jeder liest und sieht nur noch die Informationen, die er sich (nach welchen Kriterien auch immer) selbstständig ausgesucht hat oder die ihm von Algorithmen aufgrund des bisherigen Nutzerverhaltens vorgeschlagen wurden – und zwar zu Zeiten, die der individuellen Präferenz entsprechen. Dabei sollte in Erinnerung gerufen werden, dass der Zusammenhalt einer Gesellschaft, auf die der demokratische Verfassungsstaat angewiesen ist, auch von gefühlten Gleichzeitigkeiten und geteilten Erfahrungen abhängt. Die Entstehung von Nationen wäre anders nicht möglich gewesen. Das Lesen einer überregionalen Zeitung verbindet auch deshalb mit anderen Regionen und Personen, weil man davon ausgeht, dass dieselbe Zeitung zur gleichen Zeit auch in diesen anderen Regionen von anderen Personen gelesen wird. Gleiches gilt für das überregionale Fernsehprogramm. Weltweit gezeigt hat sich das zuletzt bei der Serie „Game of Thrones". Heute kommt es allenfalls bei größeren Sportereignissen zu solchen Phänomenen, die dann aber nicht selten allzu national aufgeladen sind.
- *Echokammern*. In direktem Zusammenhang dazu steht das Phänomen der Echokammern, das daraus resultiert, dass die eigene Informationsaus-

wahl meist einen Bias zugunsten eigener Ansichten aufweisen wird. Man liest mehr (oder sogar ausschließlich) Positionen, die der eigenen nahe kommen und kommt in den Netzwerken überwiegend mit Personen in Kontakt, die diese Ansichten prinzipiell teilen. Daraus kann nicht nur ein verfehlter Eindruck über die tatsächlichen Mehrheitsverhältnisse entstehen, sondern zugleich die Fähigkeit leiden, mit Kritik umzugehen und andere Positionen zu akzeptieren. Die kontinuierliche Bestätigung hat oftmals eine Radikalisierung zur Folge, die den offenen Diskurs mit anderen erschwert, weil den Positionen Andersdenkender die Legitimation von vornherein abgesprochen und ihre Artikulation als Zumutung empfunden wird. Der digitale Nachbar scheint näher als der reale Nachbar, mit dem man im Alltag aber immer wieder zusammentreffen wird. Hier ist das öffentliche Recht aufgerufen, Lösungen zu entwickeln, die solche digitalen Echokammern verhindern oder begrenzen. Denkbar wäre die Verpflichtung der Betreiber der sozialen Medien auch auf Seiten hinzuweisen, die die eigene Ansicht nicht bestätigen.[929] Hier bleiben aber viele Fragen ungeklärt.

b) Meinungsforschung und -umfragen

Meinungsforschung und -umfragen haben das Ziel, die aktuelle „Volksmeinung“ zu einem bestimmten Thema zu ermitteln, um zur öffentlichen Meinungsbildung beizutragen. Ihren Ursprung hat dieser Zweig der empirischen Sozialforschung in den USA. In Harrisburg (Pennsylvania) wurde 1824 die erste Wahlumfrage durchgeführt. Im Jahr 1935 gründete sich das „American Institute on Public Opinion“, seit dem Zweiten Weltkrieg haben ähnliche Institute und von diesen durchgeführte Umfragen weltweite Verbreitung gefunden. Aus modernen Wahlkämpfen sind sie nicht mehr wegzudenken und auch außerhalb von Wahlkampfzeiten haben sie einen Einfluss auf die politischen Eliten und EntscheidungsträgerInnen, beeinflussen aber auch die Meinungsbildung der BürgerInnen. So kann der „Band-Waggon-Effect“ (auch Mitläufereffekt) dazu verleiten, sich (vermeintlich) erfolgreichen Ansichten, also der Mehrheitsansicht, anzuschließen. Unmittelbar vor dem Wahltermin veröffentlichte Umfragen können dann verzerrend ausfallen. Die von *Elisabeth Noelle-Neumann* Anfang der 80er Jahren beschriebene „Schweigespirale“[930] kann zudem dazu führen, dass der (vermeintlichen) Mehrheitsmeinung entgegenstehende Ansichten öffentlich weniger häufig artikuliert werden. Mehrheitsverhältnisse fallen in einer geheimen Wahl dann

---

[929] Dazu insgesamt auch *C. Sunstein*, #Republic, S. 213 ff.

[930] *E. Noelle-Neumann*, Die Schweigespirale. Öffentliche Meinung – unsere soziale Haut, 6. Auflage 2001.

anders aus als in vorherigen Umfragen. Die geäußerte Meinung hängt vom öffentlichen Meinungsklima ab. Zu beachten ist zudem, dass auch repräsentative Umfragen immer nur Indizien für ein bestimmtes Meinungsbild sein können, da die gleich freie Beteiligung aller BürgerInnen in diesen nicht gewährleistet ist.

c) Spontane Meinungskundgabe

Während Leserbriefe oder Petitionen nur einen geringen Einfluss auf die öffentliche Meinung nehmen werden, ist das bei öffentlichen Versammlungen, Demonstrationen, Flugblattaktionen und sonstigen Kundgebungen anders. Die Gewährleistung der Versammlungsfreiheit ist kaum weniger bedeutend als die Gewährleistung der Meinungsfreiheit. Solche Kundgebungen ermöglichen unter anderem auch Minderheiten auf ihre Belange aufmerksam zu machen und die Öffentlichkeit für ihre Interessen zu sensibilisieren. Allerdings wird die Bedeutung solcher Veranstaltungen zentral von ihrer Begleitung in anderen Medien abhängen. Eine Versammlung über die weder überregional noch regional in Zeitungen, Fernsehen und im Internet berichtet wird, wird keinen Einfluss auf die öffentliche Meinung nehmen können. Andererseits verbieten sich Rückschlüsse auf tatsächliche Mehrheitsverhältnisse in der Gesellschaft aufgrund einer besonders weitreichenden medialen Begleitung oder der Größe einer Kundgebung. Dass etwa 1,4 Millionen AktivistInnen im September 2019 für einen besseren Klimaschutz in einer konzertierten Aktion in Deutschland auf die Straße gingen, ist gewiss beeindruckend. Es bedeutet aber auch, dass rund 80 Millionen BürgerInnen (beziehungsweise rund 63 Millionen Wahlberechtigte) diesen Weg nicht gegangen sind – aus welchen Motiven auch immer. Es hat nicht immer derjenige die Mehrheit hinter sich, der sich am lautesten zu artikulieren vermag. Hier offenbart sich die Notwendigkeit einer angemessenen und einordnenden medialen Berichterstattung in besonderer Weise.[931]

7. Das Problem des Geldes

Der Blick auf die gesellschaftlichen Herrschaftsträger hat gezeigt, dass ihr Einfluss eng mit ihrer Verfügungsmacht über finanzielle Mittel zusammenhängt. Unter Rückgriff auf den Machtbegriff von *Stephen Lukes*[932] hat *Christian Neuhäuser* dargelegt, wie sich diese finanziellen Ressourcen in politischen Einfluss umsetzen lassen. Die reichen Akteure können das politische Handeln anderer Akteure unmittelbar kontrollieren, politische Interaktions-

[931] Dieser Verantwortung kommen die Medien dabei nicht immer in angemessener Form nach, wie die Beispiele „Pegida“ und „Stuttgart 21“ gezeigt haben.

[932] *S. Lukes*, Power. A Radical View, 2. Auflage 2004.

räume gestalten und politische Interessen formulieren.[933] Sie können über Spenden politische Parteien beeinflussen, sich über Unternehmensverbände Zugänge zu politischen Arenen verschaffen und über die Medien politische Diskurse beeinflussen (durch Medienkampagnen oder indem sie die Medienunternehmen direkt erwerben).[934] „Damit können diese Akteure bedeutenden Einfluss auf die Struktur des öffentlichen Diskurses nehmen, indem sie die Themen, den Ton und die Formate politischer Informationen und Diskussionen vorgeben."[935] Reichtum präsentiert sich dann nicht nur als moralisches, sondern als handfestes politisches Problem, das die fundamentale Idee demokratischer Gleichheit faktisch zu unterhöhlen vermag.[936] Das heißt nicht einer unbedingten finanziellen (sozialen) Egalität das Wort zu reden. Wie oben dargelegt, hat es eine in sozialer Hinsicht völlig gleiche Gesellschaft historisch nie gegeben. Sie herbeiführen zu wollen wäre schon deshalb nicht erfolgversprechend und in einer (sozialen) Marktwirtschaft auch nicht möglich. Das ändert aber nichts daran, dass finanzielle Ungleichheit ab einem bestimmten Ausmaß zu einem Problem auch für die Legitimität einer politischen Ordnung werden kann; es handelt sich also nicht um eine reine „Neiddebatte". In diesem ungleichen politischen Einfluss findet sich vielmehr ein weiteres Argument dafür, übermäßigen Reichtum politisch anzugehen und für eine gleichmäßigere Verteilung Sorge zu tragen.[937] Rechtfertigen lässt sich das auch deshalb, weil, wie *Christian Neuhäuser* gezeigt hat, großer Reichtum nur selten (wenn überhaupt) umfänglich als „verdient" angesehen werden kann.[938] Ob eine solche Neuverteilung in einem streng neoliberalen System gelingen kann, dem nach *Philipp Ther* eine „systemimmanente Menschenverachtung"[939] innewohnt, kann hier offen bleiben. Die Vernachlässigung solcher und anderer Fragen des Wirtschaftssystems durch die Allgemeine Staatslehre ist jedenfalls nicht gerechtfertigt.

---

[933] *C. Neuhäuser*, Wie reich darf man sein?, S. 40.

[934] So erwarb etwa *Jeff Bezos* im Jahr 2013 die Washington Post, in Italien ist *Silvio Berlusconi* einer der größten Medienunternehmer, der ukrainische Präsident *Wolodymyr Selenskyj* wurde massiv vom Medienmogul *Ihor Kolomojskyj* unterstützt.

[935] *C. Neuhäuser*, Wie reich darf man sein?, S. 41.

[936] Sehr kritisch auch *A. Gore*, Die Zukunft, S. 23 f.

[937] Siehe dazu auch *M. Schürz*, Überreichtum, 2019.

[938] *C. Neuhäuser*, Reichtum als moralisches Problem, S. 212 ff.; *ders.*, Wie reich darf man sein?, S. 49 ff.

[939] *P. Ther*, Das andere Ende der Geschichte, S. 34.

VIII. Welche föderalen und kommunalen Untergliederungen lassen sich im demokratischen Verfassungsstaat unterscheiden?

Bisher wurden die demokratischen Verfassungsstaaten von ihrer zentralen Ebene her betrachtet. Der demokratische Verfassungsstaat kennt daneben – wie alle modernen Staaten – regionale und möglicherweise auch föderale Untergliederungen, die mit spezifischen Zuständigkeiten ausgestattet sind und eigene Entscheidungsgremien etablieren. In der politischen und öffentlichen Praxis wie in der Allgemeinen Staatslehre wird diesen Untergliederungen nicht immer die Aufmerksamkeit geschenkt, die ihnen angesichts ihrer herausragenden Bedeutung für das Leben der BürgerInnen zukommen sollte. In diesen regionalen Gremien werden – anders als im nationalen Parlament – praktisch ausschließlich Fragen behandelt, denen für den Alltag unmittelbare Relevanz zukommt: Wann hat der Kindergarten geöffnet? Gibt es überhaupt einen Kindergarten? Soll ein öffentliches Schwimmbad gebaut werden? Wie soll die Straßenführung aussehen? In welchem Umfang gibt es öffentlichen Nahverkehr? Was soll dieser kosten? Welche Museen und kulturellen Angebote gibt es? Wie sind die Schulen ausgestattet? Zwar sind nicht alle demokratischen Verfassungsstaaten föderal als Bundesstaaten organisiert (1). Alle kennen aber Formen kommunaler oder regionaler Selbstverwaltung (2). Die Bedeutung größerer Städte („Megacities") dürften in den nächsten Jahren noch einmal ansteigen (3). Insgesamt stellen sich für die Allgemeine Staatslehre Fragen im Hinblick auf Effizienz, Bürgernähe und Legitimität entsprechender Untergliederungen (4).

1. Bundesstaatlichkeit

a) Begriff und Abgrenzung

Moderne Bundesstaatlichkeit ist ein vergleichsweise junges staatstheoretisches Phänomen. Der erste moderne Bundesstaat waren die USA (1787).[940] Aktuell sind neben der Bundesrepublik Deutschland[941] unter anderem auch Argentinien, Belgien,[942] Brasilien, Kanada,[943] Mexiko, Australien, In-

---

[940] Dazu *W. Heun*, Der Föderalismus in den USA, in: I. Härtel (Hrsg.), Handbuch Föderalismus, Band IV, § 96.

[941] Hintergrund zur Entstehung bei *R. Hrbek*, Die Konstituierung der Bundesrepublik Deutschland als Bundesstaat: Bestimmungsfaktoren und Entscheidungen 1945–1949, in: Europäisches Zentrum für Föderalismus-Forschung Tübingen (Hrsg.), Jahrbuch des Föderalismus 2019, S. 39 ff.

[942] Dazu *M. Woydt*, Dissoziativer Föderalismus (1): Belgo-Föderalismus, in: I. Härtel (Hrsg.), Handbuch Föderalismus, Band IV, § 100.

[943] Dazu *D. Brühl-Moser*, Der Föderalismus Kanadas: interstaatlich, exekutiv und asymmetrisch, in: I. Härtel (Hrsg.), Handbuch Föderalismus, Band IV, § 97.

dien,[944] die Schweiz[945] und Österreich[946] Bundesstaaten in diesem Sinne. Auch Südafrika wird man trotz gewisser Besonderheiten dazu zählen können.[947] Die Spannweite der Formen des Bundesstaates ist damit erheblich.[948] Er lässt sich allgemein definieren als eine durch die Verfassung des Gesamtstaates geformte staatsrechtliche Verbindung von Gliedstaaten, bei der sowohl die Gliedstaaten als auch der Gesamtstaat Staatsqualität aufweisen.[949] Die Staatsgewalt ist damit auf der verfassungsrechtlichen Ebene zwischen Gesamt- und Gliedstaaten nach bestimmten Aufgabenbereichen aufgeteilt.[950] Die Organe des Gesamtstaates und der Gliedstaaten üben jeweils unabhängige und originäre Staatsgewalt aus. Eine Veränderung der Kompetenzen ist nur durch Änderung der Bundesverfassung möglich, an der die Gliedstaaten beteiligt sind: „Die Ordnung des Bundesstaates ruht auf einer Verfassung, die sein eigenes Gesetz ist und stets nur durch Gesetz des Bundesstaates, niemals durch den, wenn auch einmütigen Willen der Gliedstaaten, der sich in anderen als verfassungsmäßigen Formen äußert, rechtlich abgeändert werden kann."[951] Die „Kompetenz-Kompetenz" liegt damit beim Zentralstaat, die Gliedstaaten sind dem Zentralstaat ansonsten nicht formal untergeordnet.[952] Die Bundesverfassung bildet aber die Grenze ihrer Staatsgewalt. Die Ursprünglichkeit der Staatsgewalt der Gliedstaaten zeigt sich in ihrer Verfassungsautonomie,[953] die bei anderen Formen der Regionalisierung nicht besteht und die durch die Existenz in der Bundesverfassung normierter und für die politische Funktionalität des Zusammenschlusses notwendiger[954] Homogenitätsanforderungen[955] aber auch die Un-

---

[944] Dazu *C. Wagner*, Das politische System Indiens, 2. Auflage 2016.

[945] Dazu *D. Brühl-Moser*, Schweizerischer Föderalismus: Ausgestaltung, Neugestaltung und Herausforderungen, in: I. Härtel (Hrsg.), Handbuch Föderalismus, Band IV, § 99.

[946] Dazu *S. Storr*, Österreich als Bundesstaat, in: I. Härtel (Hrsg.), Handbuch Föderalismus, Band IV, § 98.

[947] Vgl. *R. Grote*, Der Föderalismus in Mexiko, Indien, Südafrika und Australien, in: I. Härtel (Hrsg.), Handbuch Föderalismus, Band IV, § 95, Rn. 1.

[948] *B. Schöbener/M. Knauff*, Allgemeine Staatslehre, § 6, Rn. 9.

[949] *B. Schöbener/M. Knauff*, Allgemeine Staatslehre, § 6, Rn. 6. Vgl. auch BVerfGE 6, 309 (346 f.). Aus dieser Zuweisung von Staatlichkeit lassen sich allerdings keine konkreten normativen Schlüsse ziehen; insoweit ist allein die konkrete Verfassungsordnung einschlägig, vgl. auch *C. Möllers*, Staat als Argument, S. 374.

[950] *R. Zippelius*, Allgemeine Staatslehre, S. 58.

[951] *G. Jellinek*, Allgemeine Staatslehre, S. 770 f.

[952] Vgl. *H. Krüger*, Allgemeine Staatslehre, S. 120.

[953] Vgl. *E. Sarcevic*, Das Bundesstaatsprinzip, 2000, S. 15; *P. Mastronardi*, Verfassungslehre, Rn. 749 („nicht weisungsgebunden").

[954] Vgl. *C. Möllers/L. Schneider*, Demokratiesicherung in der Europäischen Union, 2018, S. 5: „Demokratische Föderationen setzen nämlich in ihren Gründungsdokumenten in aller Regel voraus, dass alle Glieder derselben politischen Form verpflichtet sind. Nur

möglichkeit des Austritts[956] nicht prinzipiell in Frage gestellt wird.[957] Insgesamt ergänzen sich die verfassungsrechtlich zugewiesenen Aufgaben der bundes- und der gliedstaatlichen Organe lückenlos, allein der Zentralstaat wird aber nach außen als umfassend völkerrechtlich souverän angesehen.[958] Abgesehen von diesen wenigen Elementen ist vieles ungeklärt, eine allgemeine Theorie des Bundesstaates fehlt,[959] sie dürfte angesichts der unterschiedlichen historischen Fundierungen, Pfadabhängigkeiten und politischen Kulturen vielleicht auch unmöglich sein. Insgesamt bleibt das Phänomen Bundesstaat für die Allgemeine Staatslehre ein dauerhaft zu bestellendes Feld, wie die aktuellen Entwicklungen in den genannten Staaten zeigen.[960] Allein in Deutschland reiht sich in den letzten Jahren eine Föderalismusreform an die nächste. Immerhin kann der Bundestaat mit Hilfe dieser wenigen Merkmale von anderen klassischen Staatsformen und -verbindungen abgegrenzt werden:

– *Einheitsstaat*. Dieser kennt zwar ebenfalls Untergliederungen. Deren Hoheitsgewalt ist jedoch stets von der Zentralebene abgeleitet, mithin nicht originär.[961] Es fehlt an einer Verfassungsautonomie der Untergliederungen, so dass deren Zuständigkeiten durch die Zentralebene formal (meist einfach-rechtlich) jederzeit wieder entzogen werden können. Politisch ist dies allerdings keine reale Option, da damit häufig der Abfall der entsprechenden Regionen verknüpft wäre (Katalonien, Schottland, Wales). Je nach Bedeutung der Untergliederungen lassen sich zwei Grundformen von Einheitsstaaten unterscheiden: Zentralisierte Einheitsstaaten und de-

---

auf der Grundlage eines Mindestmaßes an politischer und konstitutioneller Ähnlichkeit können sie funktionieren."

[955] Vgl. *K. Doehring*, Allgemeine Staatslehre, Rn. 161 ff.; *R. Zippelius*, Allgemeine Staatslehre, S. 58; *B. Schöbener/M. Knauff*, Allgemeine Staatslehre, § 6, Rn. 8.

[956] *H. Krüger*, Allgemeine Staatslehre, S. 848 f.; *B. Schöbener/M. Knauff*, Allgemeine Staatslehre, § 6, Rn. 53.

[957] *C. Starck*, Idee und Struktur des Föderalismus im Lichte der Allgemeinen Staatslehre, in: I. Härtel (Hrsg.), Handbuch Föderalismus, Band I, § 1, Rn. 12 ff.

[958] *K. Doehring*, Allgemeine Staatslehre, Rn. 31, 155. Das schließt allerdings nicht aus, dass auch die Gliedstaaten in begrenztem Maße völkerrechtlich nach außen auftreten. Für Deutschland siehe etwa *F. Schorkopf*, Staatsrecht der internationalen Beziehungen, § 4, Rn. 36 ff.

[959] Vgl. *E. Sarcevic*, Das Bundesstaatsprinzip, 2000, S. 21: „Eine allgemeine Theorie des Bundesstaates, wie dies einleitend festgestellt und mehrmals im Schrifttum zum Ausdruck gebracht wurde, gibt es nicht."

[960] Großes geleistet hat hier allerdings zuletzt das vierbändige von *Ines Härtel* herausgegebene „Handbuch Föderalismus" aus dem Jahre 2012, dessen Lektüre vor allem wegen des interdisziplinären Ansatzes Freude bereitet.

[961] *B. Schöbener/M. Knauff*, Allgemeine Staatslehre, § 6, Rn. 2. Siehe auch *W. Haller/A. Kölz/T. Gächter*, Allgemeines Staatsrecht, Rn. 489 ff.

zentralisierte Einheitsstaaten. Letztere können einem Bundesstaat bereits sehr nahe kommen (Spanien: „präföderaler Staat").[962] Beispiele von Einheitsstaaten sind Frankreich, Italien, die Niederlande, Dänemark, Großbritannien und Spanien (allerdings mit sehr unterschiedlichen regionalen Strukturen).

- *Staatenbund.* Beim Staatenbund handelt es sich nicht um ein staats-, sondern um ein völkerrechtliches Vertragsverhältnis zwischen Staaten, die in ihrer völkerrechtlichen Staatsqualität unberührt bleiben.[963] Der Staatenbund selbst ist allerdings kein Staat und genießt keine Verfassungsautonomie. Er nimmt lediglich einen begrenzten Kreis von Aufgaben wahr, dessen Umfang vollständig von den zusammengeschlossenen Staaten bestimmt wird.[964] Verfahrensrechtlich gilt meist das Einstimmigkeitsprinzip, die Überstimmung einzelner Staaten ist nicht (oder nur selten) möglich. Ein Austritt aus dem Staatenbund ist ohnehin jederzeit möglich. Historisch stellt der Staatenbund bisweilen ein Übergangsstadium auf dem Weg zum Bundesstaat dar (USA, Deutschland, Schweiz).[965] Heute spielen Staatenbunde nur eine untergeordnete Rolle. An ihre Stelle sind die internationalen Organisationen getreten.[966] Historische Beispiele sind die USA von 1778–1787, die Schweiz von 1815–1848 und der Deutsche Bund von 1815–1866.
- *Staatenverbund.* Bei diesem handelt es sich um eine neuere Kategorie, die das Bundesverfassungsgericht für die supranationale Europäische Union etabliert hat.[967] Der Staatenverbund steht gewissermaßen zwischen Bundesstaat und Staatenbund. Einerseits hängt er in seiner Ausgestaltung von den Mitgliedstaaten als den „Herren der Verträge ab", genießt also keine Verfassungsautonomie. Ein Austritt ist prinzipiell jederzeit möglich[968] (vgl. Art. 50 EUV) und wie der „Brexit" zeigt, auch eine reale Option.[969] Als

[962] Vgl. für Spanien etwa *J. Martínez*, Der präföderale Staat: Das Beispiel Spanien, in: I. Härtel (Hrsg.), Handbuch Föderalismus, Band IV, § 102.

[963] Vgl. auch *K. E. Heinz*, Der deutsche Bundesstaat und seine Organe – Theorie des Bundesstaats, DVBl. 2019, 1065 (1066); *P. Mastronardi*, Verfassungslehre, Rn. 748; *V. Epping*, Internationale Organisationen, in: K. Ipsen (Hrsg.), Völkerrecht, § 8, Rn. 17.

[964] Siehe auch *W. Haller/A. Kölz/T. Gächter*, Allgemeines Staatsrecht, Rn. 516 f.

[965] Vgl. auch *B. Schöbener/M. Knauff*, Allgemeine Staatslehre, § 6, Rn. 26. Wie die Gemeinschaft Unabhängiger Staaten (GUS) zeigt, kann der Staatenbund allerdings auch das Zerfallsprodukt eines größeren staatlichen Gebildes (in diesem Fall der Sowjetunion) sein und sich nach einer gewissen Zeit vollständig auflösen.

[966] *K. Doehring*, Allgemeine Staatslehre, Rn. 160. Siehe zu den internationalen Organisationen unten in Frage IX. Zur Abgrenzung *B. Schöbener/M. Knauff*, Allgemeine Staatslehre, § 6, Rn. 29.

[967] Zur Supranationalität noch unten in Frage IX.

[968] *H. Krüger*, Allgemeine Staatslehre, S. 848 f.

[969] Zum Brexit siehe *A. Thiele*, Der Austritt aus der EU, EuR 2016, 281 ff.

Bundesstaat kann die EU daher nicht angesehen werden. Andererseits ist das Ausmaß der übertragenen Aufgaben erheblich und die gegenseitige Verflechtung beachtlich, zudem genießt das Recht des Staatenverbundes Vorrang vor dem Recht der Mitgliedstaaten.[970] Für viele Bereiche gilt zudem (wie in Bundesstaaten) das Mehrheitsprinzip. Die EU ist daher auch kein „typischer" Staatenbund. Ob sich die EU als eine Art Vorläufer eines europäischen Bundesstaates präsentiert, bleibt abzuwarten. Vor dem Hintergrund einer verbreiteten Integrationsskepsis erscheint das aktuell wenig wahrscheinlich und sollte nach hier vertretener Ansicht auch nicht angestrebt werden.[971]

b) Aspekte der Bundesstaatlichkeit

In einer bundesstaatlichen Ordnung steht die verbindliche Kompetenzaufteilung zwischen Zentral- und Gliedstaaten im Zentrum der staatsrechtlichen aber auch der politischen Debatte. Ziel ist es ein System zu etablieren, das sicherstellt, dass der Bundesstaat für jede denkbare staatliche Aufgabe eine zuständige Ebene kennt. Eine enumerative Auflistung aller staatlichen Aufgaben mit entsprechenden Ebenen-Zuweisungen erweist sich daher als wenig sinnvoll. Neue staatliche Aufgaben bedürften dann stets einer erneuten expliziten Zuweisung. Häufig enthalten die Verfassungen daher eine Zuständigkeitsvermutung für eine der Ebenen, in der Regel die gliedstaatliche Ebene[972] (anders in Indien).[973] Diese Vermutung sagt allerdings nichts darüber aus, welche der Ebenen tatsächlich für den Großteil der Aufgaben in welcher Form zuständig ist. So besteht in Deutschland eine Vermutung für die Gesetzgebungskompetenz der Bundesländer, faktisch liegt der Großteil der Gesetzgebung aufgrund zahlreicher expliziter Zuweisungen aber beim Bund. Auch in den USA ist der Bund in seinen Gesetzgebungskompetenzen formal begrenzt, durch eine extensive Interpretation der „Commerce Clause" der Verfassung sind diese aber ausgeweitet worden. Große Unterschiede bestehen auch darin, welche Kompetenzen der zentral- und der gliedstaatlichen

---

[970] Dieser Vorrang wird von den einzelnen Mitgliedstaaten zwar im Grundsatz, nicht immer aber umfassend akzeptiert. Zu den deutschen Vorbehalten siehe *A. Thiele*, Die Integrationsidentität des Art. 23 Abs. 1 GG als (einzige) Grenze des Vorrangs des Europarechts, EuR 2017, 367 ff.

[971] Dazu noch in Frage X.

[972] So lautet der zehnte Zusatzartikel der USA: „The powers not delegated to the United States by the Constitution, nor prohibited by it to the States, are reserved to the States respectively, or to the people." Für Deutschland siehe Art. 30, 70, 83 ff. GG; für Österreich siehe Art. 15 Abs. 1 BVG; für die Schweiz Art. 3 und 42 Abs. 1 BV; für Australien siehe Section 51 Constitution of Australia; für Brasilien Art. 24 § 3 Constitution of Brazil. Siehe auch *P. Mastronardi*, Verfassungslehre, Rn. 749.

[973] Siehe Art. 248 Constitution of India.

Ebene im Einzelnen zugewiesen werden. Sinnvollerweise wird die Zentralebene Aufgaben übernehmen, denen eine gesamtstaatliche Bedeutung zukommt – etwa Staatsbürgerschaft, Währungswesen, Außenpolitik (Krieg und Frieden). Darüber hinaus aber folgen die Zuweisungen eher historisch fundierten Pfadabhängigkeiten als einer allgemein gültigen bundesstaatlichen Theorie (was auf die Leistungsfähigkeit des Staatswesens beachtliche Auswirkungen haben kann). In Deutschland sind die Bundesländer vornehmlich im Schulwesen, dem Polizei- und Ordnungsrecht sowie der Kultur zuständig, während diese Bereiche in anderen Bundesstaaten teilweise auch der Zentralebene zukommen. Gerade der deutsche Bundesstaat ist zudem durch eine Aufgabenteilung zwischen Bund und Ländern geprägt, bei der dem Bund zwar der Großteil der Gesetzgebung, den Ländern aber der Großteil der Vollzugszuständigkeit übertragen ist – und zwar auch hinsichtlich der Bundesgesetze. In den USA ist das (wie in der Schweiz) nicht der Fall; die Kompetenzaufteilung folgt einem freien Trennsystem. Der deutsche Bundesstaat weist dadurch einen hohen Verflechtungsgrad auf, der anderen Bundesstaaten abgeht und sich nicht zuletzt in seiner komplexen Finanzverfassung (Art. 105–107 GG) zeigt.

Neben der allgemeinen Kompetenzaufteilung bildet die Beteiligung der Gliedstaaten an der Gesetzgebung der Zentralebene einen weiteren Aspekt bundesstaatlicher Ordnungen.[974] Alle Bundesstaaten kennen solche Beteiligungen an der Bildung des „Bundeswillens“, entweder in Form einer „echten“ (Senat in den USA) oder einer „unechten“ Zweiten Kammer (Bundesrat in Deutschland). Die Zusammensetzungen und Zuständigkeiten der Ländervertretungen unterscheiden sich. Meist sind sie aber in das Verfahren der Verfassungsänderung involviert, teilweise – wie in den USA – sind die einzelnen Gliedstaaten unmittelbar beteiligt.

Das Verhältnis der Gliedstaaten zum Zentralstaat und der Gliedstaaten untereinander ist nicht völkerrechtlich, sondern staatsrechtlich ausgestaltet. Damit einher gehen gewisse bündische Pflichten (Treue- und Solidaritätspflichten, „Bundestreue“), die nicht immer explizit normativ fundiert sind, aber die politische Kultur eines Bundesstaates prägen sollten.[975] Der Bundesstaat ist ein vergleichsweise enges Bündnis und setzt eine gewisse politische und kulturelle Homogenität voraus.[976] Wo sie fehlt oder verloren geht, wird der Bundesstaat kaum bestehen können, schon weil die Erfüllung solidarischer finanzieller Pflichten erschwert wird – seit einigen Jahren ist das in Belgien zu beobachten.

---

974 *B. Schöbener/M. Knauff*, Allgemeine Staatslehre, § 6, Rn. 11.

975 Vgl. auch *B. Schöbener/M. Knauff*, Allgemeine Staatslehre, § 6, Rn. 11.

976 *W. Haller/A. Kölz/T. Gächter*, Allgemeines Staatsrecht, Rn. 548.

c) Funktionen, Legitimation, Probleme

Bundesstaaten sind meist historisch geprägte Gebilde und nur selten rationale Zweckschöpfungen. Ihre konkrete Gestalt folgt dadurch spezifischen Pfadabhängigkeiten. Diese Entstehungsvoraussetzungen entbinden nicht von der Beantwortung der Frage nach den heutigen Funktionen und Legitimationen. Als Antwort wird man – bei allen Unterschieden im Detail – auf die folgenden drei Aspekte verweisen können:

- *Berücksichtigung regionaler, historischer und kultureller Eigenheiten.* Heutige Bundesstaaten sind meist aus historisch eigenständigen Gebieten zusammengewachsen. Die Errichtung eines Bundesstaates macht es möglich, regionale Besonderheiten – landschaftlicher, kultureller, wirtschaftlicher, sprachlicher Art – in einer Form zu berücksichtigen und zu bewahren, wie es bei einer gesamtstaatlichen (einheitlichen) Regelung nicht möglich wäre. Damit legt der Bundesstaat zugleich weniger Gewicht auf die Rechtseinheit.[977] Die Landesinteressen finden über die Ländervertretung auch auf der Bundesebene Berücksichtigung. Zu beachten ist, dass die Unterschiede zwischen den einzelnen Ländern nicht zu groß sein dürfen, da andernfalls die notwendige politische Homogenität nicht sichergestellt ist. In einem solchen Fall kann sich die Errichtung mehrerer unabhängiger Staaten empfehlen.
- *Gewaltenteilung und Wettbewerb.* Im Bundesstaat wird die horizontale Gewaltenteilung durch eine vertikale ergänzt. Die Länderkammer bildet ein Gegengewicht zum Bund und kann machthemmend wirken. Die kleineren Einheiten der Länder sind sach- und bürgernäher, wodurch dem Gedanken der Subsidiarität Rechnung getragen wird. Regionale Probleme können dann auch regional entschieden werden, während in Frankreich „Paris“ auch über den Bau entfernter Landstraßen entscheidet. Damit kommt ein Element des Wettbewerbs in die Staatsorganisation („Wettbewerbsföderalismus“): Die Länder können unterschiedliche Wege gehen und Experimente wagen, die in ihren Auswirkungen begrenzt bleiben („Trial and Error“). In der Schweiz spricht man vom „föderalistischen Labor der Kantone“.[978]
- *Demokratieförderung.* Der Bundesstaat erhöht die Partizipationsmöglichkeiten der BürgerInnen und mit den unmittelbar gewählten Länderparlamenten (eventuell auch weiterer Organe) die Bürgernähe.[980] Unter Umständen hat die Opposition auf Bundesebene die Möglichkeit in einem

[977] *P. Mastronardi*, Verfassungslehre, Rn. 751.

[978] *P. Mastronardi*, Verfassungslehre, Rn. 752.

[979] Siehe etwa mit einem Beispiel aus der Schweiz *P. Mastronardi*, Verfassungslehre, Rn. 754.

[980] *P. Mastronardi*, Verfassungslehre, Rn. 752.

Land bereits Regierungsverantwortung zu über- und über die Ländervertretung Einfluss auf die Bundespolitik zu nehmen. Das erhöht die Chance eines friedlichen Mehrheitswechsels auf Bundesebene, leistet einen gewissen Minderheitenschutz und erhöht den Zwang zum Kompromiss.

Diesen prinzipiellen Vorteilen stehen Nachteile gegenüber. So kann die Aufteilung der Staatsgewalt Gefahren für die Handlungseinheit und die Handlungsfähigkeit des Staates bewirken. Das gilt insbesondere in Bundesstaaten, die – wie Deutschland – kein Trenn-, sondern ein Mischsystem mit einem hohen Verflechtungsgrad der beiden Ebenen etablieren. Die politische Willensbildung kann dann (noch) schwerfälliger und langsamer ablaufen als das in demokratischen Einheitsstaaten der Fall ist. Die bundesstaatliche Differenzierung kann schließlich – je nach Ausgestaltung – erhebliche regionale Unterschiedlichkeiten hervorrufen, etwa im Bereich der ökonomischen und sozialen Lebensbedingungen. Die Ausgestaltung des Bundesstaates muss sich den Erwartungen der Bevölkerung anpassen. Die deutsche Verfassung legt, diesen Erwartungen folgend, einen großen Wert auf die Gewährleistung bundesweit einheitlicher Lebensverhältnisse. Die Besteuerungskompetenzen sind deshalb auf der Zentralebene gebündelt und die Finanzausstattung der Länder wird über den Finanzausgleich stark angeglichen. Eine stärkere Betonung eines gliedstaatlichen (Steuer-) Wettbewerbs wie in den USA stünde zu diesen Erwartungen im Widerspruch. Die immer wieder von einzelnen ökonomischen Stimmen geforderte Besteuerungskompetenz der Bundesländer erweist sich aus dieser Legitimitätsperspektive insofern als problematisch (auch weil die Gefahr eines „Race to the Bottom" besteht).[979]

d) Entwicklungstendenzen

In fast allen Bundesstaaten zeigen sich gewisse Unitarisierungstendenzen, die zu einer Fokussierung auf die Zentralebene führen. Das ist zum einen eine mittelbare Folge der Globalisierung, die zu einer Stärkung der zentralen Exekutive und einer Schwächung der nationalen und gliedstaatlichen Legislative geführt hat. Teilweise wird versucht, diese Entwicklung durch verstärkte innerstaatliche Mitwirkungs- und Abspracherechte der Gliedstaaten aufzufangen – Art. 23 Abs. 2–7 GG sind hierfür ein Beispiel. Erfolgreich sind diese Versuche allerdings kaum. Zum anderen steht dahinter aber auch ein gewisses Bedürfnis an Einheitlichkeit, das von Seiten der Bevölkerung in einem Bundesstaat erwartet wird: Wo Hochschulabschlüsse aus anderen Gliedstaaten nicht anerkannt werden oder der Schulwechsel Probleme bereitet, wird das nur selten auf Verständnis stoßen. Das führt zu einer besonderen Form des kooperativen Föderalismus. Durch vertragliche Vereinbarungen untereinander versuchen die Gliedstaaten solche Schwierigkeiten zu minimieren. Das geht erneut zu Lasten der gliedstaatlichen Parlamente, ein Effekt, der noch einmal gesteigert wird, wo Landesgesetze auf gemeinsam mit allen Ländern ausgearbeiteten „Mustergesetzen“ beruhen.[981] Diese Entwicklungen lassen die Frage nach der Sinnhaftigkeit bundesstaatlicher Strukturen aufkommen. Ein funktionsfähiger Bundesstaat setzt auf Seiten der Bevölkerung jedenfalls voraus, unterschiedliche Regelungskonzepte anzuerkennen und für die erweiterten und bürgernäheren demokratischen Mitwirkungsmöglichkeiten in Kauf zu nehmen.[982] Wo das Bedürfnis nach „einheitlichen Lebensverhältnissen“ zu groß ausfällt, Unterschiede jedweder Art auf Ablehnung stoßen und die Gliedstaaten dadurch selbst immer mehr von individuellen Lösungswegen absehen, steht der Bundesstaat tatsächlich auf dem Prüfstand. Für die Vorzüge bundesstaatlicher Strukturen zu werben, bleibt gerade in historisch geprägten Bundesstaaten daher eine Daueraufgabe.

2. Kommunale und regionale Selbstverwaltung

Auch Einheitsstaaten kennen kommunale Untergliederungen, wenngleich diese nicht immer – wie in Deutschland[983] – verfassungsrechtlich garantiert sind.[984] Schon praktisch wäre die Zentralebene überfordert, wenn sie auch für sämtliche Entscheidungen regionalen Charakters verantwortlich zeichnete. Auch die Gliedstaaten in Bundesstaaten sind hier meist noch zu groß. Die Idee der Subsidiarität und der Bürgernähe spricht zusätzlich dafür, regionale und lokale Selbstverwaltungsstrukturen zu etablieren, die für solche Entscheidungen zuständig sind (Bürgermeister, Gemeinderäte etc.) und als verselbstständigte juristische Personen des öffentlichen Rechts unter Gewährung eines Mindestmaßes an Autonomie (Dekonzentration bis Dezentralisierung)[985] aus der unmittelbaren zentralen Staatsverwaltung herausgenommen werden.[986] Inwieweit sie errichtet werden (können) ist eine verfassungsrechtliche Frage, zudem handelt es sich immer um eine von der höchsten Staatsgewalt abgeleitete Hoheitsgewalt. Sie kann daher (im verfassungsrechtlichen Rahmen) jederzeit modifiziert oder entzogen werden.

---

[981] Das ist in Deutschland in vielen Fällen, nicht zuletzt im Polizeirecht, der Fall.

[982] Zur Erwartung der Deutschen siehe *T. Petersen*, Die Einstellung der Deutschen zum Föderalismus seit 1949, in: Europäisches Zentrum für Föderalismus-Forschung Tübingen (Hrsg.), Jahrbuch des Föderalismus 2019, S. 113 ff.

[983] Siehe Art. 28 Abs. 1 GG.

[984] *A. Gamper*, Staat und Verfassung, S. 85. Zu Großbritannien siehe *R. Sturm*, Das politische System Großbritanniens, S. 103 ff., zu Italien siehe *L. Bergner*, Der italienische Regionalismus, 2008.

[985] Bei einer Dekonzentration behält sich die höhere Ebene gewisse Weisungsrechte vor, bei der Dezentralisierung hingegen fehlen im jeweiligen Zuständigkeitsbereich solche Weisungsrechte.

[986] Zu Belgien siehe etwa *B. Fadavian*, Kommunale Strukturen in Belgien, DÖV 2019, 889 ff.

Die frühere Vorstellung einer „pouvoir municipale", die nicht vom Zentralstaat abgeleitet ist, weil die Gemeinde als älteres Gebilde dem Staat vorgeordnet ist,[987] ist im modernen demokratischen Verfassungsstaat nicht mehr haltbar. Dieser kennt stets nur soviel Staat und Staatsgewalt, wie die Verfassung konstituiert.

3. Städte und „Megacities"

Als Teil der kommunalen Selbstverwaltung kommt großen Städten und „Megacities" national wie international eine immer größere Bedeutung zu. Seit der Entstehung des modernen Staates hat sich der Urbanisierungsprozess stetig fortgesetzt. Im Jahr 2008 lebten weltweit erstmals mehr Menschen in der Stadt als auf dem Land. Zum Ende des 21. Jahrhunderts werden vermutlich rund 90% der weltweiten Bevölkerung in Städten leben, die zugleich für etwa 60% des gesamten Energieverbrauchs verantwortlich zeichnen.[988] Aktuell zieht es weltweit etwa 1,5 Millionen Menschen wöchentlich in die Stadt. Damit gehen erhebliche Veränderungen in der Art und Weise des Zusammenlebens einher: „This marks a major and unprecedented transformation in the ways in which human societies organize, both in spatial and in geopolitical terms."[989] Diese „Verstädterung" ist bereits heute ein Problem in Asien und auf der Südhalbkugel. Mit New York und Tokio waren zwar zwei „nördliche" und „westliche" Städte die ersten Megacities mit mehr als zehn Millionen Einwohnern. Heute wachsen westliche Städte allerdings nur noch begrenzt,[990] während die Städte in Schwellen- und Entwicklungsländern beachtliche Wachstumsraten aufweisen. Zwar ist Tokio mit 37,5 Millionen EinwohnerInnen weiterhin die weltweit größte Stadt. Es folgen auf den Plätzen 2–9 jedoch sämtlich Städte aus „ärmeren" Weltregionen, erst Platz zehn wird 2019 von Osaka (19,2 Millionen EinwohnerInnen) und damit einer „westlichen" Stadt eingenommen. Der Kern New Yorks hat heute ebenso wie derjenige Londons gerade einmal neun Millionen EinwohnerInnen. „Kernparis" hat nur etwas mehr als zwei Millionen EinwohnerInnen und würde in China kaum als Großstadt gelten. Zum Vergleich: Der chinesische Großraum Chongqing vereint mit mehr als 32 Millionen Menschen schon heute so viele Menschen wie Österreich, die Schweiz, die Slowakei, Bulgarien, Serbien und Slowenien zusammen. In der nicht allzu fernen Zukunft werden im globalen Süden Städte mit mehr als fünfzig Millionen EinwohnerInnen Realität wer-

[987] Vgl. *H. Krüger*, Allgemeine Staatslehre, S. 865 f.

[988] *R. Kaltenbrunner/P. Jakubowski*, Die Stadt der Zukunft, 2019, S. 282.

[989] *R. Hirschl/A. Shachar*, Spatial Statism, ICON 17 (2019), 387 (406).

[990] Zur historischen Entwicklung knapp *R. Hirschl/A. Shachar*, Spatial Statism, ICON 17 (2019), 387 (407).

den, teilweise wird es Städte mit 100 Millionen EinwohnerInnen geben.[991] Die Bevölkerungsdichte ist in den ärmeren Städten für westliche Verhältnisse kaum vorstellbar. Leben in Berlin etwa 4100 Menschen pro Quadratkilometer sind es in Mumbai knapp 26.000, in Dhaka rund 30.000 und in einem Stadtteil von Macau (Santo António) sogar 125.000. Dass die Allgemeine Staatslehre aber auch das Staats- und Verfassungsrecht[992] bei solchen Größen weiterhin von „kommunalen Untergliederungen" sprechen und diese Megacities damit in einen Topf mit kleineren Gemeinden mit wenigen hundert EinwohnerInnen werfen, erscheint nicht mehr angemessen. Das zeigt sich auch in der neuen internationalen Bedeutung, die solchen Städten zukommt. Sie treten immer häufiger auch auf der völkerrechtlichen Ebene auf und werden hier als relevante Akteure wahrgenommen; *Helmut Aust* spricht von der „globalen Stadt".[993] Das zeigt sich bei Themen wie Klima- und Umweltschutz. So haben die USA zwar das Pariser Abkommen gekündigt, zahlreiche amerikanische Städte (und Gliedstaaten) haben aber verkündet, sich weiter daran halten zu wollen. Die Megacities sind damit zwar weiterhin integraler Bestandteil größerer Staaten, nehmen hier aber eine besondere auch kulturelle Rolle ein: „Die einzelne Stadt ist zum kulturellen Gut geworden, das Aufmerksamkeit und Wert beansprucht."[994] Und diese Rolle zeigt sich auch innenpolitisch: Größere Städte und Hauptstädte sind in politischer Sicht nicht selten Ausgangspunkt gesamtstaatlicher politischer Veränderungen[995] und in autoritären Systemen oft Horte der Opposition, da sie liberale Gesellschaftsschichten beheimaten. Bei der türkischen Kommunalwahl 2019 verlor die AKP die Städte Istanbul[996] und Izmir an die Opposition, auch die ungarische Hauptstadt Budapest wird seit 2019 von einem oppositionellen Politiker regiert. Diese besondere innen- wie außenpolitische Bedeutung der großen Städte muss sich in ihrer Behandlung durch die Allgemeine Staatslehre spiegeln. Auch die Vereinten Nationen gehen davon aus, dass die Or-

---

[991] *R. Hirschl/A. Shachar*, Spatial Statism, ICON 17 (2019), 387 (408).

[992] Siehe im Überblick *R. Hirschl/A. Shachar*, Spatial Statism, ICON 17 (2019), 387 (411 ff.).

[993] *H. Aust*, Das Recht der globalen Stadt – Grenzüberschreitende Dimensionen kommunaler Selbstverwaltung, 2017.

[994] *A. Reckwitz*, Das Ende der Illusionen, S. 37. Die Städte stehen dadurch auch in einem „kulturellen Wettbewerb" miteinander, vgl. *A. Reckwitz*, aaO, S. 38: „Sie befinden sich im Wettbewerb um eine Anerkennung nicht nur ihrer Funktion, sondern auch ihres Wertes."

[995] Die Kommunalwahlen sind insofern auch ein Stimmungsbild für die Opposition und machen den WählerInnen eventuelle Veränderungen sichtbar.

[996] Staatspräsident *Erdogan* war früher selbst Bürgermeister Istanbuls. „Wer Istanbul gewinnt, gewinnt die Türkei" ist denn auch ein viel gehörter politischer Wahlspruch. Auch deshalb führte die AKP mit fragwürdiger Begründung im Jahr 2019 eine Wiederholung der ersten Wahl herbei, unterlag in dieser aber noch deutlicher.

ganisation der Verstädterung, „especially in low-income and lower-middle-income countries, is one of the greatest challenges of our time."[997] So ist die Spaltung in arme und reiche soziale Schichten zunehmend eine Spaltung, die innerhalb der Städte selbst auftritt.[998] Zum Stadt-Land-Gefälle kommt das innerstädtische Gefälle hinzu, das in seinen Ausmaßen teilweise noch sehr viel dramatischer ausfällt: „Megareiche" wohnen direkt neben „Megaarmen". Allein im Großraum Los Angeles leben gegenwärtig mehr als 50.000 Menschen auf der Straße und in größter Armut in unmittelbarer Nachbarschaft zu extremem Reichtum. Hier bedarf es planerischer Angebote und Innovationen, die aufzeigen, wie städtische Gentrifizierungen verhindert oder abgemildert werden können. Hinzu kommt eine angepasste und nachhaltige (Stichwort Klimawandel) Infrastrukturplanung. Gerade die Versorgung mit Elektrizität, Wasser und Internet sowie die Abwasser- und Abfallentsorgung bereitet in solchen meist eher wild gewachsenen Städten erhebliche Schwierigkeiten. Demokratietheoretisch von großer Bedeutung ist dabei auch ein Aspekt, auf den *Stefan Bendiks* und *Aglaée Degros* zu Recht hingewiesen haben:[999] Die Transformation vornehmlich durch Autos genutzter Verkehrsräume in allen BewohnerInnen zugängliche öffentliche (Diskurs-) Räume, die außerhalb konkreter Konsumwünsche Möglichkeiten kollektiver Begegnung und des Austauschs schaffen. Hier wird es auch darum gehen müssen, die Chancen der Digitalisierung zu nutzen (Stichwort: Smart City).[1000] Das alles ist keine originäre Aufgabe der Allgemeinen Staatslehre. Die Stadt der Zukunft als Forschungsobjekt praktisch zu ignorieren wie bisher ist allerdings keine Lösung.[1001]

4. Aufgabe der Allgemeinen Staatslehre

Die föderale und regionale Untergliederung sollte für eine moderne Allgemeine Staatslehre einen zentralen Aspekt der Forschung bilden. Zu warnen ist jedoch vor einer zu starken Orientierung an allzu groben Unterteilungen. Mit der formalen Unterscheidung von Einheits- und Bundesstaaten ist über das tatsächliche Ausmaß und die Bedeutung der konkreten Untergliederungen noch wenig gewonnen.[1002] Ein unitarischer Bundesstaat kann einem Ein-

---

[997] UN DESA, United Nations 2018 Revision of World Urbanization Prospects, 2018.

[998] Vgl. auch *W. Streeck*, Vorwort, in: Foundational Economy Collective (Hrsg.), Die Ökonomie des Alltags, S. 7 (26 f.).

[999] *S. Bendiks/A. Degros*, Traffic Space = Public Space. Ein Handbuch zur Transformation, 2020.

[1000] *R. Kaltenbrunner/P. Jakubowski*, Die Stadt der Zukunft, S. 282 ff.

[1001] Dazu demnächst *R. Hirschl*, City, State: Comparative Constitutionalism and the Mega-City, 2020.

[1002] Vgl. auch *C. Möllers/L. Schneider*, Demokratiesicherung in der Europäischen

heitsstaat faktisch sehr nahe kommen.[1003] Umgekehrt kann auch ein Einheitsstaat bundesstaatliche Züge annehmen, was sich in Spanien und Italien (man denke an die bedeutende Rolle des italienischen Senats)[1004] zunehmend auch in Großbritannien („Devolution")[1005] zeigt. Die Frage der optimalen staatlichen Untergliederung sollte sich daher weniger an formalen Einteilungen und stärker an konkreten Zielen orientieren, denen je nach gesellschaftlichen Erwartungen eine unterschiedliche Relevanz zukommt: Wie ausgeprägt ist die Homogenität unterschiedlicher Bevölkerungsteile (in kultureller, politischer, ethnischer Hinsicht)? Welcher Stellenwert wird den „gleichwertigen Lebensverhältnissen" zugemessen (wie sehr also wird Wettbewerb zwischen den Regionen erwartet oder abgelehnt)? In welchen Bereichen wird eine unmittelbare Mitsprache der Betroffenen gewünscht, wo ist das hingegen nicht der Fall? Wie kann die Bedeutung der kommunalen Entscheidungen stärker ins Bewusstsein der BürgerInnen dringen?[1006] Auch die Debatte um die Zukunft der Europäischen Union sollte weniger darum kreisen,[1007] ob sich diese zum Bundesstaat oder nicht entwickeln sollte und sich stattdessen an konkreten Notwendigkeiten und Möglichkeiten orientieren. Dass die EU formal weiterhin kein Bundesstaat ist, ändert ohnehin wenig daran, dass sie aus der Perspektive der Rechtsunterworfenen im täglichen Erleben als solcher wahrgenommen wird (und wahrgenommen werden kann).

Union, S. 6: „Anstatt nach einer allgemeinen begrifflichen Antwort zu suchen, erscheint es ergiebiger, zu vergleichen und durch Vergleich zu erkennen, welche Erwägungen zu welcher Art föderaler Institution passen."

[1003] Zur Entwicklung in Pakistan, die eher in die andere Richtung zu gehen scheint *S. A. Rid*, Federalism in Pakistan: Evolving from a highly centralised federal system to a more decentralised federal structure, in: Europäisches Zentrum für Föderalismus-Forschung Tübingen (Hrsg.), Jahrbuch des Föderalismus 2019, S. 375 ff.

[1004] Der italienische Senat wird auf regionaler Ebene gewählt, hat 315 Mitglieder und agiert quasi als gleichberechtigte zweite Kammer im Gesetzgebungsverfahren, vgl. *A. Weber*, Europäische Verfassungsvergleichung, 9. Kapitel, Rn. 159. Versuche den Senat in seinen Zuständigkeiten zu begrenzen sind zuletzt in einem Referendum im Jahr 2016 gescheitert.

[1005] Dazu *R. Sturm*, Das politische System Großbritanniens, S. 44 ff.

[1006] Dazu auch *A. Thiele*, Verlustdemokratie, S. 306 ff.

[1007] Vgl. insoweit etwa *C. Starck*, Allgemeine Staatslehre in Zeiten der Europäischen Union, in: ders. (Hrsg.), Woher kommt das Recht, S. 353 (363).

IX. Wie ist die internationale und supranationale Kooperation demokratischer Verfassungsstaaten ausgestaltet?

Die modernen Staaten standen seit jeher in internationalen Beziehungen zueinander und haben unter anderem auf der ökonomischen Ebene eng miteinander kooperiert. Teilweise gingen die historisch-ökonomischen Kooperationen späteren Staatsgründungen voraus oder haben diese möglich gemacht – man denke an den Deutschen Zollverein, der 1834 gegründet wurde und die spätere Reichseinigung von 1871 ökonomisch gewissermaßen vorwegnahm. Dem Versuch, die politische Einigung Europas mit der Europäischen Union zunächst mit der ökonomischen Verflechtung der Mitgliedstaaten anzustreben, kommt aus historischer Perspektive insofern eine gewisse Plausibilität zu – auch wenn sich die Zahl der kritischen Stimmen zuletzt erhöht hat.[1008] Bei der internationalen Kooperation handelt sich damit um kein der heutigen „Hyper-Globalisierung" geschuldetes neuartiges Phänomen.[1009] Das bestätigt der Blick auf das moderne Völkerrecht, dessen Anfang zwar umstritten ist, meist aber in das 17. Jahrhundert verlegt wird.[1010] Unbestreitbar ist allerdings, dass die internationale Kooperation in den letzten Jahren an Dichte zugenommen hat: „Der Staat der Gegenwart existiert nicht mehr nur zu anderen Staaten hinüber, sondern zugleich zu einer großen Zahl internationaler Organisationen."[1011] Der moderne demokratische Verfassungsstaat ist ein nach außen „offener" Staat,[1012] sucht nicht nur die friedliche „berührungslose" Koexistenz mit anderen Staaten, sondern will mit diesen gemeinsam diejenigen Aufgaben erfüllen, die er trotz seiner theoretischen Souveränität nicht zu erfüllen in der Lage ist (Weltfrieden, Klimawandel, Handelspolitik, Flüchtlingskrise). Ein vollständiger Rückzug aus diesem internationalen Beziehungsgeflecht ist zwar theoretisch denkbar, praktisch aber ausgeschlossen – selbst Nordkorea unterhält diplomatische Beziehungen zu anderen Staaten;[1013] zuletzt hat sich *Kim Jung-Un* mehrfach mit dem amerikanischen Präsidenten getroffen.

In diesem Zusammenhang lassen sich zunächst völkerrechtliche (1) und supranationale (2) Kooperationsformen unterscheiden,[1014] wobei allerdings

[1008] Dass *Jean Monnet* selbst später gesagt haben soll, dass er bei einem zweiten Versuch mit der Kultur angefangen hätte, ist mittlerweile allerdings als unzutreffend belegt worden.

[1009] Sie waren daher auch seit jeher und nicht erst „im Zeitalter der Globalisierung" unverzichtbar (so anklingend bei *A. Katz/G. Sander*, Staatsrecht, Rn. 64).

[1010] Dazu *K. Ipsen*, Zur Geschichte des Völkerrechts, in: ders. (Hrsg.), Völkerrecht, § 2.

[1011] *F. Schorkopf*, Staatsrecht der internationalen Beziehungen, 2017, § 1, Rn. 1.

[1012] Vgl. *U. Di Fabio*, Das Recht offener Staaten: Grundlinien einer Staats- und Rechtstheorie, 1998; *F. Schorkopf*, Staatsrecht der internationalen Beziehungen, § 9, Rn. 42 ff. Siehe auch *R. Geiger*, Staatsrecht III, S. 1 ff.

[1013] Vor allem Russland und China.

[1014] Vgl. auch *A. Katz/G. Sander*, Staatsrecht, Rn. 64.

auch supranationale Kooperationen völkerrechtlich fundiert sind. Für die Allgemeine Staatslehre geht es (auch in Abgrenzung zum Völkerrecht) darum, die fortbestehende Funktion des demokratischen Verfassungsstaates in diesem Beziehungsgeflecht zu begründen und zu beschreiben sowie Antworten auf die Frage nach Legitimation und Legitimität der auf dieser Ebene getroffenen Entscheidungen zu geben (3).

1. Völkerrechtliche Kooperationen

Zur Lösung grenzüberschreitender Probleme und zur Wahrnehmung sonstiger Interessen können die Staaten mit anderen Staaten informell oder vertraglich in Kontakt treten. Daraus hat sich im Laufe der Jahrhunderte eine Vielzahl an Rechtsnormen entwickelt, die diese hoheitlichen Rechtsverhältnisse der Staaten untereinander regeln: Das Völkerrecht.[1015] Es beruht auf der Idee der Gleichheit der Staaten[1016] als „geborene Völkerrechtssubjekte"[1017] unabhängig von der internen politischen Organisation, wie Art. 2 der Satzung der Vereinten Nationen ausdrücklich festhält: „Die Organisation ist auf dem Prinzip der souveränen Gleichheit all ihrer Mitglieder gegründet." Wie oben gezeigt, ist der völkerrechtliche Staatsbegriff in dieser Hinsicht (richtigerweise) neutral. Völkerrechtliche Kooperationen sind daher formal Kooperationen auf Augenhöhe zwischen gleichberechtigten Partnern, die Staaten unterhalten jeweils Botschaften, um die diplomatische Kontaktaufnahme zu erleichtern. Gleichwohl bestehen erhebliche faktische Unterschiede in der konkreten Verhandlungsposition, die in wirtschaftlicher aber auch militärischer Macht[1018] wurzeln.[1019] Die USA, China oder Russland können völkerrechtlich anders auftreten als Malta, Luxemburg oder Neuseeland. Sie können schwächere Staaten nicht nur zu einer „freiwilligen" Kooperation zwingen, sondern sind auch freier in der Interpretation (oder Missachtung)[1020] völkerrechtlicher Bindungen.

[1015] *F. Schorkopf*, Staatsrecht der internationalen Beziehungen, § 1, Rn. 7 ff. auch zu den verschiedenen völkerrechtlichen Rechtsquellen (insbesondere Art. 38 IGH-Statut). Siehe auch *B. Schöbener/M. Knauff*, Allgemeine Staatslehre, § 7, Rn. 2 ff.

[1016] *B. Schöbener/M. Knauff*, Allgemeine Staatslehre, § 7, Rn. 20 ff.

[1017] *B. Schöbener/M. Knauff*, Allgemeine Staatslehre, § 7, Rn. 17.

[1018] Das bildet auch den Hintergrund für kleinere Staaten, den Besitz einer Atombombe anzustreben (etwa Irak, Nordkorea). Eine solche Waffe ist völkerrechtlich immer ein „gutes" Argument.

[1019] Siehe auch *R. Zippelius*, Allgemeine Staatslehre, S. 60: „Die rein formelle Gleichberechtigung erscheint jedoch auch im Völkerrecht leicht als bloße Fassade, wenn hinter ihr nicht ein annähernd gleiches machtpolitisches Potenzial steht."

[1020] Man denke zuletzt an die Annexion der Krim durch Russland.

a) Kooperationsformen

Eine solche völkerrechtliche Kooperation erfolgt insbesondere in einer der vier folgenden Formen.

aa) Internationale Organisationen

Internationale Organisationen haben die Kooperation der Staaten in Form von Staatenbünden seit dem Zweiten Weltkrieg praktisch abgelöst.[1021] Eine internationale Organisation wird durch einen völkerrechtlichen Vertrag mehrerer Staaten gegründet und besteht zur Wahrnehmung der jeweiligen Aufgabe[n] aus mindestens einem Organ, dem die konkrete Willensbildung obliegt; dieser „internationale Wille" muss nicht immer mit dem Willen der Einzelstaaten identisch sein. Die konkrete institutionelle Struktur kann aber überaus komplex sein. Der Beitritt ist freiwillig, ein Austritt ist jederzeit (ggf. nach Übergangsphasen) möglich. Die bedeutendste internationale Organisation sind die bereits 1946 gegründeten „Vereinten Nationen", der heute 193 Staaten angehören.[1022] Sie haben nach Art. 1 der Charta das Ziel den Weltfrieden und die internationale Sicherheit zu wahren (1), freundschaftliche, auf der Achtung vor dem Grundsatz der Gleichberechtigung und Selbstbestimmung der Völker beruhende Beziehungen zwischen den Nationen zu entwickeln und andere geeignete Maßnahmen zur Festigung des Weltfriedens zu treffen (2), eine internationale Zusammenarbeit herbeizuführen, um internationale Probleme wirtschaftlicher, sozialer, kultureller und humanitärer Art zu lösen und die Achtung vor den Menschenrechten und Grundfreiheiten für alle ohne Unterschied der Rasse, des Geschlechts, der Sprache oder der Religion zu fördern und zu festigen (3) sowie ein Mittelpunkt zu sein, in dem die Bemühungen der Nationen zur Verwirklichung dieser gemeinsamen Ziele aufeinander abgestimmt werden (4). Zentrales Organ ist neben der Generalversammlung der Sicherheitsrat, dem insbesondere die Beschlussfassung über die Zulässigkeit „harter" Maßnahmen nach dem siebten Kapitel der Charta obliegt. In diesem Gremium spiegelt sich allerdings auch die faktische Ungleichheit der Staaten: Die USA, Frankreich, China, Russland und Großbritannien sind nicht nur ständige Vertreter im Sicherheitsrat, sondern verfügen auch über ein Vetorecht. Dass die UNO angesichts der im Vergleich zu 1945 gänzlich veränderten Staatenwelt aber auch aufgrund neuartiger Herausforderungen (nicht zuletzt des internationalen Terrorismus) einer Reform bedarf, ist weitgehend konsentiert;[1023] eine Änderung

---

[1021] Umfassend dazu *V. Epping*, Internationale Organisationen, in: K. Ipsen (Hrsg.), Völkerrecht, § 8.

[1022] Überblick bei *K. D. Wolf*, Die UNO. Geschichte, Aufgaben, Perspektiven, 3. Auflage 2016.

[1023] Dazu *K. D. Wolf*, Die UNO, S. 107 ff. Im Kern geht es einerseits um eine mögliche „Demokratisierung der UNO" sowie um eine institutionelle Reform des Sicherheitsrates.

der Charta ist gegenwärtig allerdings nicht absehbar.[1024] Zu den Vereinten Nationen gehören zahlreiche Sonderorganisationen (UNESCO, WHO, ILO).[1025] Neben den Vereinten Nationen besteht eine Vielzahl weiterer internationaler Organisationen auf unterschiedlichen Gebieten etwa Wirtschaft und Entwicklung (WTO,[1026] OECD, IWF und Weltbank) und Verteidigung (NATO, ANZUS, ehemals Warschauer Pakt). Hinzu kommen regionale Organisationen mit unterschiedlichen inhaltlichen Schwerpunkten (Arabische Liga, OAU, OAS, Europarat).

bb) Freihandelsabkommen und BIT

Freihandelsabkommen sind völkerrechtliche Verträge mit denen die Handelsabkommen zwischen zwei oder mehr Staaten auf der Basis der Idee des Freihandels geregelt werden. Die beteiligten Staaten verzichten im Verhältnis zueinander in unterschiedlichem Ausmaß auf Handelshemmnisse, betreiben gegenüber Drittstaaten aber weiterhin eine eigenständige Außenhandelspolitik. In den Verträgen finden sich meist auch besondere Streitschlichtungsverfahren, etwa in Form von Schiedsgerichten, die nicht nur von den Staaten, sondern auch von den Unternehmen angerufen können. Entsprechende Abkommen beruhen auf der von *David Ricardo* formulierten Theorie der komparativen Kostenvorteile, nach der letztlich alle beteiligten Staaten von einem Freihandelssystem profitieren können. In den letzten Jahren zeigt sich allerdings, dass damit noch nichts darüber gesagt ist, wie mögliche Handelsgewinne innerstaatlich verteilt werden. Zudem haben etwa *Joseph Stiglitz* und *Bruce Greenwald* darauf hingewiesen, dass völliger Freihandel gerade für ärmere Staaten innovationshemmend wirken kann.[1027] Die Frage, wie innerstaatliche Globalisierungsverlierer (Individuen und Staaten) angemessen entschädigt werden können, präsentiert sich damit als „soziale Frage des 21. Jahrhunderts“. Bedeutende Freihandelsabkommen sind NAFTA, EFTA, EWR, UEMOA. Das Freihandelsabkommen der Europäischen Union mit Kanada (CETA) ist 2017 vorläufig in Kraft getreten, ob ein weiteres mit den USA (TTIP) folgen wird, ist gegenwärtig offen.[1028] Nach einem Austritt streben die EU und Großbritannien ebenfalls den Abschluss eines umfassenden Freihandelsabkommens an.

[1024] Erforderlich wäre dazu die Zustimmung der bisherigen fünf Vetomächte, die dadurch allerdings an machtpolitischem Einfluss verlieren würden.

[1025] Vgl. *K. D. Wolf*, Die UNO, S. 26 ff.

[1026] Überblick bei *R. Stober/S. Korte*, Öffentliches Wirtschaftsrecht – Allgemeiner Teil, Rn. 503 ff.

[1027] *J. Stiglitz/B. Greenwald*, Die innovative Gesellschaft, 2015.

[1028] Knapp auch *R. Stober/S. Korte*, Öffentliches Wirtschaftsrecht – Allgemeiner Teil, Rn. 544 ff.

„Bilateral Investment Treaties“ (BIT) sind demgegenüber zwischenstaatliche Investmentschutzabkommen und damit „gewöhnliche“ völkerrechtliche Verträge zwischen zwei Staaten in denen sich diese gegenseitig zur Einhaltung gewisser Schutzstandards im Hinblick auf private Investitionen aus dem jeweils anderen Staat verpflichten.[1029] Das erste Abkommen dieser Art schloss Deutschland im Jahr 1959 mit Pakistan. In den letzten Jahren hat die Zahl der BIT erheblich zugenommen, aktuell liegt ihre weltweite Zahl bei rund 3200. Das Besondere der BIT liegt darin, dass diese unmittelbare Ansprüche der betroffenen Unternehmen begründen, die diese dann meist mit Hilfe eines besonderen Schiedsverfahrens geltend machen können.[1030] Die Unternehmen sind dadurch nicht auf die innerstaatlichen Rechtsschutzsysteme angewiesen. Im Verhältnis zu Entwicklungsländern mit fragilen staatlichen Institutionen wird auf diesem Weg ein beachtliches Investitionshindernis beseitigt. Gegenüber etablierten Demokratien ist aber fraglich, ob ein solcher „zweiter Rechtsweg“ gerechtfertigt werden kann. Aufsehenerregende Verfahren haben hier zuletzt Zweifel geweckt. Das schwedische Unternehmen Vattenfall hat im Jahr 2012 etwa ein Schiedsverfahren gegen die Bundesrepublik wegen des Atomausstiegs eingeleitet. Der Streitwert des Verfahrens liegt bei 4,7 Milliarden Euro. Parallel dazu hatte Vattenfall den innerstaatlichen Rechtsweg beschritten und vor dem Bundesverfassungsgericht dem Grunde nach Anspruch auf eine Entschädigung zugesprochen bekommen.

cc) Sonstige Abkommen

Die Staaten können auch auf anderen Gebieten völkerrechtliche Abkommen schließen, um gemeinsam Ziele zu vereinbaren, die innerstaatlich schwer, unzureichend oder nicht umsetzbar sind. Prominent sind aktuell vor allem die verschiedenen Klimaschutzabkommen. Im Jahr 2015 vereinbarten die 197 Vertragsparteien der Klimarahmenkonvention der Vereinten Nationen das „Pariser Abkommen“. Das Abkommen sieht die Begrenzung der globalen Erwärmung auf deutlich unter 2° Celsius im Vergleich zur vorindustriellen Zeit vor. Mittlerweile ist das Abkommen von einem Großteil der Staaten bereits ratifiziert worden. Die USA werden das Abkommen nach ihrer Kündigung im Jahr 2019 Ende 2020 verlassen.[1031] Probleme bereitet – wie bei vielen solcher Abkommen – die Einhaltung und Durchsetzung der

[1029] *S. Subedi*, International Investment Law, S. 103.

[1030] Überblick dazu bei *A. Thiele*, Investitionsschiedsgerichtsbarkeit: Entwicklung, Ausgestaltung und Probleme, GewArch 2016, 369 ff. Siehe auch *N. Klein*, Das Investitionsschutzrecht als völkerrechtliches Individualschutzrecht im Mehrebenensystem, 2018.

[1031] Wie oben erwähnt, haben aber zahlreiche Bundesstaaten und Großstädte angekündigt, sich weiter an das Abkommen halten zu wollen.

beschlossenen Ziele, Sanktionen sind nicht vorgesehen. Auch Deutschland hat seine für das Jahr 2020 vorgesehenen Klimaziele verfehlt. Unter anderem durch die „Fridays-for-Future"-Bewegung ist der politische Druck effektive Klimaschutzmaßnahmen einzuleiten zuletzt aber gestiegen. Darüber hinaus bestehen auch im Bereich des Menschenrechtsschutzes zahlreiche Abkommen. Während die Allgemeine Erklärung der Menschenrechte aus dem Jahre 1948 noch rechtlich unverbindlich war, hat insbesondere die Europäische Konvention zum Schutz der Menschenrechte und Grundfreiheiten des Europarates (1950) mit der Etablierung eines ausgeprägten internationalen Rechtsschutzsystems in diesem Bereich Maßstäbe gesetzt.[1032]

dd) Informelle Kooperationen

Die Staaten kommen schließlich in zahlreichen informellen Formaten zusammen. Zu den bedeutendsten gehören die „Gruppe der 20" (G-20) und die „Gruppe der 7" (G-7), in denen die 20 größten Industrie- und Schwellenländer respektive die sieben größten (westlichen) Industriestaaten zusammenkommen. Die Treffen dienen der Koordination und Abstimmung, die schriftlichen Abschlussdokumente sind formal unverbindlich. Unterhalb der Ebene der Staats- und Regierungschefs finden sich vor allem im Wirtschaftsbereich weitere Koordinierungsgremien, denen trotz ihrer Informalität nicht selten erheblicher Einfluss zukommt. Prominent ist der Basler Ausschuss für Bankenaufsicht, der sich aus Vertretern der Zentralbanken und nationalen Aufsichtsbehörden zusammensetzt und gemeinsame Regulierungsstandards entwickelt. Diese werden praktisch ohne Änderungen in den nationalen Regulierungsrahmen transformiert (Basel-I, Basel-II, Basel-III und Basel-IV). Auch für die anderen Finanzmarktsektoren haben sich ähnliche Institutionen gebildet. Als problematisch erweist sich die demokratische Legitimation dieser Institutionen, deren Entscheidungen erhebliche Auswirkungen für den Einzelnen haben können.

b) Das Problem der Durchsetzung

Ein prinzipielles Problem des Völkerrechts im Allgemeinen und völkerrechtlicher Kooperationen im Besonderen bildet die Durchsetzung der normativen Verbindlichkeit.[1033] Es fehlt eine Instanz, die für die Einhaltung völkerrechtlicher Verpflichtungen gewaltfrei sorgen könnte – auch der Sicherheits-

---

[1032] Dazu umfassend *C. Grabenwarter/K. Pabel*, Europäische Menschenrechtskonvention, 6. Auflage 2016.

[1033] Zum allgemeinen Geltungsgrund des Völkerrechts *K. Ipsen*, Regelungsbereich und Geltungsgrund des Völkerrechts, in: ders. (Hrsg.), Völkerrecht, § 1, Rn. 18 ff. sowie knapp *R. Zippelius*, Allgemeine Staatslehre, S. 62 f. und *B. Schöbener/M. Knauff*, Allgemeine Staatslehre, § 7, Rn. 21 ff.

rat der Vereinten Nationen ist weder eine „,Weltregierung' noch gar Inhaber eines zwischenstaatlichen Gewaltmonopols [...]."[1034] Zu einem großen Teil hängt die Effektivität der Völkerrechtsordnung an ihrer freiwilligen Befolgung durch die Staaten,[1035] womit sich zugleich die fortbestehende Bedeutung des „souveränen" Staates zeigt[1036] – auch Staaten wie die Bundesrepublik Deutschland verhalten sich nicht immer völlig völkerrechtskonform.[1037] Für die USA, China und Russland gilt das ohnehin. Offene Verstöße gegen die Völkerrechtsordnung werden gleichwohl möglichst vermieden und in der Öffentlichkeit entweder nicht zugegeben oder auf besondere Weise zu rechtfertigen versucht – Russland leugnet weiterhin, dass es sich bei der Annexion der Krim um eine völkerrechtswidrige Annexion gehandelt hat und verweist auf die Freiwilligkeit des „Beitritts". Kriegerische Interventionen ohne vorherige Mandatierung durch den UN-Sicherheitsrat kommen zwar ebenfalls immer wieder vor. Auch dort wird aber versucht, eine normativ tragfähige Rechtfertigung zu finden. Insofern ist die Vereinbarkeit mit völkerrechtlichen Vorgaben aus der Perspektive der einzelnen Staaten von Relevanz und wird bei ihren Handlungen mitberücksichtigt:[1038] „Das Völkerrecht ist nämlich also auch überall dort lebendig, wo es als Maßstab der Kritik an staatlichem und zwischenstaatlichem Handeln dient."[1039] Ihm kommt damit trotz allem eine die staatliche Tätigkeit limitierende Wirkung zu, die aber – das wird man nicht leugnen können – je nach wirtschaftlicher und militärischer Macht unterschiedlich ausgeprägt ist. Gerade die mit einem Völkerrechtsverstoß einhergehenden wirtschaftlichen Sanktionen durch andere Staaten können erheblichen Schaden anrichten, werden aber bei militärisch und wirtschaftlich bedeutenden Nationen nur selten von Dauer sein können. Wie lange die Sanktionen gegenüber Russland wegen der Annexion der Krim andauern werden, wird man sehen.

[1034] *B. Schöbener/M. Knauff*, Allgemeine Staatslehre, § 7, Rn. 23.

[1035] Zur Geltung des Völkerrechts in ausgewählten Staaten siehe *V. Epping*, Geltung und Anwendbarkeit des Völkerrechts in ausgewählten Verfassungsordnungen, in: K. Ipsen (Hrsg.), Völkerrecht, § 5. Zur Befolgung völkerrechtlicher Verträge aus der Perspektive der ökonomischen Analyse des Rechts *A. Steinbach/A. v. Aaken*, Ökonomische Analyse des Völker- und Europarechts, Rn. 270 ff.

[1036] Vgl. dazu auch *R. Zippelius*, Allgemeine Staatslehre, S. 59 ff.

[1037] Das gilt auch im Hinblick auf die menschenrechtlichen Verpflichtungen aus der EMRK. Das Bundesverfassungsgericht hat insoweit festgestellt, dass auch ein Abweichen von Urteilen des EMRK innerstaatlich zulässig ist und eventuell sogar geboten sein kann.

[1038] Siehe auch den berühmten Ausspruch von *Louis Henkin*, How Nations Behave: Law and Foreign Policy, S. 47: „[A]lmost all nations observe almost all principles of international law and almost all of their obligations almost all of the time." Siehe auch *A. Steinbach/A. v. Aaken*, Ökonomische Analyse des Völker- und Europarechts, Rn. 7.

[1039] *A. von Arnauld*, Völkerrecht, S. VI (Vorwort).

2. Supranationale Kooperation

Supranationale Kooperation ist zwar ebenfalls völkerrechtlich fundiert, beruht also auf einem völkerrechtlichen Vertrag. Im Vergleich zu einer „normalen" völkerrechtlichen Kooperation weist sie jedoch Besonderheiten auf, die es rechtfertigen, diese gesondert zu betrachten. Bei einer supranationalen Kooperation geben die partizipierenden Staaten einzelne Hoheitsrechte an die jeweilige internationale Organisation ab, unterwerfen sich dieser Hoheitsgewalt und gestatten ihr damit auf einem bestimmten Gebiet Handlungen durchzuführen, denen ohne jede weitere (parlamentarische) Umsetzung Rechtswirkungen im nationalen Rechtsraum zukommen.[1040] Supranationalität in diesem Sinne ist, wie zuletzt *Ferdinand Weber* betont hat,[1041] auch im Verhältnis der Staaten zueinander schon länger bekannt – auch die Vereinten Nationen sind punktuell supranational ausgestaltet. Dennoch hat die Supranationalität mit der Errichtung der Europäischen Union eine neue Qualität erreicht. Ihre Supranationalität, die freilich an keiner Stelle explizit normiert ist, sondern allein auf der Rechtsprechung des EuGH beruht,[1042] äußert sich im grundsätzlichen Vorrang des Europarechts vor nationalem Recht,[1043] der unmittelbaren Wirkung bestimmter unionaler Rechtsakte im nationalen Rechtsraum, die mit der unmittelbaren Begründung von Rechten und Pflichten der (nationalen) BürgerInnen einhergeht sowie der zunehmenden Beschlussfassung nach dem Mehrheitsprinzip.[1044] Es wird unmittelbar ersichtlich, dass supranationale Organisationen wie die Europäische Union die nationalen Gestaltungsmöglichkeiten erheblich beschränken können – wo die Europäische Union zuständig ist, können die Mitgliedstaaten keine anderweitigen Regelungen treffen. Sie sind zwar an der Willensbildung in den EU-Institutionen beteiligt, müssen sich den dort getroffenen Entscheidungen aber auch dann unterwerfen, wenn sie diese nicht mitgetragen haben. Zu betonen ist allerdings, dass die Europäische Union zu einem „Superstaat" erhebliche Unterschiede aufweist. Die Zuständigkeiten werden ihr durch die Mitgliedstaaten zugewiesen und können ihr durch

---

[1040] Vgl. *A. Thiele*, Europarecht, S. 46 f. Siehe auch *V. Epping*, Internationale Organisationen, in: K. Ipsen (Hrsg.), Völkerrecht, § 8, Rn. 9 ff.

[1041] *F. Weber*, Überstaatlichkeit als Kontinuität und Identitätszumutung, JÖR 66 (2018), 237 ff. Siehe auch dessen Fazit, aaO, S. 296: „Fragt man beim derzeitigen Mitgliederbestand nach der Finalität des Integrationsprozesses, spricht viel dafür, Überstaatlichkeit nicht als Zwischenstadium zur Überwindung vorhandener, sondern als Ergänzung und Vitalisierung kooperativer, offener Staatlichkeit zu sehen."

[1042] Siehe vor allem das wegweisende Urteil EuGH, Rs. 6/64, Slg. 1964, 1251 (Costa/ENEL).

[1043] Dazu *R. Streinz*, Europarecht, Rn. 198 ff.

[1044] *V. Epping*, Internationale Organisationen, in: K. Ipsen (Hrsg.), Völkerrecht, § 8, Rn. 9.

eine Änderung der Verträge jederzeit wieder entzogen werden. Politisch bestand zwar in den letzten Jahrzehnten eine Tendenz zur Ausweitung der EU-Zuständigkeiten. Normativ haben die Mitgliedstaaten aber die Möglichkeit, die Dichte der Integration zu modifizieren und auch zu reduzieren. Die Mitgliedstaaten können die Europäische Union auch wieder verlassen. Dass es sich dabei nicht nur um eine theoretische Option handelt, beweist die Austrittsentscheidung des Vereinigten Königreichs. Die Europäische Union hat sich damit zwar von ihren völkerrechtlichen Wurzeln gelöst, hat diese aber nicht vollständig gekappt. Ohnehin spielte und spielt die völkerrechtliche Kooperation auch zwischen den Mitgliedstaaten der Europäischen Union immer wieder eine bedeutende Rolle, wie *Hauke Delfs* zuletzt umfassend aufgezeigt hat.[1045]

3. Aufgabe der Allgemeinen Staatslehre

Die detaillierte Beschreibung der vielfältigen Formen völkerrechtlicher und supranationaler Kooperationen obliegt dem Völkerrecht und der Europarechtswissenschaft. Für die Allgemeine Staatslehre spielen sie vor allem eine Rolle als freiwillige Handlungsoptionen für den demokratischen Verfassungsstaat. Es sollte nicht aus dem Blick geraten, dass die Entscheidung entsprechende Kooperationen einzugehen weiterhin im „souveränen“ Staat wurzelt – und das gilt sowohl für völkerrechtliche, wie für supranationale Kooperationen. Sie sind aus dieser „staatlichen Perspektive“ kein Selbstzweck; ob die damit einhergehenden Veränderungen der innerstaatlichen Entscheidungsprozesse akzeptabel erscheinen, muss daher jeder Staat für sich entscheiden. So werden völkerrechtliche Vereinbarungen meist mit einer innerstaatlichen Machtverschiebung zur Exekutive einhergehen, die als zentraler völkerrechtlicher Akteur auftritt. Das geht zu Lasten der nationalen Legislative, die in manchen Fällen zum bloßen Vollzugsorgan der Exekutive verkümmert. Innerhalb supranationaler Institutionen wie der Europäischen Union kann – je nach Umfang der Kompetenzübertragung – die nationale institutionelle Ordnung vollständig ausgehöhlt werden. Das wird zwar über die eigenständige demokratische Legitimation der europäischen Institutionen aufgefangen. Diese kann jedoch aus verschiedenen Gründen niemals das Niveau erreichen, dass in den einzelnen Mitgliedstaaten möglich ist – dafür ist sie schlicht zu groß und inhomogen.[1046] Entsprechende Kooperationen gehen damit mit einer Beeinträchtigung demokratischer Entscheidungsfindung einher. Das kann gerechtfertigt sein – gerade

[1045] *H. Delfs*, Komplementäre Integration, 2015.

[1046] Dazu *A. Thiele*, Verlustdemokratie, S. 18 ff. Siehe auch *D. Jörke*, Die Größe der Demokratie, 2019.

im Falle der Europäischen Union wird man eine solche Rechtfertigung in vielen Bereichen ohne weiteres annehmen können. Dieser Befund mahnt aber dazu, die unbedingte Ausweitung völkerrechtlicher und supranationaler Kooperationen nicht zum alternativlosen Ziel zu erklären, wie es in den letzten Jahren teilweise der Fall war. Richtigerweise geht es auch insoweit um die Frage der guten Organisation von Herrschaft, die sich an den oben ausgearbeiteten Legitimitätskriterien orientieren muss und dadurch zugleich einen normativen Maßstab erhält.[1047] Auch die Ausgestaltung der Europäischen Union muss sich daran messen lassen, ob sie den konkreten Erwartungen der UnionsbürgerInnen an die Herrschaftsorganisation entspricht. Die Integration vom Ende her zu denken (Bundesstaat oder nicht) erweist sich vor diesem Hintergrund als ebenso anstrengend wie verfehlt. Zu klären ist vielmehr, was sich die UnionsbürgerInnen von der Europäischen Union konkret erwarten und wie diese Erwartung gemeinsam mit den Mitgliedstaaten unter Beachtung der weiteren Legitimitätskriterien (Teilhabe und Begrenzung) angemessen umgesetzt werden kann. Bei den Vertragsrevisionen der letzten Jahre spielten diese theoretischen Fragen hingegen meist deshalb keine Rolle, weil „mehr“ Integration pauschal als positiv und erstrebenswert bewertet wurde. Aus der Sicht der Allgemeinen Staatslehre kommt es demgegenüber darauf an, die Aufgaben zwischen Staat und Europäischer Union so aufzuteilen, dass die maximale „Verbundlegitimität“ beider Ebenen erzielt wird. Das spricht dafür, sich die vertragliche Kompetenzaufteilung vor diesem Hintergrund noch einmal anzuschauen und auf entsprechende Modifizierungen hinzuwirken. Zu warnen ist vor einfachen Lösungen, die sich entweder pauschal für mehr Integration oder für die umfassende Rückkehr zum „ungebundenen“ Nationalstaat aussprechen. Die Legitimitätsfrage „im mehrstöckigen Haus geteilter Kompetenzen“[1048] ist komplex, aber theoretisch wie praktisch lösbar. Die Allgemeine Staatslehre kann dazu beitragen.

X. Sollte der moderne Staat eine Zukunft haben?

Die Frage nach der unmittelbaren Zukunft des modernen Staates wurde oben beantwortet. Er bleibt der bedeutendste politische Akteur und wird weder durch Europäisierung und Internationalisierung noch durch gesellschaftliche Entwicklungen grundsätzlich in Frage gestellt. Für eine im Jetzt wurzelnde Allgemeine Staatslehre könnte es damit sein Bewenden haben.

[1047] Insofern ist auch nicht jeder antieuropäisch, der sich für eine Rückübertragung einzelner Kompetenzen auf die Mitgliedstaaten ausspricht.

[1048] *P. Mastronardi*, Verfassungslehre, Rn. 1015.

Wenn hier die Frage nach der Zukunft aufgeworfen wird, geht es daher nicht darum, ob der moderne Staat eine (unmittelbare) Zukunft hat, sondern ob er – normativ gesprochen – eine solche haben *sollte*. Ich möchte diese Frage bejahen und stelle mich damit zugleich gegen prominente Vorstellungen einer „Europäischen Republik“[1049] oder anderer neuartiger Governance-Modelle, die auf eine wenigstens partielle Überwindung moderner Staatlichkeit gerichtet sind. Der moderne Staat hat nicht nur eine Zukunft, er sollte auch eine haben.[1050]

Dafür spricht zunächst das angesprochene Abgrenzungsproblem demokratischer Ordnungen. Eine demokratische Weltordnung verlangt die Aufteilung in voneinander abgegrenzte demokratisch organisierte Untergliederungen. Schon die Geltung des Mehrheitsprinzips setzt dem Traum einer umfassenden Weltdemokratie in einem einzigen „Weltstaat“ Grenzen. Die Weltbevölkerung erweist sich als zu inhomogen, um für die Minderheit akzeptanzfähige Mehrheitsentscheidungen zu generieren. Die vergleichsweise homogen zusammengesetzte Europäische Union bestätigt die Legitimitätsprobleme, die Mehrheitsentscheidungen hervorrufen können, wenn sie bestimmten grundlegenden (kulturellen) Vorstellungen zuwiderlaufen. Wie sollte das in einem Weltstaat anders sein? Schon deshalb müsste auch ein Weltstaat föderal organisiert sein und sich der Abgrenzungsfrage stellen. Es ist dies der Einwand, der auch gegen *Ulrike Guérot* und *Robert Menasse* vorgebracht werden muss, die eine aus „Regionen zusammengesetzte Europäische Republik“ entworfen haben.[1051] Auch eine solche Republik kommt aber nicht umhin, in einem ersten Schritt diese Regionen territorial voneinander abzugrenzen und mit demokratischen Selbstverwaltungsrechten auszustatten. Und es spricht nichts dafür, dass eine solche Abgrenzung friedlicher verlaufen würde als das bei der Errichtung der heutigen Nationalstaaten der Fall war. Davon scheinen aber *Guérot* und *Menasse* auszugehen, die eine territoriale Neuordnung mit 50–60 Regionen anstreben. Ein Blick in die Geschichte – man denke an Tirol – bestätigt diesen Befund; aktuell wäre auf die Sezessionsbestrebungen Kataloniens zu verweisen. Auch Nordirland bleibt ein problematischer Fall. Wenn es der demokratischen Abgrenzung damit ohnehin bedarf, sollte man die bestehende territoriale Staatsstruktur zum Ausgangspunkt einer friedlichen (in Staaten gegliederten) Weltordnung nehmen.[1052] Konfliktträchtige Neustrukturierungen würden dann größtenteils

---

[1049] *U. Guérot*, Warum Europa eine Republik werden muss, 2016.

[1050] Siehe auch *R. Herzog*, Allgemeine Staatlehre, S. 417: „Mehr denn je ist der Typus des modernen Staates als eines Werkzeugs der Gesellschaft zur Bewältigung solcher Aufgaben, die diese selbst nicht zu erfüllen vermag, unentbehrlich.“

[1051] Kritisch generell auch *H. P. Bull*, Was soll, was kann Demokratie?, S. 157.

[1052] Wie hier auch *G. Abels*, Zurück in die Zukunft? Entwicklungsperspektiven für ein „Europa der Regionen“, in: Europäisches Zentrum für Föderalismus-Forschung Tübingen (Hrsg.), Jahrbuch des Föderalismus 2019, S. 161 (174).

entfallen. Natürlich heißt das nicht, diese Struktur als ideal anzusehen. Das ist sie nicht. Allein am Reißbrett wird eine friedliche Umgestaltung nicht gelingen können. Sinnvoller erscheint es, strukturelle Verbesserungen der bestehenden Staatenwelt behutsam anzustreben[1053] und das Übergangsproblem nicht zu ignorieren. Nur am Rande sei angemerkt, dass die Idee einer Europäischen Republik die Probleme in anderen „Regionen“ der Welt nicht zu lösen vermag. Es handelt sich um ein europäisches Konzept für gerade einmal 500 Millionen Einwohner. Was aber ist mit dem Rest?

Neben dem Abgrenzungsproblem sprechen auch das Subsidiaritätsprinzip und die Idee der Bürgernähe gegen allzu entfernte politische (suprastaatliche) Einheiten. Wenn diese Vorstellungen Wirkung entfalten sollen, muss den kleineren politischen Einheiten in jedweder Weltordnung ausreichend Raum für eigene demokratische Gestaltung gelassen werden, schon weil eine angemessene und immer wieder geforderte politische Teilhabe der BürgerInnen andernfalls nicht organisiert werden kann.[1054] Das hat der Blick auf die (vermeintlichen) Einheitsstaaten bestätigt, die in der Realität sämtlich Formen von staatlichen Untergliederungen („Devolution“) kennen.[1055] Die Staaten aufzulösen zöge die Errichtung neuer regionalpolitischer Einheiten nach sich, die diese Aufgabe an seiner Stelle wahrnehmen müssten. Warum sollte man sich auf eine solche konfliktträchtige Neugestaltung einlassen, wenn die bestehenden Staaten diese Aufgabe nicht nur theoretisch wahrnehmen können, sondern vielfach bereits tatsächlich wahrnehmen? Ist das Leben in Deutschland, Österreich, den USA oder Australien tatsächlich so schlecht? Das heißt nicht, dass überstaatlichen Zusammenschlüssen – wie der Europäischen Union – eine pauschale Absage erteilt werden müsste. Das Gegenteil ist der Fall. Niemand würde leugnen, dass überstaatliche Probleme nur mit Hilfe überstaatlicher institutioneller Strukturen gelöst werden können. Es gilt sich aber in Erinnerung zu rufen, dass überstaatliche Zusammenschlüsse schon aufgrund der wachsenden Heterogenität mit einem Verlust an demokratischer Dichte einhergehen, die der Etablierung des Mehrheitsprinzips exogene Grenzen setzt. Hier mag einer der Gründe für den Befund liegen, dass „die meisten Staaten dennoch klein sind und offenbar klein sein wollen“,[1056] was ein Blick auf die aktuellen Sezessionsbestrebungen belegt. Im Grundsatz sollte daher die Prämisse gelten „soviel staatliche Referenzdemokratie wie möglich, so viele alternative Governance-Modelle wie nötig.“[1057] Im dualistischen Herrschaftsmodell[1058] sind Staatlichkeit und inter-

---

[1053] Namentlich Denationalisierung, Legitimitätssicherung und Sicherstellung interstaatlich garantierter Mindestrechte. Siehe dazu sogleich.

[1054] Hierauf ist sogleich bei der Frage der Legitimität zurückzukommen.

[1055] Siehe dazu oben in Frage VIII.

[1056] *W. Streeck*, Nicht ohne meine Identität?, SWR2 Aula 2017, Sendung vom 28.10.2017, S. 2.

[1057] So bereits *A. Thiele*, Verlustdemokratie, S. 21. Vgl. auch *R. Dahl*, A Democratic

staatliche (supranationale) Zusammenschlüsse keine Gegensätze, sondern sich ergänzende und aufeinander angewiesene Teilsysteme. Ohnehin bedeutet das nicht, dass die innerstaatliche Organisation nicht auf regionale, ethnische und sonstige Besonderheiten Rücksicht nehmen sollte. Das ist aber keine Frage der Staatlichkeit an sich, sondern ihrer Legitimität („Gleichheit in Vielfalt").

Schließlich haben *Heiner Flassbeck* und *Paul Steinhardt* aufgezeigt, dass dem Staat eine soziale Korrekturfunktion in einer ökonomisch und anderweitig globalisierten Welt zukommt.[1059] Eine „vernünftige Globalisierung", also eine, die demokratische, ökonomische, soziale und kulturelle Belange zusammenbringt, ist in der Konsequenz, wie auch *Dani Rodrik* betont,[1060] nur mit funktionsfähigen Staaten zu haben, die die Vorlieben im Sinne einer „Globalisierung à la carte"[1061] politisch zum Ausdruck bringen können. Vielfalt ist nicht nur *inner*staatlich, sondern auch *inter*staatlich schützenswert, was auch *Thea Dorn* in einem ihrer letzten Bücher betont: „Warum erkennen wir nicht an, dass der liberal verfasste, kulturell nicht beliebige, aber dennoch heterogene Nationalstaat – einstweilen zumindest – das beste Gehäuse für unser gemeinschaftlich-gesellschaftliches Leben darstellt, weil er einerseits unsere Bedürfnisse nach einer Wir-Identifikation befriedigen kann, und andererseits Offenheit und Toleranz und Rechtsstaatlichkeit lehrt?"[1062] Dass der Staat dieser Schutzfunktion vor den Gefahren ungehemmter Globalisierung gegenwärtig in vielerlei Hinsicht nicht nachkommt, liegt – wie bereits betont – nicht daran, dass er dazu theoretisch nicht in der Lage wäre, sondern daran, dass ein solches Vorgehen seit mehreren Jahrzehnten politisch nicht gewollt ist.[1063]

Das Plädoyer für den Erhalt des modernen Staates darf nicht mit einer genügsamen Zufriedenheit bezüglich der heutigen Organisation der Staatenwelt verwechselt werden. Es ist nicht alles in bester Ordnung: Der Weltfrieden erscheint utopisch, die Einkommensungleichheit innerhalb der Staaten wächst weiter, wie der unter anderem von *Thomas Piketty* herausgegebene „World Inequality Report" dargelegt hat,[1064] und rechtspopulistische „neo-

---

Dilemma: System Effectiveness versus Citizen Participation, Political Science Quarterly 109 (1994), 23 f.

[1058] Bestehend aus der nationalen und der supranationalen Ebene.

[1059] Insbesondere bei der Gestaltung der Wirtschaftsordnung kommt dem Staat eine besondere Rolle zu, vgl. *H. Flassbeck/P. Steinhardt*, Gescheiterte Globalisierung, S. 89 f. Siehe auch *M. Bröning*, Lob der Nation, S. 80 ff.

[1060] *D. Rodrik*, Straight Talk on Trade: Ideas for a Sane World Economy, 2017.

[1061] *H. Dieter*, Globalisierung à la carte: Demokratie, Nationalstaat und die Zukunft europäischer und globaler Zusammenarbeit, 2017.

[1062] *T. Dorn*, Deutsch, nicht dumpf, S. 175.

[1063] Siehe *D. Rodrik*, Straight Talk on Trade: Ideas for a Sane World Economy, S. 272 f.

[1064] *F. Alvaredo u.a.*, Die weltweite Ungleichheit, S. 61 ff.

nationalistische“[1065] Strömungen spielen in fast allen demokratischen Verfassungsstaaten – sogar im demokratischen Musterland Schweden – eine politische Rolle.[1066] Ob und inwieweit demokratische Verfassungsstaaten in Zukunft fortbestehen oder durch illiberale Nationalstaaten ersetzt werden, „erscheint heute überraschend ungewiss.“[1067]

Die Lösung kann aber nicht in einer Überwindung sämtlicher moderner Staaten und ihrer wie auch immer ausgestalteten Ersetzung durch ein weltweites Governance-System, sondern allein in der Stärkung des interstaatlich vernetzten demokratischen Verfassungsstaates liegen.[1068] Es sind drei Bereiche, die daher in den folgenden Jahren im Zentrum einer rationalen und realistischen „Staatlichkeitsdebatte“ stehen sollten. Sie können an dieser Stelle nur knapp skizziert werden:[1069] Erstens die Denationalisierung der Staatenwelt, zweitens die Gewährleistung der erforderlichen Legitimität demokratischer Verfassungsstaaten sowie drittens die Errichtung einer interstaatlichen Staatenordnung, die jeder Person einen Mindestbestand an Rechten jenseits der Staatsangehörigkeit in einem als Kooperationsrecht gedachten und effektiv konstitutionalisierten Völkerrecht garantiert. Diese drei Punkte markieren damit zugleich zentrale Forschungsbereiche einer „Allgemeinen Staatslehre im 21. Jahrhundert“.

1. Denationalisierung der Staatenwelt

Die Denationalisierung der Staatenwelt zu fordern, klingt wie ein Widerspruch zu dem soeben Gesagten. Geht es dann nicht doch um die Überwindung des bekannten Nationalstaates und der Staatlichkeit an sich? Die Antwort auf diese Frage lautet ja und nein: Ja, angestrebt wird die Überwindung des Nationalstaats in seiner bisherigen Form. Und nein, damit einher geht nicht das Ziel einer parallelen Überwindung des modernen Staates. Überwunden werden sollen weder die Idee der Nation noch der moderne Staat, sondern lediglich die weithin angenommene Verknüpfung derselben. Am Ende, so die Überlegung, könnten von einer solchen Entkopplung beide

---

[1065] So der Begriffsvorschlag bei *K. Kraemer*, Sehnsucht nach dem nationalen Container, Leviathan 46 (2018), 280 (282).

[1066] Siehe auch *A. Thiele*, Verlustdemokratie, S. 1 ff. sowie *J.-W. Müller*, Furcht und Freiheit, S. 120.

[1067] *C. Möllers*, Wir die Bürger(lichen), Merkur 2017, 5 (5). Speziell zu Ungarn und Polen *T. Drinóczi/A. Bień-Kacała*, Illiberal Constitutionalism: The Case of Hungary and Poland, German Law Journal 20 (2019), 1140 ff.

[1068] Ähnlich auch *C. Mouffe*, Für einen linken Populismus, S. 84, die die Lösung allerdings im bisherigen Nationalstaat sieht.

[1069] Ausführlich *A. Thiele*, Der gefräßige Leviathan, S. 285 ff.

Elemente profitieren. Anstatt auf das unmögliche Ziel hinzuarbeiten, jeder Nation ihren eigenen Staat zu errichten, würde sich der denationalisierte demokratische Verfassungsstaat von diesem Anspruch lösen, sich auf eine andere und im Jetzt ruhende Legitimationsgrundlage stellen. Er könnte dadurch fortan gut damit leben, wenn sich auf seinem Staatsgebiet nicht nur eine, sondern mehrere Nationen heimisch fühlen. Andererseits würden sich auch Nationen nicht mehr daran messen lassen müssen, ob es ihnen gelungen ist, ihr eigenes Staatswesen zu etablieren, sofern sie sich innerhalb eines denationalisierten demokratischen Verfassungsstaates in ausreichender Form (kulturell) entfalten können. Diese Forderung mag wenig realistisch klingen. Für eine solche Entkopplung spricht aktuell in der Tat wenig; die Verschränkung von Nation und Staat dürfte sich in den letzten Jahren sogar noch einmal verdichtet haben. Wenn das Konzept des Nationalstaats jedoch – wie oben ausgeführt – als gescheitert angesehen werden muss, ist die Allgemeine Staatslehre aufgefordert, theoretische Alternativmodelle zu entwickeln und anzubieten. Der denationalisierte demokratische Verfassungsstaat versteht sich als ein solches Modell, das sich von anderen Vorschlägen abgrenzt, indem es einerseits von der Notwendigkeit einer in Staaten gegliederten politischen Weltordnung ausgeht und andererseits die Gliederung in Nationalstaaten zugunsten einer anderen Form von Staatlichkeit ersetzen will. Im Übrigen sei angemerkt, dass sich jeder Wandel von Staatlichkeit – jedenfalls außerhalb kolonialer Gewalttätigkeiten – langsam vollzieht. Von der mangelnden ad-hoc-Realisierbarkeit staatlicher Alternativentwürfe sollte nicht auf ihre generelle Nicht-Realisierbarkeit geschlossen werden. Im 17. Jahrhundert wäre die Vorstellung eines religiös-weltanschaulich neutralen Staates, der Religionsfreiheit gewährleistet, verschiedene Religionen auf seinem Territorium zulässt und sich aus religiösen Fragen mehr oder weniger heraushält („Staat ohne Gott"),[1070] nicht minder unvorstellbar gewesen.[1071] „Ein Staat, eine Religion" war das Credo der Zeit und erst in einem Jahrhunderte dauernden Prozess der Säkularisierung konnte sich der neutrale demokratische Verfassungsstaat entwickeln, der Religion zwar nicht aus der Öffentlichkeit, wohl aber aus der „staatlichen Binnensphäre"[1072] verbannt und zur Privatsache erklärt. Jede staatliche Einmischung in religiöse Fragen kommt uns heute richtigerweise suspekt vor. In ähnlicher Form strebt auch der denationalisierte demokratische Verfassungsstaat (voraussichtlich in ei-

[1070] *H. Dreier*, Staat ohne Gott, 2018.

[1071] Siehe auch *H. Dreier*, Zur Bedeutung der Reformation bei der Formierung des säkularen Staates, in: M. Reichel/H. Solms/S. Zowislo (Hrsg.), Reformation und Politik, S. 301 (303 ff.).

[1072] *H. Dreier*, Zur Bedeutung der Reformation bei der Formierung des säkularen Staates, in: M. Reichel/H. Solms/S. Zowislo (Hrsg.), Reformation und Politik, S. 301 (316 in Fn. 30).

nem nicht minder langen Prozess) an, die Frage der Nationszugehörigkeit zu entstaatlichen und zur Privatsache zu erklären („Staat ohne Nation") – eine Analogie, die auch deshalb passend erscheint, weil der Nationsidee ein gewisser sakraler Charakter seit jeher anhaftete. Es ginge dann darum, mit der Nation und dem Nationalismus die letzten sakralen Überreste aus dem Bereich des Staatlichen zu entfernen. Beides hätte im denationalisierten Verfassungsstaat ebenso wie Religiosität weiterhin seinen Platz, angesiedelt allerdings auf der gesellschaftlichen und nicht der binnen-staatlichen Ebene. Die Nationalität der BürgerInnen spielt für den denationalisierten demokratischen Verfassungsstaat damit ebenso wenig eine Rolle, wie das im Hinblick auf die Religionszugehörigkeit der Fall ist (beziehungsweise theoretisch sein sollte). Natürlich kann die Nationsidee nicht ersatzlos gestrichen werden. Auch im demokratischen Verfassungsstaat kommt dieser mit der Sicherstellung der notwendigen Zusammengehörigkeit der BürgerInnen und der Abgrenzung von anderen demokratischen Staaten eine bedeutende Funktion zu. Abgrenzung durch das Institut der Staatsangehörigkeit ist auch im denationalisierten demokratischen Verfassungsstaat erforderlich.[1073] Und ein Gefühl der Zusammengehörigkeit bildet die Basis für Solidarität, ohne die der demokratische Verfassungsstaat als Wohlfahrtsstaat nicht denkbar erscheint. Wo einem der digitale Nachbar näher ist als der reale wird ein demokratischer Verfassungsstaat dauerhaft nicht bestehen können.[1074] Auf der Nationsidee aber sollte eine solche Zusammengehörigkeit nicht ruhen. Stattdessen muss es das Ziel sein, eine Identifikationsidee zu entwickeln, die diese Funktionen übernehmen kann, dabei aber nicht die Defizite aufweist, die mit dem Nationalismus verknüpft sind. Diese Defizite liegen zum einen in der in die (konstruierte) Vergangenheit gerichteten Perspektive und zum anderen in den fragwürdigen und oftmals nicht erlernbaren Anknüpfungspunkten (Ethnie, Abstammung, Religion), mit denen die Zugehörigkeit zur Nation begründet wird, jedenfalls aber begründet werden kann. Für eine solche Begründung ließen sich historisch nachvollziehbare Gründe anführen – worauf sonst hätte außerhalb eines bestehenden Staatswesens die Zusammengehörigkeit gestützt werden sollen, wenn nicht auf in der Vergangenheit (vermeintlich) geteilte Gemeinsamkeiten? Das heißt aber nicht, dass das auch weiterhin so sein muss. Es ist in einem bestehenden demokratischen Staatswesen nicht nur theoretisch denkbar, sondern auch faktisch durchführbar, das (historische) Nationsnarrativ durch ein anderes, besser geeignetes zu ersetzen und den gesamten Staat auf eine neue Legitimationsbasis zu stellen. Es sollte also darum gehen, Kriterien zu entwickeln, die eine im Jetzt begrün-

---

[1073] Eine Analyse rechtswissenschaftlicher Konzepte bei *F. Weber*, Staatsangehörigkeit und Status, S. 327 ff.

[1074] Vgl. *P. Collier*, The Future of Capitalism, S. 38.

dete, abgrenzbare Zusammengehörigkeit zu konstruieren vermögen, die sich nicht zentral aus dem Blick in die Vergangenheit, sondern aus den gesellschaftlichen Begebenheiten der Gegenwart (und möglicherweise der nahen Zukunft) speist.[1075] Sie sollte darüber hinaus nicht an höchstpersönliche, sondern an prinzipiell erlernbare Merkmale anknüpfen, damit mit der Frage der Zuwanderung (anders als im Nationalstaat) in angemessener Form (wenigstens theoretisch) umgegangen werden kann. Wie solche Kriterien aussehen könnten, ohne einer politisch-kulturellen Beliebigkeit das Wort zu reden, ist an anderer Stelle skizziert worden.[1076] Zentral ist dabei die Idee des Verfassungspatriotismus.[1077]

2. Die Legitimität des demokratischen Verfassungsstaates

Dass die Legitimität des staatlichen Gemeinwesens Bedingung seiner Stabilität ist, zieht sich ebenso wie die konkreten Legitimitätsbedingungen (Teilhabe, Begrenzung und Leistungsfähigkeit) wie ein roter Faden durch diese Einführung. Aus meiner Sicht gilt es vor allem der Frage der Leistungsfähigkeit der Herrschaft in den nächsten Jahren größere Aufmerksamkeit zu widmen. Wenn wir heute immer häufiger über eine Legitimitätskrise des demokratischen Verfassungsstaates (und auch der Europäischen Union) sprechen,[1078] liegt das im Kern an der Unzufriedenheit der BürgerInnen mit dem, was ihnen der staatliche Schutzraum nicht zuletzt in sozialer Hinsicht bietet. Für die Allgemeine Staatslehre wird es darum gehen müssen, Wege aufzuzeigen, wie ein demokratischer Verfassungsstaat diese neuartige globale soziale Frage angehen kann, ohne sich von der globalisierten Welt völlig abzukapseln. Soziale Absicherung und ökonomische Globalisierung können zusammen gehen. Das setzt allerdings voraus, dass weder dem einen noch dem anderen der unbedingte Vorrang zugesprochen wird. Mit dem Washington Consensus der 90er Jahre scheint genau das geschehen zu sein. Der Sicherung der internationalen Wettbewerbsfähigkeit wurden andere gesellschaftliche Ziele untergeordnet. Die grundlegende Frage danach, wie wir eigentlich zusammen leben wollen, wurde im öffentlichen Raum kaum noch gestellt (geschweige denn beantwortet). Staatliche Leistungen – nicht zuletzt auf regionaler Ebene – wurden abgebaut, Museen, Theater und Schwimmbäder aus wirtschaftlichen Gründen geschlossen, die fundamentale Infra-

---

[1075] Unterstützend könnte hier auch die Einführung einer allgemeinen Dienstpflicht wirken.

[1076] *A. Thiele*, Der gefräßige Leviathan, S. 289 ff.

[1077] Dazu *J.-W. Müller*, Verfassungspatriotismus, 2007 und zuletzt *ders.*, Furcht und Freiheit, S. 145. Kritisch *A. Reckwitz*, Das Ende der Illusionen, S. 300.

[1078] Dazu *A. Thiele* (Hrsg.), Legitimität in unsicheren Zeiten. Der demokratische Verfassungsstaat in der Krise?, 2019.

struktur sich selbst überlassen. Die Frage nach dem guten Leben, die auch bei AnarchistInnen im Zentrum steht, sollte die Allgemeine Staatslehre wieder stärker beschäftigen. In einem ersten Schritt geht es dabei weniger um die Entwicklung konkreter Lösungen, als für die Wiedereröffnung einer offenen und nicht durch ideologische Verengungen begrenzten öffentlichen Debatte Sorge zu tragen.

3. Die Sicherung eines interstaatlichen Mindestschutzes

Der denationalisierte demokratische Verfassungsstaat bleibt der originäre Schutzraum für seine BürgerInnen. Er weist die staatsbürgerlichen Rechte zu und gewährt auf seinem Territorium den für seine Legitimität erforderlichen Raum der Dunkelheit.[1079] Damit stellen sich zwei Fragen: Was passiert mit den Personen, denen keine Staatsangehörigkeit zugewiesen wird oder denen diese – aus welchen Gründen auch immer – von staatlicher Seite entzogen wird? Wenn es ein demokratisches Recht auf Ausschluss gibt, ist Staatenlosigkeit kein theoretisches, sondern ein reales Phänomen,[1080] für das die Staatenordnung eine Lösung bereitstellen muss. Ohne Staatsangehörigkeit ist eine Person jeder staatlichen Macht mehr oder weniger schutzlos ausgeliefert – schon die Befugnis, auf dem Territorium des jeweiligen Staates zu leben, beruht allein auf dem Wohlwollen dieses Staates, aber nicht auf einer gefestigten, gerichtlich durchsetzbaren Rechtsposition.[1081] Formal vor der Stufe der Staatenlosigkeit angesiedelt stellt sich zudem die Frage, wie mit Personen umgegangen werden soll, die zwar die Staatsangehörigkeit eines Staates besitzen, sich in diesem Staat aber nicht mehr sicher fühlen, weil dieser seinem grundrechtlichen Schutzauftrag nicht mehr nachkommt oder die betreffenden Personen sogar mit staatlicher Autorität verfolgt. Ob solchen Personen von einem anderen Staat Asyl gewährt wird, wie lange ein solcher Status andauert und welche Rechte mit der Anerkennung als schutzberechtigt einhergehen, obliegt allein dem aufnehmenden Staat. Das grundlegende Problem liegt in beiden Fragen darin, dass eine effektive Rechtezuweisung in einer von „souveränen“ Staaten geprägten Weltordnung allein von diesen selbst ausgehen kann. Nur die Staaten besitzen die Möglichkeiten, Rechte nicht nur zu gewähren, sondern diese – wenn es denn notwendig sein sollte – auch durchzusetzen. Und das gölte

[1079] Zum Raum der Dunkelheit siehe oben in Frage III und IV.

[1080] Der Blick in die reale Welt bestätigt diesen Befund.

[1081] Teilweise wird im Sinne einer „radikalen Demokratie“ daher dafür plädiert, aus den Menschenrechten selbst unmittelbare politische Teilhaberechte zu entwickeln und damit das „Recht auf Ausschluss“ zu beenden, vgl. *V. Kempf*, Ohnmacht und Politik der Menschenrechte unter rechtspopulistischem Vorzeichen, Leviathan 47 (2019), 308 ff. Dieser Weg erweist sich aus meiner Sicht aber nicht als radikal, sondern als undemokratisch.

selbst dann, wenn die Welt nur aus denationalisierten demokratischen Verfassungsstaaten bestehen sollte. Ein solches Zuordnungs- und Durchsetzungssystem aber versagt, wenn die Bedrohung der individuellen Freiheiten von diesen Staaten selbst ausgehen sollte.[1082] Mittelfristig riskiert ein solcher Staat zwar seine Legitimität und ist daher gut beraten, von entsprechenden Rechteeinschränkungen abzusehen. Gleichwohl ist selbst ein denationalisierter Verfassungsstaat vor solchen Entwicklungen nicht gefeit – das zeigen die aktuellen Entwicklungen in einigen westlichen Demokratien.[1083] Mit der Beschreibung des Problems ist offenkundig, dass die Lösung nicht bei den Staaten selbst, sondern allein in einer interstaatlichen Ordnung gesehen werden kann. Diese müsste losgelöst von der Entwicklung in einzelnen Staaten in die Lage versetzt werden, jedem Menschen aufgrund seines Menschseins zukommende Rechte verbindlich zuzuweisen und effektiv für deren Einhaltung zu sorgen. Diese interstaatlich zugewiesenen und gesicherten universellen Menschenrechte träten zu den staatlich gewährten hinzu, beziehungsweise bildeten die Grundlage, auf denen die Staaten ihr individuelles und weiterreichendes Rechtesystem aufbauten. In der Europäischen Union kämen supranationale Rechte hinzu, die allerdings in den Mitgliedstaaten als den „Herren der Verträge“[1084] ihren Ausgangspunkt fänden und schon deshalb – wie der Brexit[1085] belegt – keinen dauerhaften Bestand haben müssen. Damit geht es, anders als es *Hannah Arendt* mit ihrer berühmten Formulierung vom „Recht, Rechte zu haben“ gemeint[1086] und es *Georgio Agamben* später aufgegriffen hat,[1087] nicht darum, Staatlichkeit durch neuartige post-territoriale politische Räume zu ersetzen. Vielmehr geht es darum, die im Zentrum stehende staatliche Rechtezuweisung zu ergänzen und (normativ) abzusichern: Weltbürgerschaft und Staatsbürgerschaft träten nebeneinander. An entsprechenden interstaatlich zugewiesenen Menschenrechtskatalogen besteht seit dem „Zivilisationszusammenbruch“[1088] der vierziger Jahre des letzten Jahrhunderts kein Mangel. Angefangen bei der Allgemeinen Erklärung der Menschenrechte aus dem Jahr

---

[1082] *V. Kempf*, Ohnmacht und Politik der Menschenrechte unter rechtspopulistischem Vorzeichen, Leviathan 47 (2019), 308 (314): „Allerdings kommt ihnen keine einklagbare Verbindlichkeit zu, da eine supranationale Autorität, die sie durchsetzen könnte, nach wie vor fehlt.“

[1083] Vgl. dazu auch *S. Levitsky/D. Ziblatt*, How Democracies Die, S. 1 ff., die zu Recht darauf hinweisen, dass es sich dabei um einen schleichenden Prozess handelt.

[1084] Siehe nur *A. Thiele*, Europarecht, S. 138 sowie *R. Streinz*, Europarecht, Rn. 147.

[1085] Vgl. dazu *A. Thiele*, Der Austritt aus der EU, EuR 2016, 281 ff.

[1086] Vgl. *H. Arendt*, Elemente und Ursprünge totaler Herrschaft, S. 462.

[1087] *G. Agamben*, Jenseits der Menschenrechte, in: ders. (Hrsg.), Mittel ohne Zweck, S. 21 ff.

[1088] *A. Nußberger*, Wenn Selbstverständliches nicht mehr selbstverständlich ist: Zum Status Quo des Menschenrechtsschutzes in Europa, JZ 2018, 845 (845).

1948 existieren zahlreiche multilaterale Verträge, die auf einen individuellen Mindestschutz abzielen; hinzu kommen regionale Menschenrechtserklärungen, wie die Europäische Konvention zum Schutz der Menschenrechte (EMRK) – ein Abkommen, dem immerhin 47 Staaten beigetreten sind – oder die Afrikanische Charta der Menschenrechte und Rechte der Völker. Die große Schwierigkeit liegt aber in der Durchsetzung dieser Rechteverbürgungen. Zwar finden sich teilweise beachtliche überstaatliche Sanktionsmechanismen durch interstaatliche Gerichte. Vor allem die EMRK hat mit der Individualbeschwerde beim EGMR Maßstäbe gesetzt und für die Etablierung eines europäischen Mindeststandards an Grundrechten in Europa anfangs kaum Erwartbares geleistet.[1089] Allerdings bleiben auch hier die Staaten die Schwachstelle des Systems. Die Umsetzung der Urteile obliegt den Staaten, die von den Gerichten zuvor verurteilt wurden. Wie die Praxis offenbart, ist eine solche Umsetzung kein Automatismus und hängt von (innen)politischen Konstellationen ab. Selbst das Bundesverfassungsgericht hat erklärt, dass deutsche Gerichte unter bestimmten Voraussetzungen von der Rechtsprechung des EGMR abweichen können. Die deutsche Reaktion auf die Verurteilung im Hinblick auf die nachträgliche Sicherungsverwahrung ließ denn auch, vorsichtig ausgedrückt, zu wünschen übrig. Aktuell ist es die Flüchtlingskrise, die aufzeigt, wie prekär es um die Sicherstellung interstaatlich gewährleisteter universeller Menschenrechte steht. Dass Flüchtlinge nicht nur ihr Leben riskieren müssen, um das europäische Festland zu erreichen, sondern selbst nach ihrer Aufnahme durch ein Rettungsboot teilweise Wochen unter schrecklichen Zuständen auf See verbringen müssen, bis sich einzelne Staaten zur Aufnahme bereit erklären, zeugt nicht von effektiver Rechtedurchsetzung. Das Menschenrecht auf Asyl ist in vielen Fällen kaum das Papier wert, auf dem es verbürgt ist.[1090] Das Problem liegt auch darin, dass die interstaatliche Gemeinschaft kein Territorium besitzt, auf das sie effektiv und ohne staatliche Mittlung für die Unterbringung dieser Personen zurückgreifen könnte. Wohin also mit den staatenlosen Rohingya, wenn sich kein Staat zu ihrer Aufnahme bereit erklärt? Was tun mit Geflüchteten, die vor Mauern stehen aber nicht in ihr Heimatland können? Bedarf es möglicherweise neuartiger territorialer nicht-staatlicher und unter völkerrechtlichem Mandat stehender Schutzzonen? Wie können Staaten, die den rechtlichen Mindeststandard nicht einhalten, wirksam sanktioniert werden? Hier sind Antworten gefragt, die zu einer in diesem Sinne effektiven Konstitutionalisierung der Völkerrechtsordnung beitragen.[1091] „Konturen

---

[1089] Siehe knapp *A. Thiele*, Europarecht, S. 314 ff.

[1090] Vgl. auch *V. Kempf*, Ohnmacht und Politik der Menschenrechte unter rechtspopulistischem Vorzeichen, Leviathan 47 (2019), 308 (312 ff.).

[1091] Dazu auch *B. Schöbener/M. Knauff*, Allgemeine Staatslehre, § 7, Rn. 32 ff.

einer post-territorialen Bürgerschaft"[1092] werden bereits, unter anderem von der kritischen Migrationssoziologie,[1093] diskutiert. Gleichwohl wird man festhalten müssen, dass wir hier weiterhin (leider) noch sehr am Anfang stehen.

[1092] Vgl. *D. Loick*, Wir Flüchtlinge, Leviathan 45 (2017), 574 (585 f.).

[1093] Vgl, dazu *S. Hess/H. Lebuhn*, Politiken der Bürgerschaft. Zur Forschungsdebatte um Migration, Stadt und citizenship, Sub/urban, Zeitschrift für kritische Stadtforschung 2014, 11 ff.

D. Ausblick

„[D]ie Gedanken der Ökonomen und Staatsphilosophen, sowohl wenn sie im Recht, als wenn sie im Unrecht sind, [sind] einflussreicher, als gemeinhin angenommen wird. Die Welt wird in der Tat durch nicht viel anderes beherrscht."

John Maynard Keynes[1]

„Die Demokratie und die plurale Gesellschaft sind wie 1919 auch heute keine Selbstverständlichkeit."

Birte Förster[2]

Was bleibt nach Formulierung dieser zehn Fragen an eine „Allgemeine Staatslehre im 21. Jahrhundert" und ihrer nicht abschließenden, bisweilen gar skizzenhaften Beantwortung? Zunächst die Erkenntnis, dass sich das eine „große Buch" über den Staat wirklich nicht schreiben lässt – insoweit wird man *Christoph Möllers'* Einwänden wohl zustimmen müssen.[3] Der Staat ist so komplex, die ihn prägenden Merkmale so umfangreich, die denkbaren Beschreibungsperspektiven so vielfältig, dass jeder, der sich vornimmt, eine wahrhaft umfassende Gesamtbetrachtung des Staates zu verfassen, notwendig zu einem gewissen Grade scheitern muss.[4] Das ist freilich in anderen Gebieten kaum anders. Welche Gesamtdarstellung kann von sich behaupten, wirklich *alles* abzudecken? Möglicherweise liegt aber genau darin der Reiz von Gesamtdarstellungen, die sich interessanterweise trotz dieser weithin

---

[1] *J. M. Keynes*, Allgemeine Theorie der Beschäftigung, des Zinses und des Geldes, S. 323.

[2] *B. Förster*, 1919, S. 203.

[3] *C. Möllers*, Der vermisste Leviathan, S. 113: „Juristische Staatstheorie können wir uns heute weniger denn je als das große Buch denken, dass alles Wissen über ‚den Staat' zusammenbringt. Der Traum von einem solchen Buch verfolgt die Rechtswissenschaft zwar bis in die Gegenwart, doch war er schon zu Zeiten Georg Jellineks zu Beginn des 20. Jahrhunderts methodisch ausgeträumt."

[4] *Herbert Krüger* legt seine Allgemeine Staatslehre zwar ausdrücklich auf Vollständigkeit an, relativiert diesen Anspruch allerdings sogleich und zeigt auf, wo ihm das nicht gelungen ist oder nicht gelingen konnte (Vorwort, S. VII f.).

bekannten Defizite bis zuletzt großer Beliebtheit erfreuen – auch und gerade in der Wissenschaft. Es geht bei ihrer Lektüre dann immer auch ein wenig darum, dieses notwendige (partielle) Scheitern mit einem gewissen Eifer nachzuweisen, nicht behandelte Aspekte anzuprangern, Ungenauigkeiten und unzulässige Vereinfachungen zu kritisieren, kurz: die Unvollkommenheit zu belegen und sich ihrer zu versichern. Sollte man von Gesamtdarstellungen dann aber nicht besser absehen? Meines Erachtens nicht. Denn zum einen hält sich das betreffende Wissenschaftsgebiet – in diesem Fall die Allgemeine Staatslehre – durch diese erwartbare Kritik im wissenschaftlichen Gespräch und öffnet sich zugleich einem größeren Publikum. Die Lektüre kleinteiliger Spezialabhandlungen ist für an dem Gebiet interessierte LeserInnen offensichtlich keine ernsthafte Option. Notwendig unzureichende Gesamtdarstellungen in diesem Sinne haben aber noch weitere Vorteile: Sie sind trotz ihrer Länge tatsächlich les- und finanzierbar. Sie bieten einen zwar unvollständigen aber immerhin ersten Überblick über die Komplexität des Faches und sind damit aus Sicht der Studierenden unverzichtbar. Sie können neuartige Fragestellungen aufwerfen und dadurch (bisweilen unbewusst) moderne Forschungsfelder begründen, sind also auch wissenschaftlich alles andere als wertlos. Und sie sind schließlich auch ein Spiegel des sich im Zeitablauf wandelnden vorherrschenden Selbstverständnisses der VertreterInnen des Faches und damit auch aus der rückblickend-historischen Perspektive, der Wissenschaftsgeschichte, von Interesse.

Auch in der Allgemeinen Staatslehre sollte der Versuch, das „große Buch" zu schreiben, daher richtigerweise nicht aufgegeben werden. Schon die hier vorliegende knappe Darstellung – eine umfassende wurde nicht angestrebt – hat aufgezeigt, welch immense Bedeutung der moderne Staat und Fragen der Staatlichkeit im täglichen Leben der BürgerInnen spielen. Unser heutiger Wohlstand und unser friedliches Zusammenleben hängen in besonderer Weise von der Funktionsfähigkeit der Institutionen des demokratischen Verfassungsstaates ab. Wie viele unterschiedliche Rädchen dazu mehr oder weniger geräuschlos ineinandergreifen müssen, lässt einen das Glück erahnen, dass es bedeutet, in einem funktionierenden Staatswesen leben zu dürfen. Das Wissen um diese Bedeutung und ein grundlegendes Verständnis der komplexen Funktionsvoraussetzungen sollten schon deshalb kein Sonderwissen eines kleinen und mit *John Maynard Keynes* stets einflussreichen Kreises an (juristischen) ExpertInnen sein. Denn wer diese Bedeutung kennt und dieses Glück verinnerlicht, wird gegenüber Bedrohungen sensibler und ist eher bereit, sich für den Erhalt der demokratischen Ordnung einzusetzen und sich Besorgnis erregenden Phänomenen in den Weg zu stellen.[5] Wie *Birte*

[5] Vgl. auch *J.-W. Müller*, Was ist Populismus?, S. 133: „Es kommt eben darauf an, dass es Bürger gibt, die bereit sind, für Gerechtigkeit einzustehen […]."

Förster festhält, sind demokratische Ordnungen auch heute keine Selbstverständlichkeit (auch wenn wir in Deutschland aktuell gewiss keine „Weimarer Verhältnisse" haben). Eine verantwortungsbewusst betriebene Allgemeine Staatslehre kann damit ein (zusätzliches) Mittel gegen autoritäre und andere demokratiefeindliche Entwicklungen sein.

Vor diesem Hintergrund lässt sich diese Einführung auch als Forderung lesen, die Allgemeine Staatslehre im Rahmen der universitären Ausbildung nicht (weiter) zu vernachlässigen – gerade in den aufgewühlten heutigen Zeiten. Als Grundlagenfach wird sie mittlerweile nicht mehr an allen juristischen Fakultäten gelehrt, im Schwerpunktbereich spielt sie schon länger eine vergleichsweise kleine Rolle (es dominieren „wirtschaftlich relevante" Fächer). Diese Entwicklung sollte sich zumindest nicht fortsetzen. Zuletzt hat sich auch der Wissenschaftsrat für eine Stärkung der Grundlagenfächer und der Interdisziplinarität im Allgemeinen und damit der Allgemeinen Staatslehre im Besonderen ausgesprochen.[6] Daher sollte die Allgemeine Staatslehre auch an politik- und wirtschaftswissenschaftlichen Fakultäten eine größere Rolle spielen. Dass die (wissenschaftliche) Kooperation dieser Fakultäten nach hier vertretener Ansicht ausgeweitet werden sollte, dürfte bei der Lektüre deutlich geworden sein. Wenn diese Einführung dazu einen Beitrag geleistet haben sollte, hat sie ihren Zweck erfüllt.

[6] *Wissenschaftsrat*, Perspektiven der Rechtswissenschaft in Deutschland. Situation, Analysen, Empfehlungen, 2012.

Literaturverzeichnis

Aaken, Anne van/Steinbach, Armin: Ökonomische Analyse des Völker- und Europarechts, Tübingen 2019.

Abels, Gabriele: Zurück in die Zukunft? Entwicklungsperspektiven für ein „Europa der Regionen", in: Europäisches Zentrum für Föderalismus-Forschung Tübingen (Hrsg.), Jahrbuch des Föderalismus 2019, Baden-Baden 2019, S. 161 ff.

Adger, David: Language Unlimited. The Science Behind Our Most Creative Power, Oxford 2019.

Agamben, Giorgio: Jenseits der Menschenrechte, in: ders. (Hrsg.), Mittel ohne Zweck. Noten zur Politik, Freiburg 2001, S. 23 ff.

–: Das Geheimnis des Bösen, Berlin 2015.

Albert, Richard: Constitutional Amendments. Making, Breaking, and Changing Constitutions, New York 2019.

Albrow, Martin: Abschied vom Nationalstaat. Staat und Gesellschaft im globalen Zeitalter, Frankfurt am Main 1998.

Alter, Peter: Nationalismus, Frankfurt am Main 1985.

Alvaredo, Facundo/Chancel, Lucas/Piketty, Thomas/Saez, Emmanuel/Zucman, Gabriel: Die weltweite Ungleichheit. Der World Inequality Report, München 2018.

Ansprenger, Franz: Geschichte Afrikas, München 2002.

Anter, Andreas: Max Webers Theorie des modernen Staates. Herkunft, Struktur und Bedeutung, Berlin 1995.

Appiah, Kwame Anthony: Identitäten. Die Fiktionen der Zugehörigkeit, Berlin 2019.

Arendt, Hannah: Elemente und Ursprünge totaler Herrschaft. Antisemitismus, Imperialismus, totale Herrschaft, 14. Auflage, München/Zürich 2011.

Aristoteles: Politik (herausgegeben von Otfried Höffe), Berlin 2011.

Arnauld, Andreas von.: Völkerrecht, 4. Auflage, Heidelberg 2019.

Arnim, Hans Herbert von: Staatslehre der Bundesrepublik Deutschland, München 1984.

–: Ist Staatslehre möglich? Anforderungen und Schwierigkeiten einer zeitgenössischen Staatslehre, JZ 1989, 157 ff.

–: Die Hebel der Macht und wer sie bedient, München 2017.

–: Politische Parteien. Populismus von oben?, DVBl. 2017, 1057 ff.

Assmann, Aleida: Cultural Memory and Civilization: Function, Media, Archives, Konstanz 2012.

–: Erinnerungsräume. Formen und Wandlungen des kulturellen Gedächtnisses, München 2018.

–: Der europäische Traum. Vier Lehren aus der Geschichte, Bonn 2018.

Auffermann, Burkhard: Das politische System Finnlands, in: Ismayr, Wolfgang (Hrsg.), Die politischen Systeme Westeuropas, 4. Auflage, Wiesbaden 2009, S. 219 ff.

Augsberg, Ino: Extrajuridisches Wissen im Verwaltungsrecht. Analysen und Perspektiven, Tübingen 2013.

Aust, Helmut P.: Das Recht der globalen Stadt. Grenzüberschreitende Dimensionen kommunaler Selbstverwaltung, Tübingen 2017.

Baedermann, Tim: Der Einfluss des Wahlrechts auf das Parteiensystem, Baden-Baden 2007.

Baer, Martin Sebastian: Gerichtliche Normenkontrolle im Vereinigten Königreich, Hamburg 2005.

Balandier, Georges: Politische Anthropologie, München 1976.

Balinski, Michel/Laraki, Rida: What should „majority decision" mean?, in: Novak, Stéphanie/Elster, Jon (Hrsg.), Majority Decisions. Principles and Practices, Cambridge 2014, 103 ff.

Banaszak, Bogusław/Żukowski, Łukasz: Deutsches Modell des Zweikammersystems, in: Czarny, Piotr/Tuleja, Piotr/Wojtyczek, Krzysztof (Hrsg.), Verfassung im Zeitalter der Europäisierung und Globalisierung, Krakau 2011, S. 199 ff.

Barnett, Hilaire: Constitutional and Adminstrative Law, 8. Auflage, London 2010.

Bauer, Thomas: Die Vereindeutigung der Welt. Über den Verlust an Mehrdeutigkeit und Vielfalt, 3. Auflage, Ditzingen 2018.

Bauman, Zygmunt: Intimations of Postmodernity, London 1992.

–: Retrotopia, Berlin 2017.

Beahm, Donald L.: Conceptions of and Corrections to Majoritarian Tyranny, Lincoln 2003.

Beater, Axel: Medienrecht, 2. Auflage, Tübingen 2016.

Beck, Hanno/Prinz, Aloys: Staatsverschuldung. Ursachen – Folgen – Auswege, 2. Auflage, München 2013.

Beck, Ulrich: Wie wird Demokratie im Zeitalter der Globalisierung möglich? – Eine Einleitung, in: ders. (Hrsg.), Politik der Globalisierung, Frankfurt am Main 1998, S. 7 ff.

–: Europa braucht einen neuen Traum, APuZ 64 (2014), 9 ff.

Becker, Carl L.: The History of Political Parties in the Province of New York, 1760–1776, Madison 1960.

Becker, Florian: Öffentliches und Privates Recht, NVwZ 2019, 1385 ff.

Bednarz, Sebastian: Die Regulierung von Hedge-Fonds. Eine rechtsvergleichende Untersuchung der Regulierungsdiskussion in Deutschland, den USA und Großbritannien, Göttingen 2009.

Bendiks, Stefan/Degros, Aglaée: Traffic Space = Public Space. Ein Handbuch zur Transformation, Zürich 2020.

Benz, Arthur: Der moderne Staat. Grundlagen der politologischen Analyse, 2. Auflage, München 2008.

Berber, Friedrich: Das Staatsideal im Wandel der Weltgeschichte, 2. Auflage, München 1978.

Bergner, Lutz: Der italienische Regionalismus. Ein Rechtsvergleich mit dezentralen und föderalen Systemen, insbesondere mit dem deutschen föderativen System, Hamburg 2008.

Berthold, Norbert/Gründler, Klaus: Ungleichheit, soziale Mobilität und Umverteilung, Stuttgart 2018.

Biebricher, Thomas: Neoliberalismus. Zur Einführung, 3. Auflage, Hamburg 2018.

Boehl, Henner, Zu viele Abgeordnete im Bundestag?, ZRP 2017, 197 ff.

Bofill, Hèctor López: Hubris, constitutionalism, and „the indissoluble unity of the Spanish nation". The repression of Catalan secessionist referenda in Spanish constitutional law, ICON 17 (2019), 943 ff.

Böckenförde, Ernst-Wolfgang: Die Entstehung des Staates als Vorgang der Säkularisation, in: ders. (Hrsg.), Recht, Staat, Freiheit, Frankfurt am Main 1991, S. 92 ff.

–: Die Methoden der Verfassungsinterpretation – Bestandsaufnahme und Kritik, in: ders. (Hrsg.), Staat, Verfassung, Demokratie. Studien zur Verfassungstheorie und zum Verfassungsrecht, Frankfurt am Main 1991, S. 53 ff.

–: Demokratie als Verfassungsprinzip, in: ders. (Hrsg.), Staat, Verfassung, Demokratie. Studien zur Verfassungstheorie und zum Verfassungsrecht, Frankfurt am Main 1991, S. 289 ff.

–: Geschichte der Rechts- und Staatsphilosophie. Antike und Mittelalter, 2. Auflage, Tübingen 2006.

Böhm, Clemens: Außenwirtschaftsrechtliche Investitionsprüfung – Anwendung der Erwerberkontrolle zum Schutz Kritischer Infrastrukturen im Finanzsektor, ZBB 2019, 115 ff.

Bolz, Norbert: Diskurs über die Ungleichheit. Ein Anti-Rousseau, München/Paderborn 2009.

Brennan, Jason: Gegen Demokratie. Warum wir die Politik nicht den Unvernünftigen überlassen dürfen, Berlin 2017.

Breuer, Stefan: Der Staat. Entstehung, Typen, Organisationsstadien, Hamburg 1998.

–: Der charismatische Staat. Ursprünge und Frühformen staatlicher Herrschaft, Darmstadt 2014.

Breyer, Stephen: Making Our Democracy Work. A Judge's View, New York 2010.

Bröning, Michael: Lob der Nation. Warum wir den Nationalstaat nicht den Rechtspopulisten überlassen dürfen, Bonn 2018.

Brosius-Gersdorf, Frauke: Die Ehe für alle durch Änderungen des BGB – zur Verfassungsmäßigkeit der Ehe für gleichgeschlechtliche Paare, NJW 2015, 3557 ff.

Brühl-Moser, Denise: Schweizerischer Föderalismus: Ausgestaltung, Neugestaltung und Herausforderungen, in: Härtel, Ines (Hrsg.), Handbuch Föderalismus, Band IV, Berlin/Heidelberg 2012, § 99.

–: Der Föderalismus Kanadas. Interstaatlich, exekutiv und asymmetrisch, in: Härtel, Ines (Hrsg.), Handbuch Föderalismus, Band IV, Berlin 2012, § 97.

Brümmerhoff, Dieter/Büttner, Thies: Finanzwissenschaft, 12. Auflage, Berlin 2018.

Brunkhorst, Hauke: Solidarität. Von der Bürgerfreundschaft zur globalen Rechtsgenossenschaft, Frankfurt am Main 2002.

Brunner, Georg: Vergleichende Regierungslehre, Band I, Paderborn 1979.

Bude, Heinz: Solidarität. Die Zukunft einer großen Idee, München 2019.

Bull, Hans-Peter: Was soll, was kann Demokratie? Erwartungen – Enttäuschungen – Hoffnungen, Frankfurt am Main, 2018.

Bullinger, Martin: Regulierung als modernes Instrument zur Ordnung liberalisierter Wirtschaftszweige, DVBl 2003, 1355 ff.

Bumke, Christian: Die Entwicklung der Grundrechtsdogmatik in der deutschen Staatsrechtslehre unter dem Grundgesetz, AöR 144 (2019), 1 ff.

Busch, Andreas: Staat und Globalisierung. Das Politikfeld Bankenregulierung im internationalen Vergleich, Wiesbaden 2003.

Butler, Judith: Anmerkungen zu einer performativen Theorie der Versammlung, Berlin 2016.

Calliess, Christian: Finanzkrisen als Herausforderung der internationalen, europäischen und nationalen Rechtsetzung, VVDStRL 71 (2012), 113 ff.

– (Hrsg.): Europäische Solidarität und nationale Identität. Überlegungen im Kontext der Krise im Euroraum, Tübingen 2013.

Cancik, Pascale: Wahlrecht und Parlamentsrecht als Gelingensbedingungen repräsentativer Demokratie, VVDStRL 72 (2012), 268 ff.

Chappe, Raphaele/Nell, Edward/Semmler, Willi: On the History of U.S. Financial Culture, in: Abelshauser, Werner/Gilgen, David A./Leutzsch, Andreas (Hrsg.), Kulturen der Weltwirtschaft, Göttingen 2012, S. 59 ff.

Chatziathanasiou, Konstatin: Soziale Ungleichheit als Verfassungsherausforderung – Das Sozialstaatsprinzip und die Begrenzung von Armut und Reichtum, in: Donath, Philipp B. u.a. (Hrsg.), Verfassungen – ihre Rolle im Wandel der Zeit, Basel 2019, S. 225 ff.

Childe, Gordon: The Urban Revolution, Town Planning Review 21 (1950), 3 ff.
Chomsky, Noam: On Anarchism, New York 2013.
Claro da Fonseca, Sara: Das politische System Portugals, in: Ismayr, Wolfgang (Hrsg.), Die politischen Systeme Westeuropas, 4. Auflage, Wiesbaden 2009, S. 765 ff.
Classen, Claus Dieter: Zuviel des Guten? Unionsrechtliche Neuakzentuierungen beim Grundrechtsschutz, JZ 2019, 1057 ff.
Collier, Paul: The Future of Capitalism. Facing the new Anxieties, München 2019.
Creveld, Martin von.: Aufstieg und Untergang des Staates, München 1999.
Crisis Inquiry Commision: The Financial Crisis Inquiry Report, Washington 2011.
Cristian, David: Origin Story. A Big History of Everything, London 2019.
Croissant, Aurel: Regierungssysteme und Demokratietypen, in: Lauth, Hans-Joachim (Hrsg.), Vergleichende Regierungslehre. Eine Einführung, 3. Auflage, Wiesbaden 2010, S. 117 ff.
Crouch, Colin: Postdemokratie, Berlin 2008.
–: Das befremdliche Überleben des Neoliberalismus, Berlin 2011.
–: Ist der Neoliberalismus noch zu retten?, Berlin 2018.
–: Gig Economy. Prekäre Arbeit im Zeitalter von Uber, Minijobs & Co., Berlin 2019.
Dahl, Robert A.: A Democratic Dilemma. System Effectiveness versus Citizen Participation, Political Science Quarterly 109 (1994), 23 ff.
–: On Democracy, Yale 2000.
Dale, Gareth: Karl Polanyi. The Limits of the Market, Cambridge 2010.
Danwitz, Thomas von: Unionsrechtlicher Grundrechtsschutz nach der Charta, in: Masing, Johannes u.a. (Hrsg.), Strukturfragen des Grundrechtsschutzes in Europa, Tübingen 2015, S. 67 ff.
Decker, Frank: Die Rolle politischer Parteien und ihre Regulierung, in: Heinig, Hans Michael/Schorkopf, Frank (Hrsg.), 70 Jahre Grundgesetz. In welcher Verfassung ist die Bundesrepublik?, Göttingen 2019, S. 131 ff.
Delfs, Hauke: Komplementäre Integration. Grundlegung und Konstitutionalisierung des Europarechts im Kontext, Tübingen 2015.
Denninger, Erhard: Gemeinwohl. Was ist das?, KJ 52 (2019), 361 ff.
Detterbeck, Steffen: Allgemeines Verwaltungsrecht mit Verwaltungsprozessrecht, 17. Auflage, München 2019.
Dieter, Heribert: Globalisierung à la carte. Demokratie, Nationalstaat und die Zukunft europäischer und globaler Zusammenarbeit, Bonn 2017.
Di Fabio, Udo: Das Recht offener Staaten. Grundlinien einer Staats- und Rechtstheorie, Tübingen 1998.
–: Der Verfassungsstaat in der Weltgesellschaft, Tübingen 2001.
–: Herrschaft und Gesellschaft, Tübingen 2018.
Dippel, Horst: Die Amerikanische Revolution 1763–1787, Frankfurt am Main 1985.
Dixon, Rosalind: The forms, functions, and varieties of weak(ened) judicial review, ICON 17 (2019), 904 ff.
Doehring, Karl: Allgemeine Staatslehre, 3. Auflage, Heidelberg 2004.
Doering-Manteuffel, Anselm/Greiner, Bernd/Lepsius, Oliver: Der Brokdorf-Beschluss des Bundeverfassungsgerichts. Eine Veröffentlichung aus dem Arbeitskreis für Rechtswissenschaft und Zeitgeschichte an der Akademie der Wissenschaften und der Literatur Mainz, Tübingen 2015.
Dregger, Sebastian: Die Verfassungsinterpretation am US-Supreme Court. Begründungen und politische Ausrichtung zwischen „Originalism" und „Living Constitution", Baden-Baden 2019.
Dreier, Horst: Rechtslehre. Staatssoziologie und Demokratietheorie bei Hans Kelsen, 2. Auflage, Baden-Baden 1990.

–: Integration durch Verfassung? Rudolf Smend und die Grundrechtsdemokratie, in: Hufen, Friedhelm (Hrsg.), Verfassungen. Zwischen Recht und Politik, Baden-Baden 2008, S. 70 ff.
–: Gilt das Grundgesetz ewig? Fünf Kapitel zum modernen Verfassungsstaat, München 2009.
–: Säkularisierung und Sakralität, Tübingen 2013.
–: Idee und Gestalt des freiheitlichen Verfassungsstaates, Tübingen 2014.
–: Zur Bedeutung der Reformation bei der Formierung des säkularen Staates, in: Reichel, Maik/Solms, Hermann O./Zowislo, Stefan u.a. (Hrsg.), Reformation und Politik. Europäische Wege von der Vormoderne bis heute, Halle (Saale) 2015, S. 301 ff.
– (Hrsg.): Grundgesetz Band I, 3. Auflage, Tübingen 2013; Band II, 3. Auflage, Tübingen 2015; Band III, 3. Auflage 2018.
–: Vom Schwinden der Demokratie, in: Graf, Friedrich W./Meier, Heinrich (Hrsg.), Die Zukunft der Demokratie. Kritik und Plädoyer, München 2018, S. 293 ff.
–: Staat ohne Gott. Religion in der säkularen Moderne, München 2018.
–: Religionsverfassung in 70 Jahren Grundgesetz – Rückblick und Ausblick, JZ 2019, 1005 ff.
Drinóczi, Tímea/Bień-Kacała, Agnieszka: Illiberal Constitutionalism. The Case of Hungary and Poland, German Law Journal 20 (2019), 1140 ff.
Dorn, Thea: Deutsch, nicht dumpf. Ein Leitfaden für aufgeklärte Patrioten, München 2018.
Dyk, Silke van/Graefe, Stefanie: Wer ist schuld am Rechtspopulismus? Zur Vereinnahmung der Vereinnahmungsdiagnose. Eine Kritik, Leviathan 47 (2019), 405 ff.
Eder, Klaus: Die Entstehung staatlich organisierter Gesellschaften. Ein Beitrag zu einer Theorie sozialer Evolution, Frankfurt am Main 1976.
Egamberdiev, Azamat: Gerichtliche Verwaltungskontrolle in der Republik Usbekistan, VerwArch 2019, 475 ff.
Eidenmüller, Horst: Effizienz als Rechtsprinzip. Möglichkeiten und Grenzen der ökonomischen Analyse des Rechts, 4. Auflage, Tübingen 2015.
Elsässer, Lea: Wessen Stimme zählt? Soziale und politische Ungleichheit in Deutschland, Frankfurt am Main 2018.
Epping, Volker: Der Staat als „Normalperson" des Völkerrechts, in: Ipsen, Knut (Hrsg.), Völkerrecht, 7. Auflage, München 2018, § 7.
–: Geltung und Anwendbarkeit des Völkerrechts in ausgewählten Verfassungsordnungen, in: Ipsen, Knut (Hrsg.), Völkerrecht, 7. Auflage, München 2018, § 5.
–: Internationale Organisationen, in: Ipsen, Knut (Hrsg.), Völkerrecht, 7. Auflage, München 2018, § 8.
Eppler, Erhard: Auslaufmodell Staat?, Frankfurt am Main 2005.
Eythórsson, Grétar Thór/Jahn, Detlef: Das politische System Islands, in: Ismayr, Wolfgang (Hrsg.), Die politischen Systeme Westeuropas, 4. Auflage, Wiesbaden 2009, S. 195 ff.
Fabozzi, Frank J./Modigliani, Franco/Jones, Frank: Foundations of Financial Markets and Institutions, 4. Auflage, Harlow 2014.
Fadavian, Benjamin: Kommunale Strukturen in Belgien, DÖV 2019, 889 ff.
Fechner, Frank: Medienrecht. Lehrbuch des gesamten Medienrechts unter besonderer Berücksichtigung von Presse, Rundfunk und Multimedia, 19. Auflage, Tübingen 2018.
Finke, Jasper: Was heißt es, souverän zu sein? Alternative Souveränitätskonzepte als Voraussetzung für eine internationale Rechtsordnung, in: Bahmer, Larissa/Feifel, Sebastian/Glock, Andreas/Wagner, Julia (Hrsg.), Staatliche Souveränität im 21. Jahrhundert. Zwischen nationaler Selbstbestimmung und globaler Verflechtung, Tübingen 2018, S. 89 ff.

Fisher, Louis: Constitutional conflicts between Congress and the president, Princeton 1985.

Flassbeck, Heiner/Steinhardt, Paul: Gescheiterte Globalisierung. Ungleichheit, Geld und die Renaissance des Staates, Berlin 2018.

Fleuß, Dannica/Schaal, Gary S./Helbig, Karoline: Empirische Messung digitalisierter Demokratien. Erkenntnistheoretische Herausforderungen und eine wissenschaftstheoretische Antwort, PVS 3 (2019), 461 ff.

Förster, Birte: 1919. Ein Kontinent erfindet sich neu, Stuttgart 2018.

Fontana, Sina: Parität und Wahlrechtsgleichheit, DJbZ 2019, 128 ff.

–: Parität als verfassungsrechtlicher Diskurs, DVBl. 2019, 1153 ff.

Forsthoff, Ernst: Der Staat der Industriegesellschaft. Dargestellt am Beispiel der Bundesrepublik Deutschland, München 1977.

Foundational Economy Collective: Die Ökonomie des Alltagslebens. Für eine neue Infrastrukturpolitik, Berlin 2019.

Fraenkel, Ernst: Das amerikanische Regierungssystem. Eine politologische Analyse, 3. Auflage, Opladen 1976.

Frankenberg, Günter: Staatstechnik. Perspektiven auf Rechtsstaat und Ausnahmezustand, Berlin 2010.

Franz, Katrin V.: Das Wahlrecht zum Deutschen Bundestag – Architektur eines organschaftlichen Rechts, Berlin 2019.

Frick, Verena: Die Staatsrechtslehre im Streit um ihren Gegenstand. Die Staats- und Verfassungsdebatten seit 1979, Tübingen 2018.

–: The Justicization of Politics. Constitutionalism and Democracy in Germany after 1949, Redescriptions. Political Thought, Conceptual History and Feminist Theory 22 (2019), 18 ff.

Frick, Marie-Luisa: Zivilisiert streiten. Zur Ethik der politischen Gegnerschaft, Stuttgart 2017.

Fried, Morton H.: The Evolution of Political Society. An Essay in Political Anthropology, New York 1967.

Friedell, Egon: Kulturgeschichte der Neuzeit, 3. Auflage, Zürich 2012.

Frose, Judith: Der Universitätscampus als „Safe Space". Verlangt die Rechtsordnung die Gewährleistung einer Wohlfühlatmosphäre, JZ 2018, 480 ff.

Frowein, Jochen A./Marauhn, Thilo: Grundfragen der Verfassungsgerichtsbarkeit in Mittel- und Osteuropa, Berlin 1998.

Füssel, Marian: Der Siebenjährige Krieg. Ein Weltkrieg im 18. Jahrhundert, 2010.

Fukuyama, Francis: The End of History and the Last Man, New York 1992.

Furedi, Frank: What's Happened to University? A Sociological Exploration of its Infantilisation, London 2016.

Gadbois, George H.: Supreme Court of India. The Beginnings, New Delhi 2017.

Gamper, Anna: Staat und Verfassung. Einführung in die Allgemeine Staatslehre, 4. Auflage, Wien 2018.

Gärditz, Klaus F.: Der digitalisierte Raum des Netzes als emergente Ordnung und die repräsentativ-demokratische Herrschaftsform, Der Staat 54 (2015), 113 ff.

–: „Ehe für Alle". Verfassungswandel oder zeitgebundene Rechtspolitik, FF 2018, 8 ff.

Galbraith, John K.: A Short History of Financial Euphoria, New York 1994.

Gardbaum, Stephen: Weak-form review in comparative perspective. A reply, ICON 17 (2019), 931 ff.

Geiger, Rudolf: Staatsrecht III. Bezüge des Grundgesetzes zum Völker- und Europarecht, 7. Auflage, München 2018.

Geiselberger, Heinrich (Hrsg.): Die große Regression. Eine internationale Debatte über die geistige Situation der Zeit, 2. Auflage, Berlin 2017.

Gellner, Ernest: Pflug, Schwert und Buch. Grundlinien der Menschheitsgeschichte, München 1993.

Gerg, Stephan: Nudging. Verfassungsrechtliche Maßstäbe für das hoheitliche Einwirken auf die innere Autonomie des Bürgers, Tübingen 2019.

Goldstone, Richard J.: The Birth of the South African Constitutional Court, in: Fombad, Charles M. (Hrsg.), Constitutional Adjudication in Africa, New York 2017, S. 323 ff.

Gore, Al: Die Zukunft. Sechs Kräfte, die unsere Welt verändern, München 2014.

Gottwald, Jörn-Carsten: Regulierung der Finanzmärkte in der EU. Möglichkeiten und Grenzen der politischen Gestaltung dynamischer Märkte im europäischen Mehr-Ebenen-System, Baden-Baden 2011.

Graeber, David: The Utopia of Rules. On Technology, Stupidity, and the Secret Joys of Bureaucracy, Brooklyn/London 2015.

Grande, Edgar: Auflösung, Modernisierung oder Transformation? Zum Wandel des modernen Staates in Europa, in: ders./Prätorius, Rainer (Hrsg.), Modernisierung des Staates?, Baden-Baden 1997, S. 45 ff.

Grimm, Dieter: Weimars Ende und Untergang, in: Dreier, Horst/Waldhoff, Christian (Hrsg.), Das Wagnis der Demokratie. Eine Anatomie der Weimarer Reichsverfassung, München 2018.

Groß, Thomas: Die Legitimation der polyzentralen EU-Verwaltung, Tübingen 2015.

Grote, Rainer: Allgemeinheit und Bestimmtheit der Gesetze, in: Heun, Werner/Starck, Christian (Hrsg.), Das Gesetz. Fünftes deutsch-taiwanesisches Kolloquium am 1. und 2. April 2011 an der Georg-August-Universität in Göttingen, Baden-Baden 2012, S. 137 ff.

–: Der Föderalismus in Mexiko, Indien, Südafrika und Australien, in: Härtel, Ines (Hrsg.), Handbuch Föderalismus, Band IV, Berlin 2012, § 95.

Guérot, Ulrike: Warum Europa eine Republik werden muss, Bonn 2016.

Haarmann, Harald: Vergessene Kulturen der Weltgeschichte. 25 verlorene Pfade der Menschheit, 2. Auflage, München 2019.

Habermas, Jürgen: Auch eine Geschichte der Philosophie. Band 2. Vernünftige Freiheit. Spuren des Diskurses über Glauben und Wissen, Berlin 2019.

Häberle, Peter: Die europäische Verfassungsstaatlichkeit, in: Weber, Karl/Rath-Kathrein, Irmgard (Hrsg.), Neue Wege der Allgemeinen Staatslehre. Symposium zum 60. Geburtstag von Peter Pernthaler, Wien 1996, S. 29 ff.

–: Verfassungslehre als Kulturwissenschaft, 2. Auflage, Berlin 1998.

Haffert, Lukas: Die schwarze Null. Über die Schattenseiten ausgeglichener Haushalte, Berlin 2016.

Haisch, Martin: Systematisierung, Begriffsbestimmung, zivilrechtliche und wirtschaftliche Aspekte, in: Haisch, Martin L./Helios, Marcus (Hrsg.), Rechtshandbuch Finanzinstrumente, München 2011, § 1.

Haller, Walter/Kölz/Alfred/Gächter, Thomas: Allgemeines Staatsrecht. Eine juristische Einführung in die Allgemeine Staatslehre, 5. Auflage, Zürich 2013.

Haltern, Ulrich: Mythos als Integration, in: Ooyen, Robert C. von/Möllers, Christoph (Hrsg.), Das Bundesverfassungsgericht im politischen System, Wiesbaden 2006, S. 47 ff.

–: Individualschutz in multilateralen Verträgen mit weltweiter Verbreitungstendenz, in: Ipsen, Knut (Hrsg.), Völkerrecht, 7. Auflage, München 2018, § 36.

Hartmann, Bernd: Öffentliches Haftungsrecht. Ökonomisierung – Europäisierung – Dogmatisierung, Tübingen 2013.

Hartmann, Jürgen: Die politischen Systeme Lateinamerikas. Ein Überblick, Wiesbaden 2017.

Hauk, Julia: Das Prüfungsrecht des Bundespräsidenten im Hinblick auf die Verfassungs-, Europarechts- und Völkerrechtskonformität eines Gesetzes, JA 2017, 93 ff.

Hecker, Wolfgang: Verweigerung der Stadthallennutzung gegenüber der NPD, NVwZ 2018, 787 ff.
Heinig, Hans Michael: Der Sozialstaat im Dienst der Freiheit. Zur Formel vom „sozialen" Staat in Art. 20 Abs. 1 GG, Tübingen 2008.
–: Prekäre Ordnungen. Historische Prägungen des Religionsrechts in Deutschland, Tübingen 2018.
Heinig, Hans Michael/Walter, Christian (Hrsg.): Staatskirchenrecht oder Religionsverfassungsrecht? Ein begriffspolitischer Grundsatzstreit, Tübingen 2007.
Heinz, Karl Eckhart: Der deutsche Bundesstaat und seine Organe – Theorie des Bundesstaats, DVBl 2019, 1165 ff.
Heller, Hermann: Staatslehre, 2. Auflage, Leiden 1961.
–: Staatslehre, 3. Auflage, Leiden 1963.
Henkin, Louis: How Nations Behave: Law and Foreign Policy, 2. Auflage, Columbia 1979.
Herb, Karlfriedrich: Jean-Jacques Rousseau. Vom Gesellschaftsvertrag, in: Brocker, Manfred (Hrsg.), Geschichte des politischen Denkens. Ein Handbuch, Frankfurt am Main 2007, S. 303 ff.
Herrmann, Christoph: Europarechtliche Fragen der deutschen Investitionskontrolle, ZEuS 2019, 429 ff.
Herzog, Roman: Allgemeine Staatslehre, Frankfurt a.M. 1971.
Hess, Sabine/Lebuhn, Henrik: Politiken der Bürgerschaft. Zur Forschungsdebatte um Migration, Stadt und citizenship, Sub/urban. Zeitschrift für kritische Stadtforschung 3 (2014), 11 ff.
Hesse, Konrad: Die verfassungsrechtliche Stellung der politischen Parteien im modernen Staat, VVDStRL 17 (1959), 11 ff.
–: Grundzüge des Verfassungsrechts der Bundesrepublik Deutschland, 20. Auflage, Heidelberg 1995.
Heun, Werner: Das Mehrheitsprinzip in der Demokratie. Grundlagen, Struktur, Begrenzungen, Berlin 1983.
–: Staatsverschuldung und Grundgesetz, Die Verwaltung 18 (1985), 1 ff.
–: Staatshaushalt und Staatsleitung. Das Haushaltsrecht im parlamentarischen Regierungssystem des Grundgesetzes, Baden-Baden 1988.
–: Der Staat und die Finanzkrise, JZ 2010, 53 ff.
–: Das Wahlrecht unter dem Grundgesetz zwischen Kontinuität und Wandel, in: Czarny, Piotr/Tuleja, Piotr/Wojtyczek, Krzysztof (Hrsg.), Verfassung im Zeitalter der Europäisierung und Globalisierung, Krakau 2011, S. 249 ff.
–: Die Verfassungsordnung der Bundesrepublik Deutschland, Tübingen 2012.
–: Der Föderalismus in den USA, in: Härtel, Ines (Hrsg.), Handbuch Föderalismus, Band IV, Berlin 2012, § 96.
–: Die Geburt der Verfassungsgerichtsbarkeit – 200 Jahre Marbury v. Madison, in: ders. (Hrsg.), Verfassung und Verfassungsgerichtsbarkeit im Vergleich, Tübingen 2014, S. 38 ff.
–: Das Konzept der Gewaltenteilung in seiner verfassungsgeschichtlichen Entwicklung, in: ders. (Hrsg.), Verfassung und Verfassungsgerichtsbarkeit im Vergleich, Tübingen 2014, S. 56 ff.
–: Der Zugang zum Bundesverfassungsgericht – Zugangsfilter, Steuerungsmöglichkeiten des Gerichts, Mobilisierung, in: ders. (Hrsg.), Verfassung und Verfassungsgerichtsbarkeit im Vergleich, Tübingen 2014, S. 119 ff.
–: Original Intent und Wille des historischen Verfassungsgebers als Interpretationsmaximen, in: ders. (Hrsg.), Verfassung und Verfassungsgerichtsbarkeit im Vergleich, Tübingen 2014, S. 213 ff.

–: Die rechtlichen Wirkungen verfassungsgerichtlicher Entscheidungen, in: ders. (Hrsg.), Verfassung und Verfassungsgerichtsbarkeit im Vergleich, Tübingen 2014, S. 286 ff.
– (Hrsg.): Staatsschulden. Ursachen, Wirkungen und Gefahren, Bonn 2015.
–: Gewaltenteilung im präsidentiellen System, in: Scherzberg, Arno/Can, Osman/Doğan, İlyas (Hrsg.), Regierungssysteme im Lichte von „Checks and Balances“, Münster 2017, S. 127 ff.
–: Art. 110 GG, in: Dreier, Horst (Hrsg.), Grundgesetz. Kommentar, Band III: Art. 83–146, 3. Auflage, Tübingen 2018.
–: Art. 115 GG, in: Dreier, Horst (Hrsg.), Grundgesetz. Kommentar, Band III: Art. 83–146, 3. Auflage, Tübingen 2018.
–: Geschichte des Verwaltungsrechtsschutzes in den USA, in: Sommermann, Karl-Peter/Schaffarzik, Bert (Hrsg.), Handbuch der Geschichte der Verwaltungsgerichtsbarkeit in Deutschland und Europa, Berlin 2019, § 46.
Heun, Werner/Starck, Christian: Das Gesetz. Fünftes deutsch-taiwanesisches Kolloquium am 1. und 2. April 2011 an der Georg-August-Universität in Göttingen, Baden-Baden 2012.
Heun, Werner/Thiele, Alexander: Vorb. zu Art. 104a–115, in: Dreier, Horst (Hrsg.), Grundgesetz. Kommentar, Band III: Art. 83–146, 3. Auflage, Tübingen 2018, S. 914 ff.
Hilbert, Patrick/Rauber, Jochen (Hrsg.): Warum befolgen wir Recht? Rechtsverbindlichkeit und Rechtsbefolgung in interdisziplinärer Perspektive, Tübingen 2019.
Hillgruber, Christian: Die Meinungsfreiheit als Grundrecht der Demokratie, JZ 2016, 495 ff.
Hillebrand, Ernst: Rechtspopulismus in Europa. Gefahr für die Demokratie?, 2. Auflage, Berlin 2017.
Hirschl, Ran: Towards Juristocracy. The Origins and Consequences of the New Constitutionalism, Cambridge 2007.
–: Comparative Matters – The Renaissance of Comparative Constitutional Law, Oxford 2014.
–: Verfassungsrecht und vergleichende Politikwissenschaft – an den Grenzen der Disziplinen, in: Hein, Michael/Petersen, Felix/Steinsdorff, Silvia von (Hrsg.), Die Grenzen der Verfassung (ZfP Sonderheft 9), Baden-Baden 2018, S. 15 ff.
–: City, State. Comparative Constitutionalism and the Megacity, Oxford 2020.
Hirschl, Ran/Shachar, Ayelet: Spatial statism, ICON 17 (2019), 387 ff.
Hirschl, Ran/Mertens, Jan: Interdisziplinarität als Bereicherung. An den Grenzen von Verfassungsrecht und vergleichender Politikwissenschaft, in: Münch, Joachim/Thiele, Alexander (Hrsg.), Verfassungsrecht im Widerstreit, Tübingen 2019, S. 105 ff.
Hobe, Stephan: Der offene Verfassungsstaat zwischen Souveränität und Interdependenz. Eine Studie zur Wandlung des Staatsbegriffs der deutschsprachigen Staatslehre im Kontext internationaler institutionalisierter Kooperation, Berlin 1998.
Hochgeschwender, Michael: Die Amerikanische Revolution. Geburt einer Nation, 3. Auflage, München 2019.
Hölscheidt, Sven: Wie viel „neues Deutschland“ ist möglich?, DÖV 2020, 69 ff.
Holle, Levin: Das Verfassungsgericht der Republik Südafrika. Entstehung, Aufbau, Zuständigkeit nach der Übergangsverfassung vom 27. April 1994, Baden-Baden 1997.
Hörisch, Felix/Wurster, Stefan: The Policies of the First Green-Red Government in the German Federal State of Baden-Württemberg, 2011–2016, in: PVS 3/2019, 513 ff.
Honneth, Axel: Der Kampf um Anerkennung. Zur moralischen Grammatik sozialer Konflikte, 6. Auflage, Frankfurt am Main 2010.
Hornung, Gerrit: Grundrechtsinnovationen, Tübingen 2015.
Howard, Dick: Die Grundlegung der amerikanischen Demokratie, Frankfurt am Main 2001.

Hrbek, Rudolf: Die Konstituierung der Bundesrepublik Deutschland als Bundesstaat. Bestimmungsfaktoren und Entscheidungen 1945–1949, in: Europäisches Zentrum für Föderalismus-Forschung Tübingen (Hrsg.), Jahrbuch des Föderalismus 2019, Baden-Baden 2019, S. 39 ff.

Huntington, Samuel P.: The Third Wave. Democratization in the Late Twentieth Century, Oklahoma 1991.

Iliffe, John: Africans. The History of a Continent, 2. Auflage, Cambridge 2007.

Ingold, Albert: Das Recht der Oppositionen. Verfassungsbegriff – Verfassungsdogmatik – Verfassungstheorie, Tübingen 2015.

Ipsen, Knut: Regelungsbereich und Geltungsgrund des Völkerrechts, in: ders. (Hrsg.), Völkerrecht, 7. Auflage, München 2018, § 1.

–: Zur Geschichte des Völkerrechts, in: ders. (Hrsg.), Völkerrecht, 7. Auflage, München 2018, § 2.

Ipsen, Jörn: Ehe für alle – verfassungswidrig?, NVwZ 2017, 1096 ff.

–: Staatsrecht I. Staatsorganisationsrecht, 31. Auflage, München 2019.

Issacharoff, Samuel: The majoritarian threat to democracy. Constitutional courts and the democratic pact, in: Novak, Stéphanie/Elster, Jon (Hrsg.), Majority Decisions. Principles and Practices, New York 2014, S. 236 ff.

Jakab, András/Kirchmair, Lando: Die Unterscheidung zwischen öffentlichem Recht und Privatrecht als genetischer Fehler in der DNA kontinentaler Rechtsordnungen, Der Staat 58 (2019), 345 ff.

Jarass, Hans D.: Die Freiheit der Massenmedien. Zur staatlichen Einwirkung auf Presse, Rundfunk, Film und neue Medien, Baden-Baden 1978.

Jefferson, Thomas: Letter to James Madison, 6. September 1789, abgedruckt in: Ford, Paul L. (Hrsg.), The Works of Thomas Jefferson, Vol. VI, New York/London 1904, S. 9.

Jellinek, Georg: Allgemeine Staatslehre, 3. Auflage, Berlin 1929.

–: System der subjektiven öffentlichen Rechte, Freiburg 1905.

–: Die Erklärung der Menschen- und Bürgerrechte. Ein Beitrag zur modernen Verfassungsgeschichte, 4. Auflage, Berlin 1927.

Jörke, Dirk: Die Größe der Demokratie. Über die räumliche Dimension von Herrschaft und Partizipation, Berlin 2019.

Kaeding, Michael: Legitimitätsverlust durch soziale Schieflage der Wahlbeteiligung, in: Thiele, Alexander (Hrsg.), Legitimität in unsicheren Zeiten. Der demokratische Verfassungsstaat in der Krise?, Tübingen 2019, S. 87 ff.

Kakutani, Michiko: The Death of Truth, London 2018.

Kaltenbrunner, Robert/Jakubowski, Peter: Die Stadt der Zukunft. Wie wir leben wollen, Berlin 2018.

Katz, Alfred/Sander, Gerald G.: Staatsrecht. Grundlagen, Staatsorganisation, Grundrechte, 19. Auflage 2019.

Kelsen, Hans: Allgemeine Staatslehre, Tübingen 1925.

–: Vom Wesen und Wert der Demokratie, 2. Auflage, Tübingen 1929.

–: Wesen und Entwicklung der Staatsgerichtsbarkeit, VVDStRL 5 (1929), 30 ff.

Kemmerer, Alexandra/Möllers, Christoph/Steinbeis, Maximilian/Wagner, Gerhard: Choice Architecture in Democracies. Exploring the legitimacy of nudging, Baden-Baden 2016.

Kempf, Udo: Das politische System Frankreichs, in: Ismayr, Wolfgang (Hrsg.), Die politischen Systeme Westeuropas, 4. Auflage, Wiesbaden 2009, S. 349 ff.

Kempf, Victor: Ohnmacht und Politik der Menschenrechte unter rechtspopulistischem Vorzeichen, Leviathan 47 (2019), 308 ff.

Kersten, Jens: Schwarmdemokratie. Der digitale Wandel des liberalen Verfassungsstaats, Tübingen 2017.

Kersten, Jens/Neu, Claudia/Vogel, Berthold: Politik des Zusammenhalts. Über Demokratie und Bürokratie, Hamburg 2019.

Kepplinger, Hans M./Maurer, Marcus: Abschied vom rationalen Wähler – Warum Wahlen im Fernsehen entschieden werden, Freiburg 2005.

Keynes, John M.: Allgemeine Theorie der Beschäftigung, des Zinses und des Geldes, 7. Auflage, Berlin 1994 (1936).

Kielmansegg, Peter Graf von: Volkssouveränität. Eine Untersuchung der Bedingungen demokratischer Legitimität, Stuttgart 1977.

Kingreen, Thorsten/Poscher, Ralf: Grundrechte. Staatsrecht II, 35. Auflage, München 2019.

Kirchhof, Gregor: Die Allgemeinheit des Gesetzes. Über einen notwendigen Garanten der Freiheit, der Gleichheit und der Demokratie, Tübingen 2009.

–: Debt Limits in Constitutional Law. The ‚Debt Brake' in: Ringe, Wolf-Georg/Huber, Peter M. (Hrsg.), Legal Challenges in the Global Financial Crisis. Bail-outs, the Euro and Regulation, Oxford 2014, S. 53 ff.

Klein, Hans H.: Die Grundrechte im demokratischen Staat. Kritische Bemerkungen zur Auslegung der Grundrechte in der deutschen Staatsrechtslehre der Gegenwart, Stuttgart 1974.

Klein, Nicolas: Das Investitionsschutzrecht als völkerrechtliches Individualschutzrecht im Mehrebenensystem, Baden-Baden 2018.

Kneuer, Marianne: E-democracy. A new challenge for measuring democracy, IPSR 37 (2016), 666 ff.

Knöbl, Wolfgang: Besprechung von Udo Di Fabio, Herrschaft und Gesellschaft, Der Staat 58 (2019), 485 ff.

Koger, Gregory: Filibustering. A Political History of Obstruction in the House and Senate, Chicago 2010.

Köhler, Michael: Die Rechtsstellung der Parlamentspräsidenten in den Ländern der Bundesrepublik Deutschland und ihre Aufgaben im parlamentarischen Geschäftsgang, Berlin 2000.

Konvicka, Zdenko/Beran, Peter: Finanzkontrolle international gesehen. Versuch einer rechtsvergleichenden Darstellung, Wien 1967.

Korioth, Stefan: Die Kommunen und der neue Bund-Länder-Finanzausgleich ab 2020, in: Münch, Joachim/Thiele, Alexander (Hrsg.), Verfassungsrecht im Widerstreit, Tübingen 2019, S. 215 ff.

Kostiner, Joseph: Transforming Dualities. Tribe and State Formation in Saudi-Arabia, in: Khoury, Philip S./Kostiner, Joseph (Hrsg.), Tribes and State Formation in the Middle East, Berkeley 1991.

Koppetsch, Cornelia: Die Gesellschaft des Zorns. Rechtspopulismus im globalen Zeitalter, Bielefeld 2019.

–: Soziale Ungleichheiten, in: Thiele, Alexander (Hrsg.), Legitimität in unsicheren Zeiten, Tübingen 2019, S. 95 ff.

Kloepfer, Michael: Respekt im Gemeinwesen und im Recht, VerArch 2019, 419 ff.

Kraemer, Klaus: Sehnsucht nach dem nationalen Container. Zur Symbolischen Ökonomie des neuen Nationalismus in Europa, Leviathan 46 (2018), 280 ff.

Kraus, Hans-Christof: Ursprung und Genese der „Lückentheorie" im Preussischen Verfassungskonflikt, Der Staat 29 (1990), 209 ff.

Kriele, Martin: Einführung in die Staatslehre, 6. Auflage, Stuttgart 2003.

Kring, Jennifer: Die Zwangsvollstreckung von Gerichtsurteilen gegenüber der öffentlichen Hand – Zwangshaft für Behördenleiter?, NVwZ 2019, 23 ff.

Kronenberger, Nadja S.: Nudging als Steuerungsinstrument des Rechts, Saarbrücken 2019.

Krüger, Herbert: Allgemeine Staatslehre, 2. Auflage, Stuttgart 1966.
Krüper, Julian: Das Glück der größten Zahl – Zum Mehrheitsprinzip als Funktionsregel im Verfassungsstaat, ZJS 2009, 477 ff.
–: Krise als Lebensform, in: Thiele, Alexander (Hrsg.), Legitimität in unsicheren Zeiten, Tübingen 2019, 115 ff.
–: Regeln politischer Kultur als Legitimitätsreserve. Überlegungen zu einem Forschungsgegenstand einer Organisationsrechtswissenschaft, in: ders./Pilniok, Arne (Hrsg.), Organisationsverfassungsrecht. Wissenschaft – Theorie – Praxis, Tübingen 2019.
–: Wahlrechtsgeschichte(n) unter dem Grundgesetz. Individuelle und institutionelle Aspekte, in: Heinig, Hans Michael/Schorkopf, Frank (Hrsg.), 70 Jahre Grundgesetz. In welcher Verfassung ist die Bundesrepublik?, Göttingen 2019, S. 149 ff.
Kugelmann, Dieter: Das Grundgesetz und der Einsatz der Streitkräfte im In- und Ausland, in: Czarny, Piotr/Tuleja, Piotr/Wojtyczek, Krzysztof (Hrsg.), Verfassung im Zeitalter der Europäisierung und Globalisierung, Krakau 2011, 281 ff.
Ladeur, Karl-Heinz: Recht – Wissen – Kultur. Die fragmentierte Ordnung, Berlin 2016.
Lange, Pia: Darlegungs- und Substantiierungspflichten im Verfassungsbeschwerdeverfahren, Baden-Baden 2012.
Lauth, Hans-Joachim/Wagner, Christoph: Gegenstand, grundlegende Kategorien und Forschungsfragen der „Vergleichenden Regierungslehre“, in: Lauth, Hans-Joachim (Hrsg.), Vergleichende Regierungslehre. Eine Einführung, 3. Auflage, Wiesbaden 2010, S. 17 ff.
Leibholz, Gerhard: Das Wesen der Repräsentation und der Gestaltwandel der Demokratie im 20. Jahrhundert, 3. Auflage, Berlin 1966.
–: Der Strukturwandel der modernen Demokratie, in: ders. (Hrsg.), Der Strukturwandel der modernen Demokratie, 3. Auflage, Frankfurt am Main 1974 (1967), S. 78 ff.
Lepsius, Oliver: Regulierung in den USA – Vorläufer und Modell, in: Fehling, Michael/Ruffert, Matthias (Hrsg.), Regulierungsrecht, Tübingen 2010, § 1.
–: Grundrechtspluralismus in Europa, in: Masing, Johannes u.a. (Hrsg.), Strukturfragen des Grundrechtsschutzes in Europa, Tübingen 2015, S. 45 ff.
–: Normenhierachie und Stufenbau der Rechtsordnung, JuS 2018, 950 ff.
–: Kontextualisierung als Aufgabe der Rechtswissenschaft, JZ 2019, 793 ff.
–: Rezension zu Thomas Vesting. Staatstheorie, JZ 2019, 991 f.
Lessenich, Stephan: Grenzen der Demokratie. Teilhabe als Verteilungsproblem, Stuttgart 2019.
Levitsky, Steven/Ziblatt, Daniel: How Democracies Die, New York 2019.
Lijphart, Arend: Patterns of Democracy. Government Forms and Performance in Thirty-Six Countries, 2. Auflage, New Haven 2012.
Linder, Wolf: Das politische System der Schweiz, in: Ismayr, Wolfgang (Hrsg.), Die politischen Systeme Westeuropas, 4. Auflage, Wiesbaden 2009, S. 567 ff.
Linz, Juan J./Stepan, Alfred C.: Problems of democratic transition and consolidation. Southern Europe, South America, and Post-communist Europe, Baltimore 1996.
Lipset, Seymour M.: Some Social Requisites of Democracy: Economic Developments and Political Legitimacy, American Political Science Review 53 (1959), 69 ff.
Liu, Li: The Chinese Neolithic. Trajectories to Early States, Cambridge 2004.
Loick, Daniel: Wir Flüchtlinge. Überlegungen zu einer Bürgerschaft jenseits des Nationalstaats, Leviathan 45 (2017), 574 ff.
–: Anarchismus zur Einführung, 2. Auflage, Hamburg 2018.
Locke, John: Über die Regierung, Stuttgart 2012.
Lösing, Norbert: Die Verfassungsgerichtsbarkeit in Lateinamerika, Baden-Baden 2001.
Lüdemann, Jörn: Netzwerke, Öffentliches Recht und Rezeptionsgeschichte, in: Boysen, Sigrid u.a. (Hrsg.), Netzwerke. 47. Assistententagung Öffentliches Recht, Baden-Baden 2007, S. 266 ff.

Lütz, Susanne: Der Staat und die Globalisierung von Finanzmärkten. Regulative Politik in Deutschland, Großbritannien und den USA, Frankfurt 2002.

Luhmann, Niklas: Die Realität der Massenmedien, 2. Auflage, Opladen 1996.

–: Die Wissenschaft der Gesellschaft, 8. Auflage, Frankfurt am Main 2018.

–: Grundrechte als Institution. Ein Beitrag zur politischen Soziologie, 6. Auflage, Berlin 2019.

Lukan, Matthias: Verfassungskontinuität durch Verfassungsänderung – Wie kann eine Verfassung ihre Dauerhaftigkeit sichern?, DÖV 2019, 811 ff.

Lukes, Steven: Power. A Radical View, 2. Auflage, Basingstoke 2005.

Luther, Jörg: Die italienische Verfassungsgerichtsbarkeit. Geschichte, Prozessrecht, Rechtsprechung, Baden-Baden 1990.

Lynen von Berg, Heinz: Der Niedergang der SPD als Volkspartei und ihr hilfloser Antipopulismus, Leviathan 47 (2019), 7 ff.

MacIver, Robert M.: The Modern State, Oxford 1926.

Magsaam, Niels: Mehrheit entscheidet. Ausgestaltung und Anwendung des Majoritätsprinzips im Verfassungsrecht des Bundes und der Länder, Berlin 2014.

Manow, Philip: Das Parlament, der Filibuster und die politische Romantik, Merkur 2016, 95 ff.

–: Die politische Ökonomie des Populismus, Berlin 2018.

Marquardt, Bernd: Universalgeschichte des Staates. Von der vorstaatlichen Gesellschaft zum Staat der Industriegesellschaft, Münster 2009.

Martin, Mike: Why We Fight, London 2018.

Martínez, José: Der präföderale Staat. Das Beispiel Spanien, in: Härtel, Ines (Hrsg.), Handbuch Föderalismus, Band IV, Berlin 2012, S. 819 ff.

Masing, Johannes: Die US-amerikanische Tradition der Regulated Industries und die Herausbildung eines europäischen Verwaltungsrechts – Constructed Markets on Networks vor verschiedenen Rechtstraditionen, AöR 128 (2003), 558 ff.

–: Organisationsdifferenzierung im Zentralstaat – unabhängige Verwaltungsbehörden in Frankreich, in: Trute, Hans-Heinrich/Groß, Thomas/Röhl, Hans Christian/Möllers, Christoph (Hrsg.), Allgemeines Verwaltungsrecht – zur Tragfähigkeit eines Konzepts, Tübingen 2008, S. 399 ff.

Mastronardi, Philippe: Verfassungslehre. Allgemeines Staatsrecht als Lehre vom guten und gerechten Staat, Bern 2007.

Mateo, Marina M.: Füreinander Sprechen. Zu einer feministischen Theorie der Repräsentation, Leviathan 47 (2019), S. 331 ff.

Matz-Lück, Nele: Die Aktualität der Smendschen Integrationslehre im europäischen Einigungsprozess, in: Schröder, Ulrich J./Ungern-Sternberg, Antje von (Hrsg.), Zur Aktualität der Weimarer Staatsrechtslehre, Tübingen 2011, S. 37 ff.

Mazzucato, Mariana: Der unternehmerische Staat. Risiken *und* Gewinne vergesellschaften, Leviathan 47 (2019), 123 ff.

Mehlhorn, Lutz; Der Bundespräsident der Bundesrepublik Deutschland und der Republik Österreich, Baden-Baden 2010.

Meier, Christian: Entstehung und Besonderheit der griechischen Demokratie, in: Kinzl, Konrad H. (Hrsg.), Demokratia. Der Weg zur Demokratie bei den Griechen, Darmstadt 1995, S. 248 ff.

Merkel, Wolfgang: System-transformation. Eine Einführung in die Theorie und Empirie der Transformationsforschung, 2. Auflage, Wiesbaden 2010.

Merry, Henry J.: Montesquieu's system of natural government, West Lafayette 1970.

Metzler, Gabriele: Der Staat der Historiker. Staatsvorstellungen deutscher Historiker seit 1945, Berlin 2018.

Meyer, Hans: Das parlamentarische Regierungssystem des Grundgesetzes, VVDStRL 33 (1975), 69 ff.
–: Das Prüfungsrecht des Bundespräsidenten. Staatsrechtliche Argumentation auf dem Prüfstand, JZ 2011, 602 ff.
–: Verbietet das Grundgesetz eine paritätische Frauenquote bei Listenwahlen zum Parlament?, NVwZ 2019, 1245 ff.
Meyer, Thomas: Die Unbelangbaren. Wie politische Journalisten mitregieren, Berlin 2015.
Misik, Robert: Die falschen Freunde der einfachen Leute, Berlin 2019.
Mittnik, Alissa et. al.: Kinship-based social inequality in Bronze Age Europe, Science 2019, 1 ff.
Möllers, Christoph: Gewaltengliederung. Legitimation und Dogmatik im nationalen und internationalen Rechtsvergleich, Tübingen 2005.
–: Der vermisste Leviathan. Staatstheorie in der Bundesrepublik, Frankfurt am Main 2008.
–: Demokratie – Zumutungen und Versprechen, Bonn 2008.
–: Die drei Gewalten. Legitimation der Gewaltengliederung in Verfassungsstaat, Europäischer Integration und Internationalisierung, Weilerswist 2008.
–: Staat als Argument, 2. Auflage, Tübingen 2011.
–: Legalität, Legitimität und Legitimation des Bundesverfassungsgerichts, in: Jestaedt, Matthias u.a. (Hrsg.), Das entgrenzte Gericht. Eine kritische Bilanz nach sechzig Jahren Bundesverfassungsgericht, Berlin 2011, S. 281 ff.
–: Wir, die Bürger(lichen), Merkur 71 (2017), 5 ff.
–: Die Krise der Repräsentation, FAZ vom 13.2.2019, S. 9.
–: Das Grundgesetz. Geschichte und Inhalt, 2. Auflage, München 2019.
Möllers, Christoph/Schneider, Linda: Demokratiesicherung in der Europäischen Union. Studie zu einem Dilemma, Tübingen 2018.
Moffett, Mark W.: Was uns zusammenhält. Eine Naturgeschichte der Gesellschaft, Frankfurt am Main 2019.
Morlok, Martin: Art. 38 GG, in: Dreier, Horst (Hrsg.), Grundgesetz. Kommentar, Band II: Art. 20–82, 3. Auflage, Tübingen 2015.
Morlok, Martin/Hobusch, Alexander: Ade Parité? Zur Zulässigkeit einer solchen Quotenregelung, DÖV 2019, 14 ff.
–: Sinnvoll heißt nicht verfassungsgemäß – zu Meyers Kritik an der Paritätskritik, NVwZ 2019, 1734 ff.
Morlok, Martin/Merten, Heike: Parteienrecht, Tübingen 2018.
Mors, Wolff-Michael: Verfassungsgerichtsbarkeit in Dänemark. Über das Verhältnis der Legislative zur Judikative, Baden-Baden 2002.
Mouffe, Chantal: Agnostik. Die Welt politisch denken, Berlin 2014.
–: Für einen linken Populismus, Berlin 2018.
Mounk, Yasha: Der Zerfall der Demokratie. Wie der Populismus den Rechtsstaat bedroht, München 2018.
Müller, Jan-Werner: Verfassungspatriotismus, Berlin 2010.
–: Was ist Populismus? Ein Essay, Berlin 2016.
–: Furcht und Freiheit. Für einen anderen Liberalismus, Berlin 2019.
Nachtwey, Oliver: Die Abstiegsgesellschaft. Über das Aufbegehren in der regressiven Moderne, Berlin 2016.
Nanz, Patrizia/Leggewie, Claus: Die Konsultative – Mehr Demokratie durch Bürgerbeteiligung, Berlin 2016.
Nasher, Jack: Die Staatstheorie Karl Poppers. Eine kritisch-rationale Methode, Tübingen 2017.

Neuhäuser, Christian: Reichtum als moralisches Problem, Frankfurt am Main 2018.

–: Wie reich darf man sein? Über Gier, Neid und Gerechtigkeit, Stuttgart 2019.

Neumann, Robert: Libertärer Paternalismus. Theorie und Empirie staatlicher Entscheidungsarchitekt, Tübingen 2013.

Niggemann, Ulrich: Revolution in der frühen Neuzeit. Tendenzen und Probleme der Forschung, ZHF 2019, 255 ff.

Nippel, Wilfried: Antike oder moderne Freiheit? Die Begründung der Demokratie in Athen und in der Neuzeit, New York 2008.

Noelle-Neumann, Elisabeth: Die Schweigespirale. Öffentliche Meinung – unsere soziale Haut, München 1980.

Norton, Joseph J.: NIFA-II or ‚Bretton Woods-II'? The G-20 (Leaders) summit process on managing global financial markets and the world economy – quo vadis?, Journal of Banking Regulation 11 (2010), 261 ff.

Nussbaum, Martha: Königreich der Angst. Gedanken zur aktuellen politischen Krise, Darmstadt 2019.

Nußberger, Angelika: Wenn Selbstverständliches nicht mehr selbstverständlich ist. Zum Status Quo des Menschenrechtsschutzes in Europa, JZ 2018, 845 ff.

Oberländer, Erwin (Hrsg.): Der Anarchismus, Freiburg im Breisgau 1972.

Oeter, Stefan: Souveränität – ein überholtes Konzept?, in: Cremer, Hans-Joachim (Hrsg.), Tradition und Weltoffenheit des Rechts. Festschrift für Helmut Steinberger, Berlin 2002, S. 259 ff.

Oppermann, Bernd/Stender-Vorwachs, Jutta: Autonomes Fahren. Rechtsprobleme, Rechtsfolgen, technische Grundlagen, 2. Auflage, München 2019.

Oppold, Daniel/Nanz, Patrizia: Mehr Demokratie durch dialogorientierte Bürgerbeteiligung, in: Thiele, Alexander (Hrsg.), Legitimität in unsicheren Zeiten, Tübingen 2019, S. 175 ff.

Orwell, George: Über Nationalismus. Mit einem Nachwort von Armin Nassehi, München 2020.

Ostendorf, Annika: Politische Führung in Parlamenten. Das britische House of Commons und das finnische Eduskunta im Vergleich, Baden-Baden 2019.

Osterhammel, Jürgen: Die Verwandlung der Welt. Eine Geschichte des 19. Jahrhunderts, 5. Auflage, München 2010.

Özmen, Elif: Politische Philosophie zur Einführung, Hamburg 2013.

Pardo-Alvarez, Diego: Das Rechtfertigungsdefizit des qualifizierten Mehrheitserfordernisses. Zugleich ein Beitrag zur Rechtfertigung der parlamentarischen Mehrheitsregel, Tübingen 2020.

Paulson, Henry: On the Brink. Inside the Race to Stop the Collapse of the Global Financial System, London 2010.

Payandeh, Mehrdad: Allgemeine Staatslehre, in: Krüper, Julian (Hrsg.), Grundlagen des Rechts, 3. Auflage, Baden-Baden 2016, S. 91 ff.

Pelinka, Anton: Das politische System Österreichs, in: Ismayr, Wolfgang, Die politischen Systeme Westeuropas, 4. Auflage, Wiesbaden 2009, S. 607 ff.

Pernice-Warnke, Silvia: Parlamente als Spiegel der Bevölkerung?, DVBl. 2020, 81 ff.

Peters, Hans: Die Krise des ländlichen Selbstverwaltung, in: Verwaltungsakademie Berlin (Hrsg.), Gegenwartsfrage der Kommunalverwaltung, Berlin 1929, S. 139 ff.

Petersen, Thomas: Die Einstellung der Deutschen zum Föderalismus seit 1949, in: Europäisches Zentrum für Föderalismus-Forschung Tübingen (Hrsg.), Jahrbuch des Föderalismus 2019, Baden-Baden 2019, S. 113 ff.

Pfaller, Robert: Erwachsenensprache. Über ihr Verschwinden aus Politik und Kultur, Frankfurt am Main 2017.

Piketty, Thomas: Das Kapital im 21. Jahrhundert, München 2016.

Pilbeam, Keith: Finance & financial markets, London 2018.

Polanyi, Karl: The Great Transformation. Politische und ökonomische Ursprünge von Gesellschaften und Wirtschaftssystemen, Frankfurt am Main 2004.

Popper, Karl: Die offene Gesellschaft und ihre Feinde, Band 2. Falsche Propheten. Hegel, Marx und die Folgen, München 1977.

Posner, Eric A./Vermeule, Adrian: Die entfesselte Exekutive. Die Krise des liberalen Legalismus, Berlin 2014.

Prasad, Monica: Starving the Beast. Ronald Reagan and the Tax Cut Revolution, New York 2018.

Preisser, Maximilian M.: Sovereign Wealth Funds. Entwicklung eines umfassenden Konzepts für die Regulierung von Staatsfonds, Tübingen 2013.

Proudhon, Pierre-Joseph/Ruge, Arnold (Hrsg.): Bekenntnisse eines Revolutionärs, Leipzig 1850.

Pünder, Hermann: Wahlrecht und Parlamentsrecht als Gelingensbedingungen repräsentativer Demokratie, VVDStRL 72 (2012), 190 ff.

Ramesh, M./Eduardo, Araral/Xun, Wu: Reasserting the Public in Public Services. New Public Management Reforms, London 2010.

Reckwitz, Andreas: Die Gesellschaft der Singularitäten. Zum Strukturwandel der Moderne, Berlin 2017.

–: Das Ende der Illusionen. Politik, Ökonomie und Kultur in der Spätmoderne, Berlin 2019.

Reese-Schäfer, Walter: Klassiker der politischen Ideengeschichte. Von Platon bis Marx, 3. Auflage, Berlin 2016.

Rehnquist, William H.: The Supreme Court, New York 2002.

Reifenberger, Jürgen: Neoliberalismus, Krise und die Zukunft des demokratischen Sozialstaats, Marburg 2015.

Reimer, Franz: Juristische Methodenlehre, 2. Auflage, Baden-Baden 2020.

Reinhard, Wolfgang: Geschichte der Staatsgewalt. Eine vergleichende Verfassungsgeschichte Europas von den Anfängen bis zur Gegenwart, 3. Auflage, München 2002.

–: Die Unterwerfung der Welt. Globalgeschichte der europäischen Expansion 1415–2015, 3. Auflage, München 2016.

Reinhart, Carmen M./Rogoff, Kenneth S.: Groth in a Time of Debt, AER 100 (2010), 573 ff.

Reinlein, Laura Johanna: Medienfreiheit und Medienvielfalt. Kontrolle crossmedialer Konzentration in Zeiten der Konvergenz, Frankfurt am Main 2011.

Renfrew, Colin: Introduction, in: Renfrew, Colin/Cherry, John (Hrsg.), Peer Polity Interaction and Sociopolitical Change, New York 1986, S. 1 ff.

Rennert, Dominik: Liberale Theorie, Republikanische Praxis. Was das deutsche Religionsverfassungsrecht legitimiert, Der Staat 58 (2019), 411 ff.

Reybrouck, David Van: Gegen Wahlen. Warum Abstimmungen nicht demokratisch sind, Göttingen 2016.

Rheinberger, Hans-Jörg: Experimentalsysteme und epistemische Dinge. Eine Geschichte der Proteinsynthese im Reagenzglas, Göttingen 2001.

Rice, Michael: Egypt´s Making. The Origins of Ancient Egypt 5000–2000 B.C., London 1990.

Richardson, Matthew: Causes of the Financial Crisis of 2007–2009, in: Acharya, Viral/ Richardson, Matthew (Hrsg.), Restoring Financial Stability, Hoboken 2009, S. 57 ff.

Richter, Hedwig: Moderne Wahlen, Hamburg 2017.

Richter, Hedwig/Wolff, Kerstin (Hrsg.): Frauenwahlrecht. Demokratisierung der Demokratie in Deutschland und Europa, Hamburg 2018.

Rid, Saeed Ahmed: Federalism in Pakistan. Evolving from a highly centralised federal system to a more decentralised federal structure, in: Europäisches Zentrum für Föderalismus-Forschung Tübingen (Hrsg.), Jahrbuch des Föderalismus 2019, Baden-Baden 2019, S. 375 ff.

Rodrik, Dani: The Globalization Paradox. Democracy and the Future of the World Economy, New York 2011.

–: Straight Talk on Trade. Ideas for a Sane World Economy, Princeton 2018.

Rosanvallon, Pierre: Die Gesellschaft der Gleichen, Berlin 2017.

Rousseau, Jean-Jacques: Betrachtungen über die Regierung von Polen und über den Entwurf einer Verbesserung derselben, Berlin 1772.

Röller, Wolfgang: Globale Finanzmärkte und Risikomanagement. Herausforderungen für Politik und Unternehmen, Berlin 1989.

Ruffert, Matthias: Verselbständigte Verwaltungseinheiten. Ein europäischer Megatrend im Vergleich, in: Trute, Hans-Heinrich/Groß, Thomas/Röhl, Hans Christian/Möllers, Christoph (Hrsg.), Allgemeines Verwaltungsrecht – zur Tragfähigkeit eines Konzepts, Tübingen 2008, S. 431 ff.

Rüthers, Bernd: Das Ungerechte an der Gerechtigkeit. Fehldeutungen eines Begriffs, 3. Auflage, Tübingen 2009.

Sack, Benjamin C.: Gewinnen, Verlieren und lokale Betroffenheit bei Volksabstimmungen. Auswirkungen auf die Demokratiezufriedenheit im zeitlichen und räumlichen Vergleich, PVS 2017, 75 ff.

Saez, Emmanuel/Zucman, Gabriel: The Triumph of Injustice. How the Rich Dodge Taxes and How to Make Them Pay, New York 2019.

Sahr, Aaron: Keystroke-Kapitalismus. Ungleichheit auf Knopfdruck, Hamburg 2017.

Salzborn, Samuel: Kampf der Ideen. Die Geschichte politischer Theorien im Kontext, 2. Auflage, Baden-Baden 2017.

Sarcevic, Edin: Das Bundesstaatsprinzip. Eine staatsrechtliche Untersuchung zur Dogmatik der Bundesstaatlichkeit des Grundgesetzes, Tübingen 2000.

Sartori, Giovanni: Demokratietheorie, 3. Auflage, Darmstadt 2006.

Schäfer, Armin: Der Verlust politischer Gleichheit. Warum die sinkende Wahlbeteiligung der Demokratie schadet, Frankfurt 2015.

Schäfer, Armin/Schwander, Hanna: ‚Don't play if you can't win'. Does economic inequality undermine political equality?, Political Science Review 11 (2019), 395 ff.

Schatz, Heribert: Regieren in der Mediengesellschaft, in: Jann, Werner/König, Klaus (Hrsg.), Regieren zu Beginn des 21. Jahrhunderts, Tübingen 2008, S. 127 ff.

Scherer, Helmut: Massenmedien, Meinungsklima und Einstellung. Eine Untersuchung zur Theorie der Schweigespirale, Opladen 1990.

Scheuner, Ulrich: Ausländische Erfahrungen zum Problem der Übertragung rechtsetzender Gewalt, in: Institut zur Förderung öffentlicher Angelegenheiten (Hrsg.), Die Übertragung rechtsetzender Gewalt im Rechtsstaat, Frankfurt am Main 1952, S. 118 ff.

–: Das repräsentative Prinzip in der Demokratie, in: ders. (Hrsg.), Staatstheorie und Staatsrecht, Gesammelte Schriften, Berlin 1978, S. 245 ff.

Schladebach, Marcus: Weltraumrecht, Tübingen 2020.

Schlaich, Klaus/Korioth, Stefan: Das Bundesverfassungsgericht, 11. Auflage, München 2018.

Schlink, Bernhard: Abwägung im Verfassungsrecht, Berlin 1976.

Schmidt, Manfred G.: Das politische System Deutschlands. Institutionen, Willensbildung und Politikfelder, München 2007.

–: Über die Demokratie in Europa, ZSE 15 (2017), 529 ff.

–: Demokratietheorien, 6. Auflage, Wiesbaden 2019.

Schmitt, Carl: Die geistesgeschichtliche Lage des heutigen Parlamentarismus, 6. Auflage, Berlin 1985 (1926).

–: Der Begriff des Politischen, Berlin 1928.

–: Verfassungslehre, 9. Auflage, Berlin 1966 (1929).

Schmitter, Philippe C.: The European Community as an Emergent and Novel Form of Political Domination, Madrid 1991.

Schnaas, Dieter: Kleine Kulturgeschichte des Geldes, 2. Auflage, Paderborn 2012.

Schoch, Friedrich: Prüfungsrecht und Prüfungspflicht des Bundespräsidenten bei der Gesetzesausfertigung, ZG 2008, 209 ff.

–: Gewaltenteilung im deutschen Verfassungsrecht, in: Scherzberg, Arno/Can, Osman/Dogan, Ilyas (Hrsg.), Regierungssysteme im Lichte von „Checks and Balances“, Berlin 2017, S. 89 ff.

Schorkopf, Frank: Staat und Diversität. Agonaler Pluralismus für die liberale Demokratie, Paderborn 2017.

–: Staatsrecht der internationalen Beziehungen, München 2017.

Schöbener, Burkhard/Knauff, Matthias: Allgemeine Staatslehre, 4. Auflage, München 2019.

Schönberger, Sophie: Vom Suchen und Finden der Macht im Verfassungsrecht – Neujustierungen im Verständnis von Art. 21 GG, JZ 2017, 701 ff.

Schröder, Jan Ulrich: Das Verhältnis von öffentlichem Recht und Privatrecht, DVBl 2019, 1097 ff.

Schumpeter, Joseph A.: Kapitalismus, Sozialismus und Demokratie, 8. Auflage, Tübingen 2005.

Schuppert, Gunnar F.: Staat als Prozess. Eine staatstheoretische Skizze in sieben Aufzügen, Frankfurt am Main 2010.

Schuppert, Gunnar F./Bumke, Christian: Die Konstitutionalisierung der Rechtsordnung. Überlegungen zum Verhältnis von verfassungsrechtlicher Ausstrahlungswirkung und Eigenständigkeit des „einfachen“ Rechts, Baden-Baden 2000.

Schwarzman, Stephen A.: What it Takes. Lessons in the Pursuit of Excellence, New York 2019.

Schweigeler, Daniela: Neuordnung der sozialen Sicherungssysteme, in: Thiele, Alexander (Hrsg.), Legitimität in unsicheren Zeiten, Tübingen 2019, S. 145 ff.

Schweikard, David P./Mooren, Nadine/Siep, Ludwig (Hrsg.): Ein Recht auf Widerstand gegen den Staat? – Verteidigung und Kritik des Widerstandsrechts seit der europäischen Aufklärung, Tübingen 2019.

Seckelmann, Margrit: Kategoriale Unterscheidung von Öffentlichem und Privatem Recht?, DVBl 2019, 1107 ff.

Semmler, Jörg: Das Amt des Speaker of the House of Representatives im amerikanischen Regierungssystem, Berlin 2002.

Sen, Amartya: Ökonomie für den Menschen – Wege zu Gerechtigkeit und Solidarität in der Marktwirtschaft, München 2000.

Sennett, Richard: Verfall und Ende des öffentlichen Lebens. Die Tyrannei der Intimität, Frankfurt am Main 1983.

Service, Elman R.: Primitive social organization. An evolutionary perspective, 2. Auflage, New York 1971.

–: Profiles in Ethnology, New York 1971.

–: Origins of the State and Civilization. The Process of Cultural Evolution, New York 1975.

Skinner, Quentin: Thomas Hobbes und die Person des Staates, Berlin 2017.

Slobodian, Quinn: Globalisten. Das Ende der Imperien und die Geburt des Neoliberalismus, Berlin 2019.

Smend, Rudolf: Verfassung und Verfassungsrecht, München 1928.
Solyom, Laszlo/Brunner, Georg: Constitutional judiciary in a new democracy. The Hungarian Constitutional Court, Ann Arbor 2000.
Sommermann, Karl-Peter/Schaffarzik, Bert (Hrsg.): Handbuch der Geschichte der Verwaltungsgerichtsbarkeit in Deutschland und Europa, Berlin 2019.
Sorkin, Andrew R.: Too big to fail. The Inside Story of How Wall Street and Washington Fought to Save the Financial System – and Themselves, London 2009.
Speitkamp, Winfried: Deutsche Kolonialgeschichte, 3. Auflage, Stuttgart 2014.
Spuller, Gabor: Das Verfassungsgericht der Republik Ungarn. Zuständigkeiten, Organisation, Verfahren, Stellung, Frankfurt am Main 1998.
Starck, Christian: Der Gesetzesbegriff des Grundgesetzes. Ein Beitrag zum juristischen Gesetzesbegriff, Baden-Baden 1970.
–: Idee und Struktur des Föderalismus im Lichte der Allgemeinen Staatslehre, in: Härtel, Ines (Hrsg.), Handbuch Föderalismus, Band I, Berlin 2012, § 1.
–: Allgemeine Staatslehre in Zeiten der Europäischen Union, in: ders. (Hrsg.), Woher kommt das Recht?, Tübingen 2015, S. 353 ff.
–: Konstitutionalismus, Demokratie und Verfassungsgerichtsbarkeit, in: Münch, Joachim/Thiele, Alexander (Hrsg.), Verfassungsrecht im Widerstreit, Tübingen 2019.
Starck, Christian/Weber, Albrecht: Verfassungsgerichtsbarkeit in Mittel- und Osteuropa, Teilband I. Berichte, Baden-Baden 2007.
Stark, Toralf/Smolka, Theresia/Pickel, Susanne: Die Legitimität demokratischer Verfassungen – ein Vorschlag zur empirischen Bestimmung, in: Hein, Michael/Petersen, Felix/Steinsdorff, Silvia von (Hrsg.), Die Grenzen der Verfassung (ZfP Sonderheft 9), 2018, 185 ff.
Steinberg, Rudolf: Die Repräsentation des Volkes. Menschenbild und demokratisches Regierungssystem, Baden-Baden 2013.
Steinherr, Alfred: Derivatives. The wild Beast of Finance, Chichester 1998.
Sternberger, Dolf: Drei Wurzeln der Politik, Frankfurt am Main 1978.
Stiglitz, Joseph/Greenwald, Bruce: Die innovative Gesellschaft. Wie Fortschritt gelingt und warum grenzenloser Freihandel die Wirtschaft bremst, Berlin 2015.
Stober, Rolf/Korte, Stefan: Öffentliches Wirtschaftsrecht – Allgemeiner Teil. Grundlagen des deutschen, europäischen und internationalen Öffentlichen Wirtschaftsrechts, 19. Auflage, Stuttgart 2019.
Storr, Stefan: Österreich als Bundesstaat, in: Härtel, Ines (Hrsg.), Handbuch Föderalismus, Band IV, Berlin 2012, § 98.
Streeck, Wolfgang: Nicht ohne meine Identität, SWR2 Aula vom 14. Oktober 2017.
–: Vorwort, in: Foundational Economy Collective (Hrsg.), Die Ökonomie des Alltagslebens – Für eine neue Infrastrukturpolitik, Berlin 2019, S. 7 ff.
Strohmeier, Gerd: Politik und Massenmedien. Eine Einführung, Baden-Baden 2004.
Streinz, Rudolf: Europarecht, 11. Auflage, Heidelberg 2019.
Sturm, Roland: Das politische System Großbritanniens, in: Ismayr, Wolfgang (Hrsg.), Die politischen Systeme Westeuropas, 4. Auflage, Wiesbaden 2009, S. 265 ff.
–: Wie funktioniert Politik? Die Beweggründe des Politischen in den Nationalstaaten und in der EU, Baden-Baden 2018.
–: Das politische System Großbritanniens, 2. Auflage, Wiesbaden 2017.
Subedi, Surya P.: International Investment Law. Reconciling Policy and Principle, Oxford 2008.
Sumption, Jonathan: Trials of the State. Law and the Decline of Politics, London 2019.
Sunstein, Cass R.: #Republic. Divided Democracy in the Age of Social Media, Princeton 2017.

–: Impeachment. A Citizen's Guide, London 2017.
Sydow, Gernot/Wittreck, Fabian: Deutsches und Europäisches Verfassungsrecht I. Prinzipien, Institutionen, Verfahren, München 2019.
Tappe, Henning/Wernsmann, Rainer: Öffentliches Finanzrecht, 2. Auflage, Heidelberg 2019.
Terberger, Thomas/Gronenborn Detlef: Vom Jäger und Sammler zum Bauern. Die neolithische Revolution, Darmstadt 2014.
Terkessidis, Mark: Wessen Erinnerung zählt. Koloniale Vergangenheit und Rassismus heute, Hamburg 2019.
Thamer, Hans-Ulrich: Die Französische Revolution, 5. Auflage, München 2019.
The Economist Intelligence Unit: Democracy Index 2018. Me too?, London 2019.
Ther, Philipp: Das andere Ende der Geschichte – Über die große Transformation, Berlin 2019.
Thiele, Alexander: Finanzaufsicht. Der Staat und die Finanzmärkte, Tübingen 2014.
–: Geisterfahrer Tsipras, oder: Ist der Euro noch zu retten?, 2. Auflage, Leipzig 2015.
–: Der Austritt aus der EU. Hintergründe und rechtliche Rahmenbedingungen eines „Brexit", EuR 2016, 281 ff.
–: Investitionsschiedsgerichtsbarkeit. Entwicklung, Ausgestaltung und Probleme, GewArch 2016, 369 ff.
–: Die Integrationsidentität des Art. 23 Abs. 1 GG als (einzige) Grenze des Vorrangs des Europarechts, EuR 2017, 367 ff.
–: Staatsverschuldung und Demokratie, Leviathan 46 (2018), 336 ff.
–: The Independence of the ECB. Justification, Limitations and Possible Threats, Journal of Self Governance and Management Economics 2018, 98 ff.
–: Verlustdemokratie. Die drei Verlustebenen der Demokratie, 2. Auflage, Tübingen 2018.
–: Gleichheit angesichts von Vielfalt im philosophischen und juristischen Diskurs, DVBl 2018, 1112 ff.
–: Art. 104c GG, in: Dreier, Horst (Hrsg.), Grundgesetz. Kommentar, Band III: Art. 83–146, 3. Auflage, Tübingen 2018.
–: Kommunitarismus und Grundgesetz, in: Reese-Schäfer, Walter (Hrsg.), Handbuch Kommunitarismus, Wiesbaden 2018, S. 465 ff.
–: Der gefräßige Leviathan. Entstehung, Ausbreitung und Zukunft des modernen Staates, Tübingen 2019.
– (Hrsg.): Legitimität in unsicheren Zeiten. Der demokratische Verfassungsstaat in der Krise?, Tübingen 2019.
–: Die Europäische Zentralbank. Von technokratischer Behörde zu politischem Akteur?, Tübingen 2019.
–: Europarecht, 17. Auflage, Altenberge 2020.
Thaler, Richard/Sunstein, Cass: Nudge. Improving Decisions about Health, Wealth and Happiness, London 2008.
Thomas, Julian: The birth of Neolithic Britain. An interpretative account, Oxford 2013.
Tietje, Christian: Architektur der Weltfinanzordnung. Beiträge zum Transnationalen Wirtschaftsrecht, Halle 2011.
Tingsten, Herbert: Political Behavior. Studies in Election Statistics, New Jersey 1963.
Towfigh, Emanuel V.: Das Parteien-Paradox. Ein Beitrag zur Bestimmung des Verhältnisses von Demokratie und Parteien, Tübingen 2015.
Tschentscher, Axel: Die Volkssouveränität als Grund und Grenze der Verfassungsgeltung, in: Wittreck, Fabian (Hrsg.), Grundlagen des Grundgesetzes. Geburtstagssymposium für Horst Dreier, Berlin 2018, S. 84 ff.
Tsebelis, George/Money, Jeannette: Bicameralism, Cambridge 1997.

Tucker, Paul: Unelected Power. The Quest for Legitimacy in Central Banking and the Regulatory State, Princeton 2018.

Ullrich, Norbert: Personale Bindungen im Wandel der Verfassungen, in: Münch, Joachim/Thiele, Alexander (Hrsg.), Verfassungsrecht im Widerstreit, Tübingen 2019, S. 51 ff.

Varain, Heinz Josef: Die Bedeutung des Mehrheitsprinzips im Rahmen unserer politischen Ordnung, ZfP 11 (1964), 239 ff.

Velimsky, Jan A.: Soziale Selektivität bei Wahlen und direkt-demokratischen Abstimmungen auf kommunaler Ebene in Deutschland, in: PVS 3/2019, 487 ff.

Vesting, Thomas: Staatstheorie. Ein Studienbuch, München 2018.

Voland, Thomas: Demystifying the English Supreme Court's Brexit decision, EuZW 2017, 176 ff.

Volkmann, Uwe: Die zwei Begriffe der Demokratie – Von der Übertragbarkeit staatsbezogener Demokratievorstellungen in überstaatliche Räume, in: Hofmann, Klaus/Naumann, Kolja (Hrsg.), Europäische Demokratie in guter Verfassung?, Baden-Baden 2010, S. 14 ff.

–: Grundzüge einer Verfassungslehre der Bundesrepublik Deutschland, Tübingen 2013.

–: Verfassungsänderung und Verfassungswandel, JZ 2018, 265 ff.

–: Krise der konstitutionellen Demokratie?, Der Staat 58 (2019), 643 ff.

Vorländer, Hans: Die Verfassung. Idee und Geschichte, 3. Auflage, München 2009.

Voßkuhle, Andreas: Methode und Pragmatik, in: Bauer, Hartmut u.a. (Hrsg.), Umwelt, Wirtschaft und Recht, Tübingen 2002, S. 171 ff.

–: Gibt es und wozu nutzt eine Lehre vom Verfassungswandel, Der Staat 43 (2004), 450 ff.

–: Die Renaissance der „Allgemeinen Staatslehre" im Zeitalter der Europäisierung und Internationalisierung, JuS 2004, 2 ff.

–: Der Wandel der Verfassung und seine Grenzen, JuS 2019, 417 ff.

Wagner, Christian: Das politische System Indiens, 2. Auflage, Wiesbaden 2016.

Wahl, Rainer: Der Vorrang der Verfassung, Der Staat 20 (1981), 485 ff.

–: Der Vorrang der Verfassung und die Selbständigkeit des Gesetzesrechts, NVwZ 1984, 401 ff.

–: Das Bundesverfassungsgericht im europäischen und internationalen Umfeld, in: Ooyen, Robert C. von/Möllers, Christoph (Hrsg.), Das Bundesverfassungsgericht im politischen System, Wiesbaden 2006, S. 477 ff.

–: Verfassungsänderung, Verfassungswandel, Verfassungsinterpretation. Vorträge bei deutsch-japanischen Symposien in Tokyo 2004 und Freiburg 2005, Berlin 2008.

Waldhoff, Christian/Jahn, Matthias: Vollstreckung der Verfassung?, ZRP 2018, 121 f.

Wasser, Hartmut: Die Vereinigten Staaten von Amerika. Porträt einer Weltmacht, 2. Auflage, Stuttgart 1980.

Wawro, Gregory J./Schickler, Eric: Filibuster. Obstruction and lawmaking in the U.S. Senate, Princeton 2006.

Weber, Albrecht: Europäische Verfassungsvergleichung, München 2010.

Weber, Ferdinand: Überstaatlichkeit als Kontinuität und Identitätszumutung. Eine historisch-dogmatische Grundlegung, Jahrbuch des öffentlichen Rechts der Gegenwart 66 (2018), 237 ff.

–: Staatsangehörigkeit und Status. Statik und Dynamik politischer Gemeinschaftsbildung, Tübingen 2018.

Weber, Max: Wirtschaft und Gesellschaft. Grundriß der verstehenden Soziologie, 5. Auflage, Tübingen 1972.

–: Gesammelte Aufsätze zur Wissenschaftslehre, 4. Auflage, Tübingen 1973.

–: Die drei reinen Typen legitimer Herrschaft, in: Winckelmann, Johannes (Hrsg.), Gesammelte Aufsätze zur Wissenschaftslehre, 7. Auflage, Tübingen 1988, S. 475 ff.

Westphal, Manon: Verfassungen in pluralistischen Demokratien. Unbestimmtheit als politische Ressource, in: Hein, Michael/Petersen, Felix/Steinsdorff, Silvia von (Hrsg.), Die Grenzen der Verfassung, Baden-Baden 2018, S. 103 ff.

Wernsmann, Rainer: Verhaltenslenkung in einem rationalen Steuersystem, Tübingen 2005.

Wieland, Joachim: Steuerung der Staatsverschuldung durch Verfassungsrecht im Widerstreit revisited, in: Münch, Joachim/Thiele, Alexander (Hrsg.), Verfassungsrecht im Widerstreit, Tübingen 2019, S. 227 ff.

Wildt, Michael: Die Ambivalenz des Volkes. Der Nationalsozialismus als Gesellschaftsgeschichte, Berlin 2019.

Wilkinson, Toby A.H.: Early Dynastic Egypt, London 2000.

Willke, Helmut: Ironie des Staates. Grundlinien einer Staatstheorie polyzentrischer Gesellschaft, Frankfurt am Main 1992.

–: Demokratie in Zeiten der Konfusion, Berlin 2014.

–: Demokratie im Umbruch, Der Staat 56 (2017), 357 ff.

Willoweit, Dietmar/Schlinker, Steffen: Deutsche Verfassungsgeschichte. Vom Frankenreich bis zur Wiedervereinigung Deutschlands, 8. Auflage, München 2019.

Winkler, Heinrich August: Zerbricht der Westen? Über die Gegenwärtige Krise in Europa und Amerika, München 2017.

Winterhoff, Christian: Verfassung – Verfassungsgebung – Verfassungsänderung. Zur Theorie der Verfassung und der Verfassungsrechtserzeugung, Tübingen 2007.

Wissenschaftsrat: Perspektiven der Rechtswissenschaft in Deutschland. Situation, Analysen, Empfehlungen, Köln 2012.

Wood, Gordon S.: The Creation of the American Republic 1776–1787, Chapel Hill 1969.

Wolf, Klaus Dieter: Die UNO. Geschichte, Aufgaben, Perspektiven, 3. Auflage, München 2016.

Woydt, Malte: Dissoziativer Föderalismus (1). Belgo-Föderalismus, in: Härtel, Ines (Hrsg.), Handbuch Föderalismus, Band IV, Berlin 2012, § 100.

Würtenberger, Thomas: Die Legitimität staatlicher Herrschaft. Eine staatsrechtlich-politische Begriffsgeschichte, Berlin 1973.

XML (Hrsg.): Parliament, 2. Auflage, Amsterdam 2017.

Yang, Tzu-hui: Gesetzgebungsverfahren in Taiwan, in: Heun, Werner/Starck, Christian (Hrsg.), Das Gesetz. Fünftes deutsch-taiwanesisches Kolloquium am 1. und 2. April 2011 an der Georg-August-Universität in Göttingen, Baden-Baden 2012, S. 65 ff.

Zapf, Holger: Souveränität – Ideengeschichtliche Genese, Krisendiagnosen und Herausforderungen, in: Bahmer, Larissa/Feifel, Sebastian/Glock, Andreas/Wagner, Julia (Hrsg.), Staatliche Souveränität im 21. Jahrhundert. Zwischen nationaler Selbstbestimmung und globaler Verflechtung, Tübingen 2018, S. 1 ff.

Zielonka, Jan: Counterrevolution. Liberal Europe in Retreat, Oxford 2018.

Zimmermann, Reinhard: England und Deutschland. Unterschiedliche Rechtskulturen?, Göttingen 2019.

Zippelius, Reinhold: Allgemeine Staatslehre, 17. Auflage, München 2017.

Zürn, Michael: Schwarz-Rot-Grün-Braun. Reaktionsweisen auf Denationalisierung, in: Beck, Ulrich (Hrsg.), Politik der Globalisierung, Frankfurt am Main 1998, 297 ff.

Zurstiege, Guido: Taktiken der Entnetzung. Die Sehnsucht nach Stille im digitalen Zeitalter, Berlin 2019.

Sach- und Namenregister